# 北语人文学术月优秀论文选

（2009—2013）

主　编　华学诚　施家炜

编　委　刘雪春　魏兆惠
侯文华　金　彪
余　蓝

北京语言大学出版社
BEIJING LANGUAGE AND CULTURE
UNIVERSITY PRESS

图书在版编目（CIP）数据

北语人文学术月优秀论文选 ：2009—2013 / 华学诚，施家炜主编 . -- 北京 ：北京语言大学出版社，2019.10
ISBN 978-7-5619-5062-3

Ⅰ. ①北… Ⅱ. ①华… ②施… Ⅲ. ①人文科学－文集 Ⅳ. ① C53

中国版本图书馆 CIP 数据核字（2017）第 227267 号

北语人文学术月优秀论文选（2009—2013）
BEIYU RENWEN XUESHUYUE YOUXIU LUNWENXUAN (2009—2013)

排版制作：北京创艺涵文化发展有限公司
责任印制：周 燚

出版发行：北京语言大学出版社
社　　址：北京市海淀区学院路 15 号，100083
网　　址：www.blcup.com
电子信箱：service@blcup.com
电　　话：编辑部 8610-82300207
国内发行 8610-82303650/3591/3648
海外发行 8610-82303365/3080/3668
北语书店 8610-82303653
网购咨询 8610-82303908
印　　刷：北京虎彩文化传播有限公司

版　　次：2019 年 10 月第 1 版　　印　　次：2019 年 10 月第 1 次印刷
开　　本：787 毫米 ×1092 毫米 1/16　　印　　张：24.25
字　　数：428 千字
定　　价：79.00 元

PRINTED IN CHINA

北京市教育委员会共建项目“世界城市建设与首都高校来华留学教育研究”专项资助

北京语言大学梧桐创新平台项目 16PT06（中央高校基本科研业务费专项资金）资助

北京语言大学院级科研项目 14YJ010008（中央高校基本科研业务费专项资金）资助

# 前　言

人文学术月是由北京语言大学人文学院研究生会发起并组织的大型学术活动，至今已经成功举办过九届，被公认为首都研究生的品牌学术活动。

人文学术月是我院研究生自己组织的活动，整个活动从策划、宣传、启动，到租借场地、延请专家以及各种具体安排，都是同学们自己在做。这个活动的中心就是学术，它的内容、形式、方式，包括各种具体活动的细节要求，都围绕学术这个中心。这个活动的主人是研究生自己，也吸引了一些优秀高年级本科生参加。学术月期间同学们提交论文，开展研讨，交流心得，切磋问学。很多导师在同学们的“牵引”下参与了这个活动，并很快认识到这个活动的意义和价值，主动支持，点评指导，举办讲座。正式活动前后长达一个月，包括大会报告、专题讲座、分科交流、论文评奖、总结表彰，内容丰富，形式多样。历届研究生会的同学都善于汲取经验，不断创新，使得这一大型活动不断成熟，同学们的参与面不断扩大，参与的深度也不断加大。人文学术月参与者已经从北京语言大学扩展到学院路，由学院路扩展到北京地区，包括中国科学院和中国社会科学院。

为了展示人文学术月的成绩，也为了表示对这项学术活动的切实支持与鼓励，我院决定编辑一部优秀论文选集。考虑到前几届的优秀论文或者已经发表，或者已经融入作者后续的研究成果之中，所以这本选集遴选的时间为2009—2013年，遴选的范围是这五届所评出的优秀论文。毫无疑问，这个决定来得如此之迟是有些遗憾的，但毕竟来了，而且我们更希望的是，这只是一个开头，以后能够定期编选人文学术月的优秀论文。

编　者

2018年于北京

# 目 录

## 1



## 2



## 3

# 4



# 5



# 6



# 7

# 1

# 嵌偶单音词：对外汉语书面语教学的单字视角

北京语言大学　骆健飞

**提　要**　对于中高年级留学生来说，书面语体的教学是一项重要内容，而汉语书面语和口语在组词造句规则上有很多不同之处，这给留学生习得汉语造成了一定困难。本文从“嵌偶单音词”的视角，分析了中高年级留学生书面语作文的偏误类型，探讨它们的成因，并据此提出了相应的教学策略。

**关键词**　中高年级留学生　嵌偶单音词　书面语　偏误分析　韵律词

# 1. 引言

在写作教学中，很多学者提出了书面语教学的重要性。陆俭明（2007）曾指出，要设法让越来越多的外国人，不仅能说一口流利的汉语，还能阅读、写作，具备使用书面语的能力。冯胜利（2003）则提出，写作能力和技巧的训练，已然成为我们教学与研究过程中迫切需要重视的问题。这其中需要强调的是：书面语自有一套与口语不同的组词造句规则，如果要学好汉语的书面语，就不能不了解韵律语法（冯胜利，2006b：7）。本文就是在韵律句法和语体语法的理论框架下，以“嵌偶单音词”为切入点，分析中高年级留学生书面语作文材料，找出留学生经常出现的韵律偏误，对偏误进行分类和描写，探讨其产生的原因，并据此提出教学对策。

# 2. 嵌偶单音词及其偏误研究

## 2.1 中高年级教学中的“单音节成分”

在对外汉语教学中，书面语里的一些单音节成分似乎不能像词一样单独使用，如：

（1）a.* 这一切具吸引力。

b.* 他觉头昏眼花。（董秀芳，2004：51）

这里的“具”“觉”等单音节成分，都不能成词，也不能在句子中单独使用，因此它们不能被称为“词”这一级的成分，但是如果给它们加上相关的修饰语，就可以正常使用了，如：

（2）a. 这一切极具吸引力。

b. 他顿觉头昏眼花。

因此这一类单音节成分并不是简单的“黏着语素”，而是在一定条件下显示出其“黏着”的一面，在另外的条件下，又显示出其“自由”的特性。董秀芳（2004）曾经称它们为“半自由语素”，冯胜利（2006a）在穷尽性地研究了《汉语水平词汇与汉字等级大纲》中甲、乙、丙类词以后，称它们为“嵌偶单音词”。

这些现象提示我们：中高年级书面语的教学中存在着这样一类单音节成分，它们既不同于词，又不仅仅是构词的语素，因此有必要将它们单独提出来，从“单字”的视角，重新对它们进行考察，一方面探讨它们的性质、特点，另一方面则从留学生习得的角度出发，在分析留学生习得这类单音节成分的难点与偏误之后，提出切实可行的教学方法。

### 2.2 “嵌偶单音词”的定义及特征

冯胜利（2006a）对“嵌偶单音词”进行了定义：我们把这种必须嵌入双音节模型才能使用的单音词，叫作嵌偶单音词（monosyllabic word used in a disyllabic template）。黄梅（2012）则对嵌偶单音词的特点进行了归纳，它们的主要特点是：

第一，它们是现代汉语中的单音节文言词；

第二，它们有语体限制——正式典雅语体；

第三，它们有韵律限制；

第四，嵌偶单音词组合而成的成分，不一定是词，可能是短语，也可能是临时的双字组合。

黄梅（2012）进一步指出，嵌偶单音词是在现代汉语中发现的一类新的语言现象，这类单音词在现代汉语中出现时，同时受到句法和韵律的制约，在句法上表现出“句法自由”的属性，而在韵律上，则必须“组双”后才能出现在实际语言之中，而且在语体上一般都需要有正式、典雅的意味。在留学生作文中，特别是在中高年级留学生正式语体的作文中，由于这类词使用难度较高，因此会出现偏误情况。

### 2.3 留学生对这类成分的习得情况考察

为了考察留学生在习得这类成分时经常出现的偏误，本文选取了基本能代表中高级学习者的哈佛大学、耶鲁大学、芝加哥大学、麻省理工学院等院校的四、五年级学生的书面作文材料为研究对象，分析他们作文中出现的相关偏误。

#### 2.3.1 嵌偶单音词本身的使用偏误

嵌偶单音词本身必须是单音节形式，与其他单音节成分“组双”后出现，而留学生却误把这个嵌偶单音词用成了双音节，形成了“1+2”式的错误表达方式，如：

（3）*很多外国人一想起美国的教育机构就会想到像哈佛大学、耶鲁大学这类一流名学校。

（4）*各个国家的学生都把他们的目标从本国家一流的大学提高到哈佛、耶鲁之类的美国一流大学。

（5）*养老院的社工人难以了解她的需要。

（6）*两个人互相爱的时候，婚礼一定是完美的。

这里面的嵌偶单音词是“校、国、工、相”，它们的用法有单、双音节的差异：

（7）a. 校：本校——*本学校，我校——*我学校

b. 国：本国——*本国家，我国——*我国家

c. 工：童工——*童工人，社工——*社工人

d. 相：相爱——*互相爱，相助——*互相助

这里的偏误主要是，学生把嵌偶单音词所对应的双音节同义词作为表达手段，在其前面加上了相应的单音节成分，虽然意义相同，但是由于韵律的制约作用，这个词就变成了非法形式。

**2.3.2　与嵌偶单音词搭配的前后成分使用偏误**

与上一种不同的是，留学生在嵌偶单音词的使用上没有出现偏误，但是与之搭配的成分却误用了双音节或更多音节，形成韵律上的偏误，看下面的例子：

（8）*他们大赞美中国的经济成就。

（9）*经济对大选举大有影响。

（10）*值得大家传阅读。

（11）*比如说，最近计算机芯片上出现的价格猛下降现象就是一个好例子。

（12）*由于主角色对万灵药的迷信。

（13）*做父母的往往看不惯，就会加以干涉，孩子又不接受，各坚持己见，慢慢不自觉地引起了“代沟”问题。

这里面的嵌偶单音词是“大、传、猛、主、各”，它们的用法也有单、双音

节的差异：

（14）a. 大：大批——* 大批评，大赞——* 大赞美

b. 传：传阅——* 传阅读，传看——* 传观看

c. 猛：猛攻——* 猛进攻，猛击——* 猛攻击

d. 主：主角——* 主角色，主播——* 主播音

e. 各：各持——* 各坚持，各住——* 各居住

### 2.3.3 嵌偶单音词搭配的选字偏误

我们看下面两个例子：

（15）* 我还记得那时的我是不懂游泳的，但因为爸爸说要教我游泳，所以我和他便去了沙滩，见到很多人在碧波中畅泳，很开心的样子。

（16）* 因为在世界上求业竞争之激烈超过了以前想象的。

这里的嵌偶单音词是“畅、求”它们的用法主要是：

（17）a. 畅：畅谈——* 畅交谈，畅饮——* 畅饮酒

b. 求：求偶——* 求配偶，求职——* 求职业

这里学生虽然正确地组成了双音节模块，但是在选用关键字时却出现了偏误，比如，在“游泳”“求职”词中，学生对选择单音节有一定的意识，但是在具体选择哪个字时却出现了问题，如“畅游——* 畅泳”“求职——* 求业”，等等。

## 2.4 产生偏误的原因

### 2.4.1 嵌偶单音词自身的规律

从语法意义上来看，这些嵌偶单音词的意义和与之对应的双音节词意义相近，在语法功能上，其用法也有类比性，如：

（18）校——学校，国——国家

与之对应的双音节词也可以自由使用，如：

（19）我校——我们学校，我国——我们国家

其主要区别只有韵律上的不同，也就是说，它们是“句法自由，韵律黏着”（冯胜利，2006b：5）的词，在使用上有自己的特殊性，而这也正是汉语典雅表达的特殊方式之一。

### 2.4.2 训练上的原因

在中高年级教学中，教师一般更重视的是词汇量的扩大、近义词辨析等，而鲜有注意单、双音节区别的教学，因此使得学生对这种表达方式和单、双音节的对立不够敏感，从而出现了偏误。

我们举一个教材中的实例：某中级教材的一个生词是“案”，讲解是“案，名词，law case”，给的例子是“盗窃案”等，但是这个“案”字其实并不能单用，我们不能说：

（20）a. * 案很重要。
　　b. * 他无权处理案。
　　c. * 案的审理已经结束。

而只能说：

（21）a. 本案很重要。
　　b. 他无权处理本案。
　　c. 本案的审理已经结束。（董秀芳，2004：54）

因此对于“案”这样的词，我们就不能简单地采用中英对译的方法来进行教学，而是应该充分重视其韵律属性。

## 3. 嵌偶单音词的教学方法探讨

对于这类嵌偶成分的教学，我们既不能采取传统的词汇教学方式，也不能采用单个语素的教学方式，而是应该以“单字”为基础，明确其单字的意义，并强调其搭配字的选择、取舍等方面，具体说来，可以分为如下四个环节：

### 3.1 认知环节

这个环节主要是帮助留学生确立汉语“嵌偶单音词”的意识，也就是说，让他们了解在汉语书面语表达中，除了句法、语义和语用的搭配外，还有一条重要的规则，就是“韵律”的规则。具体说来，我们可以选用如下几种策略进行教学。

#### 3.1.1 呈现相关材料进行输入

首先我们要给学生提供大量存在“嵌偶单音词”的语言材料，保证在充分输入的情况下，让他们感知汉语中这类特殊现象的韵律节奏，并形成意识。例如，对于“贤”字，报刊上有如下用例：

(22) 台湾大学音乐研究所所长沈冬进行了视讯对话，谈古论今，追忆【先贤】，把晚会欢乐的气氛推向高潮。

(23) 通过清明扫墓，可使他们铭记敬老【尊贤】的重要性。

(24) 历来诗中的“美人”是真是假，是淑女还是【贤君】，就很让人费心。

(25) 本地人才不发光，是因为没有内驱力，没有市场推动，经济还没发展到【求贤若渴】的程度，对人才的流失也没有切肤之痛。

这是从报刊中搜索到的几处实例，其对于“贤”字，分别呈现了“先贤”“尊贤”“贤君”等用例，而且还有“求贤若渴”这样的结构，如果学生能大量接触此类结构，对它们有了语感之后，教师再进行讲练就容易得多。

#### 3.1.2 运用练习手段进行引导

我们可以在不介入“嵌偶单音词”概念的基础上，给出典型嵌偶搭配的意义，然后让学生猜测其他搭配的意义，如：

给出“当选”，让学生猜测“参选”“落选”的意义；

给出“要员”，让学生猜测“要事”“要闻”的意义。

这样可以让学生形成嵌偶的意识，并有规律地掌握这些韵律现象。

### 3.2 讲练环节

冯胜利（2006a、2007）对“嵌偶单音词”在教学中的运用做了深入而细致的探讨，他把嵌偶单音词的教学方法分为三个步骤，一是“学双知单”，二是“拆双组单”，三是“综合训练”。具体说来，首先，我们要让学生确定双音节词中哪个字可以拆出来，哪个字不能拆出来，比如“朋友”，“友”字有很强的构词能力，而“朋”字就相对弱一些，因此，这里应该让学生明确知道哪个字可以作为构词成分来进行学习；其次，我们让学生运用这些拆出来的单字进行组合练习，如我们拆出来的“友”字，可以组成“好友、室友、校友”等；最后，我们让学生进行综合训练，使用“拆合扩展”的方法，从拆字到组字，逐层练习。

这种循序渐进的练习方式在课堂教学中具有很好的适用性，可以明确地给学生呈现和讲练相关知识，因此，在课堂上，我们主张坚持这种积累式的学习方式，让学生不断增加所掌握的“嵌偶单音词”的数量。

### 3.3 巩固环节

在课堂讲解的基础上，我们可以在练习和课后复习中，继续巩固上述内容。具体的方法有：

第一，遣词造句练习。例如，在布置作业时，教师可以让学生用指定的模块进行造句练习。在练习中，教师可以给出部分线索，例如，告诉学生哪个位置需要单字（用【X】表示），而这个字应该是什么性质，一般可以采用下标的方式来表示，例如是动词、名词还是副词等。这样既给了学生句法上可以依靠的线索，又提示学生重视韵律。

第二，使用“语体转换”的方法来进行练习。教师可以给出嵌偶词的用法，让学生用口语来解释，或者给出口语形式，让学生用教师指定的嵌偶单音词来讲出。例如，在学习“共”字时，教师可以给出如下的句子：

（26）a. 让我们共创美好未来。

b. 跟同学共居一室。

这里的“共创”和“共居”可以替换为口语的“共同创造”和“共同居住”，因此可以让学生进行替换，并把相应的其他成分的语体也变换过来，如：

（27）a. 让我们共同创造美好的未来。

b. 跟同学共同居住在一间卧室。

### 3.4 活用环节

在以上环节都顺利完成的基础上，可以让学生使用这些表达方法进行自由练习，在平时的作文以及考试中，可以鼓励学生使用这些较为典雅的表达方式，在充分重视其句法语义和韵律规则的基础上，更好地表达自己的思想与见解。教师也可以有意识地引导学生使用嵌偶单音词，例如在平时的作文中，规定学生使用嵌偶单音词的数量，或指定必须选用哪些嵌偶单音词完成作文，在改卷时也可以对尝试使用类似表达方法的学生进行鼓励，并在成绩上予以区分，让学生更加自觉地使用嵌偶单音词进行表达，达到活学活用的目的。

## 4. 结论

本文在梳理前人相关研究的基础上，通过调查中高年级留学生嵌偶单音词的使用偏误，讨论了书面语表达方法在教学中的应用和注意事项，并据此为中高年级留学生的写作课教学提供了一种新的思路和途径，有助于留学生掌握标准的正式语体，并能运用一些典雅体语言进行书面表达。

## 参考文献

董秀芳:《汉语的词库与词法》，北京：北京大学出版社，2004 年。

冯胜利:《书面语语法及教学的相对独立性》,《语言教学与研究》，2003 年第 2 期。

冯胜利:《论汉语书面正式语体的特征与教学》,《世界汉语教学》，2006 年 a 第 4 期。

冯胜利:《汉语书面用语初编》，北京：北京语言大学出版社，2006 年 b。

冯胜利:《汉语综合教程（高级）——文以载道》(上、下)，北京：高等教育出版社,2007 年。

冯胜利：《语体语法与语体功能》,《汉语书面语的历史与现状》，冯胜利，北京：北京大学出版社，2013 年。

冯胜利，阎　玲：《论语体语法与教材编写》, *Journal of the Chinese Language Teachers Associaition*, Vol.48:1，2013。

黄　梅:《现代汉语嵌偶单音词的韵律句法研究》，北京：北京语言大学出版社，2012 年。

陆俭明:《作为第二语言教学的汉语教学必须重视书面语教学》,《对外汉语研究》，2007 年第 3 期。

吕叔湘：《现代汉语单双音节问题初探》，《中国语文》，1963 年第 1 期。

Feng Shengli. On Modern Written Chinese [J]. *Journal of Chinese Linguistics*, 2009 (37): 1.

Feng Shengli. Prosodic Structure and Its Implications for Teaching Chinese as a Second Language [J]. *Journal of the Chinese Language Teachers Association*, 2004 (39).

Grabe, W. & Kaplan, R. B. *Theory and Practice of Writing: An Applied Linguistic Perspective* [M]. London: Longman, 1996.

Skehan, P. *A Cognitive Approach to Language Learning* [M]. Oxford: Oxford University Press, 1998.

**【作者简介】**

骆健飞，北京语言大学 2012 级博士研究生，研究方向为汉语韵律句法。

**【专家点评】**

刘珣：

论文选题很好，探讨的问题是中高年级对外汉语教学中需要解决的重要问题。此外，本论文将本体研究、教学法的研究和教学理论的研究有机结合起来，论述得当。不足之处在于，教育理论的研究，这一部分应考虑是否要从字本位的角度上来讲；若是从这个角度写，则论述不够详细，需进一步深化。

冯惟钢：

论文整体不错，但是作为博士生，在论文写作时，应注意使用文献代码，并且要特别注意文章结构、语言表达以及研究方法等几个方面。

姜丽萍：

选题有意义，研究方法较为科学、有效。解决的问题具有针对性，语言流畅，符合学术规范 。

# “而且”与“况且”辨析

北京语言大学　钟文婷

**提　要**　“而且”和“况且”同属连词，且具有相同的语素，留学生在两词的分辨和使用过程中存在困难，容易引起使用上的混淆。本文试以辨异为重点，从语义和语法角度对这两个词的意义和用法进行辨析，并针对对外汉语教学提出自己的相关看法。

**关键词**　连词　而且　况且　辨析　对外汉语教学

# 1. 绪论

## 1.1 选题

### 1.1.1 选题缘起

在 HSK 动态作文语料库中，有关“况且”的全部用例为 56 例，偏误 9 例，占 16%。其中误用“况且”代替“而且”的为 6 例，占偏误用例的 67%。“而且”和“况且”有相同的语素，二者都属于连词，在用法上有相近之处，因而容易造成留学生使用上的混淆。例如：

（1）每个人非得考虑到资源有限的情况不可，而且（况且）[1]要重新认识到在自己生活上浪费资源的部分。（HSK 动态作文语料库）

在《中国汉语水平考试大纲》（以下简称“《大纲》”）中，“而且”属于甲级词，“况且”属于丙级词，可见《大纲》对二者的掌握程度要求较高，如果不能很好地区分，势必会给这两个词的学习带来困难。

### 1.1.2 选题内容

本文以现代汉语连词“而且”和“况且”为研究对象，从语义和语法角度系统比较二词的异同，结合 HSK 动态作文语料库中留学生出现的偏误，探讨对外汉语教学中“而且”和“况且”的教学对策。

## 1.2 研究综述

### 1.2.1 对“而且”“况且”的个案研究

白荃（1993）探讨了“而且”与“再说”的异同。

对“不但……而且”这一表达句式的研究成果较为丰富。周换琴（1995）、邢福义（2001）、赵越（2002）、周刚（2002）和张红梅（2007）等都对“不但……而且”进行过研究。朱四美（2009a）从语义和语法角度对“而且”进行了分析。孙逊（2004）对曹雪芹、鲁迅和老舍作品中的“况且”句进行了探讨。徐

[1] 为保持语料原貌，此处引用皆为 HSK 动态语料库原始语料，只去除部分分析所用、与语料无关的符号。标注为语料库所做，其中括号内为留学生偏误，括号外为语料库的更正。下同。

燕青(2008)从篇章的角度，运用语义关联度的差别分析“况且”句中结论与理由以及各层理由排序的成因。戴宗杰(2010)以篇章为背景，对具有篇章衔接和连贯作用的“况且”进行了句法、语义、篇章和语用等多个角度的研究。

#### 1.2.2 有关“而且”“况且”的对比研究

马真(1981)从意义和用法方面对“而且”与“况且”做了深入的比较。

张福堉(2002)认为:“而且”可连接词、短语、分句，“况且”只能连接分句;“而且”强调意思更进一层，重在后一分句，“况且”表示追加补充说明，重在前一分句。

朱四美(2009b)从语义、语法和语用三个层面对“而且”“并且”和“况且”进行了对比研究。

#### 1.2.3 对外汉语教学领域对“而且”“况且”的相关研究

张丽(2008)以对外汉语教学的相关要求为基准，对“和”与“及”、“从而”与“于是”、“而且”与“并且”等词进行了比较。

郦超彧(2009)以中高级留学生的作文为语料，选取了包括“不但……而且”在内的15个连词进行了重点分析。

### 1.3 研究方法

本文采用比较分析与定量统计相结合的方法。比较分析综合搭配分析、词典释义对比、替换等方法。

### 1.4 语料来源

本文的语料来源主要有:

① 国家语委语料库、HSK动态作文语料库;

② 相关语法著作、论文的用例。

## 2. “而且”“况且”的语义分析和语法分析

### 2.1 “而且”与“况且”的词义比较

#### 2.1.1 共同语素“且”

周刚(2002)指出，上古时期的连词大部分是单音节词，尤其是先秦时期，双音节连词很少。汉代前后双音节连词逐渐增加，主要是同义复合，即由两个语法意义和功能相近的连词融合而成。他认为，双音节连词"况且"是由"况""且"两个连词同义复合而成。单音节连词"且"的用法较为复杂，何乐士等《文言虚词浅释》中对"且"字用作连词列出了四种不同的用法：

① 连接前后两项，表示二者之间为并列关系；

② 连接分句与分句，表示意思上的更进一层；

③ 连接前后两项，表示从中选择一项；

④"且"所连接的部分，是一个程度较深的事例，常用在复合句的前一分句表示衬托，以引起下文的推论。[1]

现代汉语中用于递进复句或句群中的"而且""况且"都来源于"且"的"连接分句与分句，表示意思上的更进一层"的用法，即前面所罗列的四种用法中的第二种。

#### 2.1.2 "而且"的义项

笔者查阅了《汉语大词典》等 8 本词典，现将词典对"而且"的解释列于表 1 中：

**表 1　各词典"而且"的义项**

| 义项 | 《汉语大词典》 | 《现代汉语八百词》（增订本） | 《现代汉语词典》（增补本） | 《现代汉语虚词讲义》 | 《现代汉语虚词例释》 | 《现代汉语虚词词典》 | 《现代汉语规范词典》 | 《现代汉语虚词辨析 500 例》 |
|---|---|---|---|---|---|---|---|---|
| **表示意思更进一层** | √ | √ | √ | √ | √ | √ | √ | √ |
| **表并列和相互补充** | √ | | | | √ | | | √ |

由表 1 看出，在各大词典中，"而且"的义项主要有两个：①表示意思更进一层；②表示并列和相互补充。所查阅的词典全部都认同义项①。8 本词典中，有 5 本认为"而且"只有①一个义项；另外 3 本词典则认为"而且"还有义项②。我们认为，"而且"的义项应分为：①表示意思更进一层；②表示并列和相互补充。这是比较符合语言实际的。关于这一点，详见 2.3.1"'而且'连接成分之语义关系"。

[1] 引自何乐士等，《文言虚词浅释》，北京：北京出版社，1979 年。

### 2.1.3 “况且”的义项

“况且”的义项列于表2中：

**表2 各词典“况且”的义项**

| 义项 | 《汉语大词典》 | 《现代汉语八百词》（增订本） | 《现代汉语词典》（增补本） | 《现代汉语虚词讲义》 | 《现代汉语虚词例释》 | 《现代汉语虚词词典》 | 《现代汉语规范词典》 | 《现代汉语虚词辨析500例》 |
|---|---|---|---|---|---|---|---|---|
| **表示意思更进一层** | √ | | √ | | | | √ | |
| **表进一步追加理由** | | √ | | √ | √ | √ | | √ |

由表2看出，8本词典中，有3本采用了“况且”的义项①，表示意思更进一层；另外5本采用了义项②，表示进一步追加理由。

我们发现，所有的虚词词典或是以虚词为主的词典，都采用了“况且”的义项②，而另外的综合性语文词典则采用了义项①。

根据“况且”的意义，我们将“况且”分为“况且$_1$”和“况且$_2$”。用于陈述语气，表示进一步追加理由的为“况且$_1$”。例如：

（2）他是当家的，应当忍气；<u>况且$_1$</u>，在城亡国危之际，家庭里还闹什么饥荒呢？（老舍《四世同堂》）

用于反逼语气，利用前句与后句意义上的对比关系来引导推理的为“况且$_2$”。“况且$_2$”词义近似于“何况”。例如：

（3）即使是朋友，也不该这样对待她，<u>况且$_2$</u>，她是你的最爱！（鲁迅《伤逝》）

本文主要研究对象为“况且$_1$”，探讨“况且$_1$”与“而且”的异同。“况且$_2$”不在研究范围之内。

### 2.1.4 “而且”“况且”的词义比较

通过对词典释义的归纳和分析，我们明确了“而且”的义项有：表示意思更进一层；表示并列和相互补充。“况且”的义项是：表示进一步追加理由。在词义上，“况且”和“而且”存在着区别。但由于词典之间存在分歧，有些词典对

“况且”的解释是“表示意思更进一层”，容易导致学生将二者的词义混淆，随意替换。

## 2.2 “而且”“况且”连接的前后项类型

### 2.2.1 “而且”连接的前后项类型

2.2.1.1 “而且”连接对称结构

①“而且”连接词。例如：

（4）这样他生气而且怀疑了。（国家语委语料库）

（5）当时昼夜行军、打仗，紧张而且艰苦。（国家语委语料库）

（6）积极求变和保持稳定应当而且必须保持统一。（国家语委语料库）

②“而且”连接短语。例如：

（7）作为中国公民而且是苏州公民我实在无语。（国家语委语料库）

（8）我们所遭遇的时代，只从财政上看，也就是中华民族最该奋发而且最容易错过的时代。（国家语委语料库）

③“而且”连接分句。例如：

（9）当他真正从思想上认识到自己的错误以后，我不仅完全原谅了他，而且更加爱他了。（国家语委语料库）

④“而且”连接句子。例如：

（10）长得好很容易，但有头脑就不那么容易。而且我觉得面容姣好倒在次要，身段好才更有女人味。你身段就很不错，很成熟，很丰满，是不是司马灵？（王朔《痴人》）

2.2.1.2 “而且”连接不对称结构

①“而且”连接短语。例如：

（11）这个方案，土方无源，工期极长，堤高更险，占田很多，投资很大，而且不能治本。（国家语委语料库）

②“而且”连接词和短语。例如：

（12）小姨的皮肤像蔷薇花一样饱满而且富有张力。（《现代汉语虚词辨析500例》例句）

③“而且”连接分句。例如：

（13）在社会主义社会，人民内部也是有矛盾的，而且这种矛盾是长期存在的，到共产主义社会也还是存在的。（国家语委语料库）

④“而且”连接分句和短语。例如：

（14）把暴力说成是国家产生的原因是根本错误的，而且是反动的。（国家语委语料库）

⑤“而且”连接句子。例如：

（15）在三代宗教中，一个很明显的特征是上帝（天）与祖先的二元崇拜。而且上帝与人间君王并没有血缘关系，人间君王通过自己的祖先来配祀上帝从而祈求上帝能够赐福于自己……（国家语委语料库）

2.2.2 “况且”连接的前后项类型

“况且”不能连接词和短语，只能连接分句、句子和语段，连接的前后成分一般是不对称结构。

2.2.2.1 “况且”连接分句。例如：

（16）并不是我怕，就为的自家人打架，叫外边人听了好笑；况且自己人一打，就便宜了那班工人！（国家语委语料库）

2.2.2.2 “况且”连接句子。例如：

（17）只是房子与房子之间隔得太近，屋里打个喷嚏，对面房子也听得见。况且目之所及，一片红砖墙，找不到一丛草、一棵树。（《现代汉语虚词词典》例句）

2.2.2.3 “况且”连接语段。例如：

（18）……平日，大家是苦汉，刘四是厂主；今天，据大家看，他们是客人，不应当受这种待遇。

况且，吃完就得走，还不许拉出车去，大年底下的！（老舍《骆驼祥子》）

综上我们发现：“而且”连接的成分类型比“况且”多，有词、短语、分句、句子；“况且”连接的成分类型较少，只能连接分句、句子和语段。“而且”连接的前后成分有对称结构和不对称结构；“况且”多连接不对称结构。单用的“而且”在连接词时，只能连接动词、副词和形容词，不能连接名词。

## 2.3 “而且”“况且”连接成分的语义关系

### 2.3.1 “而且”连接成分之语义关系

#### 2.3.1.1 递进关系

关于“递进”，吕叔湘（1956）在《中国文法要略》中说：“两件事情的加合，可以是平列的，也可以有轻重之别。要是分轻重，大率是先轻后重，就是一层进一层，我们称之为递进。”连词“而且”连接分句和句子时，通常表示递进关系，语义上有前轻后重之分。例如：

（19）读书是学习，使用也是学习，而且是更重要的学习。（《现代汉语虚词例释》例句）

在连接词和短语时，“而且”也可以表示递进关系。例如：

（20）我们要保持和发扬延安作风，就应当而且必须在全心全意为人民服务这个根本点上下功夫。（国家语委语料库）

#### 2.3.1.2 并列关系

所谓并列，是指前后成分没有主次轻重之分，互换位置不会影响基本语义。本文在词义部分列出的 8 本词典有 5 本认为“而且”只有一个义项：表示意思更进一层。实际上，“而且”除了表示递进关系，还可以表示并列关系，主要是在连接词和短语时。例如：

(21)这种设计实用而且美观。(国家语委语料库)

除了表示逻辑上的递进、并列关系,“而且”还可以表示时间关系。这种时间关系主要体现为先后关系和同时关系。

2.3.1.3 先后关系

(22)因为伊孛生是在做诗,不是为社会提出问题来而且代为解答。(鲁迅《娜拉走后怎样》)

2.3.1.4 同时关系

(23)他更加高兴地走而且喊道……(鲁迅《阿Q正传》)

综上所述,“而且”可以表示递进、并列、先后和同时关系。因此,将其义项概况为“①表示意思更进一层;②表示并列和相互补充”,是比较符合语言事实的。

#### 2.3.2 “况且”连接成分之语义关系

在前面分析“况且”的词义时,我们已经明确了“况且”表示进一步追加理由,即“况且”连接的前一成分是申述主要理由,而后一成分是进一步追加次要理由。因而前后成分是前重后轻的特殊递进关系。

综上,“而且”和“况且”连接成分之间的语义关系,从各大词典的释义来看,是存在分歧的。笔者认为,“况且”与“而且”在语义上的区别较大,它只能表示一种特殊的递进关系,即表示进一步追加理由。

### 2.4. “而且”“况且”的同现连接成分

“而且”和“况且”既可以在文中单用,也可以和其他关联词语合用。我们把与它们合用的关联词语称为它们的同现连接成分。

#### 2.4.1 “而且”的同现连接成分

2.4.1.1 “不但”“不仅(仅)”“不只”“不单”“不光”“非但(不)”“岂但”……“而且(还/也/又/更)”

此格式分别是先行词与“而且”合用,先行词和后续词一起与“而且”合用的情况。与单用的“而且”相比，这一格式所连接的成分类型更加丰富。

①连接词。例如：

（24）事实证明，腐败分子不但可以而且已经对我们的事业造成很大的危害。（《现代汉语虚词辨析500例》例句）

②连接短语

a. 连接体词性短语

与先行词合用的“而且”可以连接两个体词性短语，单用的“而且”没有这一功能。例如：

（25）认识这一切，不但中国共产党人，而且一切民主党派，都是完全必要的。（《现代汉语虚词例释》例句）

b. 连接谓词性短语

（26）毛泽东思想不仅影响中国而且还震慑世界。（国家语委语料库）

c. 连接介词短语

与先行词合用的“而且”可以连接两个介词短语，单用的“而且”没有这一功能。例如：

（27）奥运会定点医院实验室国家认可专项计划的成功实施，不仅在国内，而且在国际上都引起了很大的反响和广泛的好评。（国家语委语料库）

③连接词和短语

（28）他不是不仅投降，而且要尽阴谋诡计，软硬兼施、恩威并用，“撺掇”整个梁山农民起义队伍投降朝廷了么？（国家语委语料库）

④连接分句

（29）因为它不仅是意味着在动作上或习惯上的改变，而且这种改变又必须与体质形态相适应。（国家语委语料库）

2.4.1.2 “而且还/也/又/更”

这一格式是后续词与“而且”合用的情况。后续词“还/也/又/更”可以紧跟着“而且”，也可以与“而且”分离。例如：

(30)但是到了二十世纪初年，不但人们盼望的光明没有来，而且还逐渐暗淡下去。(国家语委语料库)

(31)这个月产量超过了计划，而且质量也比过去提高了。(《现代汉语虚词用法小词典》例句)

2.4.2 “况且”的同现连接成分

“况且”的同现连接成分只有后续词，没有先行词。常用的后续词有“还”“也”“又”。后续词可以紧跟着“况且”，也可以与“况且”分离。例如：

(32)路不算太远，况且还是快车，准能按时赶到。(《现代汉语八百词》例句)

(33)纵是早不做指望，可肖济东还是很兴奋，毕竟是国家级学术期刊，况且也是自己近十年的努力成果。(国家语委语料库)

(34)裁去一两个店员罢，本来他只有三个伙计，寿生是左右手，其余的两位也是怪可怜见的，况且辞歇了到底也不够招呼生意。(《现代汉语虚词词典》例句)

综上，“而且”的同现连接成分有先行词和后续词，“况且”只有后续词。先行词或者后续词都可以单独与“而且”合用，也可以一起与“而且”合用。后续词可以紧接着“而且/况且”出现，也可以与之分离。

当先行词与“而且”合用，或先行词和后续词一起与“而且”合用时，所连接的成分类型与单用的“而且”有所不同：前者连接的前后项可以均为体词性短语，后者如果连接的前项为体词性短语，后项必须是谓词性短语；前者可以连接介词短语，后者不可以；前者通常不能连接句子和语段，后者可以。

## 3. “而且”“况且”的对外汉语教学

根据考察，我们发现“而且”与“况且”的不同之处主要是：

①“而且”可以表示各种意义上的递进，而“况且”一般只用于在主要理由

之外追加补充理由。“况且”在句中使用的语义背景是:a.说话人是在申述理由（或叙述原委）；b. 说话人已经将主要理由摆出来；c. 说话人为了使理由更充分而需要进一步追加或补充某些理由。因此，一般表示递进关系时不能用“况且”，只能用“而且”。“况且”一词仅用在追加、补充理由的分句或句子里。“而且”和“况且”的使用环境列于表 3 中：

**表 3 “而且”和“况且”的使用环境**

| 连词 | 用于陈述语气，<br>表示并列或者递进 | 用于陈述语气，<br>表示进一步追加理由 |
|---|---|---|
| 而且 | + | + |
| 况且 | − | + |

② “而且”只连接前后两个有并列或递进关系的小句或句子，即只要求背景项和补充项，而“况且”除连接背景项和补充项外，还强制性要求一个表示结论的部分，即结论项。因此，“而且”如果不是用于连接主要理由和次要理由，或在前后两项之外没有出现表示结论的句子时，通常不能被“况且”替换。

③ “况且”不能与连词“不但 / 不仅”连用，即使是在说明理由的时候。因为“况且”引出的只是次要理由，而用“不但 / 不仅”意味着后面说的理由与前面说的同等重要，甚至比前面的更重要。

④ “而且”的同现连接成分有先行词和后续词，“况且”只有后续词。先行词或者后续词都可以单独与“而且”合用，也可以一起与“而且”合用。后续词可以紧接着“而且 / 况且”出现，也可以与之分离。

### 3.1 留学生习得偏误例析

（35）而且（况且）我们除了自己学校以外，还在其他学校（例如，弹钢琴、书法）一起上学。（HSK 动态作文语料库）

这个语句中没有追加理由的语义，应该用“而且”表示递进关系，用来保证话语的连贯性。

（36）因为我一来北京就考到三年级了，而且（况且）我在我国又没有念过大学，对我来说，这压力实在太大了，但一想到我的父母又不是大户人家，我来中国留学对他们来说并不是简单的事。（HSK 动态作文语料库）

这个语句有背景项“因为我一来北京就考到三年级了”、补充项“我在我国又没有念过大学”和结论项“这压力实在太大了”。用“况且”从语法上看也可以成立，但如果用“况且”，强调的是“一来北京就考到三年级”，“在我国没有念过大学”只是作为次要原因进行补充，语义上不符合实际。应该用“而且”表示递进关系，突出强调后加成分“在我国没有念过大学”。

（37）如果总是靠别人，结果办不到自己要做的事情，而且（况且）越来越不能管理自己。（HSK 动态作文语料库）

（38）每个人非得考虑到资源有限的情况不可，而且（况且）要重新认识到在自己生活上浪费资源的部分。（HSK 动态作文语料库）

（39）依我看，不论是现代或何代吸烟者依然存在，而且（况且）不可能消失，因此我们只能使用符合吸烟者的行为的规定来对待他们。（HSK 动态作文语料库）

以上三句表达的是递进关系，不能用“况且”。

### 3.2 偏误成因及教学策略

#### 3.2.1 偏误成因分析

据我们的考察分析，留学生的偏误主要有两个方面的原因。

3.2.1.1 词典释义误导

如表 1 与表 2 所示，各词典对二者的释义存在分歧。一般工具书上往往用“而且”来解释“况且”，或只是说表示“更进一层”。这样，学生容易把“况且”与“而且”视为同义词而错用。

关于“况且”，《汉语大词典》对“况且”的解释是：连词，表示更进一层。例如：

（40）你自己都愿意入社了，为什么偏舍不得骡子？况且社里又不是白要你的！

《现代汉语词典》对“况且”的解释是：连词，表示更进一层的意思。例如：

（41）上海那么大，况且你又不知道他的地址，一下子怎么能找到他呢？

“况且”如果表示更进一层，那么它和表示递进的“而且”不就不存在区别，可以互换了吗？以上两句将“况且”替换成“而且”后，语法上是没有错误的，但是语义上与替换前有细微的区别。这几句话中，“况且”之后的分句在语义轻重上要弱于前一分句，而不是比前一分句更进一层。替换后，句子的意思就变成前轻后重了，与该句的本意前重后轻相背。因而我们可以确定，“况且”表示更进一层的说法有失妥当。

3.2.1.2　缺少有效的对比教学

“而且”是甲级词，“况且”是丙级词，“而且”在教材上的出现顺序远远比“况且”早。教师在讲授“况且”时更多的是将具有反逼语气的“况且”和“何况”进行对比，而不重视陈述语气表示进一步申述理由的“况且”与“而且”的对比分析。因此，学生对“况且”的掌握不够好，容易将其与关联词“而且”混淆。

3.2.2　**教学策略**

3.2.2.1　词语准确释义

“尽信书，不如无书”，对外汉语教师对教材和词典应持一种客观的态度，批判性吸收，而不是全盘照搬。对于词语释义，特别是虚词的释义，最好综合教材、词典上的释义进行归纳、取舍，用最准确、最直接明了的语言向学生解释新词的意义和用法。我们认为，连词“而且”：①表示意思更进一层；②表示并列和相互补充。连词“况且”可以分为“况且$_1$”和“况且$_2$”：“况且$_1$”用于陈述语气，表示进一步追加理由；“况且$_2$”用于反逼语气，利用前句与后句意义上的对比关系来引导推理。

3.2.2.2　加强对比分析

在新词的教学上，对同一个词，要加强词内部不同义项的对比，如“况且”可以分为“况且$_1$”和“况且$_2$”，它们二者的使用条件和所表达的语义是不同的。用于陈述语气，表示进一步追加理由的“况且$_1$”容易和“而且”相混淆；用于反逼语气，利用前句与后句意义上的对比关系来引导推理的“况且$_2$”容易和“何况”相混淆，因此，要将这两个义项分别和不同的词语进行对比分析。

# 参考文献


白　荃:《"而且"和"再说"》,《北京师范大学学报》,1993年第6期。

北京大学中文系1955、1957级语言班:《现代汉语虚词例释》,北京:商务印书馆,1982年。

戴宗杰:《关联连词"况且"的多角度研究》,延吉:延边大学学位论文,2010年。

何乐士等:《文言虚词浅释》,北京:北京出版社,1979。

侯学超:《现代汉语虚词词典》,北京:北京大学出版社,1998年。

华南师范学院中文系编写组:《现代汉语虚词》,广州:广东人民出版社,1981年。

蒋炳炎:《"不但……而且……"与"not only...but also..."对应研究》,《衡阳师专学报》(社会科学),1996年第5期。

李晓琪:《现代汉语虚词讲义》,北京:北京大学出版社,2005年。

李行健:《现代汉语规范词典》,北京:外语教学与研究出版社、语文出版社,2004年。

郦超彧:《中高级阶段汉语学习者连词的使用情况分析及教学对策研究》,上海:华东师范大学学位论文,2009年。

陆俭明:《作为第二语言的汉语本体研究》,北京:外语教学与研究出版社,2005年。

陆俭明,马　真:《现代汉语虚词散论》,北京:语文出版社,1999年。

罗竹风:《汉语大词典》,上海:汉语大词典出版社,1986—1993年。

吕叔湘:《中国文法要略》,北京:商务印书馆,1956年。

吕叔湘:《现代汉语八百词》(增订本),北京:商务印书馆,1999年。

马　真:《简明实用汉语语法教程》,北京:北京大学出版社,1981年。

齐沪扬,张谊生,陈昌来:《现代汉语虚词研究综述》,合肥:安徽教育出版社,2002年。

孙　逊:《"况且"的语法意义之我见》,《长春教育学院学报》,2004年第3期。

王自强:《现代汉语虚词用法小词典》,上海:上海辞书出版社,1984年。

邢福义:《汉语复句研究》,北京:商务印书馆,2001年。

徐丽华:《外国学生连词使用偏误分析》,《浙江师大学报》(社会科学版),2001年第3期。

徐燕青:《现代汉语"况且"句的篇章分析》,《世界汉语教学》,2008年第4期。

张　博:《外向型易混淆词辨析词典的编纂原则与体例设想》,《汉语学习》,2008年a第1期。

张　博：《第二语言学习者汉语中介语易混淆词及其研究方法》，《语言教学与研究》，2008年b第6期。

张福堉：《现代汉语虚词辨析500例》，北京：学苑出版社，2002年。

张红梅：《关于民族学生学习汉语中的复句“不但……而且”表达句式的分析》，《喀什师范学院学报》，2007年第3期。

张　丽：《面向初中级阶段留学生的联合连词教学》，武汉：华中科技大学学位论文，2008年。

赵　越：《关系词“不但……而且”的合用与“而且”的单用》，《内蒙古师范大学学报》（哲学社会科学版），2002年第5期。

中国社会科学院语言研究所词典编辑室：《现代汉语词典》（增补本），北京：商务印书馆，2002年。

周　刚：《连词与相关问题》，合肥：安徽教育出版社，2002年。

周换琴：《“不但……而且……”的语用分析》，《语言教学与研究》，1995年第1期。

朱四美：《“而且”的语义、语法分析》，《湖南医科大学学报》（社会科学版），2009年a第3期。

朱四美：《“而且”、“并且”、“况且”的语义、语法、语用分析》，长沙：中南大学学位论文，2009年b。

**【作者简介】**

钟文婷，北京语言大学首都国际文化研究基地2011级硕士研究生，研究方向为对外汉语教学。

**【专家点评】**

冯惟钢：

分析得很好，其实我更在意的是，如果运用到教学中，你会怎么教。你的分析很对，但是，如果按这样教的话会把学生教糊涂了，把简单的问题复杂化了。把复杂的问题简单化是一种技能。在教学中，本来就不能用的，就不用说了，错误的东西一定要在学生出现的时候讲。不能把所有的病句罗列出来，这样学生就乱了。另外，参考文献都没有文献代码，在研究生阶段最重要的是养成一种研究和思维的习惯，很多东西要很规整，需要这种论文的体例、文献代码等，要学会用这些东西。在这一阶段有了研究习惯，以后读博士的话就顺理成章了。不过本体研究还是应该有的。但是,实际上就像吕叔湘先生说的一句话:“学习语言不是一套知识,而是一种技能。”

刘雪春:

我对这篇论文印象还是不错的,我觉着,总体路子基本是对头的,但是冯老师提的意见还是非常中肯的。我想,第三部分可以做成一个专门的对外汉语教学的研究,前边就专门做本体研究。如果把第三部分拿进来的话,跟前面的本体部分相比还是相对薄弱得多的。比方说,习得偏误的类型要搞清,这里只有简单的例子。另外,给的例子还要定性。一个是能不能归到偏误,另一个是往哪归,这都是需要细化的问题。另外,偏误的成因和教学策略,虽然作为一些项目已经出现了,可是针对性还是弱一些,所以我觉得这一部分还是有做头的。另外,就像刚才冯老师说的,一些语法化程度高的词在对外汉语教学的时候,其实可以借鉴本体研究的方法,但是没有必要完全把本体研究的方法和思路照搬到对外汉语教学中,否则就容易把简单的问题复杂化。

# 汉语母语者和第二语言学习者的心理词典

## ——一项基于词汇联想实验的研究

北京语言大学　朝洛蒙　刘丹薇

**提　要**　本研究采用词汇联想测试与事后访谈相结合的方式，考察汉语母语者和二语者心理词典结构的异同以及不同水平的汉语二语者心理词典结构的发展变化。实验以汉语母语者和初、中、高三个语言水平的汉语二语者（母语均为拼音文字语言）为被试，以中高频的汉语双字词为联想实验的刺激词，要求被试在看到一个双字词后立即说出首先想到的另一个汉语词，并在事后访谈中解释反应词与刺激词的关系。参考事后访谈资料，将被试的联想反应词分为语义反应、搭配反应、形式反应、无关反应四大类，其中语义反应包括近/反义词反应、情境反应、概念反应三个次类，形式反应包括字音反应、字形反应、形音反应三个次类，并进行分类别的统计。实验结果显示：1. 初级水平学习者以形式反应和无关反应为主；中级水平学习者形式反应和无关反应大量减少，但四种反应类型没有明显差异；高级水平学习者以语义反应和搭配反应为主，形式反应和无关反应很少。这表明汉语二语学习者心理词典的发展经历了一个由字形联结主导到语义联结、搭配联结主导的过程。2. 随着汉语水平的提高，汉语二语者的反应类型越来越接近汉语母语者。汉语高级水平学习者与汉语母语者的心理词典结构没有明显差异。这些研究结果符合“第二语言心理词典从非语义主导到语义主导转变”的观点，并且支持“随着语言水平的提高，第二语言学习者产生‘母语相似性’”的理论。

**关键词** 词汇联想 心理词典 汉语 第二语言

# 1. 综述

语音、词汇和语法是第二语言学习者在习得目的语过程中必须掌握的三个基本要素。其中，词汇习得贯穿整个语言习得过程，因此是第二语言习得的核心要素。最近几十年，第二语言教师逐渐意识到词汇知识对于语法习得、话语理解等的重要性。SLA 研究者对词汇习得的兴趣也与日俱增。从 20 世纪 80 年代中期开始，研究者日益关注二语习得中的词汇习得，关于双语者心理词典、词汇习得、词汇存储、词汇提取及词汇使用的实证研究也逐渐增多。Treisman 首先提出了心理词汇概念，他认为心理词汇是指读者或听者所具有的某种语言的词汇信息的储藏库。McCarthy（1990）、Aitchison（1994）、Murphy（2003）、Brown（2006）也相继提出类似观点（转引自张萍，2009）。虽然心理词汇看不见摸不着，但学者们都一致认为，心理词汇不是杂乱无章地堆积在头脑中的，而是组成了一个有机的系统。学者为厘清词与词在心理词库中到底是怎么储存和相互联结的，数十年来采用各种方法致力于探索心理词库中词与词之间的相互关系，提出了很多理论，也有不少有价值的发现和争议。

## 1.1 国外的第二语言词汇联想研究

词汇联想测试（Word Association Test，WAT）是研究心理词典的性质和组织模式的有效手段和常见方法之一。第一语言的词汇联想主要包括研制本族人的词语联想表和研究儿童语言、认知的发展（例如 Ervin，1961）。在此基础上的联想反应结果的分类，大多从意义和形式两方面把联想反应词分为三类，组合反应（Syntagmatic Response）、聚合反应（Paradigmatic Response）和语音反应（Phonological Response or Clang Response）。随着一语心理词典研究的深入，学者对二语心理词典相关研究的兴趣也逐渐增加，研究大致围绕两个问题展开：一是二语与一语心理词库的结构异同；二是二语心理词库组织模式的发展特点。通过确定心理词典中词与词的联结关系，进而与一语心理词典相比较。关于二语学习者心理词典与一语心理词典的关系，学界主要存在以下三种不同的观点。

一是“语音联结观”，即二语学习者的心理词典与一语学习者的心理词典有本质的区别。Meara（1983）认为，二语心理词典是形式驱动（form-driven），并且更依赖于语音（reliant on phonological information）。Meara（1983）根据 Birkbeck 词汇工程（Birkbeck Vocabulary Project）的自由联想测试的结果指出，二语学习者的心理词典与母语者的心理词典之间存在显著差异。这些差异首先表现在语音在二语学习者的心理词典的组织中起主导作用。Meara 引用 Birkbeck 原文中的法语刺激词“béton”(动物)，母语为英语的法语二语学习者被试有 6 个不同反应词，而这些反应词是基于 4 个与刺激词语音相似的不同法语单词。Meara 本人的后续研究也支持这一结果，他与学者 Schmitt 共同发现，学习者母语化的联想反应只有母语者的一半，而且对非常熟悉的常用词也缺乏足够的联想知识。在 Meara 之后不少学者的研究也得出相似结论。

二是“语义联结观”，即二语学习者的心理词典与母语者的心理词典相同。该观点认为，二语心理词典与一语心理词典本质上是一样的，词与词之间通过语义联结。Singleton（1997）的研究对后续研究影响较大。Singleton 重新分析了 Meara（1983）的引用材料，并提出了两点质疑，认为 Birkbeck 的刺激词并非常用词，不具有代表性，因此被试对这些刺激词的反应并不能体现二语心理词典的结构。同时，Singleton 还发现被试对刺激词的反应有明显的语义联系。而这一观点也得到 Maréchal 的研究支持。Maréchal 考察了两组学习法语的英语学生对 50 个目标词的反应类型。目标词都是高频的、不带任何感情色彩的词。结果表明，不论是母语还是二语，被试产出的大都是语义反应（包括聚合反应和组合反应），只有一小部分语音反应。其他学者的相关研究也支持“语义联结”这一观点（例如：O’Gorman，1996；Singleton，1997；Zareva，2007）。

在 O’Gorman（1996）的实验中，被试对 20 个刺激词的最常见反应中仅有一个词是唯一具有严格语音联结的联想。Singleton（1997）通过其主持的三一学院都柏林现代语言研究工程（Modern Language Research Program，MLRP），进行了一系列跟踪调查来考察二语的发展过程。结果表明，高级被试所产出的大都是语义反应。Zareva（2007）比较了中级水平和高级水平的英语二语学习者与英语母语者的联想反应词。该研究从定量和定性两方面对比分析了母语者和二语学习者的联想反应词。定性分析考察聚合反应、组合反应和语音反应特征，结果并没有发现语音反应现象，高级水平二语学习者的联想反应模式与母语者没有差异。二语词库和一语词库的不同只在于数量上的差异，并不是质的区别。

三是混合型结论，有研究者（Söderman，1993；Wolter，2001；Fitzpatrick，2006；Fitzqatrick & Izura，2011）指出，二语学习者的心理词典处于不断发展和变化之中，和母语者的心理词典有重合，又有差异。

Söderman（1993）考察了母语为芬兰语和瑞士语的英语学习者对常用词的词汇联想情况。结果表明，即使是高级学习者也会产出相当多的句法反应和语音反应，而初级学习者的反应中也有相当数量的聚合反应。他认为，虽然发现了学习者反应类型由组合型向聚合型转化的证据，但这并不一定就是学习者语言水平提高的原因使然。他认为，这种结果与每个词在心理词典中的发展相关，而不是与心理词典的整体相关。由此可见，个体词的发展路径大体相同，都是逐渐接近母语者的心理词汇的组织方式。

Wolter（2001）提出了个体词汇熟悉度的模型（Scales of Vocabulary Knowledge）。实验结果表明，对于中等熟悉的词语而言，语音对二语心理词汇的作用更大；对于非常熟悉的词，母语组产出的聚合型反应更多，而非母语组产出的组合型反应更多。Wolter 就此得出结论：母语和二语心理词汇虽然有很多共同之处，但不同熟悉度的词汇的联想反应呈现系统性的不同。

Fitzpatrick 在前人已成型的研究分类基础上做了改进，她的一系列研究表明，母语和二语心理词典在一定程度上具有相似性，但也有差异。

Fitzpatrick（2006）的研究比较了二语学习者与母语者的词汇联想反应词。较之已有研究，该研究从刺激词选择和反应词分类两方面做了改进。早期的联想实验使用的蓝本大多来自 Kent&Rosanoff（1910），该研究中的 100 个刺激词绝大多数属于高频名词和形容词，且其中自然配对的词较多（如 white-black，tall-short，man-woman 等），有可能对联想反应的结果产生影响（Meara，1983；Wolter，2001）。因此 Fitzpatrick 的研究中刺激词包括了取自学术词表（Academic Word List）的不同词频和词类的词，有意排除了一些高频词，并使用 Meara 设计的词汇测试测量被试的词汇量。另一方面，为了避免反应词分类不全面和对反应词分类不清带来的问题，参考已有研究结果，该研究对联想反应词采用了较为细致的分类方法，先把反应词分为四大类：基于意义的反应词（meaning-based association）、基于位置的反应词（position-based association）、基于形式的反应词（form-based association）和错误反应词（erroneous association），每一大类又分为若干小类。这些分类既包括了之前的组合反应、聚合反应和语音反应，同时又避开了三者之间重复的部分。研究结果表明：无论是母语者还是二语学习者都倾向于给出基于意义的反应词；母语者比二语学习者明显产出更多基于位置的反应词，而二语学习者产出更多基于形式的反应词；母语者明显倾向于产出更多同义词和搭配词，而二语学习者的反应词与刺激词的语义联想不很紧密。Fitzpatrick & Izura（2011）的后续研究中实施2个词汇联想任务实验和1个词汇判断任务实验（lexical decision task）来探索西班牙语为母语、英语为二语学习者的心理词库相关问题。实验结果表明：在六种反应类型中英语母语者和二语者非等义反应类型比例都是最高的，两者在这一点上相似。但二语者的语音—字形反应要明显高于母语者，这又与Meara（1983）的研究有相似之处。

## 1.2 关于汉语的词汇联想研究

目前可查的关于汉语二语学习者（CSL）的汉语词汇联想的研究很少。Jiang（2002）是目前所见在汉语作为二语习得领域的第一篇关于词汇联想研究的文献。该实验根据自然教学班将汉语为二语的被试分为初、中、中高及高级四组，与母语组做对照。结果发现，聚合反应的比例确实随着语言水平的提高而提高，但从中级到高级组并没有显著的转变发生，显著差异只存在于初级组和初级以上组之间。但实验所用的刺激词均为高频词，基本上是英语母语者词汇联想刺激词的中文翻译，不能代表汉语词汇的习得情况。

吕婵（2005）的研究对汉语作为二语的词汇联想研究进行了开拓。实验考察了22名欧美汉语学习者（初级、中级汉语水平）对90个汉语刺激词的联想反应。实验材料在熟悉度和词性两方面做了控制。实验结果表明，汉语二语学习者的心理词典经历了由非语义联结到语义联结的转变。吕婵的研究具有开创性，但仍有些值得进一步探讨的地方。如学习者的水平只有初、中级，缺少高级水平，无法看出汉语二语学习者心理词典的发展模式。同时，吕婵并没有将母语者作为参照进行对比，无法看出汉语二语学习者与母语者心理词典的异同。联想反应分类方面，作者仅延续英语母语者词汇联想研究的分类方法将反应分为聚合、组合、语音、无关四类，并没有详细描写。

钱旭菁（2010）的研究以78个身体动作动词为研究对象，对比考察在汉语母语者和英语背景的汉语学习者心理词典中这些动词的组织方式。实验结果表明，留学生心理词典中身体动作动词的网络及框架与中国学生比较相似，主要通过聚合与组合两种关系与其他词语发生联系，不过留学生的词语网络比中国学生稀疏，词与词之间的联系不如中国学生紧密，存在更多的非语义联系。钱旭菁的研究在已有研究基础上扩展了被试水平，并细化了反应类型，但对于被试水平的划分并未提供明确标准和依据，而且实验材料仅针对汉语身体动作动词，实验结果的外部效度仍有待证明。

### 1.3 小结

回顾已有文献，前人在汉语作为第二语言词汇联想的研究领域取得了一定的开拓性成果，但在二语与一语的心理词典是否一致以及二语心理词典发展模式两个问题上并未得出一致结论，并且在被试汉语水平、刺激词的选择、词汇联想分类标准几方面有不同程度的局限，因此本研究在前人研究基础上对这三方面做出改进，提出以下研究问题：

① 汉语第二语言学习者与汉语母语者的心理词典是否相同。

② 汉语第二语言学习者心理词典模式的发展变化。

## 2. 实验方法

### 2.1 实验设计

本研究是完全被试间单因素设计，包括一个被试间变量，按照汉语语言水平划分为初级汉语学习者、中级汉语学习者、高级汉语学习者和汉语母语者四个水平。

### 2.2 被试

来自北京语言大学汉语学院和速成学院的36名汉语二语学习者和12名中国大学生参加本实验。其中，汉语学习者被试母语均为拼音文字，分别来自美国（9人）、新西兰（4人）、法国（3人）、德国（3人）、瑞士（3人）、乌克兰（2

人)、刚果(2人)、意大利(2人)、西班牙(1人)、英国(1人)、澳大利亚(1人)、俄罗斯(1人)、赞比亚(1人)、乌兹别克斯坦(1人)、巴西(1人)和希腊(1人)。华裔学生不参加本实验。汉语母语者被试均为非语言专业研究生。根据识字量测试将汉语二语学习者被试划分成三组:初级水平11人、中级水平13人、高级水平12人(见表1)。

**表1 汉语二语学习者三组被试汉语水平划分表**

| 汉语水平 | 识字量平均数和范围(个) | 人数(人) |
|---|---|---|
| 初级 | 21.09 | 11 |
| 中级 | 47.31 | 13 |
| 高级 | 79.92 | 12 |

方差分析结果显示,三个水平被试(初级、中级、高级水平被试)的识字量差异显著($F_{(2,\ 33)}$ = 130.163, $p$ =0.000),可推断属于三个不同的汉语水平。事后多重比较结果显示,初、中两个水平被试差异显著(均为 $p$ =0.000)。

识字量测试材料(见附录1)来源于《汉语水平词汇与汉字等级大纲》(国家汉语水平考试委员会办公室考试中心,2001)和《小说字频统计表》(北京语言大学信息处理研究所,1986)。运用电脑程序从《小说字频统计表》频率最高的前2000个汉字中查找与《汉语水平词汇与汉字等级大纲》对应的汉字,并从对应汉字中随机抽取100个作为测试材料。

### 2.3 实验材料

已有研究表明,刺激词频率会影响联想反应,常见的高频词容易引起相同联想反应(Fitzpatrick,2006),比如"香蕉"会引发大多数人对"苹果"的反应,不能体现真实的词汇联想反应,而词语频率也会影响语义通达(张积家、彭聃龄,1993;陈宝国、王立新、彭聃龄,2003等),从而影响联想反应。另外,一种词性倾向于引发某种特定类型反应(Fitzpatrick,2006),如名词刺激容易引发名词反应,形容词刺激容易引发名词和动词反应等(Deese,1962;Söderman,1993)。因此,本实验中的刺激词排除常见高频词,在《现代汉语频率词典》(北京语言学院语言教学研究所,1986)中随机抽取出现频次前1000到2000的中高频双音节汉语词，名词、动词、形容词各 14 个，共 42 个刺激词（见附录 2）。

### 2.4 分类标准

最早对联想词和刺激词关系的分类以词性为标准，把联想词分为同质和异质两种，由于这种分类的局限性，学者们后来根据刺激词和反应词的语义关系把它们分为聚合联想、组合联想、语音联想、无关联想四类。但由于没有明确定义使得不同人对同一反应词的解释不同（Meara，1983；Fitzpatrick，2006），而且这种分类方法不能包括所有可能的反应类型（Söderman，1993；Wolter，2001），所以需要更细致的次类划分标准（Fitzpatrick，2006）。本研究参考已有分类标准（Söderman，1993；Fitzpatrick，2006），并结合事后与被试的一对一访谈，将词汇联想反应分为 4 大类、8 小类（见表 2）。

**表 2 联想反应类型表**

| 反应类型 | 次类 | 定义 |
|---|---|---|
| 语义反应 | 近 / 反义词<br>情境反应<br>概念反应 | 意义相同或相近，如“手机—电话”。<br>反应词和刺激词之间有情境联系，如“睡觉—床”。<br>反应词和刺激词有松散的概念联系，如“父母—温暖”。 |
| 搭配反应 | | 反应词与刺激词有线性句法关系，如“提高—能力”。 |
| 形式反应 | 字音反应<br>字形反应<br>形音反应 | 反应词与刺激词有语音联系，如“商量—项链”。<br>反应词与刺激词有字形联系，如“奇怪—椅子”。<br>反应词与刺激词在语音和字形上都有联系，如“座位—坐下”。 |
| 无关反应 | | 反应词与刺激词没有任何关联，如“获得—凶”。 |

### 2.5 施测过程

采用个别施测的方式，所有的刺激词都以视觉形式在电脑屏幕上呈现。正式施测前进行测试说明并练习 3 次，要求被试在看到汉语双字词后立即（10 秒之内）说出想到的第一个汉语词，被试所有的反应均被录音保存。

事后访谈中在被试每对一个刺激词产出反应词后询问，要求被试解释为何想到反应词、反应词与刺激词的关系，作为之后反应类型划分的依据之一。

# 3. 结果

## 3.1 反应类型分布

**表 3 各组被试不同反应类型频次、百分比表**

| 反应类型 | 初级 | | 中级 | | 高级 | | 母语 | |
|---|---|---|---|---|---|---|---|---|
| | 频次 | 百分比（%） | 频次 | 百分比（%） | 频次 | 百分比（%） | 频次 | 百分比（%） |
| 语义反应 | 6.27 | 14.90 | 18.15 | 43.07 | 23.83 | 56.63 | 22.83 | 54.37 |
| 搭配反应 | 1.92 | 4.56 | 10.15 | 24.09 | 14.00 | 33.27 | 18.58 | 44.25 |
| 形式反应 | 27.63 | 65.65 | 10.92 | 25.91 | 3.00 | 7.13 | 0.33 | 0.79 |
| 无关反应 | 6.27 | 14.90 | 2.92 | 6.93 | 1.25 | 2.97 | 0.25 | 0.60 |

注：①频次是被试某一类反应出现的次数。

②百分比因四舍五入，其总和有的不是 100%。

从表 3 可知，初级水平被试的形式反应（27.63 频次）最多，占反应总数的 65.65%。语义反应和搭配反应仅占 14.90% 和 4.56%；中级学习者的搭配反应（10.15 频次）、形式反应（10.92 频次）两者差异不大，均占反应总量的 25% 左右，语义反应（18.15 频次）所占比重稍大，占反应总量的 43.07%；高级学习者以语义反应（23.83 频次）和搭配反应（14.00 频次）为主，分别占反应总比重的 56.63% 和 33.27%，形式反应和无关反应很少，共占总反应的 10.10%；母语者的语义反应（22.83 频次）和搭配反应（18.58 频次）最多，分别占反应总比重的 54.36% 和 44.24%，几乎没有形式反应和无关反应。

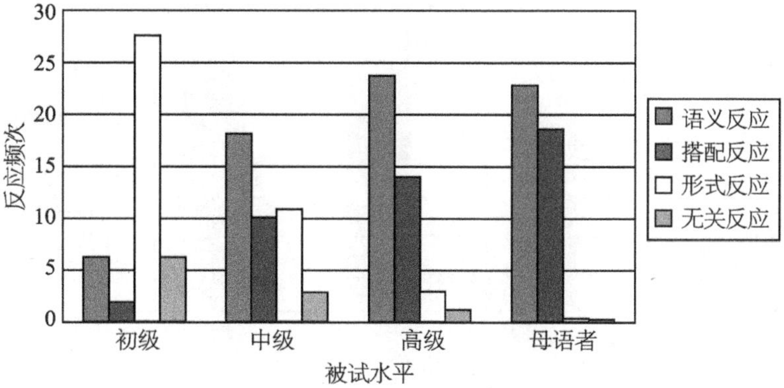


**图 1 各组被试不同反应类型频次图**

由图 1 可知，初级水平、中级水平、高级水平被试的联想反应类型差异比较大，从以形式反应为主逐渐变为以语义和搭配反应为主。高级水平被试与母语者反应类型都以语义反应和搭配反应为主，词汇联想反应模式相似。

## 3.2 语义反应

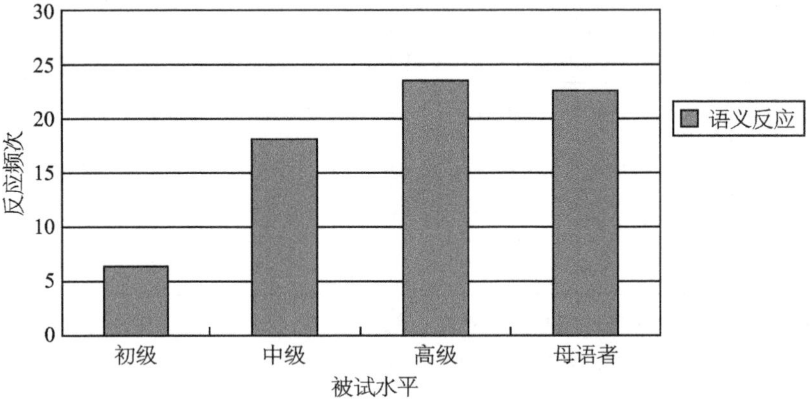


**图 2 各组被试语义反应类型频次图**

四个水平的被试（初、中、高水平留学生和汉语母语者）的语义反应类型差异如图 2。对语义反应进行方差分析，结果显示，四个水平的被试在语义反应上的差异非常显著（$F_{(3,44)}$ = 16.205，$p$=0.000）。事后多重比较结果显示，初、中两个水平被试差异显著（$p$=0.000），中、高两个水平被试差异不显著（$p$=0.162），中级和母语者差异显著（$p$=0.01），高级水平被试和母语者没有差异（$p$=0.983）。高水平被试和母语者的语义联想反应类型没有差异。

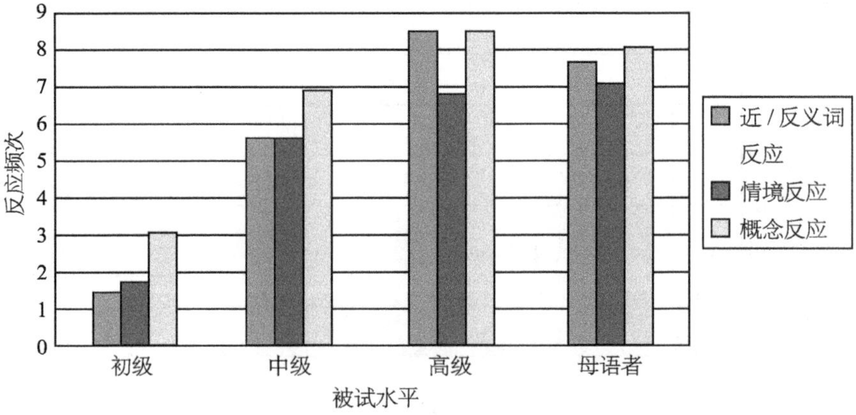


**图 3 各组被试语义次类反应类型频次图**

由图 3 可知，初级汉语二语学习者在三个反应次类上处于最低水平，随着学习者汉语水平的提高，中级水平、高级水平被试反应频次大幅提高。高级水平被试与母语者的反应类型差异不大，其反应类型越来越接近汉语母语者。

方差分析结果显示，各组近 / 反义反应类型差异不显著（$F_{(3,\ 44)}$=0.613，$p$=0.442），情境反应类型差异不显著（$F_{(3,\ 44)}$=0.401，$p$=0.533），概念反应类型差异显著（$F_{(3,\ 44)}$=4.324，$p$=0.049）。对方差分析结果做事后检验，近 / 反义反应中初、中级水平被试差异接近显著（$p$=0.06），中、高级水平被试差异不显著（$p$=0.839），高级水平与母语者被试差异不显著（$p$=0.998）；情境反应类型中初、中级水平被试差异不显著（$p$=1.13），中、高级水平被试差异不显著（$p$=0.625），高级水平与母语者被试差异不显著（$p$=1.000）；概念反应中初、中级水平被试差异接近显著（$p$=0.06），中、高级水平被试差异不显著（$p$=0.712），高级水平与母语者被试差异不显著（$p$=0.993）。

### 3.3　搭配反应

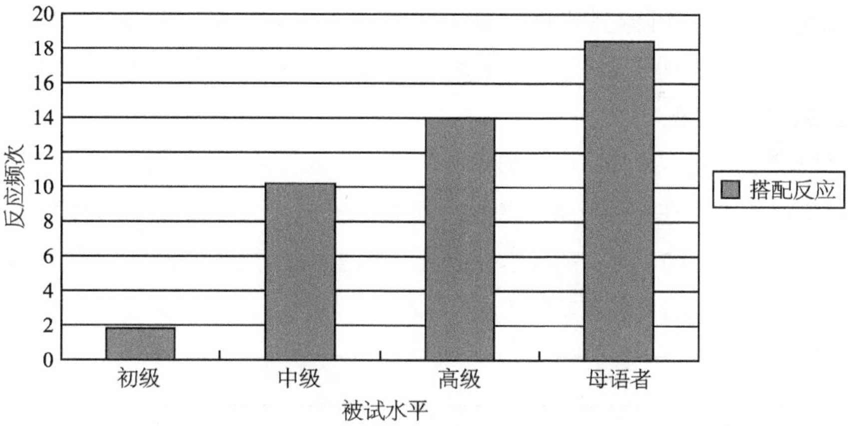


**图 4　各组被试搭配反应类型频次图**

各组被试搭配反应类型频次差异如图 4。根据实验结果，初级水平被试的搭配反应频次为 1.92，中级水平被试为 10.15，高级水平被试为 14，呈明显上升趋势。其中高级水平被试的搭配反应与母语者最为接近。

对搭配反应进行方差分析，结果显示，四个水平的被试（初、中、高级水平留学生和汉语母语者）在搭配反应上的差异显著，（$F_{(3,\ 44)}$= 11.037，$p$=0.000）。事后多重比较结果显示，初、中级两个水平被试差异显著（$p$=0.03），中、高级两个水平被试差异不显著（$p$=0.522），中级水平被试与母语者差异显著（$p$=0.01），高级水平被试和母语者没有差异（$p$=0.386）。

### 3.4 形式反应

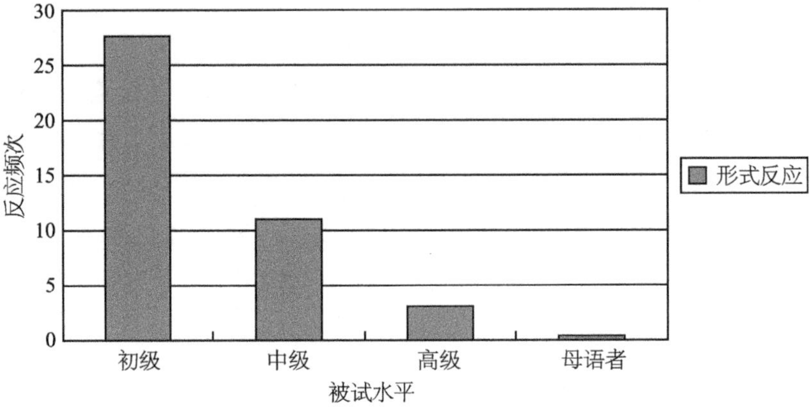


**图 5 各组被试形式反应类型频次图**

图 5 的结果显示，四个水平的被试（初级、中级、高级水平和汉语母语者）在形式反应上总体下降趋势明显，由初级水平被试的 27.63 下降到中级水平被试的 10.92，再到高级水平被试的 3。高级水平被试的频次和母语被试的频次分别为 3 和 0.33，都非常低。

对形式反应的方差分析结果显示，四个水平的被试（初、中、高级水平留学生和汉语母语者）在无关反应上的差异显著（$F_{(3, 44)} = 6.962$，$p$=0.001）。事后多重比较结果显示，初、中、高级水平被试三者两两之间差异显著（均为$p$=0.000），高级水平被试和母语者没有差异（$p$=0.412）。

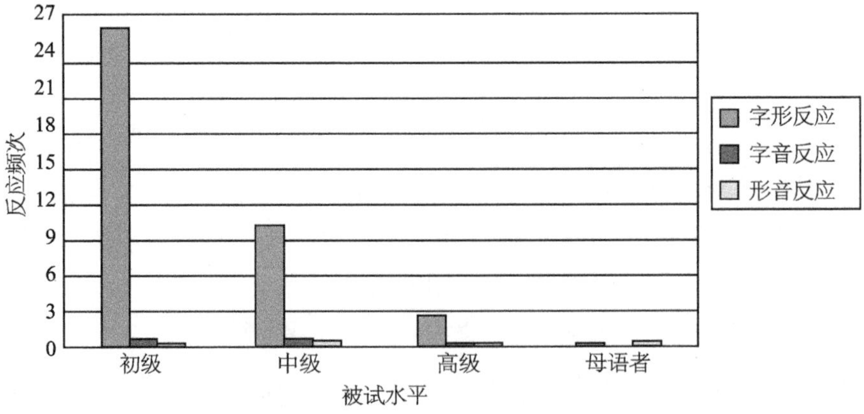


**图 6 各组被试形式次类反应类型频次图**

由图 6 可知，初级水平被试的字形反应最多，频次为 26.91，占初级水平总数的 64.1%；中级水平被试的字形反应频次为 10.23，占中级水平总数的 24.4 %；高级水平被试的字形反应频次为 2.67，占高级水平总数的 6.4%；母语被试的字形反应频次为 0.08，占母语反应总数的 0.2%。方差分析结果显示，各组字形反应类型差异显著（$F_{(3,44)}$=104.258，$p$=0.000），事后检验结果显示，初、中级水平被试差异显著（$p$=0.000），中、高级水平被试差异显著（$p$=0.000），而高级水平被试与母语者差异不显著（$p$=0.393）。随着汉语水平的提高，字形反应从初级水平被试到高级水平被试呈明显下降趋势，高级水平被试和母语被试的字形反应很接近，所占比例都很低。各水平被试的字音反应和形音反应频次都很低，均不足 1.6%。

### 3.5 无关反应

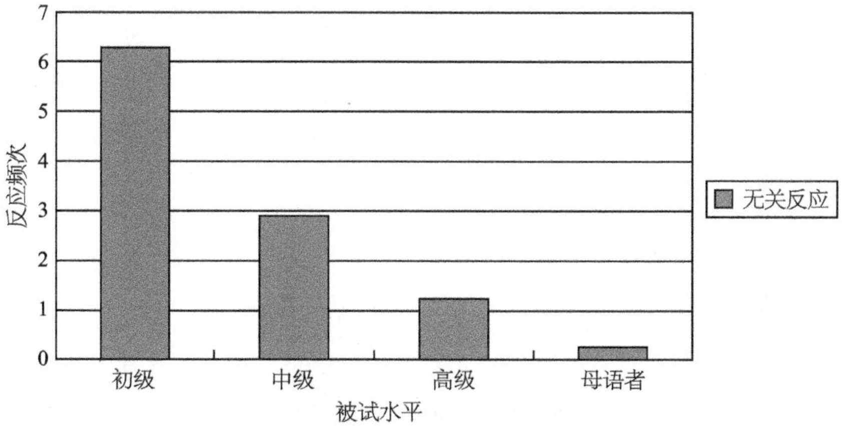


**图 7　各水平被试无关反应类型频次图**

由图 7 可知，四个水平的被试（初、中、高级水平留学生和汉语母语者）在无关反应上占的比例极小，总体呈下降趋势。由初级水平被试的 6.27 下降到中级水平被试的 2.92，再到高级水平被试的 1.25。高级水平被试的频次和母语被试的频次分别为 1.25 和 0.25，所占百分比不足 3%，均非常低。这说明随着被试汉语水平的提高，无关反应所起的作用也逐渐变小。

对无关反应进行方差分析，结果显示，四个水平的被试（初、中、高级水平留学生和汉语母语者）在无关反应上的差异显著（$F_{(3,44)}$ = 6.962，$p$=0.001），事后多重比较结果显示，高级水平被试和母语者差异不显著（$p$=0.827）。

### 3.6 小结

初级水平被试词汇联想反应类型以形式反应为主，语义反应、搭配反应、无关反应差异不大；中级水平被试语义反应比重稍大，形式反应、搭配反应次之，无关反应减少；高级水平被试以语义反应和搭配反应为主，形式反应和无关反应非常少。随着汉语水平的提高，被试语义反应、搭配反应增多，形式反应和无关反应减少。高级水平被试和母语被试各类型反应相似。

语义反应中，初级水平被试近 / 反义词反应、情境反应、概念反应三个次类反应类型都很少；中级水平被试三个次类反应数量有大幅提高，且三者差异不明显；高级水平被试三个次类反应最多。随着汉语水平的提高，被试近 / 反义词反应、情境反应、概念反应三个次类反应类型数量明显增多，高级水平被试与母语者被试反应差别不大。

形式反应中，初级水平被试的字形反应比例很高，中级水平被试字形反应比例明显下降，高级水平被试字形反应很少，接近母语者。随着汉语水平的提高，被试字形反应明显减少。各水平被试的字音反应和形音反应比重都非常小。

## 4. 讨论

### 4.1 随着汉语水平的提高，汉语二语学习者的心理词典逐渐趋近汉语母语者的心理词典

初级水平汉语被试词汇联想反应类型以形式反应为主，中级水平被试形式反应减少，语义反应和搭配反应增多，高级水平被试以语义反应和搭配反应为主，形式反应非常少，汉语母语者的主要反应类型也是语义反应和搭配反应。同时，语义反应中近 / 反义词反应、情境反应、概念反应三个次类的反应频次也随着汉语水平的提高而增加，高级汉语水平被试与汉语母语者较为一致。由此可见，随着汉语水平的提高，汉语二语学习者词汇联想的形式反应减少，语义反应和搭配反应逐渐增多，汉语高级水平学习者与汉语母语者词汇联想反应模式类似，两者都以语义反应和搭配反应为主。因此高级水平汉语学习者与汉语母语者的心理词典模式相似。

这一实验结论与 O’Gorman（1996）、Singleton（1997）、Zareva（2007）的研

究有相同之处。O'Gorman（1996）和 Singleton（1997）的实验显示，二语学习者的词汇联想反应只有非常少的语音联想，这与母语者一致，因此支持“语义联结观”，即一语心理词典与二语心理词典本质相同。Zareva（2007）的研究采用定性和定量两种方法考察英语母语者和二语学习者的词汇联想模式，结果发现高级水平二语学习者与母语者并无显著差异。以上研究的结论都支持汉语高级水平学习者与汉语母语者心理词典一致的结果。

例如，在我们的实验中，各语言水平被试对刺激词“植物”的联想反应见表4。

**表4　刺激词“植物”的反应词**

| 刺激词 | 初级 | 中级 | 高级 | 母语者 |
|---|---|---|---|---|
| 植物 | 动物1<br>动物3<br>养1<br>博物馆1<br>零度1<br>运动1<br>植物1<br>场1<br>无反应1 | 自然1<br>树1<br>草1<br>花园1<br>植物油1<br>动物2<br>宠物1<br>食物2<br>礼物1<br>物1<br>无反应1 | 种1<br>草2<br>植物园1<br>花园1<br>动物4<br>公园2<br>生命1<br>任务1 | 果实1<br>花2<br>仙人球1<br>高1<br>树2<br>养3<br>种植2 |

将被试反应词分类，得到如下数据：初级水平被试形式反应最多（9个），几乎没有语义反应和搭配反应；中级水平被试语义反应（5个）和搭配反应（2个）增多；高级水平被试语义反应（8个）最多，搭配反应（3个）次之，与母语者反应类型相似。

“母语相似性”的结论可以从词汇知识深度（Meara，1996）和词汇习得过程中找到合理解释。

Meara（1996）的研究表明，每个词都包含三方面的信息：广度（breadth）、深度（depth）、通达度（accessibility）。每个词都包含很多信息，比如句法结构、使用条件、基本的意义和形式，等等。由此可以假设，越了解一个词，知道这个词的相关信息就越多。词汇联想测试要求被试对刺激词做出即时反应，心理词典中与刺激词联系最紧密的一面激活最快。初级汉语学习者的汉语水平有限，词汇量少，词汇知识深度还不够，许多词与词之间尚未建立联系，心理词典联结不稳定，所以在即时的联想反应中不能产出与母语者类似的语义反应和搭配反应。随着汉语水平的提高，二语学习者词汇量逐渐扩大，词汇知识深度加深，词与词之间的联结加强，心理词典趋于稳定，与母语者接近，因此词汇联想反应与母语者类似。

Jiang（2002）提出词汇习得的三个阶段：一是形式阶段（formal stage），只包括形式信息；二是母语词目中介阶段（一语 lemma mediation stage），目的语词形与母语对应词同时激活；三是二语整合阶段（二语 integration stage），二语词语的语义、句法等信息得到高度整合并融入词条中。汉语第二语言学习者从初级水平、中级水平到高级水平经历了词汇习得的这三个阶段，随着学习时间的加长和学习知识的扩充，汉语学习者汉语水平逐渐提高，最终趋向并有可能达到二语整合阶段。在这一习得阶段，汉语二语学习者心理词典中的词条与母语者非常相似。

### 4.2　汉语二语学习者心理词典的发展经历了一个由形式联结主导到语义联结、搭配联结主导的过程

目前已有研究结果在心理词典发展模式问题上并不统一。早期不少研究认为英语心理词典是“组合—聚合转变”（Syntagmatic-Paradigmatic Shift）（如 Brown & Berko, 1960；Ervin, 1961）。这些研究使用的都是“自由联想”的实验范式，以词性为分类标准分为 homogeneous（同质反应）和 heterogeneous（异质反应）两类（Brown & Berko，1960），无法观察到其他不同质的反应的存在。后续许多研究则得出相反结论，认为并不存在“组合—聚合转变”（Söderman，1993；Fitzpatrick，2006；Zareva，2007；Zareva & Wolter，2012）。这些研究根据语义关系分为聚合联想、组合联想、语音联想、无关联想四类。Söderman（1993）认为，这种结果与每个词在心理词典中的发展相关，而不是与心理词典的整体相关。Fitzpatrick（2006）的研究证明，没有证据表明随着语言水平的提高二语学习者的聚合反应取代组合反应成为心理词典的主导。Zareva（2007）的实验显示中高级水平英语学习者的联想反应类型与母语者没有差异。Zareva & Wolter（2012）的研究表明二语学习者的词汇联想反应并没有“聚合—组合转变”。

本研究结果显示：初级汉语学习者词汇联想反应类型以形式反应为主，达到65.79%，这与中高级汉语学习者和母语者的差异显著。但随着汉语水平的提高，形式反应减少，语义反应和搭配反应成为主要反应。因此，汉语二语学习者心理词典的发展经历了由形式反应为主导到语义反应和搭配反应为主导的过程，即由非意义联结到意义联结的过程。

这一结论与吕婵（2005）的研究基本一致。吕婵（2005）的实验结果显示，在汉语词汇联想测验中，学习者的心理词典由非意义结构逐渐进化为一个意义主导的结构。但吕婵（2005）的研究还发现，语音反应并没有随着语言水平的提高而减少，相反，中级组被试的语音反应要多于初级组被试。她给出的解释是汉语中存在大量的同音字（词），在学习者能够很好地区分同音字（词）之前，语言水平越高，其产生语音反应的可能性就越大。在这一点上本研究与之有所不同。本文中形式反应（字音反应、字形反应、形音反应）随着汉语水平提高而降低，其中字形反应高于字音反应，也高于形音反应。原因主要有以下两点：①本文研究采用“看—说”的方式，而吕婵（2005）的实验采用“听—说”的测试方式，很大程度上去除了汉字对词汇联想结果的影响；②本文的被试水平由初级到高级，并通过识字量对被试汉语水平做了明确界定。吕文的被试仅有两个水平：初级和中级。吕婵（2005）的研究并不包含高级水平汉语学习者，被试水平的缺失导致对二语学习者心理词典发展的观察是不完整的。

## 5. 结论

① 随着汉语水平的提高，汉语二语者的反应类型越来越接近汉语母语者，字形反应和无关反应减少，语义反应和搭配反应增加。高级水平汉语学习者与汉语母语者的心理词典结构没有明显差异。这些研究结果支持“随着语言水平的提高，第二语言学习者产生‘母语相似性’”的理论。

② 初级水平汉语学习者以形式反应和无关反应为主；中级水平学习者形式反应和无关反应大量减少，但四种反应类型没有明显差异；高级水平学习者以语义反应和搭配反应为主，形式反应和无关反应很少。这表明汉语二语学习者心理词典的发展经历了一个由字形联结主导到语义联结、搭配联结主导的过程，支持“汉语第二语言心理词典从非语义主导到语义主导转变”的观点。

## 6. 余论

本研究无疑还有许多值得进一步深究的问题：

① 刺激词是汉语双字词，实验结果能否推广到单字词、三字词还有待证明。尤其是对于动词而言，音节数会严重影响其可能的搭配，这就是所谓的“韵律构词法”( 冯胜利，1997 )。比如，“到”和“达到”虽然在语义上差别不大，但是当我们把“达到”作为刺激词呈现给被试时，大多数被试的反应词也是双音节汉语词，如“达到目标”。由于诸多因素所限，本文并未能研究这些问题。

② 被试数量有限，更多被试加入后，实验结果会更可靠。由于时间限制和母语是拼音文字背景的汉语高级水平被试非常难找，实验中被试没能够尽量扩充，这不得不说是一个遗憾。

## 参考文献

北京语言学院语言教学研究所:《现代汉语频率词典》，北京：北京语言学院出版社，1986 年。

陈宝国，王立新，彭聃龄:《汉字识别中形音义激活时间进程的研究（Ⅱ）》,《心理学报》，2003 年第 5 期。

冯胜利:《汉语的韵律、词法与句法》，北京：北京大学出版社，1997 年。

国家汉语水平考试委员会办公室考试中心:《汉语水平词汇和汉字等级大纲》，北京：经济科学出版社，2001 年。

吕　婵:《词汇熟悉度、词性和语言水平对欧美学习者汉语词汇联想的影响》，北京：北京语言大学学位论文，2005 年。

钱旭菁:《基于词语联想的英语背景学习者汉语身体动作动词的习得研究》，北京：北京语言大学学位论文，2010 年。

张积家，彭聃龄:《汉字词特征语义提取的实验研究》,《心理学报》，1993 年第 2 期。

张　萍:《词汇联想与心理词库：词汇深度知识研究现状》,《外语教学理论与实践》，2009 年第 3 期。

Brown, R. & Berko, J. Word association and the acquisition of grammar [J]. *Child Development*, 1960 (31): 1–14.

Deese, J. Form class and the determinants of association [J]. *Journal of Verbal Learning and Verbal Behavior*, 1962 (1): 79–84.

Ellis, R. *The Study of Second Language Acquisition* (《第二语言习得研究》) [M]. 上海：上海外语教育出版社，1999 年。

Ervin, S.M. Changes with age in the verbal determinants of Word-association [J]. *The American Journal of Psychology*, 1961 (74): 361–372.

Fitzpatrick, T. Habits and rabbits: Word associations and the L2 lexicon [J]. *EUROSLA Yearbook*, 2006 (6): 121–145.

Fitzpatrick, T. Word association patterns: Unpacking the assumptions [J]. *International Journal of Applied Linguistics*, 2007 (17.3): 319–331.

Fitzpatrick, T. & Izura , C. Word association in L1 and L2 [J]. *Studies in Second Language Acquisition*, 2011 (33): 373– 398.

Jiang, S. Chinese word associations for English speaking learners of Chinese as a second language [J]. *Journal of Chinese Language Teachers Association*, 2002 (37.3): 55–70.

Kent, G.H., & Rosanoff, A.J. A study of association in insanity [J]. *American Journal of Psychiatry*, 1910 (67): 37–96 & 317–390.

Meara, P. Word associations in a foreign language [J]. *Nottingham Linguistic Circular*, 1983 (11): 28–38.

Meara, P. The dimensions of lexical competence [M]. In *Performance and Competence in Second Language Acquisition,* in G. Brown, K. Malmkjaer and J. Williams (eds.).Cambridge: Cambridge University Press, 1996: 35–53.

Meara, P. & Fitzpatrick, T. Lex30: An improved method of assessing productive vocabulary in an L2 [J]. *System*, 2000 (28.1): 19–30.

O'Gorman, E. An investigation of the mental lexicon of second language learners [J]. *The Irish Yearbook of Applied Linguistics*, 1996 (16): 15–31.

Singleton, D. Learning and processing L2 vocabulary [J]. *Language Teaching*, 1997 (30): 213–225.

Söderman, T. Word associations of foreign language learners and native speakers—A different response types and their relevance to lexical development [M]. In *Problems, Process and*

*Product in Language Learning*, in B. Hammarberg, (ed.), 1993: 157–169.

Wolter, B. Comparing the L1 and L2 mental lexicon: A Depth of Individual Word Knowledge Model [J]. *Studies in Second Language Acquisition*, 2001 (23): 41–69.

Zareva, A. Structure of the L2 mental lexicon: How does it compare to native speakers' lexical organization [J]. *Second Language Research*, 2007 (23): 123–153.

Zareva, A. Wolter, B. The 'promise' of three methods of word association analysis to L2 lexical research [J]. *Second Language Research*, 2012 (28.1): 41–67.

# 附录 1　识字量测试中的汉字

| 编号 | 汉字 | 频率 | 编号 | 汉字 | 频率 | 编号 | 汉字 | 频率 |
|---|---|---|---|---|---|---|---|---|
| 1 | 没 | 34.70% | 35 | 县 | 1.39% | 69 | 爽 | 0.58% |
| 2 | 文 | 24.80% | 36 | 寂 | 1.34% | 70 | 渡 | 0.57% |
| 3 | 女 | 18.28% | 37 | 刀 | 1.34% | 71 | 吊 | 0.55% |
| 4 | 现 | 15.51% | 38 | 击 | 1.30% | 72 | 耻 | 0.55% |
| 5 | 新 | 12.46% | 39 | 器 | 1.27% | 73 | 柱 | 0.53% |
| 6 | 法 | 10.77% | 40 | 旗 | 1.25% | 74 | 菊 | 0.52% |
| 7 | 表 | 8.45% | 41 | 狂 | 1.21% | 75 | 赌 | 0.51% |
| 8 | 句 | 7.42% | 42 | 辞 | 1.21% | 76 | 延 | 0.50% |
| 9 | 连 | 6.94% | 43 | 忆 | 1.17% | 77 | 吻 | 0.50% |
| 10 | 算 | 6.34% | 44 | 坡 | 1.12% | 78 | 咳 | 0.49% |
| 11 | 让 | 5.50% | 45 | 鸟 | 1.07% | 79 | 玲 | 0.48% |
| 12 | 极 | 5.15% | 46 | 洲 | 1.03% | 80 | 赖 | 0.48% |
| 13 | 敢 | 4.86% | 47 | 潮 | 1.02% | 81 | 祸 | 0.47% |
| 14 | 目 | 4.58% | 48 | 惠 | 0.99% | 82 | 凶 | 0.47% |
| 15 | 够 | 4.31% | 49 | 祝 | 0.95% | 83 | 兽 | 0.46% |
| 16 | 品 | 4.04% | 50 | 幕 | 0.92% | 84 | 盒 | 0.44% |

（续表）

| 编号 | 汉字 | 频率 | 编号 | 汉字 | 频率 | 编号 | 汉字 | 频率 |
|---|---|---|---|---|---|---|---|---|
| 17 | 睡 | 3.69% | 51 | 挣 | 0.91% | 85 | 锦 | 0.43% |
| 18 | 妹 | 3.32% | 52 | 敏 | 0.91% | 86 | 谎 | 0.43% |
| 19 | 堂 | 3.11% | 53 | 桂 | 0.89% | 87 | 狼 | 0.42% |
| 20 | 制 | 2.96% | 54 | 烂 | 0.84% | 88 | 泽 | 0.42% |
| 21 | 整 | 2.85% | 55 | 饿 | 0.81% | 89 | 耀 | 0.41% |
| 22 | 概 | 2.60% | 56 | 毒 | 0.80% | 90 | 订 | 0.40% |
| 23 | 居 | 2.48% | 57 | 惟 | 0.80% | 91 | 刑 | 0.40% |
| 24 | 恐 | 2.36% | 58 | 优 | 0.78% | 92 | 伺 | 0.39% |
| 25 | 仍 | 2.26% | 59 | 凑 | 0.77% | 93 | 俊 | 0.38% |
| 26 | 舞 | 2.08% | 60 | 嫌 | 0.75% | 94 | 喂 | 0.38% |
| 27 | 趣 | 1.98% | 61 | 扶 | 0.73% | 95 | 绒 | 0.38% |
| 28 | 姓 | 1.90% | 62 | 郑 | 0.70% | 96 | 辫 | 0.38% |
| 29 | 怜 | 1.79% | 63 | 账 | 0.68% | 97 | 召 | 0.37% |
| 30 | 守 | 1.70% | 64 | 针 | 0.65% | 98 | 缎 | 0.37% |
| 31 | 烈 | 1.66% | 65 | 湿 | 0.63% | 99 | 捐 | 0.36% |
| 32 | 冲 | 1.58% | 66 | 郁 | 0.62% | 100 | 耻 | 0.36% |
| 33 | 柔 | 1.50% | 67 | 牵 | 0.61% | | | |
| 34 | 彼 | 1.45% | 68 | 佳 | 0.59% | | | |

# 附录 2　联想实验的双字词

| 名词 | 频次 | 动词 | 频次 | 形容词 | 频次 |
|---|---|---|---|---|---|
| 演员 | 100 | 遇到 | 100 | 干净 | 102 |
| 成绩 | 132 | 牺牲 | 103 | 严肃 | 105 |
| 植物 | 137 | 奋斗 | 105 | 兴奋 | 108 |

（续表）

| 名词 | 频次 | 动词 | 频次 | 形容词 | 频次 |
|---|---|---|---|---|---|
| 道理 | 140 | 恢复 | 111 | 重大 | 110 |
| 故事 | 151 | 商量 | 111 | 普通 | 120 |
| 电话 | 159 | 获得 | 121 | 紧张 | 129 |
| 头发 | 160 | 接受 | 126 | 艰苦 | 130 |
| 商品 | 167 | 睡觉 | 153 | 激动 | 135 |
| 铁路 | 167 | 控制 | 165 | 美丽 | 151 |
| 温度 | 169 | 举行 | 175 | 奇怪 | 159 |
| 特点 | 184 | 结束 | 175 | 具体 | 179 |
| 内容 | 187 | 达到 | 186 | 简单 | 185 |
| 机会 | 191 | 改变 | 186 | 丰富 | 194 |
| 消息 | 195 | 加强 | 187 | 巨大 | 200 |

**【作者简介】**

朝洛蒙，北京语言大学2011级语言学及应用语言学专业硕士研究生，研究方向为第二语言习得。

刘丹薇，北京语言大学2011级语言学及应用语言学专业硕士研究生，研究方向为第二语言习得。

**【专家点评】**

邢红兵：

首先，论文的规范性非常好，无论是综述、设计，还是分析和讨论都非常好。不是针对这篇论文，我本人对词汇联想的局限性有一些想法。词汇联想属于一种高频激活，以此来推测心理词典可能还是有一些局限。我做过一些联想实验，属于多项联想，没有得出什么结论，因为其中的随机因素很多。我认为，词汇联想激活的只是丰富的词汇体系中的一小部分，如果将其定位于心理词典的层面，是不太全面的。所以，心理词典方面的研究挺难做的，而我也不是否定词汇联想这个方法，这方面值得更广泛的讨论，建议作者进一步思考怎样更好地探索心理词典中的词汇知识。

施家炜：

这篇论文的文献综述写得很好，整个研究设计和研究过程都做得非常不错。关于词汇联想，我也认为随机性比较大，它激活的只是离刺激词最近的一小部分词汇，关于如何进一步研究可以再仔细考虑。另外，题目稍显宏大了些，可以定得再准些。还有关于识字量的测试，交代了材料，但是没有交代测试的具体内容、结果的由来，比如测的是字形还是字音。关于归类，可能会有一些两难的情况，文中没有给出相应的数量和处理方式。最后，想讨论下关于发展的表述问题，文章中探讨了第二语言学习者心理词典的发展变化，但测的不是同一组被试的历时发展，而是不同水平的不同被试，所以实际上与发展这个概念并不等同，仍是属于共时性的研究，建议对此做一些修改。

# 第二语言学习者的词汇通达模式研究

## ——以 Stroop 效应中的色词为例

北京语言大学　陈梦恬

**提　要**　本文通过考察以汉语为母语的高级英语水平学习者在中英文色词材料上的 Stroop 效应表现，探讨第二语言学习者心理词典中的词汇通达模式。研究以北京语言大学中国学生 10 人为被试，采用心理学的实验研究方法，考查被试在颜色命名和词义判断任务中的按键反应时间。结果显示：1. 高级英语水平的汉语母语者在颜色命名和词义判断任务中均存在 Stroop 效应。母语的词汇表征和概念表征间较强的联系强度使得颜色命名任务中中文材料的干扰效应强于英文材料，而在词义判断任务中英文材料的干扰效应强于中文材料；2. 人脑对色词颜色和词义的知觉加工模式有别，词义判断任务相较于颜色命名任务多出了语义加工这一阶段，使其反应时间总体上比颜色命名的反应时间要长；3. 色词颜色与词义间的关系对 Stroop 效应有复杂影响。对中文色词来说，颜色—词义对立的情况比颜色—词义相近的情况所能引起的干扰量要多，而对于英文色词，颜色—词义相近的情况比颜色—词义对立的情况所能引起的干扰量要多。这可能跟两种文字的表音、表意性质有关。

**关键词**　第二语言　词汇通达　Stroop 效应　颜色　词义

# 1. 绪论

## 1.1 选题缘起

20 世纪 60 年代以后，心理学界兴起了一股研究 Stroop 效应的热潮。近年来，实验刺激材料呈现跨语言趋势，双语者的语言生成和词汇表征通达机制研究相继出现。本文关心的问题是，以英语为第二语言的汉语母语者，在进行中英文色词颜色命名和词义判断时是否会出现经典 Stroop 效应和 Stroop 效应的反转？颜色与词义间的搭配关系是否会影响其反应速度？

## 1.2 术语界定

Stroop 效应又名色词效应，是指一个色词本身的颜色和其所代表的颜色意义这两个不同维度在认知加工时相互干扰的现象。当被要求命名色词颜色时，颜色和词义不一致的情况会比颜色和词义一致或非词所需的时间更长（钱秀莹、李传，2003）。上述情况也被称为经典 Stroop 效应。

Stroop 效应的反转，是指在某些条件下人们会利用概率信息形成一定的反应策略，从而在确定色词颜色时会出现颜色和词义不一致条件下的反应时间短于一致条件下的反应时间的现象（耿海燕、朱滢，2001）。该范式最早由 Logan 提出，后经 Merikle 等人改进并用于意识知觉研究（陈俊、刘海燕、张积家，2007）。

## 1.3 第二语言学习者词汇通达模型和 Stroop 效应的相关研究

第二语言学习者的词汇通达模型主要有以下三种：单词联想模型（word association model）、概念中介模型（concept mediation model）和整合的层次模型。Dotter & Eckardt（转引自 Kroll & Stewart，1994）将双语者的语言表征系统分为词汇表征和概念表征两个层次，认为两种语言存在两个独立的词汇表征，却拥有共同的独立于词汇表征的概念表征。在单词联想模型中，学习者的第二语言词汇直接与其第一语言词汇相联结。而在概念中介模型中，第二语言词汇的提取必须通过一语和二语共有的概念中介实现。在此基础上，Kroll & Stewart（1994）的整合层次模型认为，两种词汇表征之间及其与概念表征之间都有联系，只是强度不同。第二语言学习过程中，学习者必须先通过第一语言获得语义表征知识，而后随着二语水平的提高，其词汇表征层与概念表征层之间的联系强度增强，学习者遂通过概念中介进行第二语言的词汇提取。

随着认知心理学的兴起，研究者通过不同的实验范式，来探究第二语言的词汇通达问题。Stroop 效应实验就是其中之一，所采取的实验任务多为词图命名和翻译，涉及脑电方面的数据较少（鞠鑫、刘鸣，2004；陈小异等，2007）。影响 Stroop 效应的因素也很多，例如年龄、情绪、语境、刺激出现的空间位置等（焦书兰、纪桂萍，1991；杨丽珠、蒋重清、刘颖，2005），而对于刺激材料内部颜色间的搭配，研究者关注甚少。Laeng，Lag & Brennen（2005）的实验结果发现，当颜色与词义不一致时，对立的颜色比不对立的颜色所能引起的 Stroop 干扰数量要少得多。颜色和词义这两种不同的色词特征激发相同的颜色概念，说明颜色概念层中颜色间的差异也可能是导致颜色命名任务中 Stroop 干扰数量多少不一的原因之一。

综观上述研究，笔者认为其中还存在一些不足：

第一，有关第二语言的 Stroop 效应研究较少。英语母语者的 Stroop 效应研究最多。虽然近年来双语 Stroop 效应研究逐渐兴起，但基本上是运用图文干扰、翻译等一些 Stroop 效应的实验变式，真正从经典 Stroop 效应出发，利用不同语言的色词材料来研究不同语言的 Stroop 干扰效应的研究并不多见。

第二，对 Stroop 影响因素的探究还需加强。多数研究者从年龄、语境、情绪等方面进行探讨，较少关注刺激材料的颜色之间如何搭配等外界输入条件对 Stroop 干扰效应的影响。

### 1.4 研究方法

本研究从经典 Stroop 效应的实验范式出发，利用颜色命名和词义判断两种任务，考查以汉语为母语的高级英语水平学习者在中英文色词材料上是否会出现经典 Stroop 效应和 Stroop 效应的反转。在此基础上，研究刺激材料中的“红、橙、黄、绿、蓝、紫”六种颜色间的搭配关系是否会对 Stroop 干扰效应产生影响，然后结合双语者第二语言的词汇表征通达模型和色词的知觉加工过程探讨产生此实验结果的原因。

# 2. Stroop 效应实验

## 2.1 方法

### 2.1.1 实验假设

① 无论颜色命名任务中的色词是中文还是英文，母语为汉语的高级英语水平学习者在命名颜色时都会出现经典 Stroop 效应，且中文的干扰效应比英文的要大。

② 无论单字判断任务中的色词是中文还是英文，母语为汉语的高级英语水平学习者在判断色词的意义时都会出现 Stroop 效应的反转。

③ 色词的颜色和词义间的关系会影响 Stroop 干扰效应。当色词的颜色和词义不一致时，对立的颜色比不对立的颜色所能引起的 Stroop 干扰数量要少。

### 2.1.2 被试

被试为北京语言大学的中国籍本科生和研究生。其母语为汉语，第二语言为英语，学习英语的时间为 10 年以上，且均已通过英语专业八级考试，属于高级英语水平的学习者。被试总人数为 10 人，均为女性，年龄在 20 ～ 25 岁之间。入学体检结果表明，所有被试都报告视力、矫正视力和色觉正常。

### 2.1.3 实验材料

材料由 6 个中文色词“红、橙、黄、绿、蓝、紫”，6 个英文色词“red，orange，yellow，green，blue，purple”，1 种符号“#”和 6 种颜色（红色、橙色、黄色、绿色、蓝色、紫色）构成。按照颜色与词义间的关系，将色词、符号和颜色两两相配，选取其中的 42 种作为实验刺激。被测项有 36 种，分为三类：颜色与词义完全一致的有 12 种；颜色与词义不一致但相近的有 12 种，例如“橙色—黄”；颜色与词义不一致且对立的有 12 种，例如“red—绿”。[1] 另有 6 种以“###”的形式呈现的填充项。汉字大小为 60 号，宋体；英文单词大小为 60 号，Times New Roman。材料不只是文字，还有颜色，均随机呈现于计算机的屏幕中央。

### 2.1.4 实验设备

本次实验采用 e-prime2.0 心理学软件测算被试的反应时间、错误反应和超时反应个数。实验设备为一台 14.1 英寸的华硕 X82 型号计算机，显示器的背景为白

[1] Laeng, Lag & Brennen（2005）指出，根据色觉理论中的对立过程理论，颜色间的不一致情况有程度的区别：红—绿、黄—蓝等颜色差别相对较大，属于对立的颜色；红—蓝、绿—黄等颜色差别相对较小，属于不对立的颜色。

色。实验者将键盘上的“a，s，d，j，k，l，3”设置为反应键，并贴上相应的颜色和符号标签。被试与计算机显示器屏幕的距离为60cm ～ 70cm。

#### 2.1.5 实验程序

实验要求被试通过按键来做出判断。整个实验分为两部分：颜色命名任务和单字判断任务。为了平衡顺序效应，随机确定两种任务的测试先后顺序。每种任务有60个刺激，其中颜色与词义完全一致的有24个，颜色与词义不一致的有24个，无关刺激12个。正式实验前先让被试进行按键练习。当被试按键的正确率达到90%以上时停止练习，进入实验。先呈现指导语，明确实验任务。待被试充分理解后，按任意键开始实验。屏幕中央先出现一个黑色的“+”，帮助被试集中注意力，呈现2500ms之后随机出现一个刺激色词，要求被试在2000ms内判断其颜色或词义并做出按键反应。每做完一种任务，被试都可以根据自己的情况休息足够的时间。实验时要求被试尽可能快而准确地做出按键反应。

#### 2.1.6 数据处理

实验结束之后，研究者提取e-prime中记录的被测项的正确反应时间、错误反应和超时反应个数，原始错误率高于15%的被试数据会被全部删除，本实验中每名被试的错误率均在15%以下，故所有数据均被视为有效。数据提取完毕之后，用SPSS16.0进行数据统计与分析。

### 2.2 结果

#### 2.2.1 经典Stroop效应和Stroop效应反转的检验实验

本实验为2×2×2的被试内实验设计。自变量为实验任务、文字材料和刺激类型。实验任务有颜色命名和词义判断两个水平，文字材料有中文、英文两个水平，刺激类型有颜色与词义一致、颜色与词义不一致两个水平。因变量为被试按键的反应时间（ms）。

结果显示，实验任务的主效应显著（$F_{(1,108)}=22.052$，$p<0.01$），文字材料的主效应显著（$F_{(1,108)}=7.165$，$p<0.01$），刺激类型的主效应显著（$F_{(1,108)}=56.965$，$p<0.01$），实验任务和文字材料的交互作用不显著（$F_{(1,108)}=3.501$，$p=0.064$），实验任务和刺激类型的交互作用不显著（$F_{(1,108)}=0.200$，$p=0.655$），文字材料和刺激类型的交互作用不显著（$F_{(1,108)}=0.703$，$p=0.404$），实验任务、文字材料和刺激类型的交互作用不显著（$F_{(1,108)}=2.156$，$p=0.145$）。

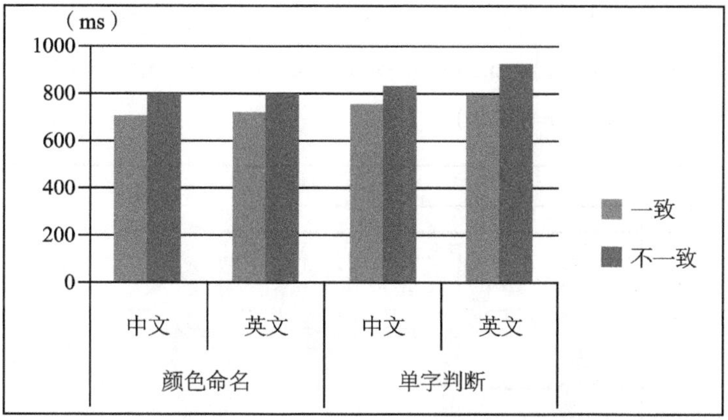


**图 1　不同实验任务、文字材料下的刺激类型反应时间均值**

2.2.2　色词颜色与词义间的关系对 Stroop 干扰效应的影响实验

本实验为 2×3 的被试内实验设计，自变量为文字材料和刺激类型。文字材料有中文、英文两个水平，刺激类型有颜色与词义一致、颜色与词义不一致但相近、颜色与词义不一致且对立三个水平。因变量为被试按键的反应时间（ms）。颜色命名任务和词义判断任务的数据分别进行统计分析。

结果显示，在颜色命名任务中，文字材料的主效应不显著（$F_{(1,56)}=0.592$，$p=0.445$），刺激类型的主效应显著（$F_{(2,112)}=4.167$，$p<0.05$），文字材料和刺激类型的交互作用显著（$F_{(2,112)}=4.358$，$p<0.05$）。对具有显著效应的交互作用做进一步的简单效应检验后发现，在中文文字材料水平上，刺激类型的简单效应显著（$F_{(2,112)}=3.83$，$p<0.05$）；在英文文字材料水平上，刺激类型的简单效应也显著（$F_{(2,112)}=4.64$，$p<0.05$）。

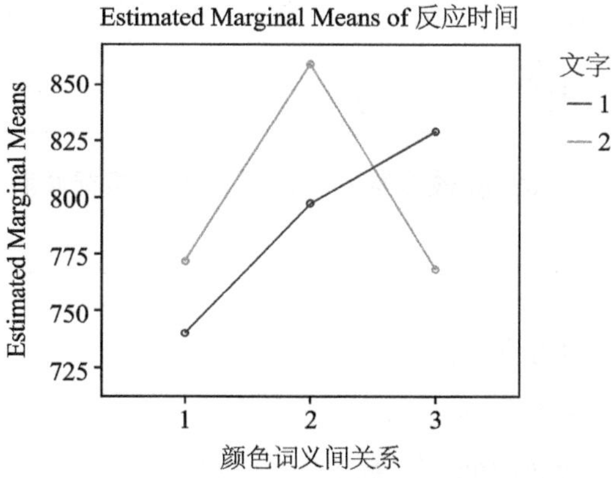


**图 2　文字材料和刺激类型的交互作用影响图**

在词义判断任务中，文字材料的主效应显著（$F_{(1,53)}=7.547$，$p < 0.01$），刺激类型的主效应显著（$F_{(2,106)}=6.574$，$p < 0.01$），文字材料和刺激类型的交互作用不显著（$F_{(2,106)}=0.744$，$p=0.478$）。

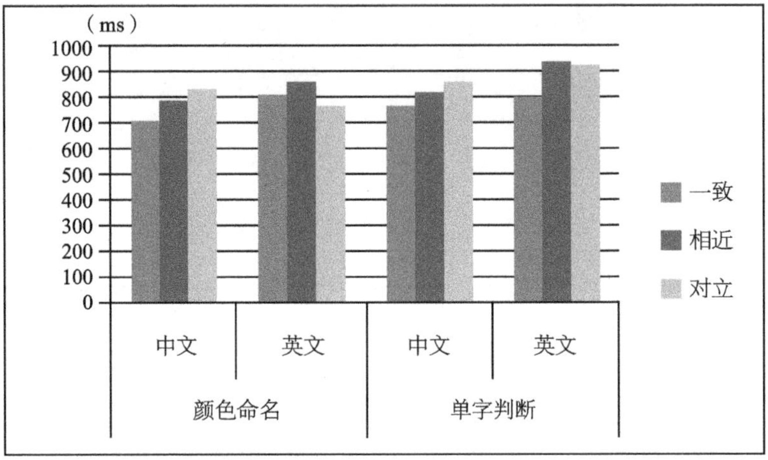


**图 3　在颜色与词义间关系水平上的反应时间均值差异**

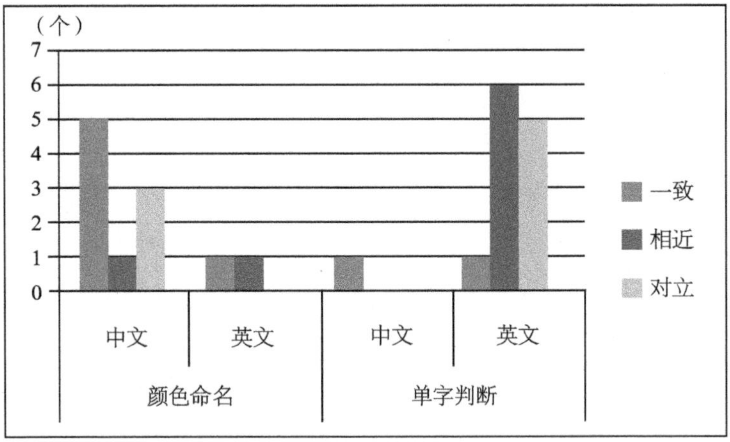


**图 4　Stroop 效应实验中的错误反应情况和超时情况**

### 2.2.3　小结

从上述实验结果中可看出：

第一，颜色命名任务和词义判断任务中均存在经典 Stroop 效应，但颜色命名任务中中文材料的干扰效应要强于英文材料，而词义判断任务中英文材料的干扰效应要强于中文材料。词义判断任务中的反应时间总体上比颜色命名中的反应时间要长，被试对母语刺激做出反应的时间明显短于其对第二语言刺激做出反应的时间。

第二，色词颜色与词义的不一致程度确实对 Stroop 干扰效应有影响，但其影响方式较为复杂：对中文色词来说，颜色与词义对立的情况比颜色与词义相近的情况所产生的干扰量要多；而对英文色词来说，颜色与词义相近的情况比颜色与词义对立的情况所产生的干扰量要多。

第三，被试在 Stroop 效应实验中会出现错误反应和超时情况。颜色命名任务中中文色词的出错和超时情况更多，而词义判断任务中英文色词的出错和超时情况更多；在有关中文色词的错误反应情况中，颜色与词义与致时的出错和超时情况最多，而在有关英文色词的错误反应情况中，颜色与词义相近时的出错和超时情况最多。

## 3. 讨论

### 3.1 第二语言词汇表征的非对称性

由综述部分可知，在整合的层次模型中，第二语言与概念间的联系强度会随着学习者二语水平的提高而增强，但这种联系不是双向平衡的。这从本实验的结果中可得到印证。在颜色命名任务中，被试要求识别出色词的颜色，忽略其意义。虽然被试的第二语言英语的水平较高，但概念表征和第二语言词汇表征之间的联系还是比概念表征和其母语词汇表征之间的联系要弱，所以英文文字材料所起的干扰作用较小，出现了“中文材料的干扰效应要强于英文材料且中文色词的出错和超时情况较多”的结果。而在词义判断任务中，被试需识别出色词的意义而非其颜色，此时概念表征和其第二语言词汇表征之间较弱的联系就成了按键反应时间较长的主要原因。所以，词义判断任务中英文材料的干扰效应要强于中文材料且英文色词的出错和超时情况较多。

### 3.2 色词颜色和词义特征的不同知觉加工模式

实验中词义判断任务的反应时间总体上比颜色命名任务的反应时间要长。这与刘兆敏、刘昌（2005）所得出的实验结果刚好相反。除了被试选择和实验误差等原因以外，笔者认为，还与色词的颜色和词义特征的知觉加工模式有关。一个色词刺激出现之后，人脑会根据不同的实验任务，对其形、音、义进行加工。当以视觉方式呈现字词刺激时，形较为直观，而音、义相对来讲较为抽象，需要通过形来提取。颜色和词义隶属不同方面的特征：颜色属于形，词义则属于义。但颜色和词义所激发的人脑内的颜色概念相同（Klopfer，1996）。在颜色命名任务中，被试从词的外形上识别出颜色之后，这种颜色代码直接与人脑中的颜色概念相联系，从而使被试理解并做出按键反应。而在词义判断任务中，被试则需先根据外形对色词进行整体感知，再提取出意义，而后将词义与颜色概念相联系，最后做出按键反应。这期间多出了语义识别和加工这一步，其反应时间较长也就可想而知。

### 3.3 中英文字的不同性质在知觉加工过程中的可能表现

实验还发现了一个有趣的现象：色词颜色与词义间的关系确实对 Stroop 效应有影响，但其影响方式较为复杂。对中文色词来说，颜色与词义对立的情况比颜色与词义相近的情况所引起的干扰量要多，而对于英文色词来说，颜色与词义相近的情况比颜色与词义对立的情况所引起的干扰量要多。以往的研究也曾证实颜色与词义间的搭配关系对 Stroop 效应的影响，但其刺激语言类型只有英语一种，只针对英语母语者，所得结果也仅与本实验英文材料下的情况相同（Klopfer，1996；Laeng, Lag & Brennen，2005）。中文材料的情况刚好跟英文材料的相反，究其原因，笔者认为可能跟两种文字的表音、表意性质有关。英文是拼音文字，见字知音而无法推知其意义。当色词的颜色和意义不一致时，对颜色的知觉加工相对于其意义的加工来说较为容易。省力原则使得人脑对颜色刺激进行了优化处理。当在色词的颜色范畴中进行进一步知觉加工时，其受干扰的程度就依赖于对颜色的知觉，颜色间越相近，重叠程度越大，知觉加工之后的信息提取就越困难。而中文是意音文字，见字知义。当色词的颜色和意义不一致时，对颜色的知觉加工相对于其意义的加工来说没有什么优势。汉语是被试的母语，对中文的自动化程度较高的知觉加工使得人脑选择在色词的意义范畴中进行进一步知觉加工。意义相差越大，知觉加工之后的信息提取就越困难。

## 4. 结语

本研究从经典 Stroop 效应的实验范式出发，采用颜色命名和词义判断两种任务，考察以汉语为母语的高级英语水平学习者在中英文两种文字刺激材料上的 Stroop 效应表现，以及色词材料中颜色间的搭配关系对 Stroop 干扰效应产生的影响。经实验和数据统计分析，初步得出以下结论：

① 颜色命名任务和词义判断任务完成过程中均存在经典 Stroop 效应。母语的词汇表征和概念表征间的联系强度比这两者在第二语言上的联系强度要大，使得颜色命名任务中中文材料的干扰效应要强于英文材料，且中文色词的出错和超时情况较多；而在词义判断任务中，英文材料的干扰效应要强于中文材料，且英文色词的出错和超时情况较多。

② 色词的颜色和词义的不同知觉加工模式对不同实验任务中的按键反应时间有影响。词义判断任务相较于颜色命名任务多出了语义加工这一步，使得其反应时间总体上比颜色命名的反应时间要长。

③ 色词颜色与词义间的关系确实对 Stroop 效应有影响，但其影响方式较为复杂。对中文色词来说，颜色与词义对立的情况比颜色与词义相近的情况所能引起的干扰量要多；而对于英文色词来说，颜色与词义相近的情况比颜色与词义对立的情况所能引起的干扰量要多。这可能跟两种文字的表音、表意性质有关。当色词的颜色和意义不一致时，英文的表音性使得对色词颜色的知觉加工相对较为容易，因而被选为优化处理对象，在进行进一步知觉加工时受干扰的程度就依赖于对颜色的知觉，颜色间越相近，知觉加工之后的信息提取就越困难；中文的表意性和母语的高自动化知觉加工使得对色词意义的加工较为有利，意义相差越大，知觉加工之后的信息提取就越困难。

限于时间和精力，笔者只粗略考察了以汉语为母语的高级英语水平学习者在中英文两种色词材料上的 Stroop 效应表现，没有涉及其内部认知机制和相关教学建议等问题。被试数量偏少，实验材料略显不足，在进行实验材料无关刺激的设计和实验结果的分析解释时缺乏充足的理论依据，结论还需进一步的检验。

# 参考文献

陈　俊，刘海燕，张积家：《Stroop 效应研究的新进展——理论、范式及影响因素》，《心理科学》，2007 年第 2 期。

陈小异，邱　江，袁　宏，史滋福，尹华站，张庆林：《中英文Stroop干扰效应的脑机制》，《心理科学》，2007 年第 3 期。

耿海燕，朱　滢：《Stroop效应及其反转：无意识和意识知觉》，《心理科学》，2001 年第 5 期。

焦书兰，纪桂萍：《儿童对词义的直接知觉：中国儿童发展的 Stroop 效应》，《心理科学》，1991 年第 5 期。

鞠　鑫，刘　鸣：《双语 Stroop 效应研究综述》，《心理学探新》，2004 年第 1 期。

刘兆敏，刘　昌：《不同年龄阶段Stroop效应及反转Stroop效应的特点》，《心理发展与教育》，2005 年第 4 期。

钱秀莹，李　传：《Stroop 效应及其脑机制研究概述》，《心理学探新》，2003 年第 3 期。

杨丽珠，蒋重清，刘　颖：《阈下情绪启动效应和 Stroop 效应之对比实验研究》，《心理科学》，2005 年第 4 期。

Klopfer, D. S. Stroop interference and color-word similarity [J]. *Psychological Science*, 1996 (7): 150–157.

Kroll, J. F. & Stewart, E. Category interference in translation and picture naming: Evidence for asymmetric connections between bilingual memory representations [J]. *Journal of Memory and Language*, 1994 (3): 149–174.

Laeng Bruno, Lag Torstein, Brennen Tim. Reduced Stroop Interference for Opponent Colors May Be Due to Input Factors: Evidence From Individual Differences and a Newral Network Simulation [J]. *Journal of Experimental Psychology: Human Perception and performance*, 2005 (31.3): 438–452.

**【作者简介】**

陈梦恬，北京语言大学对外汉语研究中心 2012 级硕士研究生，研究方向为第二语言习得。

**【专家点评】**

邢红兵：

文章选题很好，规范性和理论基础挺好，但是题目对研究内容概括不太恰当；第一语言和第二语言学习者词汇通达之间的差异文章并没有谈得太清楚。另外，在心理模型方面的讨论和文献需要进一步改进，最好谈一下自己支持哪个观点。最后，最好是结合 Stroop 效应做一些心理词典的分析。

闻亭：

题目稍有些大。可否与教学相联系，而不只是停留在心理语言学的层面。可参考香港中文大学陈烜之教授的论文，能跨界到心理语言学层面更好。

# 对外汉语口语课堂中的教师反馈研究

北京语言大学　向玲

**提　要**　本文以对外汉语口语课堂的教师反馈为研究对象，试图反映其现状，并将其与学习者预期进行对比，从而为实际教学提供一些指导。此外，经过研究，笔者发现，在汉语教师的教学过程中，教师反馈处于教与学的枢纽位置，扮演着教师和学生、目的语和中介语的协调者角色。它对汉语学习有着强化、纠正的作用。可以说，教师反馈是对外汉语教学中的重要一环。

**关键词**　对外汉语　口语课堂　教师话语　反馈

# 1. 教师反馈的界定

日常对话中，反馈是一种常用的回应手段，它是听众对说话人话语做出的言语或非言语的反应。在二语课堂中，教师与学生间的对话也广泛存在着反馈，包括教师反馈和学生反馈。其中，教师对学生的反馈，除了要使对话顺利进行，还以学生学会目的语为最终目的，因而与日常对话中的反馈有显著差别。并且，研究发现，教师反馈对二语学习者有重要影响，在二语课堂教学中扮演着重要角色。同样，在汉语作为第二语言学习的课堂中，教师反馈也占据了举足轻重的位置。但就目前的对外汉语研究来讲，这方面的课题还很少涉及。因此，笔者将在本文对这一课题进行初探。

首先，对外汉语教师反馈是什么？Chaudron（1988）指出，教师反馈是教师话语的一个重要方面，它是教师评价和评估学生课堂表现的重要手段，也是加强和巩固正确目的语的主要途径。按照他的观点，我们可以说，对外汉语教师反馈是把汉语作为第二语言教授的教师对学生一切表现所做的反应、评价和评估，还包括加强和巩固正确目的语的反应和行为。由此推知，对外汉语教师反馈的外延是：与学生的沟通、对学生的评价和对给学生所做的纠正。教师反馈以方式分，有口头的和书面的；以时间分，有课上的和课下的……本文关注的是课堂上的教师反馈。由于不同科目对教师反馈亦有影响，同时，鉴于口语课堂上学生发言较多，得到的反馈亦多，笔者便将对外汉语口语课堂作为主要调查对象。

本文试图研究的问题是：①对外汉语口语课堂中，教师通常采用什么样的反馈方式？②各种方式的使用频率怎么样？特点如何？③汉语学习者期待怎样的反馈？

# 2. 教师反馈的分类

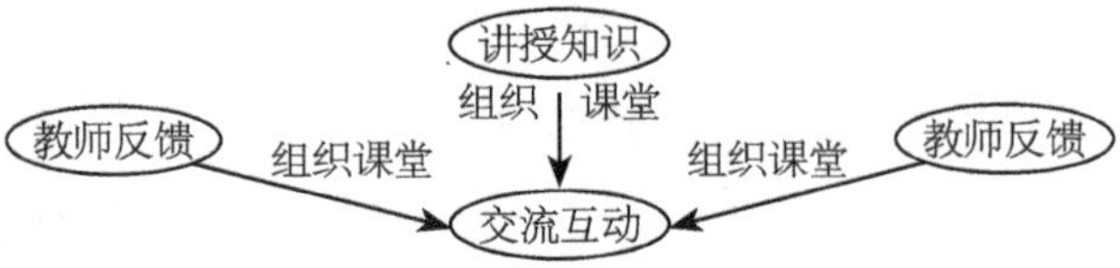


**图 1　课堂活动关系图**

教师反馈是对学生的学习、课堂表现及语言输出的评价、反应，它对学生的学习动机有重大影响，同时，对学生中介语的纠正也有利于巩固正确的目的语。教师反馈有如此重要的作用，它本身就是一个复杂的系统。为了更好地研究这一课题，本文将其分为以下几类：

## 2.1　言语反馈

言语反馈，是指把汉语作为第二语言教授的教师运用言语对学生的表现做出的评价和评估，与学生的沟通交流，加强和巩固正确目的语，以及纠正学生偏误的言语反应。它又可以分为：

① 纠正性反馈：从学生的错误、偏误发出，形式多样，目的是纠正学生偏误，强化和巩固正确的目的语。事实上，纠正性反馈本身就是一个很复杂的系统。

Lyster & Ranta（1997）在 Chaudron 的基础上做了进一步的研究。他们对 3 个四年级法语沉浸式课堂和 1 个四、五年级混合班的同类型课堂进行观察，转写了 27 节课，共 1100 分钟的录音资料，并根据这些资料，将教师的纠误反馈分为六种：

a. 明确纠正：指教师明确给出正确的语言形式，同时清楚明确地告诉学生“你的话语出现了偏误”。例如：

（1）S：昨天很有意思吗？你去了在哪儿？
　T：你去了哪儿，不能说“在”。
　S：哦，没有“在”。

b. 重述：指教师对学生的原始话语全部或者部分重新组织，以正确的形式重新说出来。例如：

（2）S：我属于蛇。

T：我属蛇。

c. 请求澄清：教师无法理解学生的话语，从而要求学生再说一遍或者重新组织。例如：

（3）T：什么意思？请再说一遍。

d. 元语言提示：元语言提示的形式主要有评论、提供信息和提出是非问，通常提示学习者说的话某处有偏误，但是不会明确给出正确的形式。例如：

（4）S：叶子黄。

T：语气呢？

S：叶子黄了。

e. 引导：教师通过提问、停顿等方式引导学习者输出正确的语言形式。例如：

（5）S：今天是什么日？

T：今天是什么……

S：今天是什么日子？

f. 重复：指教师将学生的原始话语部分或者全部重新说一遍，但是多数情况会变化语调以突出有偏误的部分。例如：

（6）S：我坐打的。

T：坐打的？

S：OK，我打的。

② 应对性反馈：对学生的课堂表现所做的反应、评价和评估。从反馈效果来看，反馈可分为积极反馈和消极反馈。积极反馈比消极反馈更有助于改进学习者的行为（赵晓红，1998）。因为它能使学生知道自己正确地完成了任务，从而增强自信心与学习动机，更愿意参与课堂活动，而且大部分学生都希望自己的表现得到肯定。

③ 沟通性反馈：当教师与学生的对话不能顺利进行时，教师主动采取的一种回应方式，以期对话能够继续。在日常交际中，反馈是促进交际继续的重要手段。而在汉语课堂中，由于学生的汉语水平和心理紧张等因素，通常不能马上明白教师的话语，这时就需要沟通。教师作为课堂的主导者，应当主动采取措施与学生沟通。通过观察，课堂中出现的沟通方式有：a. 教师检查学生是否理解；b. 教师要求学生澄清；c. 确认核实学生的答案；d. 教师重复自己的问题；e. 教师在语音上加以调整，如放慢语速、较长停顿、强调某一关键词；f. 降低问题难度，提供线索对学生加以引导；g. 给学生足够的思考时间；h. 直接给出答案；i. 叫其他同学回答。

### 2.2 体态语反馈

体态语反馈，是指把汉语作为第二语言教授的教师对学生的一切表现所做的非言语反应和评估，还包括加强和巩固正确目的语的行为。正如语言学的观点所述：语言是社会交际的工具，且是人类最主要的交际工具。此外，体态语、时间、空间等也起着很重要的辅助性交际功能。其实，对外汉语课堂中的教师与学生的互动也是如此。

体态语反馈在对外汉语教学中有着双重作用：一是降低教师话语难度，辅助学生理解教师话语；二是有助于学生在教师营造的这种汉语课堂环境中自然习得中国的这些非言语文化。

### 2.3 零反馈

零反馈，是指对外汉语课堂中，教师对学生的表现、错误有意不进行任何评价。这是有意识的行为，而不是由于教师没有发现所致。

调查显示，75% 的教师有零反馈现象。教师们认为产生这种现象的原因有：

① 错误太多，只反馈一部分。这样做是为了给学生的学习动机以积极影响。比如，语音偏误对于某些学生来说，不是马上就能纠正的，也不是能全部一下纠正的，这中间有一个循序渐进的过程，因此，对于该问题教师一般只反馈一部分而不全部纠正。虽然有些学者提倡逢错必纠，但无论从实际课堂安排还是学生学习自信的角度出发，这都是不科学的。

② 学生的偏误超出学习范围、教学内容或非教学重点，比如过难的知识点一般就不反馈。这样做有利于学生知识框架的构建。过早地讲解过难的语法有可能使学生的知识系统出现混乱。

③ 学生所犯错误无关紧要。这是相对而言的，教师会抓住学生的主要错误进行纠正，而忽略次要错误，以避免一次性纠错太多学生反而不得要领。

④ 为避免干扰正常教学，教师有意忽略学生的错误。

## 3. 调查方法、教师反馈使用情况及特点

本文采取课堂观摩、随堂录音、问卷调查、访谈等方法，希望尽可能全面地反映课堂实际，从而准确分析所要研究的问题。笔者共调查了南京大学海外教育学院 6 个班、12 位教师，听课 24 节，录音 1200 分钟。这 6 个班分别为汉语初、中、高三级各 2 个班，12 位教师分别为这 6 个班的口语、阅读教师。共发教师问卷 12 份，回收 12 份，回收率 100%；共发学生问卷 56 份，回收 49 份，回收率 87.5%。

### 3.1 教师反馈占整个课堂的比例以及不同年级之间的差别

根据录音，本文对教师反馈、学生话语及其他活动在被观察的两节课中所占的比例进行了统计，结果见表 1。

**表 1 教师反馈、学生话语及其他活动在课堂时间中所占比例**

| 班级 | | 总时长 / 分钟 | 教师反馈 | | 学生话语[1] | | 其他活动[2] | |
|---|---|---|---|---|---|---|---|---|
| | | | 时长 / 分钟 | 百分比 / % | 时长 / 分钟 | 百分比 / % | 时长 / 分钟 | 百分比 / % |
| A 初级 | $A_1$ | 100 | 52 | 52 | 30 | 30 | 18 | 18 |
| | $A_2$ | 100 | 12 | 12 | 15 | 15 | 73 | 73 |
| B 中级 | $B_1$ | 100 | 36 | 36 | 20 | 20 | 44 | 44 |
| | $B_2$ | 100 | 2 | 2 | 5 | 5 | 93 | 93 |

[1] 学生话语包括学生发言、小组讨论、读课文生词。

[2] “其他活动”指教师讲课、组织课堂等活动。

（续表）

| 班级 | | 总时长/分钟 | 教师反馈 | | 学生话语 | | 其他活动 | |
|---|---|---|---|---|---|---|---|---|
| | | | 时长/分钟 | 百分比/% | 时长/分钟 | 百分比/% | 时长/分钟 | 百分比/% |
| C级 | $C_1$ | 100 | 32 | 32 | 28 | 28 | 40 | 40 |
| | $C_2$ | 100 | 38 | 38 | 30 | 30 | 32 | 32 |

注：本文中初级班记为 $A_1$、$A_2$，中级班记为 $B_1$、$B_2$，高级班记为 $C_1$、$C_2$，下同。

该表分析的是笔者所听的全部口语课（不包括阅读课），共计600分钟。

根据表1，教师反馈量一般占课堂的30%～40%，而学生话语一般占20%～30%。在这一方面，中、高级班差别不大，且教师反馈与学生的话语量往往趋同或呈现一定比例。这是因为教师反馈都是针对学生话语出现的，所以两者之间密切关联。另外，我们发现 $A_2$ 和 $B_2$ 的教师反馈和学生话语都仅占很小的比例。通过课堂观摩及问卷，笔者发现这与教师有很大关系，两位教师相对于其他教师而言缺乏经验，尤其是缺乏与学生互动的能力，因此学生很少开口，也就没有教师反馈了。而 $A_1$ 班的教师很会调动学生，学生开口机会很多，教师的反馈也就很多。

由于反馈的多少与学生话语量有关，而学生话语量很大程度上取决于课堂上开口的机会多少和教师所提问题类型，所以本文还把各位教师所提问题分析了一下。本文把教师所提问题分为：a类，和词汇语法有关的问题；b类，和课文内容或谈话话题有关的特指问；c类，要求表达个人见解或者做出评价的问题；d类，与词汇语法无关的是非问；此外，e类是学生的主动提问，也会产生教师反馈，因此也纳入接下来的分析表中。

**表2　教师所提问题不同类型统计**

| 班级 | | a类 | | b类 | | c类 | | d类 | | e类 | | 总次数/次 |
|---|---|---|---|---|---|---|---|---|---|---|---|---|
| | | 次数/次 | 百分比/% | 次数/次 | 百分比/% | 次数/次 | 百分比/% | 次数/次 | 百分比/% | 次数/次 | 百分比/% | |
| A初级 | $A_1$ | 5 | 14.7 | 10 | 29.4 | 2 | 5.9 | 15 | 44.1 | 2 | 5.9 | 34 |
| | $A_2$ | 4 | 25.0 | 2 | 12.5 | 1 | 6.3 | 7 | 43.8 | 2 | 12.5 | 16 |
| 合计 | | 9 | 18.0 | 12 | 24.0 | 3 | 6.0 | 22 | 44.0 | 4 | 8.0 | 50 |

（续表）

| 班级 | | a类 | | b类 | | c类 | | d类 | | e类 | | 总次数/次 |
|---|---|---|---|---|---|---|---|---|---|---|---|---|
| | | 次数/次 | 百分比/% | 次数/次 | 百分比/% | 次数/次 | 百分比/% | 次数/次 | 百分比/% | 次数/次 | 百分比/% | |
| B中级 | $B_1$ | 11 | 47.8 | 6 | 26.1 | 1 | 4.3 | 4 | 17.4 | 1 | 4.3 | 23 |
| | $B_2$ | 6 | 66.7 | 3 | 33.3 | 0 | 0 | 0 | 0 | 0 | 0 | 9 |
| 合计 | | 17 | 53.1 | 9 | 28.1 | 1 | 3.1 | 4 | 12.5 | 1 | 3.1 | 32 |
| C高级 | $C_1$ | 12 | 42.9 | 6 | 21.4 | 4 | 14.3 | 2 | 7.1 | 4 | 14.3 | 28 |
| | $C_2$ | 10 | 43.5 | 3 | 13.0 | 5 | 21.7 | 3 | 13.0 | 2 | 8.7 | 23 |
| 合计 | | 22 | 43.1 | 9 | 17.6 | 9 | 17.6 | 5 | 9.8 | 6 | 11.8 | 51 |

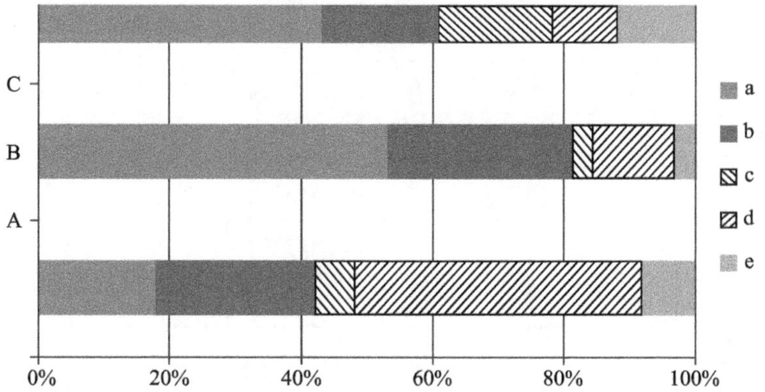


**图2 教师所提问题不同类型所占比例之初、中、高级班的比较**

根据以上表2、图2，初级班问题所占比例最高的是d类与词汇语法无关的是非问。这通常是一些有关日常生活的简单的口语操练，参与度高，所以在整个问题中占有较高比例。中高级班占比最高的问题是a类和词汇语法有关的问题。当然，这绝不是枯燥的语法问题，而是附带言语信息的语法的运用。c类要求表达个人见解或者做出评价的问题属于开放性问题，虽然总体上占比不大，但很明显，随着汉语水平的提高而渐渐增多了。至于学生自主提问，这一现象，所有级别的班级都少量存在。

### 3.2 教师反馈形式及各种反馈形式统计分析

下面本文将分析不同反馈在整个课堂中所占比例，并关注不同级别之间的差别，以期解释产生这些现象的原因。

按照反馈形式分，教师反馈可分为言语反馈、体态语反馈、零反馈，各类反馈数量及所占比例见表 3：

**表 3　教师不同反馈形式数量级所占比例**

| 班级 | | 言语反馈 | | 体态语反馈 | | 零反馈 | | 总次数 / 次 |
|---|---|---|---|---|---|---|---|---|
| | | 次数 / 次 | 百分比 / % | 次数 / 次 | 百分比 / % | 次数 / 次 | 百分比 / % | |
| A 初级 | $A_1$ | 26 | 59.1 | 8 | 18.2 | 10 | 22.7 | 44 |
| | $A_2$ | 14 | 60.9 | 3 | 13.0 | 6 | 26.1 | 23 |
| 合计 | | 40 | 59.7 | 11 | 16.4 | 16 | 23.9 | 67 |
| B 中级 | $B_1$ | 18 | 56.3 | 6 | 18.8 | 8 | 25.0 | 32 |
| | $B_2$ | 2 | 50.0 | 0 | 0 | 2 | 50.0 | 4 |
| 合计 | | 20 | 55.6 | 6 | 16.7 | 10 | 27.8 | 36 |
| C 高级 | $C_1$ | 32 | 84.2 | 4 | 10.5 | 2 | 5.3 | 38 |
| | $C_2$ | 26 | 66.7 | 8 | 20.5 | 5 | 12.8 | 39 |
| 合计 | | 58 | 75.3 | 12 | 15.6 | 7 | 9.1 | 77 |

表 3 的数据显示，言语反馈占教师反馈总数的比例最大，皆超过了 50%，总体比例达到 65.6%。体态语反馈所占比例在 10% ～ 20% 之间，体态语反馈几乎没有单独出现的，它常与言语反馈伴随出现，起着辅助言语反馈的作用。零反馈各班差别较大。下面比较一下不同级别的班级各反馈方式的差别：

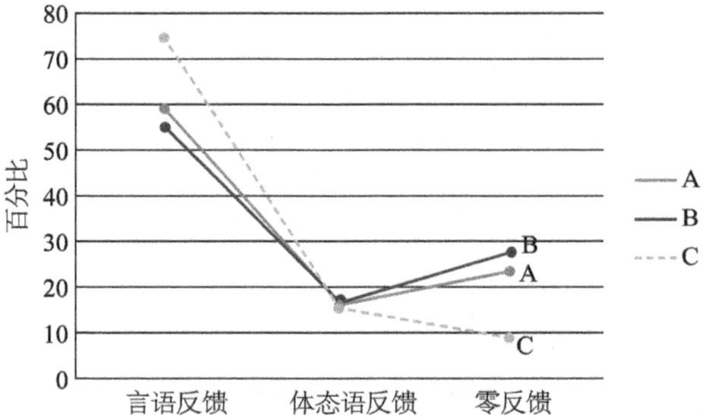


**图 3　各反馈方式的比例之初、中、高级班的比较**

图3显示，在言语反馈这一项上，高级班所占比例最高，且实际反馈次数也最多。原因应是C班两位教师经验丰富，充分调动学生说话，且常常进一步深入提问，提高口语难度，从而使学生学到更多新的高级的知识。体态语反馈方面，初、中级比例略高，因为这一程度的学生汉语水平有限，若单单进行言语解释，学生不能完全理解教师的意思。于是，教师会多采用一些体态语作为辅助，帮助学生理解。实践证明，这是一个快速有效而且能吸引学生注意力的方法。当然，在汉语课堂上，学习汉语是最终目的，教师应该多使用汉语，而这样的体态语应在学生实在无法理解教师语言的情况下使用。零反馈方面，初、中级班的比例比高级班高得多。最主要的原因是学生大量的语音偏误不可能一一反馈。到了高级阶段，学生的语言偏误较少，因此需要反馈的少，教师基本上都能兼顾。此外，A、B班学生的口语多为机械操练，所犯错误较少，但由于他们的汉语水平低，听力不好，因此会有大量的沟通性反馈。而C班沟通性反馈非常少，主要的反馈是语法和教师的深入讲解及导入新知。

下面，笔者进一步分析教师言语反馈中，纠正性反馈、应对性反馈、沟通性反馈各自的使用数量所占比例。

**表4　言语反馈中各类数量及所占比例**

| 班级 | | 纠正性反馈 | | 应对性反馈 | | 沟通性反馈 | | 总次数/次 |
|---|---|---|---|---|---|---|---|---|
| | | 次数/次 | 百分比/% | 次数/次 | 百分比/% | 次数/次 | 百分比/% | |
| A初级 | $A_1$ | 3 | 11.5 | 3 | 11.5 | 20 | 76.9 | 26 |
| | $A_2$ | 4 | 28.6 | 4 | 28.6 | 6 | 42.9 | 14 |
| 合计 | | 7 | 17.5 | 7 | 17.5 | 26 | 65.0 | 40 |
| B中级 | $B_1$ | 5 | 27.8 | 3 | 16.7 | 10 | 55.6 | 18 |
| | $B_2$ | 1 | 50.0 | 1 | 50.0 | 0 | 0 | 2 |
| 合计 | | 6 | 30.0 | 4 | 20.0 | 10 | 50.0 | 20 |
| C高级 | $C_1$ | 25 | 78.1 | 5 | 15.6 | 2 | 6.3 | 32 |
| | $C_2$ | 15 | 57.7 | 2 | 7.7 | 9 | 34.6 | 26 |
| 合计 | | 40 | 69.0 | 7 | 12.1 | 11 | 19.0 | 58 |

表4显示，各类反馈随着学生级别的不同而呈现出巨大的动态差异，详见图4、图5：

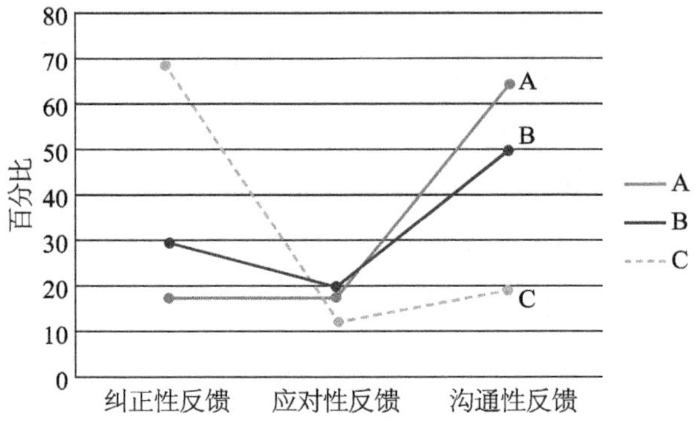


**图4　言语反馈中各类比例之初、中、高级班的比较**

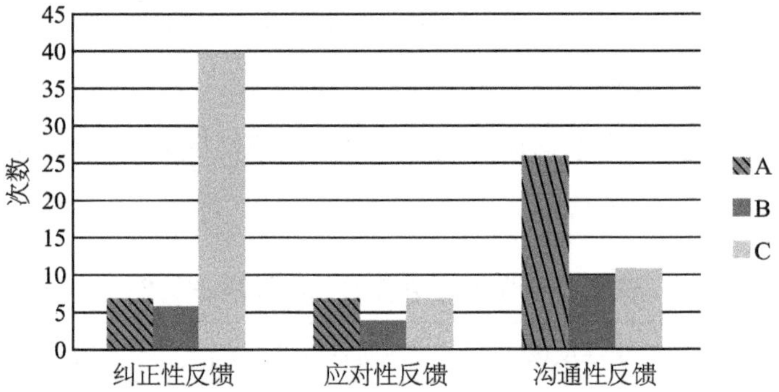


**图5　言语反馈中各类实际次数之初、中、高级班的比较**

根据图4、图5，应对性反馈各级别趋同，但纠正性反馈与沟通性反馈则呈现完全相反的变化趋势。纠正性反馈在高级班中无论比例还是实际次数都远远大于初、中级，而沟通性反馈在初级班占据比例较大，在中、高级班则较小。这是因为初级班学生在理解教师语言上存在很大问题，所以需要与教师进行理解交流上的沟通，然后才能进行正常交流。

高级班纠正性反馈如此多，并非全因学生的大量偏误，更主要的是教师通过改进学生的表达来教授高级词汇，讲解新知。这是高级班学习的一大特点，也是学生在汉语达到一定水平后继续提高的重要途径。

### 3.3　教师反馈内容及各种反馈内容统计分析

在已有的教师反馈中，按反馈内容分，教师反馈的内容可分为汉字、语音、词汇、语法、信息（非语言问题）五类，各类比例见表 5：

**表 5　教师反馈内容所占比例**

| 班级 | 汉字 | | 语音 | | 词汇 | | 语法 | | 信息 | | 总次数 / 次 |
|---|---|---|---|---|---|---|---|---|---|---|---|
| | 次数 / 次 | 百分比 / % | 次数 / 次 | 百分比 / % | 次数 / 次 | 百分比 / % | 次数 / 次 | 百分比 / % | 次数 / 次 | 百分比 / % | |
| A1 | 0 | 0 | 10 | 38.5 | 10 | 38.5 | 3 | 11.5 | 3 | 11.5 | 26 |
| A2 | 6 | 42.9 | 3 | 21.4 | 2 | 14.3 | 1 | 7.1 | 2 | 14.3 | 14 |
| B1 | 0 | 0 | 2 | 11.1 | 10 | 55.6 | 2 | 11.1 | 4 | 22.2 | 18 |
| B2 | 0 | 0 | 0 | 0 | 1 | 50.0 | 1 | 50.0 | 0 | 0 | 2 |
| C1 | 0 | 0 | 5 | 15.6 | 21 | 65.6 | 2 | 6.3 | 4 | 12.5 | 32 |
| C2 | 2 | 7.7 | 1 | 3.8 | 16 | 61.5 | 4 | 15.4 | 3 | 11.5 | 26 |

根据表 5，我们可以得出以下结论：①并非每节课都会对汉字进行反馈。②初级班有大量的语音反馈，中、高级班相对较少。③词汇反馈各级别都在各自横向对比中占较高比例，而且这一比例随着级别升高不断增长。④语法方面的反馈多数班级占 10% 左右的比例，说明无论哪个年级语法都应该是汉语学习者坚持学习的重点。但语法毕竟是一种语言的框架，所要掌握的知识点远少于词汇，课堂反馈中也体现了这一特点。⑤课堂上，教师也会问一下与语言无关的问题，比如问与课文相关的问题，提供一个话题讨论，等等。这也是学生练习口语的绝好机会，因此颇受教师青睐，所占比例甚至略大于语法。

## 4. 学生预期与实际课堂教师言语反馈情况的比较

前面我们分析了实际课堂中教师反馈的情况。这一部分，笔者将关注学习者的预期，毕竟他们才是二语学习的主角。我们希望通过学生预期与实际课堂教师言语反馈情况的对比分析，以揭示两者的差别，从而为对外汉语教师进行有的放矢的教学提供一些参考。

### 4.1 纠正性反馈

本文按照第二部分纠正性反馈的分类对汉语学习者和教师进行了问卷调查和随堂观察。接下来笔者将把教师使用各反馈方式的频率与学习者偏好的反馈方式进行对比。首先，根据问卷，大部分教师认为，引导和重复是很好的纠正反馈方式，这些方式能引导学习者自主发现问题、改正错误。然而，在实际课堂中，这两种反馈并没占有像问卷反映的那样高的比例。事实上，无论哪个级别，教师们都喜欢使用重述和元语言提示的反馈方式。这两者在实际课堂反馈中占有比例最高。当然，不同级别的班级各种方式的使用频率仍存在差异。总体看来，高级班的引导和重复使用频率高于初级班，因为毕竟这些学生的汉语水平较高，教师希望学生能运用已有汉语知识自主改正。而初级班教师更倾向于直接纠正，即重述。另一方面，根据纠正内容来分析，语音和汉字一般是直接纠正，使用重述的反馈方式；词汇上，纠正反馈方法多样，且频率相当；语法上，教师常使用元语言提示来纠正。

下面本文把注意力集中在学习者的想法上。值得注意的有以下两点：

① 无论哪个级别，学习者皆青睐重复反馈，希望教师能够重复他们表达中有误的部分，提醒注意，以引导自我纠正。可以看出，汉语学习者还是很希望能够自主改正偏误的，因此，教师在日常教学中就应该多给学生这样的机会：重复以强调其偏误，等待学生自我纠正；一定时间后学生仍未完成自我纠正，教师才给予适当帮助。这一需求在欧美学生身上体现得尤为明显。

② 初、中级学习者中还有颇多的学生选择请求澄清选项。这是为什么？访谈中学习者指出：请求澄清对于初、中级学生来说是最直接有效的方法，而且有时他们只是口误。可见，直接、有效也是学习者选择反馈方式的重要原则之一。但是，初、中级教师在实际教学中却很少使用。在对教师的访谈中，他们指出：请求澄清可能会打击学生的学习自信心，而且即使给初、中级学生第二次机会，多数情况下他们也不能说清楚。因此，教师大都直接纠正学生的偏误，而没有给学生再次表述的机会。事实上，根据问卷得出的结论，教师大可放心地请求学生澄清，从而增加课堂中师生互动的话轮，增强反馈的协调作用。

总之，对外汉语教师应该增强对学习者的信心，多给他们开口以及自我纠正的机会。这种自主性其实就是课堂教学中以学生为中心原则的一种体现。

## 4.2 应对性反馈

应对性反馈可以分为积极反馈和消极反馈。经过多年实践证明，积极反馈对学生的学习动机有正面影响。多数教师在实际教学中也充分注意到了这一点。他们经常给学习者以积极反馈，尤其是初、中级教师。因为汉语对于相当一部分学习者来说，是一个全新的语言系统，学习起来有较大困难。为了建立学习者学习汉语的信心，教师的鼓励就显得十分重要了。当然也有少数消极反馈，如"不对，应该是……"，但这些少量的消极反馈，据笔者观察，亦未对学生的学习动机产生负面影响。

针对大量的积极反馈，笔者将其分为：简单表扬、表扬加点评、重复答案并表扬、评价后进一步提问、评价后讲授新内容。学生问卷显示，大部分学生并不满足于教师的简单表扬，他们还希望教师能有进一步反馈，比如点评、进一步提问和讲授新内容。而在实际教学中，教师多采用重复学生的答案并表扬这一方法。教师重复学生的答案或许是因为学生的声音一般比较小，于是重复一遍希望其他同学也能听清；同时，重复也为教师判定学生的答案提供了时间。至于是否在表扬后进一步提问，这很大程度上取决于教师个人。尽管这样的方法对学生来说有一定难度而更适合高级班，实际情况却是高级班不一定用，初级班有可能用。然而，学生预期与教学实践差别最大的一点还是点评，学生期待获得教师的点评，但教师很少这样做（虽然教师问卷显示绝大部分教师会给予学生点评，但实际课堂并非如此。这说明教师有这样的意识但不一定有时间、精力去做）。其实，教师的点评很重要，它可以使学习者清楚自己的长处和不足，从而发扬长处，弥补不足，巩固强化学习者习得的标准汉语。

## 4.3 沟通性反馈

沟通性反馈是在教师与学生的对话不能顺利继续时教师主动采取的一种回应方式，以期对话能够继续。沟通方式多种多样，但多数教师常使用以下几种方法：检查学生是否理解；重复自己的问题；在语音上加以调整，如放慢语速、较长停顿、强调某一关键词；降低问题难度，提供线索对学生加以引导。其中，检查学生是否理解，在语音上加以调整，降低问题难度，这几种方法与学生预期相符。然而，学生选择最多的是"要求你再澄清一下"这一选项，其次是"把你的答案确认核实一下”。通过对学生的访谈，他们认为这样的方式更直接有效。此外，在听懂教师话语这方面，他们不希望教师只是简单重复原句，因为这样他们也不一定能听懂。他们希望教师能稍微有所改变，以有利于他们对教师话语的理解。

## 5. 结语

至此，本文对最初所提出的三个问题已经有了一个较为清晰的解答：

① 在对外汉语口语课堂上，教师反馈类型与形式多种多样，情况十分复杂。这主要是由于影响教师采用何种反馈方式的因素很多。总的来说，教师在具体使用哪种反馈方式时取决于学生、偏误、教师三方面的因素。学生方面，比如汉语水平、国籍、性格、年龄、性别等；偏误方面，比如语音、词汇、语法、信息等；教师方面，比如教龄、性别、科目、个人兴趣等。

② 在对外汉语口语课堂上，各种反馈方式相辅相成。体态语反馈经常辅助言语反馈，并帮助学习者理解。零反馈则是为正常教学而有意为之的。总之，言语反馈、体态语反馈、零反馈相互配合，共同促进汉语学习者的学习。

③ 根据本文的研究，学生的预期与教学实践存在距离，这对对外汉语教师有一定的启示：

a. 根据课堂教学以学生为中心的原则和问卷中体现的学生预期，对外汉语教师应加强学生学习的自主性。这一点反映在反馈方式上则是多让学生自己发现问题、解决问题。

b. 在鼓励的同时，适当给学生增加一些学习难度，比如进一步提问、讲授新知；注意多对学生的回答进行点评。

c. 多与学生沟通，并且注意沟通方式的多样性。

## 参考文献

蔡立予：《论对外汉语教学语言》，《科技资讯》，2009 年第 23 期。

曹　佳，殷恒光：《教师反馈用语与学生的第二语言学习动机》，《天津市经理学院学报》，

2007 年第 2 期。
陈　欣：《课堂纠错中的教师反馈和学生回应》，长沙：湖南师范大学学位论文，2005 年。
崔希亮：《汉语国际教育“三教”问题的核心与基础》，《世界汉语教学》，2010 年第 1 期。
崔永华：《二十年来对外汉语教学研究热点回顾》，《语言文字应用》，2005 年第 1 期。
董杰锋，朱若真：《教师语言艺术》，沈阳：辽宁大学出版社，1987 年。
关春芳：《对外汉语教师课堂用语浅论》，《东北财经大学学报》，2009 年第 3 期。
赵晓红：《大学英语阅读课教师话语的调查与分析》，《外语界》，1998 年第 2 期。
Chaudron, C. *Second Language Classrooms: Research on Teaching and Learning* [M]. Cambridge: Cambridge University Press, 1988.
Ellis, R. *The Study of Second Language Acquisition* [M]. Oxford: Oxford University Press, 1994.
Lyster & Ranta. Corrective Feedback and Learner Uptake: Negotioction of Form in Communicative Classrooms [J]. *Studies in second Language Acquisition*, 1997 (19.1): 37–66.
Skehan, P. A *Cognitive Approach to Language Learning* [M]. Oxford: Oxford University Press, 1998.

# 附录1　教师问卷

## 汉语教师课堂反馈调查[1]

所教科目________（读写/阅读、口语/说话、听力）　　性别________

所教班级________　　从事对外汉语教龄________

**背景知识**　本问卷所调查的汉语教师课堂反馈是指：对外汉语课堂上，在教师与学生的互动中，教师对于学生的表现所给予的评价、对学生的偏误所采取的态度及反应等。

1. 您认为什么类型的课堂更有助于学生的汉语学习？（也可写出其他看法）

A. 以教师讲解为主　　B. 师生互动交流

C. 学生自主学习　　D. 学生自由讨论

2. 您在课上与学生互动交流吗？

A. 总是　　B. 经常

C. 有时　　D. 从不/从没

3. 您在课上通常问什么类型的问题？

A. 和词汇语法有关的非是非问　　B. 和词汇语法有关的是非问

C. 和课文内容或谈话话题有关　　D. 要求表达个人见解或者做出评价的特指问的问题

4. 在您的课堂上，学生主动提问的频率怎样？

A. 0～2次/课　　B. 3～5次/课

C. 6～8次/课　　D. ≥9次/课

E. 不确定

5. 您会有意识地根据学生汉语水平问不同难度的问题吗？

A. 会　　B. 不会

C. 不确定

[1] 部分题目参考王招玲：《初级对外汉语口语课交互活动中的教师话语调查与分析》，厦门：厦门大学学位论文，2009年。

6. 当您和学生出现交流障碍时，您通常会怎么办？（可多选）

A. 检查学生的理解

B. 要求学生再澄清一下

C. 把学生的答案确认核实一下

D. 重复自己的问题

E. 在语音上加以调整，如放慢语速、较长停顿、强调某一关键词

F. 降低问题难度，提供线索对学生加以引导

G. 给学生足够的思考时间

H. 直接给出答案

I. 叫其他同学回答

7. 当学生回答正确时，您通常会怎么办？

A. 简单表扬　　B. 经常表扬，并加以点评

C. 重复学生的答案，并加以表扬　　D. 不太赞扬

E. 不做任何评价

8. 当学生回答出现错误的时候，您通常会怎么办？（可多选）

A. 忽视错误

B. 暂时忽略错误，但会在后面的讲解中指出并纠正

C. 打断学生的讲话，及时纠正错误

D. 延长等待时间，期待学生自我修正

E. 给予批评

F. 请其他同学回答

9. 您会故意对学生的某些错误不予反馈吗？

A. 经常会　　B. 有时会

C. 偶尔会　　D. 从来不会

（若是有不予反馈的情况，请举例说明，如：当其偏误超出其学习范围）__________

________________________________________

10. ① 您觉得教师反馈在对外汉语教学中扮演着怎样的角色？

________________________________________

________________________________________

② 您觉得教师反馈对汉语学习者有什么作用？

________________________________________

________________________________________

11. ① 请根据以下分类，按照您纠误反馈时使用频率的高低从左到右进行排序（写序号即可）。纠误反馈种类：

a. 明确纠正：指教师明确给出正确的语言形式，同时清楚明确地告诉学生“你的话语出现了偏误”。例如：S：昨天很有意思吗？你去了在哪儿？ T：你去了哪儿？不能说“在”。S：哦，没有“在”。

b. 重述：指教师对学生的原始话语全部或者部分重新组织，以正确的形式重新说出来。例如：S：我帮你去地铁站。T：我陪你去地铁站。

c. 请求澄清：教师无法理解学生的话语，从而要求学生再说一遍或者重新组织。例如：T：什么意思？ 请再说一遍。

d. 元语言提示：元语言提示形式主要有评论、提供信息和提出是非问，通常提示学习者说的话有某处偏误，但是不会明确给出正确的形式。例如：S：叶子黄。T：语气呢？ S：叶子黄了。

e. 引导：教师通过提问、停顿等方式引导学习者输出正确的语言形式。例如：S：今天是什么日？ T：今天是什么…… S：今天是什么日子？

f. 重复：指教师将学生的原始话语部分或者全部重新说一遍，但是多数情况下会变换语调以突出有偏误的部分。例如：S：我坐打的。T：坐打的？ S：OK，我打的。

1.____________ 2.____________ 3.____________

4.____________ 5.____________ 6.____________

② 您认为哪些反馈对学生更有帮助，为什么？

________________________________________

________________________________________

# 附录 2　学生问卷

## 汉语课堂反馈调查问卷[1]

## A Questionnaire for Chinese Class

### 第一部分

### Part Ⅰ

这一部分是为了了解学习者的基本情况，所有关于学生的信息仅用于研究。

This part is used to get students' background information, and all the information students provided is used only for research.

年龄（Age）____国籍（Nationality）____性别（Gender）____班级（Class）____

已经学习汉语的时间（How long have you been studying Chinese?）______________

1. 你觉得自己的汉语水平怎么样?

   How do you think of your Chinese language proficiency?

   A. 很好 Excellent.　　B. 好 Good.

   C. 一般 Fair.　　D. 差 Poor.

2. 你参加过 HSK 考试吗? 如果是，你通过了几级?

   Did you take an HSK exam? If you did, which level did you pass?

   A. 1 ～ 3 级 Levels 1-3.　　B. 4 ～ 8 级 Levels 4-8.

   C. 9 ～ 11 级 Levels 9-11.　　D. 没有参加过 I didn't take it.

3. 你觉得自己的性格属于哪一种?

   What kind of personality do you think you have?

   A. 外向 Extroverted.　　B. 内向 Introverted.　　C. 两者兼有 Both.

[1] 部分题目参考张巧艳:《初级阶段对外汉语综合课教师话语特点分析》，厦门：厦门大学学位论文，2008 年。

**第二部分**

Part Ⅱ

1. 你的老师多长时间在课上与你们交流一次？

How often does your teacher communicate with you in class?

A. 总是 Always.　　B. 经常 Often.

C. 有时 Sometimes.　　D. 很少 Seldom.

E. 从不 / 从没 Never.

2. 你积极主动参与交流吗？

How often do you take an active part in class?

A. 总是 Always.　　B. 经常 Often.

C. 有时 Sometimes.　　D. 很少 Seldom.

E. 从不 / 从没 Never.

3. 你觉得回答________对你的汉语学习有帮助。（可多选）

For you, what kind of questions help you learn Chinese? (You may choose more than one option.)

A. 老师已经知道答案的问题 The questions that the teacher has already known the answers.

B. 老师不知道答案的问题 The questions that the teacher does not know the answers.

C. 和词汇、语法及句子结构有关的问题 The questions related to vocabulary, grammar and sentence structures.

D. 和课文内容或谈话话题有关的问题 The questions related to the text or topic.

E. 要求表达个人观点或者做出评价的问题 The questions that need to express personal views or make judgments.

F. 只需用“是或不是”“对或不对”回答的问题 The questions that the answers to them are “是” or “不是”，or “对” or “不对”.

4. 当你和老师对话交流有困难时，你的老师经常会________。（可多选）

If you have problems communicating with your teacher，he or she often ________. (You may choose more than one option.)

A. 检查你是否理解（例如：明白了吗？听懂了吗？）

checks if you have understood it. (e.g. 明白了吗？听懂了吗？)

B. 要求你再澄清一下（例如：你能再说一遍吗？）

asks you to say it again. (e.g. 你能再说一遍吗？)

C. 把你的答案确认核实一下（例如：你是说……吗？）

repeats your answer to verify it. (e.g. 你是说……吗？)

D. 重复自己的问题 repeats his or her question.

E. 在语音上加以调整，如放慢语速、较长停顿、强调某一关键词

changes his or her pronunciation. (e.g. slow down，make a long pause，stress some keywords)

F. 降低问题难度，提供线索对你加以引导

makes the question easier，and gives you some clue to the answer.

G. 给你足够的思考时间 gives you enough time to think about it.

H. 直接给出答案 tells you the answer.

I. 叫其他学生回答 asks other students to answer it.

5. 当你和老师对话交流有困难时，你希望老师________。（可多选）

If you have problems communicating with your teacher，you hope the teacher will ________.（You may choose more than one option.）

A. 检查你是否理解（例如：明白了吗？听懂了吗？）

check if you have understood it. (e.g. 听明白了吗？听懂了吗？)

B. 要求你再澄清一下（例如：你能再说一遍吗？）

ask you to say it again. (e.g. 你能再说一遍吗？)

C. 把你的答案确认核实一下（例如：你是说……吗？）

repeat your answer to verify it. (e.g. 你是说……吗？)

D. 重复自己的问题 repeat his or her question.

E. 在语音上加以调整，如放慢语速、较长停顿、强调某一关键词

change his or her pronunciation. (e.g. slow down，make a long pause，stress some keywords)

F. 降低问题难度，提供线索对你加以引导

make the question easier，and give you some clue to the answer.

G. 给你足够的思考时间 give you enough time to think about it.

H. 直接给出答案 tell you the answer.

I. 叫其他学生回答 ask other students to answer it.

6. 当你回答正确时，你的老师经常会________。（可多选）

When you give the correct answer，your teacher often ________. (You may choose more than one option.)

A. 简单表扬 praises you.

B. 表扬并加以点评 praises you and makes comments about your answer.

C. 重复你的回答，并加以表扬 repeats your answer and praises you.

D. 不太赞扬 seldom praises you.

E. 不做任何评价 makes no comment.

7. 当你回答正确时，你认为老师________会促进你进一步交流与学习。（可多选）

When you give the correct answer, you think it is good for your further communication and study if the teacher ________. (You may choose more than one option.)

A. 简单表扬 praises you.

B. 表扬并加以点评 praises you and makes comments about your answer.

C. 重复你的回答，并加以表扬 repeats your answer and praises you.

D. 评价后进一步提问 makes some comments and asks you other questions.

E. 评价后讲授新的内容 makes some comments and then teaches new things.

8. 当你回答错误时，你的老师经常会________。（可多选）

When you give the wrong answer, your teacher often ________. (You may choose more than one option.)

A. 忽视错误 overlooks the mistake.

B. 暂时忽略错误，但会在后面的讲解中指出并纠正

overlooks it for the moment and then explains and rectifies it later.

C. 打断你的讲话，及时纠正你的错误

interrupts you and corrects it immediately.

D. 间接委婉地修正你的表达 corrects your answer indirectly.

E. 重复你表达中有错误的部分，提醒注意，引导你自我纠正

repeats the wrong part in your expression, reminds you to notice it and correct it yourself.

F. 延长等待时间，期待你自我修正

prolongs the waiting time to expect you to correct it yourself.

G. 给出部分正确答案，让你补充其余答案

tells you part of the right answer to let you complete the other parts of the answer.

H. 批评指责 criticizes you.

I. 请其他学生回答 asks other students to answer the question.

J. 直接给出正确答案 tells you the right answer.

9. 当你回答错误时，你认为老师________会促进你进一步交流与学习。（可多选）

When you give the wrong answer，you think it is good for your further communication and study if the teacher ________. (You may choose more than one option.)

A. 忽视错误 overlooks the mistake.

B. 暂时忽略错误，但会在后面的讲解中指出并纠正

overlooks it for the moment and then explains and corrects it later.

C. 打断你的讲话，及时纠正你的错误

interrupts you and corrects it immediately.

D. 间接委婉地修正你的表达 corrects your answer indirectly.

E. 重复你表达中有错误的部分，提醒注意，引导你自我纠正

repeats the wrong parts in your expression，reminds you to notice it and correct it yourself.

F. 延长等待时间，期待你自我修正

prolongs the waiting time to expect that you find the right answer yourself.

G. 给出部分正确答案，让你补充其余答案

tells you part of the right answer to let you complete the other parts of the answer.

H. 批评指责 criticizes you.

I. 请其他学生回答 asks other students to answer it.

J. 直接给出正确答案 tells you the right answer.

10. 你觉得你在汉语课上经常扮演什么角色？（可多选）

For you, what kind of role do you often play in your Chinese class? (You may choose more than one option.)

A. 被动接受知识者 A passive knowledge receiver.

B. 认真听讲者 An earnest listener.

C. 问题的发现者和提出者 A person finding and putting forward new problems.

D. 课堂活动的主动参与者 An active participant of class activities.

**【作者简介】**

向玲，北京语言大学对外汉语研究中心2010级硕士研究生，研究方向为汉语言文字学。

**【专家点评】**

刘珣：

作为一篇教学研究论文，本文结构完整，采用实证性研究很好。但是最好在本文中提出该研究与从前的研究有何不同。

姜丽萍：

第一，反馈在口头上应用很广，本文用实证性研究方法，将反馈从类型到具体应用分得很细致。第二，题目是对外汉语教学方面的，但是文中普遍性研究更多一些，而针对对外汉语的研究较少，对于这些的界定应该更明确一些。对外汉语教学中的反馈到底有什么特殊性，针对这一点深化下去更好一些。

# 2

# 现代汉语“动（形）+介”组合词的词汇化研究

北京语言大学　柏琳

**提　要**　“动（形）+介”组合词是现代汉语词汇系统中结构方式比较特殊的一类词，它无法用词法规则进行分析，其形成是历时词汇化的结果。本文对《现代汉语词典》（第5版）收录的“动（形）+介”组合词进行了穷尽性的研究，共发现了54个“动（形）+介”组合词，分为“于字式”“以字式”“乎字式”和其他共四种类型，其中“于字式”占大多数，基本为双音节形式。这些词的构成成分最初均是非直接成分，句法上属于跨层结构，在历时发展过程中词汇化为词。词汇化的动因主要是受汉语语音发展和介词发展的影响。汉语的双音化发展趋向和韵律—音步特征促成了其构成成分的跨层词汇化；介词的不断虚化促进了其与前面实词的黏附。这种词汇化过程在现代汉语共时平面仍在进行着，本文对其发展方向进行了预测。

**关键词**　“V+P”组合词　词汇化　韵律　双音化　介词

# 1. 引言

自索绪尔以来，语言研究在严格区分共时平面和历时平面基础上进行，汉语研究也不例外。20 世纪 70 年代，西方重新兴起的词汇化和语法化研究，将长期分离的共时研究和历时研究又结合起来，力图用词汇化（lexicalization）、语法化的理论和方法来解释共时平面上过去难以解释的语言现象。受这一思潮和研究范式的影响，汉语的语法化和词汇化研究也蓬勃开展起来。本文将借助词汇化理论来研究现代汉语“动（形）+ 介”组合词的词汇化过程。

现代汉语“动（形）+ 介”组合词指的是“属于、勇于、给以、在乎”等类型的词。这类词不符合现代汉语构词规则中的主谓、动宾、动补、偏正、联合等基本模式，它们是经过了词汇化过程后才逐步凝固为词的。

词汇化，指的是从大于词的自由组合的句法单位逐渐凝固或变得紧凑而形成单词的过程，这种过程一般是历时形成的。Givón 提出一个著名的观点：今天的词法曾是昨天的句法（参见沈家煊，1994）。汉语作为分析性的语言，句法现象转化为词法现象是非常普遍的，现代汉语中不少复音词的前身就是自由的句法组合。古代汉语的句法结构演化为现代汉语的词法结构可以细分为两类：一种是全部由词汇性成分构成的短语，另一种是由语法性成分和词汇性成分组成的句法结构（董秀芳，2002b）。本文讨论的“动（形）+ 介”组合词则是由第二种情况造成的。这类词的构词成分原先属于“跨层结构”。所谓“跨层结构”，是指不构成直接成分，分属不同句法层次，但在线性顺序上邻接的两个成分组成的结构。这类结构中，本来不在同一层次上的两个成分，在发展过程中跨越原有的组合层次，彼此贴近并逐渐凝固，最后组合成词。例如，在“天数乃起于一，终于十，何也？”（《太平经》）中，“终于”是两个词，其层次为“终 / 于十”。在后来的发展过程中，“终”和“于”词汇化为一个单位，成为现代汉语的副词。例如，“凤霞跑得太快，在田埂上摇来晃去，终于扑到了家珍腿上”（余华《活着》）。

前一个语素为动词性或形容词性语素，后一语素为介词性语素，本文把这类词称为“动（形）+ 介”组合词。为行文方便，码化为“V+P”（V 是“动或形”，P 是“介”）。本文研究现代汉语共时平面上的“V+P”类组合词的数量、特点、词汇化过程及其动因，并对现代汉语中一些类似句法结构的发展进行预测。

# 2. 现代汉语“V+P”组合词的特点及词汇化举例

## 2.1 现代汉语“V+P”组合词的特点

语言是变化发展的，其中和社会联系最紧密的词汇部分更是变动不居的，除了随新事物新现象而出现的新词之外，原先非词的结构在大量使用中发生词汇化，更是会给词汇系统添加新的成员，词汇化是一个历时的过程，有的已经完成，有的还在进行。对于一个“V+P”组合是不是词可能会仁者见仁、智者见智，为了讨论的客观性，本文以中国社会科学院语言研究所词典编辑室编撰的《现代汉语词典》（第5版）为标准，凡是收入其中的“V+P”组合一律认定为词，否则不认为是词。

### 2.1.1 “V+P”组合词的数量

我们对《现代汉语词典》（第5版）进行穷尽性的考察，共得到了54个“V+P”组合词[1]，根据其结构特点分为以下四种类型：

①“于”字式

便于、濒于、不下（于）[2]、不至于、等于、对于、长于、处于、甘于、关于、敢于、工于、惯于、归于、过于、见于、利于、难于、终于、忙于、限于、陷于、由于、以至（于）、在于、至于、属于、鉴于、寓于、居于、善于、勇于、位于、乐于、苦于

②“以”字式

得以、给以、加以、可以、予以、难以、借以、用以

③“乎”字式

关乎、合乎、近乎、几乎、无须乎、在乎、不在乎、不外（乎）

④其他

好在、前往、经由

[1] 对于“倾向、偏向”等词，我们认为是并列式的动词性语素构成的词，在一开始使用时就是一个词，其中的“向”是动词性语素，整个结构不是“V+P”结构。例如“趋向”一词最早产生于魏晋南北朝：“又有损于精思，无益于年命，二毛告暮，素志衰颓，正欲反迷，以寻生道，仓卒罔极，无所趋向。”（《抱朴子》）

[2] 括号内成分可以省略，此标注方法同中国社会科学院语言研究所词典编辑室编《现代汉语词典》（第5版），下同。

### 2.1.2 “V+P”组合词的结构特点

“V+P”组合词具有两个显著的特点：

一是“于”字式占大多数。

在 54 个“V+P”组合词中“于”字式有 32 个，占 59%，其他三种占 41%。

二是双音节的词占绝大多数。

54 个“V+P”组合词中，双音节词达到了 49 个。

## 2.2 “V+P”组合词的词汇化举例

词汇化过程是一个历时过程，限于篇幅，本文无法对每一个“V+P”组合词的历时词汇化过程都进行详尽的考察，本文将挑选部分例子来考察其词汇化过程。

### 2.2.1 “至于（於）”的词汇化过程

请看例句：

（1）岁二月，东巡守，至于岱宗。（《尚书·舜典》）

（2）送子涉淇，至于顿丘。（《诗经·卫风·氓》）

（3）大叔又收贰以为己邑，至于廪延。（《左传·郑伯克段于鄢》）

以上例子中“至”是表示“到达”义的动词，“于”是引进地点的介词，介宾短语做“至”的补语，“至”和“于”是跨层结构。

后来，“于”的介词宾语不再限于表示地点的词语，可以是表示时间的词或者一般名词或谓词性词语。例如：

（4）晋公子，姬出也，而至于今，一也。（《左传·僖公二十三年》）

（5）《诗》云：刑于寡妻，至于兄弟，以御于家邦。（《国语》）

（6）阳虎不敢为非，以善事简主，兴主之强，几至于霸也。（《韩非子》）

（7）至于无妒而进贤，未见一人也。（《战国策·楚策四》）

例（4）中“于”的宾语为时间名词“今”，例（5）中“于”的宾语为普通名词“兄弟”，例（6）中“于”的宾语为动词“霸”，例（7）中“于”的宾语为谓词性成分“无妒而进贤”。

由于介词“于”宾语范围的扩大，动词“至”的词义发生了一定的变化，由空间的“到达”引申为时间、程度等非空间的“到达”。这是隐喻机制的作用。需要指出的是，当“于”后宾语为谓词性成分时，指达到了某种程度或地步。如例（6）“几至于霸也”是“几乎达到了称霸的地步”，例（7）“至于无妒而进贤”是“达到了不嫉妒却举荐贤才的程度”。

很显然，这里“至”的意义明显出现了虚化，不再是意义实在的空间位移，尽管如此，“至”仍然是动词，并没有和“于”词汇化为一个词，因为，“至于”出现的场合都是独立的小句，“至”只能理解为动词。

需要说明的是，这一步是“至于”词汇化的关键，正是“至”意义的虚化和“于”宾语范围的扩大，为“至”和“于”的黏合创造了语义和句法条件。当“至于”后出现普通名词性成分，而其后又有陈说性话语，而且处在一个小句中时，“至于”只能当作一个词来理解，表示话题转移到某个领域。例如：

（8）夫众人畜我者，我亦众人事之。至于智氏则不然，出则乘我以车，入则足我以养，众人广朝，而必加礼于吾所，是国士畜我也。(《吕氏春秋》)

（9）若乃至于玄云之素朝，阴阳交争，降扶风，杂冻寸，扶摇而登之，威动天地，声震海内。(《淮南子》)

（10）至于老长巨细，各当随共力而求衣食，故万物尚皆去其父母而自衣食也。(《太平经》)

例（8）先说出“众人”对“我”的态度，后说到“智者”对“我”的态度，这里的“众人”和“智者”显然是对比而言的，“至”不能理解为“到达”义，也不再是动词，“于”也不是用来引进处所、时间或程度，而是和“至”黏合在一起用于指出涉及的话题。说它是话题，因为其后有陈说性成分“不然”，而且处在一个小句中，这里的“至于”已经词汇化为用于表示话题转移的介词。

例（9）“若乃”是表示假设的连词，假设连词最容易作为话题标记，“至于”后面的“玄云之素朝”正是话题，“阴阳交争，降扶风，杂冻寸，扶摇而登之，威动天地，声震海内”则是陈述性成分。例（10）的分析同于上面两例。

通过对语料的调查，我们发现，介词“至于”的词汇化大致在战国时期，到了魏晋南北朝以后，用例逐步增多。

### 2.2.2 “可以”的词汇化过程

请看例句：

（11）我心匪鉴，不可以茹。（《诗经·北风·柏舟》）

（12）他山之石，可以攻玉。（《诗经·小雅·鹤鸣》）

（13）五亩之宅，树以之桑，五十者可以衣帛矣。（《孟子·寡人之于国也》）

以上例子中“可”和“以”是两个独立的词，“可”是助动词，表示“能够”，“以”是介词，这两个词相邻，出现在“可 + 以 +N（介宾）+V”的句法结构中，“以”和它后面的宾语是一对直接成分，与“可”不在一个层次上。在实际使用中，“以”的宾语经常省略，比如例（11）中应该是“不可以（之）茹”，介词宾语“之”指代前句中的“我心”。例（12）中应该是“可以（之）攻玉”，“之”指代前句“他山之石”。

由于“以”的宾语经常隐去，“以”就显得无所依傍，在语音上逐渐依附于“可”，“可”是单音词，和“以”组合成复音词也合乎汉语双音节趋势。“以”依附于“可”后，本来意义逐渐消失，并且在语音上弱化为轻声，“可以”凝固后意思相当于“可”，请看：

（14）故曰：“不出于户，可以知天下；不窥于牖，可以知天道。”（《道德经》）

（15）山涧清且浅，可以濯吾足。（陶渊明《归园田居》其五）

例（14）（15）中的“可”和“以”联系更紧密，有成为一个词的倾向，但仍不是一个词，依据就是“以”后仍然能补出介词宾语。发展到后来，“以”后补不出宾语了，“可以”词汇化为一个词，请看：

（16）君子曰：“学不可以已。”（《劝学》）

（17）始经为郡守，经母谓经曰：“汝田家子，今仕至二千石，物太过不祥，可以止矣。”（《三国志》）

（18）磐石方且厚，可以卒千年。（《孔雀东南飞》）

以上例句中“可以”已经是一个词，而且是一个助动词。助动词一般位于谓词前做状语，自身不能单独做谓语，后面不能跟名词性成分，例（18）中“可以”后跟动词“卒”做状语，“以”后补不出宾语，“可以”已经凝固为词。

需要指出，以下例句中的“可以”是形容词，表示“不错，过得去”，不是我们所讨论的“V+P”组合：

（19）别人还可以，赵姨奶奶一伙的人见是这屋里的东西，又该使黑心弄坏了才罢。（《红楼梦》第三十七回）

（20）西瓜往年都还可以，不知今年怎么就不好了。（《红楼梦》第六十七回）

“可以”凝固为词最早出现在春秋战国时期。

## 3.“V+P”组合词词汇化的动因分析

“V+P”组合词词汇化是在汉语历时发展的过程中实现和完成的，其主要动因有两个方面：一个是受到了汉语语音的影响，一个是介词因素。

### 3.1 汉语语音对“V+P”发生词汇化的影响

汉语是一种音乐性很强的语言，是十分讲究韵律节奏的，而现代汉语词汇又有双音节化的趋势，正是这两种因素的共同影响，促进了“V+P”的词汇化。

#### 3.1.1 韵律—音步对“V+P”词汇化的影响

冯胜利（1996）通过对汉语韵律特征的研究，提出了汉语的“韵律构词学”。他认为汉语有自己的韵律层级：底层的是“韵素”，韵素组成“音节”，音节组成“音步”，最后音步实现为“韵律词”。韵律词必须至少是一个音步，因此音步就是最小的能自由运用的韵律单位。从韵律的角度看，能够独立的基本单位是“韵律词”。冯胜利（1998）指出，“韵律词是一个最小的语流片段单位”[1]，它是由音步构成的。汉语的标准音步是两个音节，因此“标准韵律词”也是两个音节。我们知道，汉语中单音节语素居多，那么两个单音节语素组合就很容易产生韵律词。但是韵律词只是韵律系统的产物，只要满足音步的条件就可以算作一个词了，那么那些从句法层面看不是一个层次的结构体也就有可能会被算作一个韵律词，这也符合人们的语感。当这种韵律词的使用频率增加，其结构就会凝固，凝固的结果就是发生词汇化。

[1] 引自冯胜利：《论汉语的“自然音步”》，《中国语文》，1998年第1期。

我们认为，在跨层结构中，“V+P”是容易发生词汇化的结构。因为在汉语里，动词是核心，包含动词的音步一般都要从这个动词开始实现，古代汉语单音节词居多，动词也不例外，基本都是单音节的，可是现代汉语的标准音步是双音节的，因此单音节动词就必须再加上一个成分才可以实现为一个韵律词。而在现代汉语共时平面“V+P”组合中的介词基本是单音节的，我们认为这里的单音节动词与单音节介词组合容易实现为韵律词。根据冯胜利（2009）的研究，韵律学认为，“汉语的普通重音是以最后一个动词为重心来构建句尾重音的韵律单位”[1]。PP是动词的论元成分，和动词一起组成普通重音范域，在这个范域中V支配PP，而非NP（名词）。根据Chomsky（1986）的语障理论，PP是句法结构的“最小管辖域”，其中P是NP的最近支配者，P阻挡了V对NP的支配，形成“语障”，V无法支配NP，无法将重音指派给NP。但当P黏附于V后，原来的P就变成空位，语障消失，同时“V+P”成为单独的语法成分，此时NP就可以通过“V+P”得到重音。那么如果V后正好有一个邻近的PP，其中的P就容易被V“吸附”过去参与韵律词的组合，也不管这个PP原先是否和这个V属于同一层次。于是就可以看到许多这样的结构，如“甘于平淡、敢于斗争”，其中“于平淡、于斗争”等介词结构本来和前面的动词不在一个层次，可是人们在语言运用中不知不觉把“甘于、敢于”当作一个词汇单位在使用，这些结构都是韵律词。可以说，汉语的韵律词为跨层结构“V+P”实现词汇化提供了模型。

### 3.1.2 汉语词汇双音化对“V+P”词汇化的强化作用

“V+P”这种跨层组合的“似词非词”的结构为什么在后来的发展中会黏合得越发紧密，以致部分这样的结构都被编入了词典中呢？我们认为，光有韵律—音步的影响是不稳固的，还必须有别的因素去强化它，使这种在刚产生时带有偶然性的结构完全被语言使用者接受，并成为新的词汇单位，这种强化因素，应该是汉语词汇双音化的趋势。

古汉语是单音节词占绝对优势的语言，发展到现代汉语，双音节词已经占主导地位。双音节化的趋势在促使“V+P”发生词汇化的过程中发挥了重要影响。双音节词的增多，得到了说汉语的人心理上的语音模式的支持，人们在交际过程中普遍感到词应该是双音节的，那么双音节的跨层结构“敢于、甘于、前往、关

[1] 引自冯胜利：《汉语的韵律、词法和句法》，北京：北京大学出版社，2009年，第68页。

乎”等韵律词就会被接受为真正的词，这时候语素加语素在韵律范畴和构词范畴里就达到了形式上的一致。

由于双音节化的趋势，两个音节是一个自然音步，而汉语“V+P”组合中的“V”基本上是单音节的，那么在读音上语音停顿发生在介词后面而非前面。例如：

（21）我们要敢于创新。

（22）一年之计在于春，好在他们在初春已经将金石滩变成了一片沸腾的大工地。

（23）在社会主义市场经济条件下，发布制止牟取暴利的法规，既顺乎民心，又合乎市场经济的客观要求。

例（21）中的停顿在“敢于”后，例（22）中的停顿在“在于”“好在”后，例（23）中的停顿在“顺乎”和“合乎”后。

目前，《现代汉语词典》（第5版）只收录了“敢于”“好在”和“合乎”，“在于”“顺乎”没有收录，可能认为这两个单位还不够词的资格。但是这些单位的停顿点都是相同的。在这里我们完全能够推测，“敢于”“好在”和“合乎”作为词，一定经历了“在于”“顺乎”的阶段。

如果一个单位是词，那么在语流中的语音停顿，不论是逻辑停顿还是语法停顿，停顿点只能出现在词与词之间，绝对不会出现在一个词的内部。语音停顿的这个特征，就为我们提供了一个鉴别“V+P”是否已经成为一个整体的重要依据。在共时层面上，如果一个单位内部不允许出现停顿，就有可能黏合为词，“V+P”组合不允许内部出现停顿，又加强了其词汇化的趋势。

值得注意的是，词典收录的词语中，也存在少量三音节的“V+P”词汇化后的词语（以至于、不至于、不在乎），但并不是说汉语双音节化和韵律—音步对其结构就没有影响。首先，这些已被字典收录的三音节词语中，有部分是完全可以省略为双音节而不影响意义的，如“以至”。其次，有部分词语是在已经完成词汇化后的词上添加别的成分来成词的，如“不至于”，层次是“不/至于”，这第二次添加是在“至于”已经完成词汇化后发生的，和我们讨论的“V+P”组合词汇化并不冲突。

## 3.2 介词因素对“V+P”词汇化的影响

### 3.2.1 介词的虚化程度

在已经完成词汇化的“V+P”中，“于字式”占绝大多数，“以字式”和“乎字式”有一部分，其他形式的很少。可以看出，有介词“于、以、乎”等的结构较容易发生词汇化，含有其他介词的结构则不容易词汇化。究竟为什么不同的介词引发词汇化的能力不同？这主要和介词的虚化程度有关。

实词语法化是人类语言发展过程中普遍存在的一种现象，考察汉语的发展历史，现代汉语虚词一般是由实词转变而来的。而语法化研究发现，语法化既可以是一个历史上已经完成的过程，也可以是一个正在共时状态下进行的过程。一个形式在发生语法化后还可以进一步语法化（further grammaticalize）（董秀芳，2004：165）。介词属于虚词，由动词虚化而来。虚化有程度差别，实词虚化是一种虚化，从虚词向更虚的方向发展也是虚化，介词的虚化就是这种情况。

介词的功能就是介引。一旦介词的介引功能逐渐消失，介词的作用也就会逐渐消退，介词就变得更虚。看下面的例子：

（24）坐在椅子上

（25）坐椅子上

（26）躺到床上

（27）躺床上

（28）热衷于政治活动

（29）热衷政治活动

例（24）（26）（28）的说法成立，例（25）（27）（29）的说法在口语中也是常见的。朱德熙认为“坐在椅子上”的口语是“坐・de / 椅子上”（朱德熙，1982：182）。也就是说其中的介词在口语里读轻声，甚至可以省略，介词出不出现都不影响语义，此时介词的介引功能被极大地削弱了。比较以下例子：

（30）妈妈坐在床上。

（31）妈妈坐在了床上。

（32）他把书包放在桌子上。

（33）他把书包放在了桌子上。

（34）他把爱洒向人间。

（35）他把爱洒向了人间。

动词后面可以带时态助词，介词后面是不可以的，可见这里的“到、在、向”已经失去了介词的功能。

通过以上讨论，可以知道，当介词继续虚化，就会逐步失去原有的介词功能。可是为什么在现代汉语共时平面上“于字式”和“以字式”多，而“走到、放在”等结构没有词汇化。

介词是由动词虚化而来的，但是不同的介词出现的时间不同，使用频率和文体色彩也不一样，因此虚化的程度必然是不同的。根据郭锡良（1998）的研究，汉语中历史最悠久的两个介词“于、以”都是由及物动词语法化而来，“于、以”两个介词产生的时间最早，虚化程度也最高。其他介词如“在、到、向、往”等都在其后产生。金昌吉（1995）曾经按照介词语音、语义虚化的不同程度将介词分成四类，本文根据词汇化研究的需要将介词分成三类：

第一类为文言类介词“于、以”。[1]这两个介词历史最久，具有浓厚的书面语色彩，在现代汉语中仍然有很高的使用频率，它们的使用带有文言语法的痕迹。它们长期和动词固定搭配使用，例如：

（36）马克思生于1818年

（37）有利于提高效率

（38）致以衷心的祝愿

（39）予以好评

上述结构中的介词“于、以”和动词结合紧密，缺少了它们，原来的结构就不能成立。（“* 生1818年、* 致衷心的祝愿”等说法不成立。）

第二类为“向、往”。它们在语音上没有变化，在语义上也很稳定，基本表示动作行为的方向和处所。例如：

[1] “乎”相当于“于（於）”，在绝大多数情况下可以和“于”互换，因此性质也和“于”相近。

（40）走向门口

（41）流向大海

（42）前往目的地

（43）开往北京

这类结构有一个特点，就是其中的动词一般都可以移到介词结构后面，如“向门口走、往北京开”。这类结构中的介词和动词没有第一类中结合紧密，但是仍然有进入第一类的趋势，比如说“面向大海、朝向大门”等中的动词就不能后移，所以广义上来说，可以和第一类算在一起。[1]

第三类是“在、到”。这两个介词可以表示处所，也可以表示时间，在口语中可以读轻声甚至省略。例如：

（44）放（在）桌上

（45）坐（到）床上

（46）回（到）家里

（47）把这副春联贴（到）门上

通过以上分类，我们可以看到，第一类介词和动词结合最紧密，第二类次之，第三类最弱，甚至可以省略。而这三类介词的虚化程度，也是逐步递减的。

陈昌来（2002）认为“越是古代汉语的介词越容易后附于动词成为复合词”。“于、以”这两个介词正是古代汉语的介词，最具文言色彩，“向、往”的书面语色彩差一点儿，而“到、在”则是近代出现的介词，它们甚至还没有完全虚化，还有动词的用法，如“我到图书馆去、我在家里”，因此它们还不能算是完全的介词。那么为什么文言色彩浓厚的介词跟在动词后就比较容易发生词汇化呢？我们认为，由于文言色彩重的介词产生得早，因而在义多词少的古代承担的功能就多，后来由于词汇的发展，同一介词的不同的语法功能就由后来产生的不同的介词去承担，原来介词的语法功能就趋于减弱，也就不再单独承担介词的功能。以介词“于”为例，“于”在先秦是一个功能非常多的介词，除了可以表示

[1] 这里的“向”已经从动词虚化为介词，和“偏向、趋向”等情况不同。“面向、朝向”等结构还未被词典收入，表明其词汇化还未完成。

"在、比、向"等意义之外，还表示"到（达于极点）、从（认识开始于经验）、对于（于我们适用的东西）"等意义（黄伯荣、廖序东，2002：38）。郭锡良（1998）在谈到介词"于"消失的原因时指出，适应性广是优点也是缺点，因为一个词承担的义位过多，在使用中就容易产生歧义，影响交际。要解决这个问题有两个出路：一是产生新词来代替原词的语法功能，比如后来的"向、在"代替"于"表示时间、处所的功能；二是让其变为复合词，也就是说让介词"于"在原来的句法位置上和前面的单音动词黏合成一个词，让"于"成为这个跨层结构的复合词中的一个构词语素，这样介词"于"在丧失其介词功能后也有了发展的出路。

介词"以"的发展过程和"于"近似，因此也可以看到"得以、给以、加以"等词出现在词典中。而介词"向、往"产生得比"于、以"要晚一些，虚化程度自然不及"于、以"，所以和其前的动词黏合的概率就比前者要小一些，但是它们有跟随"于、以"的趋势，至于介词"在、到"等都是近现代汉语的产物了，本身还带有动词的用法，也还具有单独的介引功能，它们和之前的动词更不容易发生词汇化，但是词汇化过程仍然在进行，所以今天我们可以听到"走到、回到、留在"等结构经常被当作一个整体在使用，虽然它们还没有凝固到成词的地步，但随着语言发展，新介词的出现，它们也有可能会和"敢于、加以"一样完成词汇化。

### 3.2.2 介词的置向

汉语是缺乏形态变化的语言，语序和虚词是表达语法意义的最重要手段，因此语序的变动会对汉语的句法和词法产生巨大影响。在汉语发展历程中，介词短语有逐渐从动词后移到动词前的趋向。根据石毓智、李讷（1998）的研究，介词短语从谓语动词后迁移到动词之前的变更开始于公元前1世纪，完成于公元15世纪，其间经历了1500多年。

"V+P"发生词汇化，也与汉语语序的演变有着密切的关系。这里主要是介词的置向问题。刘丹青（2003）指出，汉语介词有前置词和后置词之分，前置词是指能够独立放在名词性成分前与之构成一个短语的介词。至今汉语语法学所说的介词均属此类，其中不乏兼做动词者，如"于、以、自、在、从、到、向、往、为、对、比、给、跟、把、被、用、沿着、为了、对于、关于"等。而前置词也分两种，前置词构成的介词结构在谓语动词前的叫动前前置词，前置词构成的介词结构在谓语动词后的叫动后前置词，带“于、以、向”等的介词结构大多位于动词前，可是也有少量结构可以位于谓语后，叫作双位前置词。汉语中仍然以动前前置词居多。所谓后置词，是指能够独立放在名词性成分后与之构成一个短语的介词。文言色彩的“之”、近代的“底”和现代的“的”介引名词性成分的用法可以看作后置词，但只做定语标记（刘丹青，2003）。语言共性的研究证明，人类语言具有核心居前和核心居后两种趋向，那么理论上两类语言分别使用的前置和后置的虚词的句法地位也应当对称。事实却并非如此。“V+P”词汇化过程涉及介词继续虚化的问题，和语法化密切相关。制约介词语法化过程的，既有各种语法化过程共同遵守的普遍原则，也有针对介词这种特定词类的特殊原则和倾向。根据刘丹青（2003）的考察，与介词有关的特殊原则或倾向称作左右不对称原则。在语法化过程中，即使是表示同样功能的虚词，前置者往往比后置者更容易保持其句法独立性。因此，在前置词语言中，前置词通常被看作独立的虚词，后置词则被看作依附性成分，成为助词或后缀。其中，前置词受左右不对称原则影响尤其深远，因为不仅涉及反映虚化程度的依附性问题，更影响到句法性质问题。后置词不管在什么位置，只会依附其前的名词性成分，因此不会改变其后置词的性质。而前置词非但不一定依附其后的名词性成分，而且还可能向其前的成分依附，而该成分并非其直接成分，造成违背句法组合的附缀化（cliticization）（刘丹青，2003）。现代汉语使用者都有把“善于、长于、勇于”乃至现在的“加以、源于”等看作一个词汇单位的语感。

由于汉语中以动前前置词居多，而且从古代汉语发展到现代汉语，介词结构逐渐从置于谓语动词后发展为置于动词前，那么仍然居于动词后的介词结构就成为遗留。李宗江（2003）指出语法系统的变化使得处在某一语法位置上的成分应该移到一个新的位置，有些成分除了可以出现在新的语法位置外，还会在原来的位置上残留一段时间。恰恰是这种残留成分容易发生语法化。动词后的介词和其后的名词性成分脱离，往前依附，向动词靠拢，合成一个单位，发生词汇化，从而顺应了汉语中介词逐步前移，动词后介词独立性趋于减弱，并且有逐步减少的趋势。

# 4. “V+P”词汇化的句法后果

## 4.1 对“V+P”的重新分析

“V+P”发生词汇化必然会对其所在的句法结构产生重新分析(re-analysis)。Langacker 把重新分析定义为：没有改变表层表达形式的结构变化，一个可分析为“(A，B)，C”的结构，经过重新分析后，变成了“A，(B，C)”(孙朝奋，1994)。重新分析是产生新的语法关系的一种重要模式，最简单的重新分析模式应该是两个原来不在一个层次的单位发生融合，典型的例子就是跨层结构“V+P”的词汇化现象。其实词汇化和语法化在本质上有共通的地方，都包含一种语言单位由独立到依附的过程。

未发生词汇化的“V+P”属于述补结构，具有一系列述补结构的特征，以“给我们以希望”为例，特征如下：

① 语音停顿在介词前。

② 介词和介词宾语之间不可以添加别的成分。

③ 动词后有宾语成分。

“V+P”发生词汇化，经历了重新分析过程，就不再属于述补结构，有发展为述宾结构的趋势，以“致以热烈的问候”为例，特征如下：

① 语音停顿在介词后。

② 介词和介词宾语之间可以添加别的成分，如“了”。

③ 动词后没有宾语成分。

经过重新分析，“V+P”拥有了和述补结构完全不同的特征，并向述宾结构发展。

## 4.2 “V+P”词汇化后的词性及语法特征

“V+P”发生词汇化后形成的结构模式属于跨层组合，词汇化后形成的“V+P”组合词，其词性可以分为以下几类：

① 动词类

便于、濒于、不下(于)、不至于、等于、长于、处于、甘于、敢于、工于、惯于、归于、居于、位于、见于、利于、难于、忙于、陷于、属于、鉴于、寓于、勇于、苦于、乐于、至于、在于、得以、给以、加以、可以、予以、难

以、借以、用以、关乎、合乎、近乎、不外（乎）、不在乎、在乎、前往、限于、美于

② 介词类

对于、关于、以至（于）、至于、由于、经由

③ 副词类

无须乎、几乎、终于、过于、好在

④ 连词

由于

有些则是兼类词：“由于”是介词兼连词，“至于”是动词兼介词。

从上面的分类可以看出，“V+P”发生词汇化后形成的词，绝大部分是动词，介词性成分依附于前面的动词，整个词的性质由动词来承担，这样的动词的语法要求是不可以单独充当谓语，后面所接的宾语可以是名词，也可以是动词短语。例如“归于平静、敢于和他斗争”等。有些是形式动词，如“加以、借以、用以、难以、予以、致以”，这些词带谓词性宾语。例如“给以帮助、加以指正”等。

有些词兼属两类不同的词性，比如“至于”就兼属于动词和介词，这种现象是虚化程度的不同导致的。在汉语史上，“V+P”的词汇化处于一个连续不断的链条上，“濒于、陷于、在于”等是动词类的典型成员，“关于、对于”等是虚词类的典型成员，而“至于、过于”等兼类是属于过渡地带的成员，这几个大类之间在语法关系上有千丝万缕的关联，无法彻底分清。因为语言是发展变化的，无论是语法化还是作为语法化后续的词汇化，都不能一蹴而就，而是会历经若干个发展阶段。

## 4.3 “V+P”组合词中“P”的性质

“限于、加以、关乎”等“V+P”组合词形成后，其中“于、以、乎”等成分已经不是介词了，为方便分析，本文姑且称它们为“介词素”。

### 4.3.1 介词素的性质

当介词脱离后面的名词性成分往前依附时，介词由原来独立的词变成了构词成分，即前文所称的“介词素”，这样的介词素的性质究竟是什么？张纯鉴

(1980)认为，动词后的介词“向、在、到、给”已经丧失了介词的作用，仅仅取得了一个构词成分的地位。它和前面的动、形等词语凝结在一起，构成了一个后补式的动词。黄伯荣、廖序东(2002)的《现代汉语》在讨论“在于、勇于、敢于”等词语时，认为“于”是构成动词的词缀。

有一点可以明确，词汇化后的介词素已经不是原来的介词，它在语法化的道路上又前进了一步，介词由动词虚化而来，而在诸如“敢于、寓于、加以”等词语中“于、以”等继续虚化，变成了词内成分。我们认为这里的介词素本身没有实在意义，不可能是词根，它具有词缀的性质，不过这只发生在刚完成词汇化的初期，此时它的黏附性很强，在词汇化演变中，它逐渐成为与词根融合的构词成分。

“V+P”词汇化与语法化是相辅相成的，有时难以分出明确的界限。语法化有条重要原则——单向循环原则。单向原则即“实词虚化”，循环原则是指一个成分虚化到极限后就和实词融合在一起，自身变成零形式。即自由的词→黏附于词干的词缀→与词干融合的词缀(→自由的词)(沈家煊，1994)。

“敢于、加以”等词中的介词素已经具备了词缀的特点，它们是构词语素，附着在词根上用来构词，不可以省略。它们与词根的组合具有稳固性，但是它们又非一般意义上的词缀。一般的词缀附加在词根上，往往可以引起词根在词性或词义上的变化，例如“化”就是构成动词的词缀，比如“绿、美、丑”等原来是形容词性语素，加词缀后形成“绿化、美化、丑化”等，都变成了动词。“子、头”是构成名词的词缀，“胖、瘦”原来是形容词性语素，加词缀后形成的“胖子、瘦子”是名词。“来、念”本来是动词性语素，加词缀后形成的“来头、念头”是名词。“V+P”中，介词前面本来就已是动词，即使发生词汇化，凝结后的新结构最初在词性或者词义上并未发生改变，例如“敢于、惯于、加以”等词语，“敢、惯、加”本来就是动词性语素，和介词凝结发生词汇化后形成的词也是动词，词义不变，介词素“于、以”并没有改变原先动词的词性或者词义，它们只是黏附在原来的动词词根上，和动词词根的紧密程度不及“化、头、子”等一般词缀。本文不认为这些成分是真正的词缀，只是认为它们具有词缀的性质。需要指出的是，“V+P”词汇化后形成的动词会继续发展，“于、以”等成分后来就不再只是黏附于词根上，而是和词根发生紧密融合，最终变成一个整体自由的词。这时候，“于、以”等其实已经不再具有词缀的性质。请看例子：

（48）她不只是个小妇人，而也是个国民，她必定能够作出点有关于国家的事。（老舍《四世同堂》）

（49）我虽有点玩世，对于这事却正正经经大着其急，寝食不安。（俞平伯《人生不过如此》）

例（48）（49）中的“关于、对于”，人们一般不会把它们当作“词根 + 词缀”的派生词，因此可以说，当“V+P”词汇化后形成的动词继续演变，词性发生变化，介词性的词缀就和词根融合为一体，变为难以分析的构词成分，词的内部形式变得模糊。

### 4.3.2　介词素脱落的可能

“V+P”在发生词汇化之前，介词读音可以弱化甚至脱落。金昌吉（1995）认为介词脱落的条件是动词后的名词性成分必须是表示处所的名词或方位短语，而且不能太长。本文认为这主要体现在口语中，例如“坐（在）椅子上、放（在）家门口”等，在书面语中介词读音弱化乃至脱落的条件是语音节奏的调整约束。例如“热衷（于）表面文章”，按照韵律的要求，2+2+2 读起来比 3+2+2 要顺口，所以介词就可以读轻声乃至脱落。

“限于、惯于、加以、前往”等结构已经完成词汇化，其中的介词素脱落的可能就大大降低，介词素的联结作用非常重要，无法省略。有很多动词后要带上宾语，就必须依赖这样的介词素。试看这样的例子：加以指出（* 加指出）、前往北京（* 前北京）、陷于危难（* 陷危难）。如果缺乏介词素，括号内的结构就无法成立。

因此，词汇化后的“V+P”，介词素脱落的可能大幅降低，不再是像词汇化前那样可有可无，这也足以证明介词素已经成为词内成分。

## 4.4　现代汉语非词“V+P”组合的发展趋势

现代汉语的非词“V+P”组合指的是下面一些组合：

（50）他来到电影院。

(51)妈妈躺在床上。

(52)他送给我一支笔。

以上例子中"来到""躺在""送给"等组合目前都没有被辞书收录，还不是词，本文称之为非词"V+P"组合。对这些非词"V+P"组合，学界已经有了一些零散的研究。

吕叔湘(1963)在分析"给、在、向"时指出，"如果那个动词是单音节，就和这些介词构成一个语音段落"。肖伟良(1982)在讨论"V+于"结构时提到，"'于'直接黏附在动词、形容词、名词或其他词语的后面，凝结成一个整体，相当于一个动词"。胡裕树(1987)认为"V+P"构成一个整体"，"相当于一个动词"。也有学者明确指出"V+P"已经是一个词了，如蒋同林(1982)认为"V与P已经结合成复合动词"了，潘汞(1960)、王艾录(1982)等都主张将"V在"分析为一个复合动词。

根据以上研究，我们认为这些组合都有成词的倾向，其后都可以加"着、了、过"等动词的体标记。介词后不可以加体标记，而动词后可以，但这里的"在、到、给"是动词还是介词似乎还不好判断，但是动词"在、到、给"已经有了介词用法，证明它们也在语法化过程中，随着语言的继续发展，它们也应该会经历和"于、以"类似的发展历程，最终虚化并和动词黏合，成为"V+P"组合词中的词内成分。

上文的"V+P"组合词的词汇化过程发生在原本不是词的单位上，其词汇化是一个渐进的过程，现代汉语共时平面上的非词"V+P"组合正处在词汇化过程中，其发展趋势可能就会形成"V+P"组合词。

## 参考文献

陈昌来:《汉语介词的发展历程和虚化机制》,《柳州职业技术学院学报》，2002年第3期。

董秀芳:《词汇化：汉语双音词的衍生和发展》，成都：四川民族出版社，2002年a。

董秀芳:《论句法结构的词汇化》,《语言研究》，2002年b第3期。

董秀芳：《汉语的词库与词法》，北京：北京大学出版社，2004年。
冯胜利：《论汉语的“韵律词”》，《中国社会科学》，1996年第1期。
冯胜利：《论汉语的“自然音步”》，《中国语文》，1998年第1期。
冯胜利：《汉语的韵律、词法和句法》（修订本），北京：北京大学出版社，2009年。
郭锡良：《介词“于”的起源与发展》，《古汉语语法论集》，北京：语文出版社，1998年。
胡裕树：《现代汉语》（增订本），上海：上海教育出版社，1987年。
黄伯荣，廖序东：《现代汉语》（增订三版）（下册），北京：高等教育出版社，2002年。
金昌吉：《动词后的介词短语及介词的虚化》，《河南师范大学学报》（哲学社会科学版），1995年第3期。
李宗江：《句法成分的功能悬空与语法化》，《语法化与语法化研究》（一），北京：商务印书馆，2003年。
刘丹青：《语序类型学与介词理论》，北京：商务印书馆，2003年。
刘　坚，曹广顺，吴福祥：《论诱发汉语词汇语法化的若干因素》，《中国语文》，1995年第3期。
吕叔湘：《现代汉语单双音节问题初探》，《中国语文》，1963年第1期。
潘　汞：《也说“在”》，《中国语文》，1960年第4期。
沈家煊：《“语法化”研究综观》，《外语教学与研究》，1994年第4期。
石毓智，李　讷：《句子中心动词及其宾语之后谓词性成分的变迁与量词语法化的动因》，《语言研究》，1998年第1期。
孙朝奋：《虚化论》，《国外语言学》，1994年第4期。
王艾录：《“动词+在+方位结构”刍议》，《语文研究》，1982年第2期。
肖伟良：《谈“于”字结构作补语的问题》，《吉林大学社会科学学报》，1982年第2期。
张纯鉴：《关于“介词结构作补语”的几个问题》，《西北师大学报》，1980年第3期。
朱德熙：《语法讲义》，北京：商务印书馆，1982年。
Chomsky, N. *Knowledge of Language: Its Nature, Origin, and Use* [M]. New York: Praeger Publishers, 1986.
Hopper, P. & Traugott, E. *Grammaticalization* [M]. Cambridge: Cambridge University Press, 1993.

**【作者简介】**

柏琳，北京语言大学对外汉语研究中心2010级硕士研究生，研究方向为汉语语法。

**【专家点评】**

张猛：

这篇文章关注的问题是很好的，但是，精益求精，还是要指出几个问题：首先存在的是一个语料选择上的问题，论述一个词汇化问题只是对《现代汉语词典》(第五版)的54个词进行考察，是否稍显不足？不过好在作者在提要里就做了交代，也无大碍。

第二，古汉语中的“于”的用法，在现代汉语里实际上已经不存在了，只存在于古汉语遗留的文言表达中。古汉语的单音节词在现代汉语中演变为一种固定的文言结构“V于”，其来源实际上可以直接解释为文言结构的遗留。

第三，也是最重要的一点，要证明在现代汉语中“V于”结构已经词汇化，需要一个判断标准，文章却没有给出这个标准。如果要证明它已经词汇化，可以在这个结构的后面再加上新的介词来验证，这一点希望作者参考。

最后，“词汇化”“语法化”概念的提出从1981年到现在已经快30年了，对于其间的研究成果作者没有进行综述，可以说是一个欠缺。但是能关注到这个问题还是很值得肯定的。

赵日新：

我同意张老师的意见，本文是以《现代汉语词典》为参照，其实就不妨尝试找它的词汇化的标准，比如为什么《现代汉语词典》收“难于”而不收“易于”。这里存在一个使用频率的问题。

文章提到现代汉语的双音化对“V介”结构的词汇化有一定影响，其实这个理论对于三音节词也是适用的，建议考虑一下同类的三音节词语，和双音词做个对比。比如“取决于”“来自于”，这些词是一种“叠床架屋”的结构，可以考虑。

魏兆惠：

本文能够从历时角度来研究是很可贵的，我就说一些具体问题吧。文章的引文出处都是模糊的，只列出了作品名称，比如《诗经》《左传》，应该至少精确到篇名。另外，例（14）（15）是魏晋时代的语料，这里“可以”是没有词汇化的，而例（16）（17）又是先秦的语料，在这里“可以”已经词汇化了。这就说明这个结构在一段时间里，它的词汇化形式和非词汇化形式是并行的。那么这个并行阶段有多长？这两个形式又有什么判断标准呢？这个可以进一步探索。最后，文章分析了词汇化的动因，指出了语音、介词等因素的影响，建议还可以考虑一下“V 介”形式结合的频率。比如“坐在”“躺在”，这两个词结合的频率远不如“可以”这类词高，所以后者词汇化了，而前者没有。

# “按照”和“根据”的语义凸显及认知、功能解释

北京语言大学　方迪

**提　要**　本文以认知功能语言学为背景，指出二者的区别是同一认知框架下的不同语义凸显：“按照”突出参照性，要求凭借的对象具有程序性、分析性；“根据”突出推断性，要求凭借的对象具有整体性、综合性。这种区分反映在事件结构中最终可概括为动作者在事件实现过程中对凭借对象的依靠程度，亦即动作者的原创性付出成分，二者此消彼长，形成一个连续统。本文还预测其他凭据类介词也可以对应连续统中的不同范围，从而对凭据类的事件结构进行统一的功能解释。

**关键词**　参照性　推断性　事件结构　依靠程度

## 1. 引言

现代汉语中，“按照”和“根据”在作为介词使用时都可以引出句子语义结构中施事者进行动作行为时所依照的标准、前提或基础，被归为“凭据类介词”[1]（陈昌来，2002，2003）。在书面语中，二者经常可以相互替换：

（1）a. 按照他的意见修改文章。　b. 根据他的意见修改文章。

（2）a. 电脑按照 ×× 原理工作。　b. 电脑根据 ×× 原理工作。

（3）a. 按照目击人的描述给犯罪嫌疑人画像。

b. 根据目击人的描述给犯罪嫌疑人画像。

但是，这对近义词的使用远没有这么简单。在下面的例子中，“按照”和“根据”就不能进行相互替换，只能选择其一：

（4）a. 剧情按照历史的发展展开。　b. * 剧情根据历史的发展展开。

（5）a. 这本书即将按照计划出版。　b. * 这本书即将根据计划出版。

（6）a. * 我按照脚步声听出是你。　b. 我根据脚步声听出是你。

（7）a. * 这部电影按照同名小说改编。

b. 这部电影根据同名小说改编。

陈昌来（2002）将凭据类介词分为“按照”类和“凭”类，其中“按照”类就以“按照”“根据”为核心，看来“按照”和“根据”在语义上确实十分接近。韦其标（2008）指出，“根据”属于基点类凭据介词，可以以某个或几个标准为基点，动词一般具有［+变化］的特征；而“按照”属于标准类凭据介词，介引的标准一般只能是一个，动词中心也只能是一个，且具有［-变化］的特征。他引用下面的例子加以验证：

（8）a. 我们根据情绪发生的强度、持续性和紧张度可以把情绪状态分为：心境、激情、应激和热情。

b. 我们按照情绪发生的强度、持续性和紧张度可以把情绪状态分为：心境、激情、应激和热情。

［1］为简便起见，后文论述中我们将“NP1+按照/根据+NP2+VP”这样的句子简称为“按照”句和“根据”句。

（9）a.《牛郎和织女》这篇课文是根据民间故事编写的。

b.*《牛郎和织女》这篇课文是按照民间故事编写的。

我们认为这一说法的解释力十分有限。当“根据”同样以一个标准为基点时与“按照”并非完全等同，因为这种情况下二者仍然有分布上的差异；况且凭据的到底是“标准”还是“基点”，标准是一个还是多个有时并不确定，如：例（3）。此外，有些“根据”修饰的动词并没有［+变化］特征，如：例（2）（4）（5）；而具有［+变化］特征，能导致某种结果的动词很多情况下也能用“按照”：

（10）a. 按照老师的建议写成论文。　b. 根据老师的建议写成论文。

（11）a. 按照工程力学原理制造了这台机器。

b. 根据工程力学原理制造了这台机器。

本文试图在认知功能语言学的框架下寻求更加概括和统一的解释。所采用的语料参考北京大学中国语言学研究中心（CCL）语料库的搜索结果并结合我们的内省。

## 2.“按照”与“根据”的语义凸显

认知功能语言学认为，语言形式和客观世界并不是直接联结的，客观世界先在人的头脑中形成共同的经验，即共同的认知概念框架，而语言形式则是概念框架在语言中的投射（石毓智，2000）。Langacker（1987）指出，语义就是概念形成过程（conceptualization），包括知觉、运动、情感、认识等各个方面。我们认为，同属凭据类介词的“按照”和“根据”在句法分布上的差异也需要从人类概念结构的形成和特征凸显上进行描述和解释。

从下面的例子看，“按照”和“根据”表示的整体语义没有区别：

（12）a. 按照上级指示行事。　b. 根据上级指示行事。

我们认为，“按照”和“根据”所介引的对象都对整个句子所表示的事件产生了正向的影响，它们的区别在于在同一概念框架下的不同语义凸显。在描述句中核心动词表示的事件时，“按照”突出主体的参照性（reference），“根据”突出主体的推断性（deduction）。据此，可图示如（13）：

（13）a. 按照

b. 根据

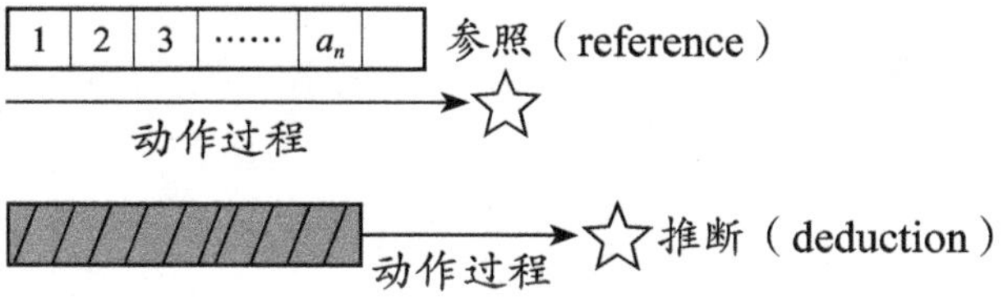


上图显示，“按照”所描述的影响侧重对凭据对象的重复和再现。重复、再现的过程一般是程序性的（procedural）；而“根据”描述的影响侧重以凭据对象为起点的触发，触发的过程则是整体性的（integral）。这一点可以从它们典型的搭配对象中得到验证：常与“按照”搭配的名词“顺序”“程序”“步骤”都含有一种内在顺序，可以进行分割；常与“根据”搭配的名词“理论”“原理”“机制”都可以作为一种理据，具有一定的整体性。如例（4）中“历史的发展”是有序的，可以分成不同阶段，而其本身并不是理据，因此可以用“按照”，不能用“根据”；例（6）中的“脚步声”作为“判断（来的人）是你”的理据，只能是一个整体，无法分割，因此用“根据”不能用“按照”。

当然，大量既可用“按照”也可用“根据”的例子中，凭据对象所代表的事件可以做整体性的解读，但并非不可做步骤化的解读。这正体现了格式塔心理学（Gestalt）所说的“花瓶 / 人脸（vase/face）”图式，只是两种解读的凸显程度有所不同，在有些情况下需要语境的激活。比如上文提到的一般与“根据”搭配的“原理”“机制”等，在一般情况下整体作为某事的理据，但其内部本身可以分析出一个“$a_1 \rightarrow a_2 \rightarrow a_3 \cdots\cdots \rightarrow a_n$”的序列，于是在例句（2）中“电脑工作”这一事件既可以“按照 ×× 原理”，也可以“根据 ×× 原理”，前者突出的是工作时参照该原理的步骤，后者突出工作以该原理整体为理据。

需要注意的是，我们这里讨论的“凭据对象”绝对不只是核心的名词，而是整个名词短语 NP 所表示的整体事件。例如：

（14）a. 按照对方在电话里告诉我的路线，我很快找到了他家的那个小院。

b. 根据对方在电话里告诉我的路线，我很快找到了他家的那个小院。

按照人们的生活体验,“对方在电话里告诉我的路线”一般是先到哪儿,再到哪儿,然后走哪儿,最后到达目的地。而动作主体“我”去找时,也参照着对方的话经历了一步步的过程,这便是例(14)a体现的语义;而例(14)b则表示我将“对方在电话里告诉我的路线”看作一个线索,可能存在“找”的现实过程,也可能仅仅是不包含实际去找的一种推断。

## 3.“按照”句与“根据”句的事件结构考察

本节我们将考察“按照”和“根据”所处的整个事件结构。由前面的分析我们进一步推论:“按照”句和“根据”句具有一个共同的典型语义基础,即表示动作者在实现某一动作时得到了某些外力的推动(impetus)或支持(support),我们称之为“助力”。这里所说的“助力”并不是指外力的推动或支持导致了整个事件的实现,而仅仅是一种促进。换言之,如果将“按照”或“根据”所引导的介词结构去掉,整体的事件结构的含义并不改变:

(15)a. 我按照/根据他的意见修改文章。=我修改文章+“他的意见”助力

b. 电脑按照/根据××的原理运行。=电脑运行+“××原理”助力

c.( )按照/根据目击人的描述给犯罪嫌疑人画像。

=( )给犯罪嫌疑人画像+“目击人的描述”助力

当然这种说法有一个必然前提,那就是“按照”和“根据”所处的句子必须是施事主语句。少数受事主语句需要先转换为施事主语句,否则解释无法成立:

(16)a. 这部电影根据同名小说改编。≠*这部电影改编+“同名小说”助力

b. 计算机根据××原理发明。≠*计算机发明+“××原理”

根据生成语法的观点,受事主语句是由施事主语句通过句法移位转换而来的:

(17)a. 这部电影$_i$[e根据同名小说改编$t_i$]。

b. 计算机$_i$[e根据××原理发明$t_i$]。

这样对于典型情况我们就可以进行统一解释了。我们还可以据此得出“按

照”“根据”所处事件结构动词语义的大致条件：动词所具有的［自主］［可控］特征越明显就越容易进入“按照”和“根据”修饰的句子。由此我们参考马庆株（1988），从［自主］和［可控］两个维度考察动词的实现[1]和延续，认为不易进入或根本不能进入的动词有以下几类：

（18）a. 死、倒、摔、断、垮、丢[2]、得到

（［－自主］，不可延续，即无所谓［±可控］）

b. 病、伤、好转、萎缩、瘫痪（［－自主］，［－可控］）

c. 睡觉、休眠、分泌（［＋自主］，［－可控］）

但是在对语料的考察中我们却发现，有些被归入（18）b 类的动词如“生长”“发展”等还是可以进入“按照”句，但不能进入“根据”句：

（19）a. 植物按照自然规律生长。

b. * 植物根据自然规律生长。

（20）a. 情节按照人物命运的变化发展。

b. * 情节根据人物命运的变化发展。

（21）a. 词汇与句法按照一定规律演变。

b. * 词汇与句法根据一定规律演变。

通过进一步观察我们发现，以上几句整体上都表示对某种现象、规律的陈述，其中例（18）中 b 类动词都具有明显的顺序性，可以进行分割。这与“按照”凸显参照性以及程序性的语义要求是一致的，而与“根据”凸显推断性以及整体性的语义要求冲突。故上面的句子可以用“按照”不能用“根据”。

另外按 Greenberg（1963）关于生命度等级的划分[3]，两句的主语都属于生命度较低的类别，但是我们还不能简单地用生命度来区分“按照”和“根据”句中的主语。如例（2）中“电脑”是无生命事物，生命度等级最低。然而联系科学

［1］这里我们参照了石毓智（1992，2000）的说法，用动词的“实现（点）”表示动作开始。

［2］这里“丢”表示“丢失”义，而不是“丢掉”义。

［3］Greenberg（1963）将生命度等级划分为：Ⅰ人称＞Ⅱ人称＞Ⅲ人称＞指人名词＞有生名词＞无生名词。

认知发展史，计算机技术的发展使电脑具有了和人类相似的识别、运算等认知能力，因此人类从认知能力上认为电脑与自己比较接近，反映在语言上就是经常把电脑比作人，产生了像“睡眠”“死机”“友好界面”等一系列隐喻性的术语。因此，使用“根据”的句子仍然可以说，尽管可接受度稍差：

(22)？电脑根据××原理工作。

而如果我们将“电脑”换成其他工具，尤其是不含电子元件的原始机械，就几乎变为了不合理的句子：

(23)a. ?? 电灯根据H原理工作。

b.??? 曲辕犁根据P机械原理工作。

由此我们将“生命度”修正为对“主体认知能力”的等级判断，用以区分“按照”和“根据”句中的主语。据此也可得出，“按照”的客观性较强，而“根据”的主观性[1]较强。

以上例（18）中b组动词出现的情况属于非典型情况，下面分析本节开头提到的典型情况。这种情况句中的核心动词可以包括：

(24)a. 坐、站、走、跑、跳

b. 看、听、闻、想、观察、分析、思考

c. 做、写、制造、修改、排列、分类

d. 编、想象、改编、创造、发明、设计

例（24）中a类动词都是不及物的动作动词，不涉及动作者之外的参与角色。这组动词用在句中涉及参照，但一般不涉及推断。因此在一定的语境下可以进入“按照”句，但不能进入“根据”句：

(25)a. 学生按照考号坐。　　b. * 学生根据考号坐。

c. 我们按照地图上的路线走。　d. * 我们根据地图上的路线走。

[1] 沈家煊（2001）指出：“主观性指在话语中多多少少地含有说话人‘自我’的表现成分……”

例（24）中b类动词中“看”“听”等在语义演变中从感觉域过渡到认知域，和本组后面的双音词一样表示基于某事物的判断，具有［推断］的特点。它们自然可以进入突出推断性的“根据”句，不太能进入“按照”句，如（6），当然已经具有语用成分性质的格式除外（陈昌来，2003）。[1]

例（24）中c类动词和d类动词都可归于“结果类”，其特点为动词所带的宾语在动作之后才产生，是动作的结果。两组不同的是，以c类动词为核心的VP能进入“按照”句和“根据”句，而以d类动词为核心的VP只能进入“根据”句，不能进入“按照”句。

（26）［（24）中c类动词］

a. 按照老师说的去做。　　b. 根据老师说的去做。

c. 工程师按照图纸制造机器。　　d. 工程师根据图纸制造机器。

（27）［（24）中d类动词］

a. * 人们按照 ×× 原理发明计算机。

b. 人们根据 ×× 原理发明计算机。

c. * 工程师按照图纸设计机器。

d. 工程师根据图纸设计机器。

对于上面的问题，我们认为可以从词义的“理想认知模型（Idealized Cognitive Model，以下简称ICM）”角度进行解释。沈家煊（2000）指出，动词词义的“理想认知模型”中包括与动作相关的参与角色，但不仅仅是参与角色。据此，上面例（24）中c、d两类动词的参与角色为：

**“结果类”：［动作者，动作结果］**

这两个参与角色在句法上都有所体现，是显性的。我们认为，动词除了这些必有的、显性的参与角色外还具有某些可有的、隐性的参与角色：ICM中动作者在实现某一动作或状态、促成某种结果的过程中还必然借助某种工具、条件、基

［1］ 陈昌来（2003）指出，“按、照、按照、根据”等后面的名词或名词短语“表示某种消息、情况、判断、认识、看法的来源。句法上，这类‘按+NP’是句子的独立成分、独立语。从语用上看，这一类‘按+NP’是语用成分‘插语’中的‘按示语’，添加在句首或句中表示某种语用意义”，本文中我们将这种情况排除。

础，在使用“做”“制造”等词时，本身就包含了动作者主观的意图努力和客观的条件两部分。我们可以根据客观因素在动作实现过程中的贡献（contribution）进一步对动词进行区分，这正是例（24）中 c 类和 d 类动词的区别。以“制造”和“创造”为例，按照我们的日常经验，“创造”本身蕴含着“制造”的过程，另外还具有［原创］的含义，从客观的因素到动作结果之间一定包含一个“从无到有”的量变过程，而这个过程由动作者的认知能力促成；而“制造”并不强调是否原创，从客观的因素到动作结果之间未必包含“从无到有”的过程。我们可用二者的不对称现象加以证明：

（28）a. 张衡制造了地动仪。　　b. 张衡创造了地动仪。

c. 工人们制造了地动仪。　　d. * 工人们创造了地动仪。

众所周知，地动仪是张衡而非工人们发明创造的。“制造”既可以表示原创地促成电灯的产生〔（28）a〕，也可以表示模仿前人“实践”电灯的产生〔（28）c〕；而“创造”只能表示前者的情况。二者与“按照”“根据”形成扭曲对应关系：

（29）制造 ——［－原创］—— 按照

创造 ——［＋原创］—— 根据

“按照”对应［－原创］，“根据”对应［＋原创］，这与我们前面所说的参照性与推断性、客观性与主观性的对立是一致的，也解释了为什么“根据”倾向于对应较高认知度的主体而“按照”对应较低认知度的主体：［原创］的特性与具有较强认知能力的个体具有自然的联结。我们可以用如下的图示描述“按照”和“根据”所表示的事件结构：

（30）a. 按照：{A} ——→ A ——创造 / 制作

客观因素　　结果

b. 根据　{A} ——→ α ——（！）创造 / 制作

客观因素　　结果

“按照”图示中，动作主体在中间实现过程中的原创性付出较少，而客观因素的贡献较多，我们可称之为范例模式（model schema）；“根据”图示反之，可称为支架模式（scaffold schema）。那些本身具有［原创］特性的动词，如“发明”“改编”“想象”等，都只能用“根据”不能用“按照”；不具有［原创］特性的动词，如“做”“编写”“修改”等，既可用“按照”也可用“根据”，但它们包含的语义背景并不相同。以下句为例：

（31）a. 学生按照导师的意见修改论文。

b. 学生根据导师的意见修改论文。

（31）a 句描述的情景可能是导师针对性地指出论文中的不足，学生基本上只需照做即可；（31）b 句的情景则是导师只对学生进行了一些点拨，学生需要自己领悟、思考，对论文的观点和论证进行加强。我们同样可以用类似的方式对上文的例（1）（2）（3）（10）（11）进行解释。

我们还可以利用一些指令性语句对上面的说法进行验证。以下两例取自中小学考试中常见的题目：

（32）a. 按照所给例句进行仿写。　　b. ? 根据所给例句进行仿写。

（33）a. ? 按照下面的材料作文。　　b. 根据下面的材料作文。

无论是从我们的常识还是从心理学实验来看，“作文”所涉及的认知处理难度都要比“仿写”大得多，因此“按照”与“仿写”搭配，“根据”与“作文”搭配更符合人们的心理认知。即使是相同的指令，比如“归类”“简述”等，我们相信使用“根据”的题目在认知处理难度上一般也会高于使用“按照”的题目，并且它们对于受试的心理预期也具有提示作用，受试倾向于认为使用“根据”的题目需要更多的心理付出（psychological endeavor）。

至此，我们可以进一步得出结论：在“按照”与“根据”所处的典型事件结构中，它们的根本区别在于动作者在实现某种动作或状态、促成某种结果的过程中对客观因素的依靠程度，亦即动作者的原创性付出（认知能力的体现），前后两者呈现此消彼长的关系。

## 4. 凭据类句式的统一解释

根据上文的分析，既然“按照”句和“根据”句都表示动作者的认知能力和客观因素的贡献共同促成动作或状态的实现，我们也可以借鉴 Talmy（2000）的力量动力学理论[1]对“按照”句与“根据”句的事件图式进行改进：

（34）a.
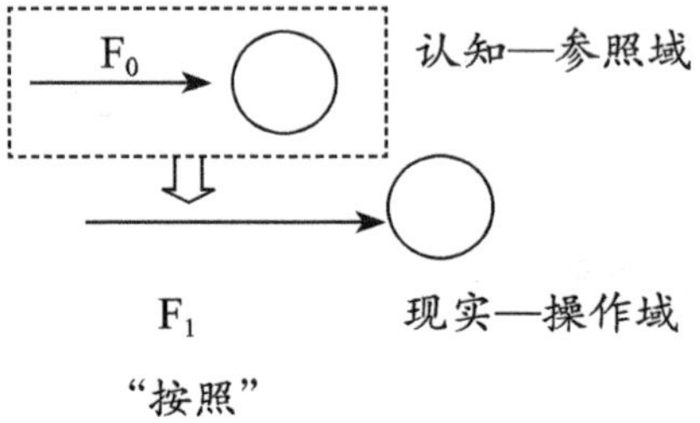


b.
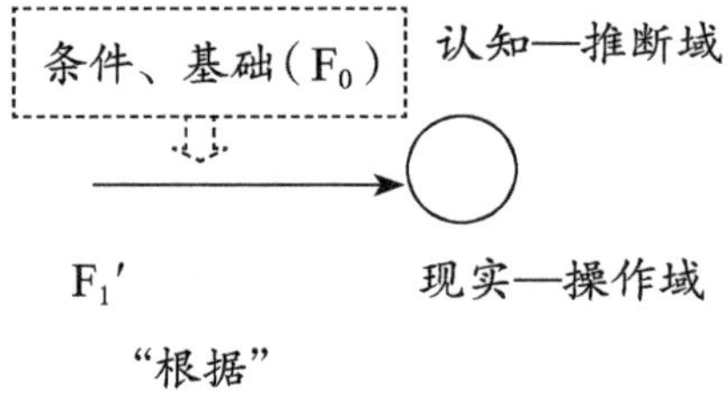


$F_0$ 表示客观因素的贡献，$F_1$、$F_1'$ 表示动作主体的原创性付出。客观因素的贡献最终反映在动作主体的认知域当中，在“按照”句图式中为动作或状态的实现提供了范例〔（34）a〕；而在“根据”句图式中仅仅相当于最终建筑的支架〔（34）b〕，因此用虚箭头表示。那么显然在（34）b 中动作主体的创造性付出更大，在“现实—操作”域中为动作或状态的实现贡献更大。

我们认为，以上图式的概括还可推广到一切表凭据的介词。凭据类介词所处的句子典型的语义结构可以表示为：

（35）<动作者＋$P_{凭据}$＋凭借对象＋动作（[自主][可控]）+（动作对象）>

于是根据动作者在动作或状态实现的过程中对客观因素（凭借对象）的依靠程度，亦即动作者的原创性付出[2]，可以形成一个连续统。本文考察的“按照”和“根据”就分布于这个连续统的两端（不一定是极端），详见图 1：

[1] Talmy（2000）将致使结构分为力量的施加、障碍的施加、障碍的消除、力量的消除，并用图示加以说明。

[2] 对于其他凭据类介词，可能在具体语境下的语义会略有出入，或许可以找到一个比“原创性付出”更好的概括，但限于本文没有对其他凭据类介词进行详细考察，这里仍然沿用这一说法。

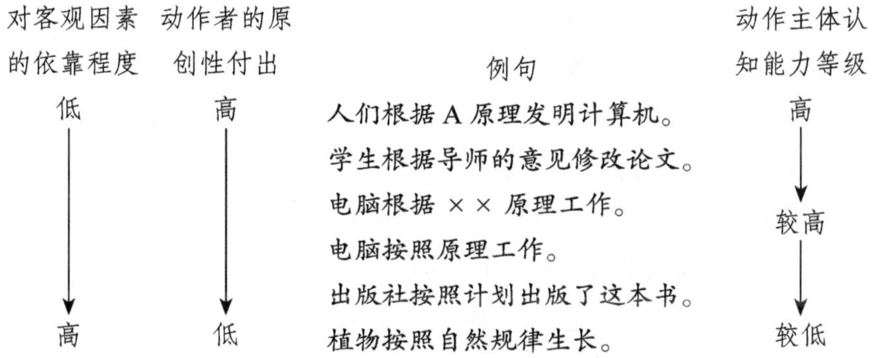


**图1 “按照”“根据”形成的连续统**

其他凭据类介词如“依”“凭”“靠”“从”“由”“随”等也都可以通过考察研究找到它们在上述连续统中的分布范围。[1]根据我们大致的预测，“依”“凭”“靠”的分布比较靠近连续统上端，“从”“由”靠近连续统下端，“随”位于更下端（如图2），不过限于本文目的和篇幅，此处不再展开论证。

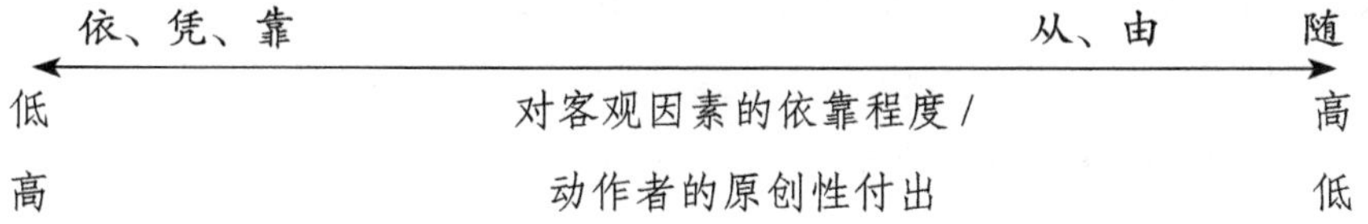


**图2 凭据类介词在连续统中的分布**

## 5. 结语

本文主要通过分析考察凭据类介词“按照”和“根据”在句法分布上的共性和差异，认为二者的差异是在共同概念框架下的不同语义凸显。这一共同的概念框架即为动作者在实现某种动作或状态、促成某种结果的过程中得到客观因素的某种“助力”，这种“助力”和动作主体共同促成动作或状态的实现，这就解释了二者在某些句子中可以相互替换的原因，如例（1）～（3）、例（10）～（12）、例（14）、例（26）。而不同语义凸显是指：“按照”突出参照性，要求凭借的对

[1] 介词大多由动词语法化而形成，但语法化过程中隐喻的机制以及语法化的进程有所不同，因此凭据类介词在该连续统上的分布未必是一个确切的位置而是一个分布范围，这体现了语义演变中的过渡现象或参差现象。

象具有程序性、分析性；“根据”突出推断性，要求凭借的对象具有整体性、综合性。这种区别进一步说就是在它们表示的事件中对凭据对象的依靠程度，或动作者的原创性付出成分的不同：“按照”可看作“范例模式”，而“根据”则可看作“支架模式”。这一说法解释了二者分布上的差异〔如例（4）～（7）、例（9）、例（19）～（21）、例（27）〕以及相互替换时的细微差别。我们还预测，根据动作者在动作或状态实现的过程中对客观因素（凭借对象）的依靠程度（或动作者的原创性付出）的连续统，还可以对所有凭据类介词进行统一的归纳。但由于时间和水平所限，本文并没有详细考察其他凭据类介词来进一步验证我们的观点，这是本文的一个不足，也是我们今后研究的努力方向。

## 参考文献

陈昌来：《介词与介引功能》，合肥：安徽教育出版社，2002 年。

陈昌来：《现代汉语语义平面问题研究》，上海：学林出版社，2003 年。

吕叔湘等：《现代汉语八百词》，北京：商务印书馆，1979 年。

马庆株：《自主动词与非自主动词》，《中国语言学报》(第 3 期)，北京：商务印书馆，1988 年。

沈家煊：《句式和配价》，《中国语文》，2000 年第 4 期。

沈家煊：《语言的“主观性”和“主观化”》，《外语教学与研究》，2001 年第 4 期。

石毓智：《论现代汉语的“体”范畴》，《中国社会科学》，1992 年第 6 期。

石毓智：《语法的认知语义基础》，南昌：江西教育出版社，2000 年。

韦其标：《现代汉语凭据性介词研究》，桂林：广西师范大学学位论文，2008 年。

Greenberg, Joseph. Some universals of grammar with particular reference to order of meaningful elements [M]. In Greenberg, J. (ed.), *Universals of Language*. London: MIT Press, 1963.

Langacker, Ronald W. *Foundation of Cognitive Grammar, Volume I: Theoretical Prerequisites* [M]. Stanford, CA: Stanford University Press, 1987.

Talmy, Leonard. *Toward a Cognitive Semantics, Volume II: Typology and Process in Concept Structuring* [M]. Cambridge, MA: MIT Press, 2000.

**【作者简介】**

方迪，北京语言大学对外汉语系2008级本科生。

**【专家点评】**

这是一篇非常成熟的学术论文，行文规范，无论是选题还是论述都非常有可借鉴性，对语料事实的描写观察相当细致，对语言现象的解释归纳也具有一定的说服力。不足的地方是选取的语料仅限于单句，并且都是肯定的例子，但实际上生活中还有很多否定性的例子没有涉及，例如：根据规定，你不能毕业。例句不够全面。在用语料作为依据阐述观点时，缺少统计数据的支持，略显草率。

# “述语＋方式宾语”结构探析

北京大学　刘同坤

**提　要**　“述语＋方式宾语”结构是现代汉语中述宾结构的一个小类。方式宾语是述宾结构中对述语所表示的行为动作有直接方式要求的宾语。“述语＋方式宾语”整个结构具有以下特征：方式宾语 O 本身要有方式义，即含有［＋方式］这一义素且能严格用“按 O（的方式）V”格式进行句法转换；不能用“V 什么？”或“V的是什么？”来提问；不能进入“O是V（受事宾语）的一种工具”。在此界定标准下，本文对疑似方式宾语的受事宾语、工具宾语、结果宾语、处所宾语以及部分熟语从形式和意义上进行了辨析。在句法上，该结构的述语由强持续的自主单音节动词充当；方式宾语多由偏正结构的双音节体词充当，具有高度的抽象性；整个结构不能自由扩展和类推。语义上，述语动词具有［＋强持续］［＋自主］［＋可控］的特征，方式宾语具有方式性、程序性、抽象性、可控性以及可重复性和无损耗性等特征；本文同时探讨了“述语＋方式宾语”结构形成的语义条件和语义指向类别。语用上，语用要求是该结构产生的一个重要原因，方式宾语是语言经济性的体现，同时也有突出语义重心的语用效果。

**关键词**　述语　方式宾语　句法　语义　语用

# 1. 引言

述宾结构是现代汉语五大基本句法结构之一，述语在前，宾语在后，二者相辅相成，中间没有停顿，在意义和结构上联系都很紧密。述语和宾语处于同一语法结构，二者相互制约：不同类型的宾语对动词的适应情况各异，不同的动词对宾语的要求也不尽相同，二者之间存在着某种对应规律。就现有的研究成果来看，对两者内部次范畴组合而成的述宾结构的深入研究还不多见，本文拟对“述语＋方式宾语”结构做一些探索性的系统研究。

# 2. “述语＋方式宾语”结构的界定

## 2.1 方式宾语的界定

我们认为，方式宾语是指：在述宾结构中，对述语所表示的行为动作有直接方式要求的宾语。

## 2.2 “述语＋方式宾语”结构的特征

① 方式宾语 O 本身要有方式义，即含有［＋方式］这一义素且能严格用“按 O（的方式）V”格式进行句法转换；

② 不能用“V 什么？”或“V 的是什么？”来提问；

③ 不能进入“O 是 V（受事宾语）的一种工具”。

以上这三个特点可以作为述语＋方式宾语的界定标准。

## 2.3 方式宾语特例分析

用以上标准可以得到绝大多数的方式宾语。现在考察到只有少数几例有必要从语用环境的角度进一步鉴别，如“卖小秤”：

（1）做买卖要讲诚信公平，不能卖小秤！

（2）大秤卖得快，先卖大秤，卖完了再卖小秤。

（1）里的“卖小秤”指卖家卖东西缺斤短两的一种行为，“小秤”是“卖”的一种方式手段，是方式宾语；（2）中的“小秤”是度量衡工具的一种，是实物名词，没有方式义，因此只能作为受事宾语，而不是方式宾语了。

我们认为，方式范畴只在动作进行过程中对动作起直接的方式规约，动作结束则不再存现，因此诸如“打井字”的宾语在动作过程中属于方式范畴，是无指性成分；若强调动作结束后的状态则是结果范畴，是有指性实体成分。

## 3. 疑似方式宾语辨析

### 3.1 疑似方式宾语——受事宾语

#### 3.1.1 形式上的验证

一般说来，受事宾语都是实体性的有指成分，因此一般能用代词或“什么”指代：

（3）寄平信→寄它做什么？

另外，受事宾语还可以进入“把 OV……”格式：

（4）演花旦→把花旦演好有赏！

有的还可以同时兼有以上两种变换：

（5）演花旦→给我把它演好喽！

而方式宾语作为抽象的代体宾语既不能被指代也不能进入“把”字结构。

#### 3.1.2 意义上的辨析

（6）C（受事）　　D（方式）
　　抄小楷字　　写小楷

“抄小楷字”和“写小楷”不一样，这里“小楷字”是“抄”的对象，应归入受事宾语；而“小楷”则是一种字体，在“写小楷”里对动作“写”有直接的动作要求，因此应归入方式宾语。

### 3.2 疑似方式宾语——工具宾语

#### 3.2.1 形式上的验证

方式宾语与工具宾语相比，在形式上最大的特点就是不能进入“O 是 V/（V+

常规宾语）的一种工具”这一格式。其次，工具宾语也不能进入“按O的方式V”格式，但可用“用OV”格式将工具宾语提前。再次，工具宾语前一般不能插入“着、了、过”等时体助词，而方式宾语可以。最后，“述语 + 工具宾语”结构中，述语动词不能受描摹性状语修饰，宾语不能受数量词修饰，而“述语 + 方式宾语”结构则可以满足这两种情况，如不说“* 他狼吞虎咽地吃着大碗”“* 吃一个大碗”，却可以说“他出生入死地打了一年游击”。

### 3.2.2 意义上的辨析

方式成分是动作在动作实现过程中所采用的方法或手段，工具成分是动作在实现过程中所凭借的实物：

（7）打横拍／打直拍

“横拍”没有方式意义，对动作“打”没有直接的方式义而是直接的工具义，即“横拍”首先是动作“打”所支配的一种工具，由此再引出对动作的方式要求，并且它对“握拍”的方式要求多，而指向“打”的方式要求是间接一层的。因此，至多说它是“附带一些方式义的工具宾语”，我们把这类归入工具宾语。

## 3.3 疑似方式宾语——结果宾语

在与方式宾语有交叉的几种宾语类型中，结果宾语的情况最为复杂：

（8）写大字　　写楷书

“写大字”和“写楷书”不一样。虽然它们在意义上类似，却是不同的范畴。“大字”“草字”是写的结果，是动作结束后呈现出来的产物，是以动作产物的形式呈现的；而“楷书”“草书”甚而“狂草”则是字体类别，在这里是一种书写方式，在书写过程中对动作有直接的方式要求，作为抽象的方式约束也只有在动作过程中才有意义。

## 3.4 疑似方式宾语——处所宾语

处所宾语与方式宾语交叉的情况并不是很多，常见的如：

（9）睡沙发／睡地板

(10) 吃食堂/吃馆子[1]

其中,“沙发”“地板”“食堂”“馆子”均为表示处所的实体名词,本身不具备抽象的方式意义,不能说“按沙发的方式睡”。

### 3.5 疑似方式宾语结构的熟语辨正

许多熟语都是述宾结构的。然而,熟语是固定短语的一种。“固定短语在句子中是作为一个整体出现的,其语法功能并不完全与其中心语一致。”[2]比如:

(11) 打官腔

(12) 吃小灶

以上两例中:做述语的动词词义已经虚化了,并不表它原来的动作义了;宾语也不是对述语的(直接)方式要求,而是在使用中固定地表示一种特殊的抽象含义,整体上表示一种特殊的行为方式;但这种结构在形式上和语义上则已经是固定的熟语,而非“述语+方式宾语”结构了。

### 3.6 小结

根据上文分析,我们认为产生这些歧义结构的原因主要有以下几个方面:

一、宾语无方式意义,而整个结构具有一定的方式意义。二、宾语对动作没有直接的方式要求,即宾语的方式义并非其首要意义,如“打直拍”“吃食堂”“点宽垄”,等等。三、将宾语中所含的修饰语误认为是对动作的方式要求。以上三点原因有交叉,大多时候,“述语+方式宾语”结构的误认是由以上三点原因共同作用造成的。

同时,“语形交叉是汉语中大量存在的现象。此外,不同而相近的语义范畴之间也没有泾渭分明的界限,而存在很多过渡现象,中间状态”(徐杰,1986)。但综上所述,典型的方式宾语与其他类型的宾语在句法、语义上的差异还是很明显的,需要具体辨析,进一步明确,以有利于更深入地研究。

[1] “吃食堂”也有认为不是处所宾语的,一般可有两种理解:在食堂吃和吃食堂提供的饮食,具体语义范畴归属尚有争议,此处按常规的、较多见的处理办法暂列入处所宾语来讨论。

[2] 引自刘月华等:《实用现代汉语语法》(增订本),北京:商务印书馆,2001年,第9页。

# 4.“述语＋方式宾语”结构的句法分析

## 4.1 可支配方式宾语的述语动词

我们考察出能支配方式宾语的动词都是以“人”（潜在）为实施主体的行为动作动词，在语法意义上具有［＋强持续］的语义特征，在与前面施事主语的关系上又具有［＋自主］和［＋可控］的特征，从音节上看都是单音节动词。

## 4.2 充当方式宾语的成分的特点

首先，方式宾语多由双音节词充当，个别由多音节词充当，不由单音节词充当。其次，方式宾语多由偏正结构的体词充当，少数由谓词性结构充当。再次，方式宾语均由抽象词语充当，具有高度的抽象性。最后，方式宾语是一种代体宾语，非述语直接的语义支配对象，如“存活期”中“存”的实体宾语是钱，而不是“活期”。

## 4.3 “述语＋方式宾语”结构的扩展与类推

### 4.3.1 “述语＋方式宾语”结构的扩展

① 述语动词后可以带上“着、了、过”等时体成分，且原结构类型不变。

② 述语动词可以受描摹性词语修饰，如“雄赳赳气昂昂地迈着大步”“神情投入地唱着高音”。[1]

③ 不能插入“的、地、得”等助词。“存的活期”倒是似乎可以说，但它已变成了主谓结构，其中“存＋的”构成“的”字结构做主语，“活期”则是名词成分做了谓语，与“今天星期天”“这人大眼睛”结构相类似。

④ 对数词或数量词的适应情况

“述语＋方式宾语”结构一般可于述宾之间插入数量成分，即方式宾语可以受数词或数量词的修饰：

（13）吃（一）大口　　写（俩）黑体

插入时量成分后，对语境的要求大大增强，一般不单说，后面要有其他成分，表示未然情况，有“先这样 V，看情况再说”的意味：

［1］ 参看上文“3.2.1”部分。

（14）你往前走两大步（未然）

（15）要不，打一年游击（再说）

（16）先写两张黑体的，然后再写一页仿宋体

同时，方式宾语受数量词修饰后，宾语的方式义减弱，指代性增强。

⑤ 述语带时体成分的同时，方式宾语也可以受数量词的修饰，但原结构类型已经被改变，不再是“述语 + 方式宾语”结构了。

**4.3.2 “述语 + 方式宾语”结构的类推**

据我们考察，虽然该结构不能自由类推，但仍有类推的空间及可能。首先，“述语 + 方式宾语”结构对述语动词的选择比较固定，但也可以在相同义项的范围内实现替换；其次，方式宾语往往存在一个潜在的可选语义聚合，方式宾语可在此聚合中选择一个加以实现。

具体说来，方式宾语的类推需满足以下条件：

① 述语动词必须是同一义项才能相互替换。例如：

（17）打正反针——织正反针（“打”和“织”同是“编织”义项）

（18）打中锋——*织中锋（前者为打球运动，后者是“编织”，不同义项）

② 方式宾语必须在同一语义场，即得有共同的上位词。并且语义场越小，可替换的可能就越大。如：

（19）（写）篆书 / 隶书 / 楷书 / 草书……（均为“书法字体”）

（20）（写）颜体 / 欧体 / 柳体……（均为“楷书字体”）

## 4.4 小结

综上所述，在现代汉语中，目前“述语 + 方式宾语”结构并不多见；它们多和人们的日常生活密切相关，存在于口语中，一般能单说，书面语中极少用到；该结构对述语和宾语的选择有着特殊的要求，也存在自身的特点；作为谓词性结构，它还局限于人体动作的相对固定领域；方式宾语可选聚合不宽泛，语义场狭窄。因此，“述语 + 方式宾语”多趋于固定化，能产性很小，但随着社会生活的发展也有增多的趋势。如新出现的有“印单面 / 双面 / 反正面（打印类）”“唱巡

回 / 专场（演唱类）”，等等。

## 5. “述语 + 方式宾语”结构的语义研究

### 5.1 “述语 + 方式宾语”结构中述语动词的语义特征

能支配方式宾语的动词都是以“人”（有时不出现）为实施主体的行为动作动词，在语法意义上具有［+强持续］的特征，在与前面施事主语的关系上又具有［+自主］和［+可控］的特征。[1]

另外，处于该结构中的述语动词往往不能按照其本来的静态的动词义来理解，它进入“述语 + 方式宾语”这一句法结构中后获得了一种抽象的附加意义（语法意义），这种抽象的附加意义在“V+ 方式”语义结构中起着真正的作用，相比之下原来的动作意义已不是很重要。

### 5.2 “述语 + 方式宾语”结构中方式成分的语义特点

① 方式性：方式宾语的词义中蕴含着［+方式］的特性，比如“吃大口”“打元宝针”中的宾语本身都具有方式义，因此对前面的动词具有方式的规约。

② 程序性：程序指事情进行的先后次序，它本身又具有［+过程］和［+规则性］的特征。作为动作行为的某种方式，方式成分必然要有一定的历时性，还要有一定的规则性制约，这也是和支配方式宾语的述语动词具有［+强持续性］特征相一致的。[2]

③ 抽象性：作为动作的进行方式必然是抽象的，不是可感知的物质实体，它在时起着方式制约作用，动作结束后自动消失不存现。

④ 可控性：方式成分具有可被人操控的性质，不然无法对人的行为进行制约。

⑤ 可重复性和无损耗性：这是和其抽象性紧密联系的一个特征，即“方式”可以多次运用并且不会有所损耗。

作为一种语义成分，上述特征只是方式的一种大致的描述，它是否具有“可改进”的特征，仍需进一步探讨。

［1］ 参看上文“4.1”部分。

［2］ 如不能做方式宾语的“苹果”“桌子”等就不具有程序性。

### 5.3 “述语+方式宾语”结构形成的语义条件

据考察，该结构的形成要遵循以下语义条件：

① 方式宾语背后要存在一定的语义聚合。[1]

② 搭配较稳固。即述语动词与宾语的双向选择具有一定的排他性，如“游自由泳”不能说成“* 唱自由泳”(陈小明，1995)。

③ 方式宾语不能被理解为受事成分。[2] 因为宾语位置是受事的常见位置，所以方式宾语一般不具有充当受事的可能性，否则在认知上将被优先理解为受事。

④ 某些受述语支配的成分从缺。一般是受事成分从缺，为方式成分充当代体宾语提供条件，但述语的直接语义指向还是从缺的潜在实体宾语。

### 5.4 “述语+方式宾语”结构语义指向分类

(21)

| | A | B | C |
|---|---|---|---|
| | 写宋体 | 唱C调 | 游蛙泳 |
| | 打游击 | 打中锋 | 迈大步 |
| | 寄挂号 | 存活期 | 讲普通话 |
| | 卖高价 | 打元宝针 | 编次序 |

A组、B组的实体宾语从缺，C组在“述语+单音节常规宾语”中插入修饰成分。

A组中动词的直接语义指向并非宾语，而是方式宾语中隐含的常规宾语“字”“战/仗”“信”“钱”(方式宾语是代体宾语)，并且可以直接加在方式宾语后面，如：

(22) 写宋体字

(23) 寄挂号信

此时“宋体”“挂号”做定语修饰宾语中心语“字”和“信”。由此可知，此类方式宾语是省略了动作直接指向的中心语，留下“显著度”更高的修饰语来转指原宾语，进而虚化成了抽象的具有方式义的宾语(仍有指代痕迹)，对行为动

[1] 参看上文“4.3.2”部分。

[2] 参看上文“3.1”部分。

作具有直接的方式要求。

B 组中的常规宾语却不能直接补出来。例如，“打中锋”“存活期”中打的是球，存的是钱，却不可以说“* 打中锋球”“* 存活期钱”。这里的方式宾语如“中锋”“活期”具有高度的抽象性和方式义，已完全虚化为“方式”，是程度最强的方式宾语。

C 组是由“述语＋单音节常规宾语”中插入修饰语使宾语整体具有方式义而形成的。例如：

（24）游泳——游蛙泳

（25）讲话——讲普通话

原宾语加上修饰语后具有方式义从而成为方式宾语，原常规宾语依然存在，且修饰语仍可去掉（去掉后还可以说“讲话”），而原常规宾语作为方式宾语的中心语却不能去掉（“* 讲普通”）。由此可见，此类方式宾语在 A、B、C 三组中方式义是最弱的。

## 6.“述语＋方式宾语”结构的语用研究

### 6.1　从语用角度看“述语＋方式宾语”结构的产生

人们一般认为对述语所指进行方式规约的应是状语成分，作为方式宾语应是由方式状语后置形成的新型宾语。我们不同意这种看法，认为方式宾语是现代汉语表达中自生的一种特殊宾语类型。因为方式宾语不能直接还原为状语成分，提到状语位置之后要么不成立，要么也不是状中类型。因此，说“述语＋方式宾语”结构由状语后置转化而来是缺少理据的。

### 6.2　经济原则

经济原则使人类的惰性和信息及时完整传播的需要在语言中达到一个完美的平衡。人们在使用语言交际时，时时处处都自觉不自觉地在保证信息完整的前提下尽量简化语言形式来表达自己的意思。常规宾语所提供的信息在人的大脑中已经储存着，并不能带来多少新信息，所以，使用非常规的代体宾语是以付出最小的加工代价来获得最大认知效果的有效方法。作为一贯追求言简意赅、外在简约、内涵丰富的汉语更是这样。有时单靠语序不需介词也能做到表达清晰、音节明快：

（26）按照蛙泳的方式游→按蛙泳的方式游→按蛙泳游→游蛙泳

（27）按照大楷的方式写→按大楷的方式写→用大楷写→写大楷

### 6.3 突出语义重心（重要信息）

我们在说话交际过程中所要表达的言语信息往往是有侧重点的，而非同等重要，而语言的结构规则又不允许我们只说关键词而完全忽略话语的辅助成分，不然无法达意，即使在确定语境的口语表达中也是如此。因此为让听话人收到全部言语信息时对我们所要表达的重要信息予以高度的重视，我们往往在给要说的话编码时将重要信息放在相应重要的位置，这个重要的位置在格语法中称为核心格（主语或宾语）。例如：

（28）我要按照活期的方式存钱

（29）我要按活期的方式存这些钱

例（28）（29）不管从语法上还是在实际运用中肯定是能说的，但我们却很少这样用。除了不经济外，一个重要原因就是，在这两句话中，主要信息没有被凸显。在这两句话中，这个信息用“按（照）活期的方式”这个介词结构做状语来表达。状语是外围格，不能很好地凸显语义重心，因此实际运用中（口语表达中）往往把它放在核心格的位置。在汉语中，语序是重要的语法手段，有时不需要介词只用语序即可表达，如：

（30）存活期

这样，具有方式义的抽象名词便直接做了宾语，既简约又重心突出。

## 7. 结语

本文在前人的研究基础上对“述语＋方式宾语”结构从界定、辨析到句法、语义、语用三个平面进行了探讨，通过对“述语＋方式宾语”结构进行较为系统的研究来对这一结构展开多层面多角度的分析，以探求述语动词和宾语次范畴之间的对应规律，从而为对外汉语教学和相关研究提供一定的理论参考。但是，在对“述语＋方式宾语”结构的研究中，我们也存在一些问题。现在语法界大多承认方式宾语的存在，但如何更科学地定义它，怎样切实将形式和意义结合起来制定便于人、机更容易操作且宽严适度的界定标准仍是一个现实的问题。方式宾语的历时考察还很欠缺。同时，方式宾语与其他类型宾语之间的区别特征很是复杂，它们之间存在歧义交叉的部分需要我们更加明确地解析，更为妥当地处理。另外，在对“述语＋方式宾语”的探讨中也发现一些难题，比如：怎样使方式宾语的界定更加科学？同一个动词对不同类型的宾语的选择存在什么样的句法、语义或语用的制约？述语动词和宾语次范畴在语义上是如何匹配的，语用上各自的效果是什么？对于这些述宾结构研究中的老大难问题，本文有的涉及了并在文中做了一定的阐述。但由于“述语＋方式宾语”结构并不多见，语料很少，更因为本人目前才疏学浅，研究水平有限，对文中一些不尽如人意的地方只能期待在以后的学习中做更为扎实深入的研究。

# 参考文献

陈小明：《方式宾语初探》，《天津师大学报》（社会科学版），1995年第2期。

刘月华等：《实用现代汉语语法》（增订本），北京：商务印书馆，2001年。

马庆株：《述宾结构歧义初探》，《语言研究》，1985年第1期。

马庆株：《名词性宾语的类别》，《汉语学习》，1987年第5期。

孟　琮等：《汉语动词用法词典》，北京：商务印书馆，1999年。

邢福义：《汉语里宾语代入现象之观察》，《世界汉语教学》，1991年第2期。

徐　杰：《“工具”范畴和容纳“工具”范畴的句法结构》，《华中师范大学学报》（哲学社会科学版），1986年第5期、第6期。

**【作者简介】**

刘同坤，北京大学对外汉语教育学院2011级汉语言文字学专业硕士研究生，研究方向为现代汉语、对外汉语教学。

**【专家点评】**

1. 题目中“述语”可以放在引号之外。
2. 写作方式的布局用三个平面好处是清晰，但稍有不足是连贯性较差。
3. 5.4的宾语都是一个有限的集合，很特殊，其中A类，沈家煊已经做过研究，可以做参考。
4. 可利用“方式宾语”的来源理论，将全文连贯起来。
5. 可利用“转指转喻”作为创新点。
6. 文中提到的“经济性”原则，其实不太适用于这个研究。

# 小说《北京》中的“儿”缀词和“子”缀词

北京语言大学　孙彦

**提　要**　《北京》是满族作家穆儒丐于民国十二年（1923）分一百七十期连载于《盛京时报》上的一部白话社会小说。书中的语言反映了民国初期北京话的基本概貌，因此是研究近代北京话词汇系统、语法系统的珍贵语料。

本文以《北京》中的“儿”缀词和“子”缀词作为研究对象，运用计量统计的方法，从语音形式、内部结构类型、词汇类别等几个方面对其进行细致的描写，从而展示《北京》中的“儿”缀词和“子”缀词的基本概貌。

此外，在对《北京》中“儿”缀词、“子”缀词进行描写的基础上，还把它们与清朝中后期的两部重要的京话小说《红楼梦》和《儿女英雄传》中的这两类词进行历时比较，以期展示北京话“儿”缀词和“子”缀词的演变情况。

**关键词**　《北京》“儿”缀词　“子”缀词　统计　比较

# 1. 前言

自清代以来，满族小说家代有传人。前有《红楼梦》，后有《儿女英雄传》，都是对北京话的绝好记录。到了二十世纪二三十年代，老舍这位满族作家学习先辈们的语言艺术，创作了《骆驼祥子》等中外闻名的京话小说。但从《儿女英雄传》到老舍的小说，其间有半个世纪的时间，京话小说似乎出现了中断的情况。其实，清末民初时有不少优秀的满族作家曾活跃于北京的报界和文学界，他们也创作了为数不少的京话小说，比如本文所要论述的穆儒丐的小说《北京》就是其中的代表作之一。然而由于某些原因，有些作品被人们避而不论了，久而久之，后人也就无从知晓。

《汉语史通考》一书中曾经对《北京》的版本做过简要介绍（太田辰夫，1991：304）。可惜单独发行的版本现在已经找不到了，因此本文所依据的是民国十二年二月廿八日至民国十二年九月二十日在《盛京时报》第五版面上“小说”一栏连载的《北京》。[1]小说共十五章，分一百七十期连载，总字数约15.6万字，每期题有“社会小说北京（儒丐著，禁转载）”字样。

关于作者穆儒丐的情况可参见《汉语史通考》（太田辰夫，1991：304～305）一书，在此仅指出一点，作者乃北京旗人，因此，说《北京》一文是用民国时期的北京话写成的应该是可信的。考察《北京》所使用的语言对研究北京话的历史发展概况有一定的价值。

# 2. “儿”缀词和“子”缀词在《北京》词汇中的分量

“儿”缀和“子”缀通常情况下是出现在词的末尾，但有时它们也能附于短语之后。吕叔湘（1979：48）曾提到汉语“有些语缀（主要是后缀）的附着对象可以不仅是词根或词，还可以是短语”。

因此，我们把“儿”缀和“子”缀所附着的对象一律标记为“X”，则全部“儿”缀词和“子”缀词都可以记为“X—儿”“X—子”。

[1] 由于民国十二年五月二十五日发行的《盛京时报》缺失，因此本文所涉及的所有内容及数据均不包括此时期内容。

《北京》全文约15.6万字，其中“X—儿”共有81个（不计重出，同形异性词和同形异义词分别计算，以下谈到词的数量时均按此标准），数量不大，但考虑到《北京》本身的篇幅，这个数量也不算少。据周定一（1985）统计，《红楼梦》中带“儿”缀的语词约500个，其中包括用在人名中的70多个，这一数字与《红楼梦》前八十回和《北京》中“儿”缀词的比例是基本持平的。而成书于《红楼梦》之后、《北京》之前的《儿女英雄传》，全书59.6万字中“儿”缀词约为1150个（参见汪大昌，2003），单位字数内，《儿女英雄传》中的“儿”缀词是《红楼梦》和《北京》的三倍多。但我们认为并不能因此认定《儿女英雄传》成书的年代是北京话中“儿”缀词数量的顶峰时期，因为同是京话小说，由于作者个人的身份地位、说话习惯以及小说里描写的社会环境，人物的地位、职业、文化程度等方面的差异，势必会表现为语言风格上的差异。

再来看看“子”缀词。“子”缀是《北京》中最常见的词缀。在全部15.6万字中，“X—子”共有167个，是“X—儿”的两倍还多，比例也高于《红楼梦》的450个（参见周定一，1985）和《儿女英雄传》的474个（参见洪琰，2010）。其中不乏现代汉语中已经不加“子”缀的形式，如“无赖子”：

（1）凡是陷在此中的，不是因为男人养活不了，便是有一种无赖子男人，欲依赖老婆养活他。（十四—166）[1]

## 3.《北京》中“儿”缀词的结构类型

同现代汉语一样，《北京》中“X—儿”的词性也以名词为主〔本文对于词性的判断主要依据吕叔湘的《现代汉语八百词》，以及《当代汉语字典》《现代汉语词典》（增补本，2002）这两部辞书〕，此外还有为数不多的动词、代词、量词、形容词等。表1是不同词类的“X—儿”的数量及运用总频次统计：

**表1　不同词类的“X—儿”数量及运用频次统计**

| 词类 | 词数/个 | 用于叙述/次 | 用于对话/次 | 运用总频次 |
|---|---|---|---|---|
| 名词 | 66 | 77 | 80 | 157 |
| 动词 | 11 | 5 | 9 | 14 |

[1] 引例后括号里横线前的汉字代表章数，横线后的阿拉伯数字代表连载的期数。下同。

（续表）

| 词类 | 词数 / 个 | 用于叙述 / 次 | 用于对话 / 次 | 运用总频次 |
|---|---|---|---|---|
| 代词 | 2 | 0 | 2 | 2 |
| 量词 | 1 | 2 | 0 | 2 |
| 形容词 | 1 | 0 | 1 | 1 |
| 总计 | 81 | 84 | 92 | 176 |

现将“X—儿”的内部结构情况描述如下：

### 3.1 “X—儿”为名词

《北京》中这类词数量最多，加上“朱老头儿、李大个儿、小周儿、词儿”四个人名，共有 66 个，占“儿”缀词的 81.48%，其词根部分 X 的结构也最为多样化。

#### 3.1.1 “X—儿”中 X 为单音节成分

名词“X—儿”中 X 是单音节成分的在《北京》里共有 33 个，占“儿”缀名词总数的 50%，其中 X 又有名词性、动词性、形容词性之别，现举例说明如下。

3.1.1.1 X 为单音名词性成分

（2）a. 词儿（人名） 娘儿 爷儿

b. 孩儿 个儿（个头） 会儿 角儿 劲儿 道儿（办法或方向） 主儿 根儿 凳儿 座儿

c. 票儿 样儿 花儿 脸儿 道儿（道路） 人儿 话儿 官儿

d. 糖儿 豆儿

a 类是和不加“儿”的单字意义有所区别的，如“词儿”是人名，不同于“词”，娘儿（娘儿两个）≠娘，爷儿（爷儿俩）≠爷。其中后两个词，太田辰夫（2003：90）称之为“不完全名词”，这类词后必须有“俩、两个、三个”等配合着使用，其意义是合指某人和比他辈分低、地位低、年纪轻的人。

b 类是在《北京》里只出现带“儿”的形式，而未出现相对的单字词。

c 类则是有无“儿”缀没有多大意义上的区别，只是加上“儿”缀在语气上显得自然或亲切些，但这主要也是阅读者的主观印象。

其中b和c类都出现了“道儿”一词，但意思不一样，当“方法、办法”或者“做事行动的方向”讲时必须带“儿”。例如：

（3）可惜他没受过教育，想不出别的道儿。（七—85）

（4）所以激得你变了性质，反倒往不好道儿里钻下去。（十四—158）

而当“道路”讲时“儿”缀则可带可不带。例如：

（5）方才我还在那里打听道儿。（十四—161）

（6）在由西山向青龙桥的道上有一个青年。（十四—161）

d类是遵照周定一（1985）的分法，他认为这些带“儿”的词只是偶一出现在同类列举或连类而及的场合，带有比较明显的修辞色彩。例如：

（7）作个小买卖又没有资本，即或卖点糖儿豆儿的，卖的差不多比买的多了。（五—57）

3.1.1.2　X为单音形容词性成分

（8）弯儿　明儿

这类词只有这两个，其中“明儿”中的“儿”多数人认为是由“日”变来的。（太田辰夫，2003：89）

3.1.1.3　X为单音动词性成分

（9）摺儿

这种类型的只有这一个词：

（10）包子好不在摺儿上，你们倒都穿着绸缎呢，一般也见不出什么好骨头肉来。（二—26）

现在普通话中同样意思的这个词写作“褶儿”，意思是“衣服折叠而形成的印痕”，我们认为这种变化正是“儿”缀把动词名词化的一种体现，动词加上“儿”可以表示动作所造成的结果，这和“子”缀把动词名词化而造新字代替的

过程应是一致的。(太田辰夫，2003：86)

3.1.2 “X—儿”中X为复音节成分

这类X由两个或更多音节的语素组合，这类词在《北京》里共有27个，占“儿”缀名词总数的40.91%，现根据X的内部结构归类（下文将涉及的符号：N——名词或名词性语素；V——动词或动词性语素；A——形容词或形容词性语素；S——数词或数词性语素；L——量词或量词性语素；D——代词或代词性语素；Q——区别词或区别词性语素；W——词缀)，举例说明如下。

3.1.2.1 N·N—儿

(11) 酒旆儿 人味儿 心眼儿 眼圈儿 眼珠儿 饭座儿 外甥女儿 黄花女儿

3.1.2.2 A·N—儿

(12) $a_1$. 小兵儿 小心儿 小伙儿 小巷儿

$a_2$. 小脸儿 小名儿

b. 光棍儿

a类中的形容词性成分都是“小”字。“儿”缀单独表示“小”的作用并不多见，但前面有“小”字限制后就带有了小称或亲昵的意味。其中$a_1$和$a_2$的区别在于$a_1$中的词在文中并没有去掉“儿”的形式，而$a_2$中的词在文中有去掉“儿”的形式出现，但都没有了小称和亲昵的意味。例如：

(13) 这时桂花可吓坏了，小脸儿焦黄，浑身乱抖的。(六—80)

(14) 跟他的娘姨年纪不过四十来岁，一张白瘦脸儿，微有几个麻子。(二—21)

例(13)中的“小脸儿”说的是一个年轻的雏妓桂花，而(14)的“脸儿”说的是桂花上了年纪的娘姨。

3.1.2.3 V·N—儿

(15) 玩艺儿 如意门儿 暴发户儿

3.1.2.4　X—W—儿

这类的 X 为附加式合成词，即本身带有词缀：

（16）a. 老头儿

b. 肥头子儿（皂角）

a 类为“X·头—儿”，b 类为“X·子—儿”。也就是说这类“儿”缀词有两个词缀。

3.1.3　X—儿·Y 型

《北京》中还有一部分“X—儿·Y”结构形式的名词，共 6 个，占“儿”缀名词总数的 9.09%。

（17）花儿匠　箭儿毛　爷儿们　娘儿们（泛指女子，蔑称）　娘儿们（长辈妇女和男女晚辈的合称）

这类名词的构造是把“儿”夹在两部分中间，由于其中的“X—儿”是可以独立成词的，因此我们认为“X—儿·Y”的结构应该是“（X—儿）+Y”，据此，“儿”仍然可以看成词缀。

### 3.2　“X—儿”为动词

《北京》中这类“儿”缀词共 11 个，占“儿”缀词的 13.58%。

3.2.1　“X—儿”中 X 为单音节成分

这一类只有一个“玩儿”，占“儿”缀动词的 9.09%，并且只出现否定情况，即“不玩儿”例如：

（18）你另请高明吧，大爷不玩儿啦！（五—60）

而肯定的“玩”都不加“儿”。例如：

（19）老张逛窑子，跟猪八戒玩老雕一样——什么人玩什么鸟。（一—8）

3.2.2　“X—儿”中 X 为复音节成分

这一类词有 10 个，占“儿”缀动词的 90.91%，例如：

（20）打盹儿　打趣儿　凑趣儿　跑堂儿　挨家儿　算劲儿　翻个儿

分析这类词的困难在于区分动宾式复合词和动宾词组，因此，一些离合词也应该列出，如：

（21）耐着性儿

这些组合是稳定且有特定意义的，因此视为离合词而不是词组比较好。

### 3.3 “X—儿”为代词

《北京》中这类“儿”缀词只有2个，占“儿”缀词的2.47%，内部形式也很单一，都为“D—儿”：

（22）这儿　那儿（哪儿）

这种“儿”多数人认为是由“里”变来的。（太田辰夫，2003：89）

### 3.4 “X—儿”为量词

《北京》中这类“儿”缀词只有“些儿”1个，内部结构为“L—儿”，占“儿”缀词的1.23%。

（23）他又连吸了五六口，精神比从前大了些儿。（一—5）

其中“些”本身就是一个不定量词，《北京》中也有单独用“些”不加“儿”的情况：

（24）车夫见说，果然把脚步放慢了些。（一—4）

### 3.5 “X—儿”为形容词

《北京》中这类“儿”缀词只有“有趣儿”1个，内部结构为“V·N—儿”，占“儿”缀词的1.23%。

# 4.《北京》中“子”缀词的结构类型

同“儿”缀一样，在《北京》中“X—子”的词性也以名词为主，且数量更多，此外还有几个动词和量词。表2是不同词类的“X—子”的数量及运用总频次统计：

**表2 不同词类的“X—子”数量及运用频次统计**

| 词类 | 词数/个 | 运用总频次 |
|---|---|---|
| 名词 | 162 | 910 |
| 量词 | 4 | 28 |
| 动词 | 1 | 1 |
| 总计 | 167 | 939 |

现将“X—子”的内部结构情况描述如下。

## 4.1 “X—子”为名词

《北京》中这类“子”缀词数量最多，加上“三秃子”这个人名，共有162个，占“子”缀词的97.01%，其词根部分X的结构也最为多样化。

### 4.1.1 “X—子”中X为单音节成分

名词“X—子”中X是单音节成分的在《北京》里共有124个，占“子”缀名词总数的76.54%，其中X又分名词性成分、形容词性成分、动词性成分等。

4.1.1.1 X为单音名词性成分

（25）A. 法子　叶子　鬼子　花子
B. 孩子　鞭子　袜子　椅子　鼻子　聋子　稿子　簪子　辫子　帽子
虱子　刀子　廊子
C. 驴子　院子　样子　屋子

A类是和单字意义有所区别的，如“鬼子≠鬼”，是指外国侵略者，“花子≠花”，是“叫花子”的意思，而文中的“叶子”指的是茶叶：

（26）你去给泡壶茶来，拿好叶子。（一—7）

B类是在《北京》里只出现带“子”的形式，而未出现相对的单字词。但在成语性质的词组和文言中不受这种限制，如“前廊后厦”“装聋作哑”。

C 类则是有无“子”缀在意义上没有多大的区别。

4.1.1.2　X 为单音形容词性成分

(27) A. 老子　疯子　秃子　呆子　小子　胖子　傻子　主子

B. 乱子

这类名词大多是指人的，如 A 中的例子；指物的只有 B 中的“乱子”。

4.1.1.3　X 为单音动词性成分

(28) 担子　刷子　剪子　架子　包子　卷子　铲子　摊子

4.1.1.4　X 为单音区别词性成分

(29) 银子　金子

4.1.1.5　X 为单音量词性成分

这种类型只有一个“寸子”，指的是类似满族妇女穿在脚上的那种高跟的寸子鞋：

(30) 只听磕得磕得的一阵响，随着进来一个小丫头，年约十一二岁，脚下踩着寸子，所以那样响。(三—33)

4.1.2　“X—子”中 X 为复音节成分

这类 X 是两个或更多音节的语素组合，这类词在《北京》里共有 28 个，占“子”缀名词总数的 17.28%，内部结构很复杂。

4.1.2.1　N · N—子

(31) 人牙子　脑门子　课本子　眼窝子　靴腰子　竹筒子　媒婆子　帐檐子　腮帮子　舌头根子

4.1.2.2　A · N—子

(32) 大头蚁子　大轴子　小老婆子　小舅子　小家子

4.1.2.3　N · V—子

(33) 茶招子　人贩子

4.1.2.4　S·N—子

（34）三孙子　一家子

4.1.2.5　其他

“X—子”中 X 为复音节成分的还有一些与以上各例都不一样：

（35）A. 无赖子（V·A—子）

B. 这程子（D·N—子）

“这程子”的意思是“这些日子”。例如：

（36）牡丹这程子阔了，古越少年他们大家打听你竟忙什么也是为这事。（九—103）

（37）C. 老头子（X 为附加式合成词，X·W—子）

D. 丫头片子（语源不明）

4.1.3　X—子·Y 型

《北京》中还有一部分“X—子·Y”结构形式的名词，共 10 个，占“子”缀名词总数的 6.17%。

（38）小子家　印子钱　八辈子五

正如上文对“X—儿·Y”类词的分析一样，这里的“子”也应该看作词缀。

### 4.2　“X—子”为量词

《北京》中这类“子”缀词有 4 个，占全部“子”缀词的 2.40%：

4.2.1　N—子

（39）辈子　肚子

这类的 X 为名词借用为量词，其中，“辈子”为动量词。例如：

（40）老老实实当一辈子山农也就够了。（一—2）

“肚子”为名量词。例如：

（41）但是他一肚子资本主义的人固然可以那样。（二—30）

#### 4.2.2 L—子

（42）下子 1　下子 2

这类的 X 本身为量词，两个“下子”的区别是，一个为名量词，例如：

（43）歆仁素日很知道伯雍的笔墨有两下子。（一—2）

这里的“有两下子”指的是“有两下子本事”。
一个为动量词，例如：

（44）你留点神，他身旁有锥子，看扎你一下子。（二—26）

### 4.3 “X—子”为动词

《北京》中“子”缀动词只有 1 个“串门子”，内部结构为“V·N—子”，占“子”缀词的 0.60%。

## 5.“儿”缀词与“子”缀词的比较

在《北京》中，“儿”缀和“子”缀的构词功能几乎相当，结构类型也大体相同，但各有所偏重。表 3 是对“儿”缀词、“子”缀词内部结构类型的统计表，这两类词缀构成的词统一记作“X—w”( 表中“+”代表有此类型，“⊕”代表有此类型但不足三例，“–”代表无此类型 )。

**表 3　“儿”缀词与“子”缀词的内部结构类型**

<table>
<tr><th colspan="2">X—W 的内部结构</th><th rowspan="2">X—W 的词性</th><th colspan="2">词缀类型</th></tr>
<tr><th>X 的结构成分</th><th>X—W 的结构形式</th><th>“儿”缀</th><th>“子”缀</th></tr>
<tr><td rowspan="5">X 为单音语素</td><td>N—W</td><td rowspan="5">N</td><td>+</td><td>+</td></tr>
<tr><td>V—W</td><td>⊕</td><td>+</td></tr>
<tr><td>A—W</td><td>⊕</td><td>+</td></tr>
<tr><td>L—W</td><td>–</td><td>+</td></tr>
<tr><td>Q—W</td><td>–</td><td>⊕</td></tr>
</table>

（续表）

| X—W的内部结构 | | X—W的词性 | 词缀类型 | |
|---|---|---|---|---|
| X的结构成分 | X—W的结构形式 | | “儿”缀 | “子”缀 |
| X为单音语素 | V—W | V | ⊕ | − |
| | D—W | D | ⊕ | − |
| | L—W | L | ⊕ | ⊕ |
| | N—W | | − | ⊕ |
| X为复音语素 | N·N—W | N | + | + |
| | A·N—W | | + | + |
| | V·N—W | | + | ⊕ |
| | N·V—W | | − | + |
| | S·N—W | | − | ⊕ |
| | N·A—W | | − | ⊕ |
| | D·N—W | | − | ⊕ |
| | V·A—W | | − | ⊕ |
| | X—W—W | | ⊕ | ⊕ |
| | V·N—W | V | + | ⊕ |
| | V·N—W | A | ⊕ | − |
| X—W·Y型 | X—W·Y | N | + | + |

从词义来看，有些词根相同的“儿”缀词和“子”缀词没有什么区别。下面将词义相同的例子列举如下，并把每个词出现的频次标注在词的后面：

（45）会儿 10= 会子 5　　样儿 6= 样子 33　　孩儿 1= 孩子 1（子女）30
　　凳儿 4= 凳子 1　　老头儿 1= 老头子 1　　主儿 1（主人 1）= 主子 2

当然，说以上这些词词义相同，只是指的理性意义相同，而在附加意义上并非都毫无区别，往往“儿”缀词显得比“子”缀词要亲切，因此感情色彩不太相同。

下面是一些词义不同的例子：

（46）花儿≠花子（乞丐）　　娘儿≠娘子　　脸儿≠脸子　　影儿≠影子

孩儿≠孩子2（儿童） 主儿2（对象）≠主子

“脸子”指人的容貌。例如：

（47）至于现在好逛诸君，脸子是脸子，钱是钱，工夫是工夫。（二—20）

而“脸儿”就指人脸。例如：

（48）跟他的娘姨年纪不过四十来岁，一张白瘦脸儿，微有几个麻子。（二—21）

“影儿”指一般阴影。例如：

（49）伯雍呆呆的看了他半天，见他渐渐没入黑影儿里去。（十四—166）

而“影子”指的是痕迹。例如：

（50）山上的树木他都砍了，山林秀气一点影子没有了。（十一—121）

## 6. 余论

综上所述，作为京话小说承上启下之篇的《北京》，其“儿”缀和“子”缀的使用情况有着独特之处。本文第三部分已经指出，《北京》中“儿”缀的使用比例基本和《红楼梦》持平，但仅约为《儿女英雄传》的三分之一，而在今天的北京话中，如果对比一下老北京和青年北京人的口语就会明显感觉到“儿”缀的减弱已是不争的事实。至于“子”缀，《北京》中的使用比例则明显大于《红楼梦》和《儿女英雄传》，也多于现代的北京口语。那么，北京话中“儿”缀和“子”缀的演变究竟经历了一个怎样的过程呢？这个问题很值得我们进行深入的研究，因为它同时具有语音学、语法学和历史语言学的价值。而《北京》无疑为这个问题的研究提供了颇具价值的资料。

## 参考文献

龚学盛：《当代汉语字典》（国语华语版），北京：商务印书馆国际有限公司，2008年。

洪　琰：《〈儿女英雄传〉词缀计量研究》，苏州：苏州大学硕士论文，2010年。
吕叔湘：《汉语语法分析问题》，北京：商务印书馆，1979年。
吕叔湘等：《现代汉语八百词》（增订本），北京：商务印书馆，1999年。
［日］太田辰夫：《汉语史通考》，江蓝生，白维国，译，重庆：重庆出版社，1991年。
［日］太田辰夫：《中国语历史文法》，蒋绍愚，徐昌华，译，北京：北京大学出版社，2003年。
汪大昌：《〈儿女英雄传〉中“儿”尾的使用情况及相关问题》，《语言文字学》，2003年第2期。
中国社会科学院语言研究所词典编辑室：《现代汉语词典》（增补本），北京：商务印书馆，2002年。
周定一：《红楼梦里的词尾“儿”和“子”》，《中国语言学报》，1985年第2辑。

**【作者简介】**

孙彦，北京语言大学首都国际文化研究基地语言研究所2012级硕士研究生，研究方向为方言学及社会语言学。

**【专家点评】**

程娟：

选题十分有意义，对词语后缀进行研究，并对其所处阶段进行研究，利用对比视角，十分细腻地对文章进行了再分类、再描写。

刘雪春：

词缀研究是个十分有意义的话题，第二部分针对整个词缀进行了研究，并不局限于小说《北京》，这给文章增色不少。

# 莞城方言入声舒化现象新探

北京师范大学　杜泽君

**提　要**　入声是一种时长短促并带有塞音尾的音节类型，而入声舒化是现今入声演变中最引人注目的现象。然而入声的演变并不是一朝一夕的事，而是一个漫长的过程，其大致演变方向是：1. 音节时长逐渐变长；2. 塞音尾逐渐脱落；3. 并入其他音节类型，最终消失。本文将田野调查与前贤研究成果相结合，考察东莞莞城方言的入声韵尾及相应入声声调，以进一步了解东莞莞城方言入声舒化的现象。

**关键词**　粤方言　莞城话　入声舒化

语音系统是语言系统中最活跃的，其变化也是最丰富的。就汉语语音走向响音化和音节结构简化的总趋势而言，入声的演变是证实这种趋势最现实的材料之一。

纵观汉语语音史，入声这个音节类型的逐渐消失是汉语语音演变的一条历史规律。从地域上讲，汉语北方方言的入声已基本消失（除晋语），而南方的大多数方言（粤语、闽语、客家话）仍保留古代的入声。

东莞地属珠江三角洲，方言划分上属于广东粤语区的莞宝片，然而根据刘镇发、梁慧敏（2011）的最新研究，以莞城话为次方言代表的东莞方言的入声演变却与同样受广州、香港影响，并与向广州模式靠拢的广府片、香山片、四邑片以及同属莞宝片的宝安粤语有所分异，走上了自行分化的道路。

究竟莞城话的入声演变道路有何特点？它的变化程度有多大？变化后又何去何从？下文将从入声舒化的角度出发，对此进行新的调查研究，以把握莞城话入声演变的最新趋势，探求其背后的变化缘由。

## 1. 莞城话入声舒化的四个时期

目前对于莞城话入声的研究主要有王力、钱淞生（1949）的《东莞方音》，陈晓锦（1987）的《广东莞城话“变入”初析》，以及王许乐（2007）的《莞城音系辨析》。这三个研究都是从描述角度去记录当时莞城话的入声的，从中我们可以窥见，东莞莞城话的入声这六十多年来一直处于变动之中。

现在我们将时间的跨度进一步放大，追溯到清末民初西方传教士所记录的东莞莞城方音。[1]

### 1.1 清末民初

下面是我们根据 Ball（1888）和 Saunders（1896）的记录归纳出的清末民初莞城话入声体系。

[1] 由于 19 世纪欧洲语言科学飞速发展，方言研究和语音研究都有长足进步，所以尽管传教士们大多不是以语言科学研究为目的，但他们对方言所进行的描写和分析却有一定的科学性。同时，由于这些传教士记录的方言材料具有高度的口语性，所以他们的记录基本能够反映当时语言的真实面貌。

入声韵：

**表 1　莞城话入声韵**

| | | | | | | | | | | |
|---|---|---|---|---|---|---|---|---|---|---|
| ap 洽 | áp 鸭 | | | | | | | | | |
| at 握 | át 压 | | | | | | it 设 | | ut 活 | yt 拙 |
| | | ek 只 | | ök 着 | ok 洛 | | ik 溺 | | uk 竹 | |

表 1 说明：

① 上表归纳的入声韵乃传教士所记之音，写法仍依原著，不做任何改动。

② a、á 主要用于区分不同音素读音的长短。

③ ö 是德文，它的读法相当于国际音标［œ］，照此推算，o 的读法应该相当于国际音标［ɔ］。

入声调：

**表 2　莞城话入声调**

| 调类 | 上入 | 中入 | 下入 |
|---|---|---|---|
| 例字 | 粒率 | 霍廓 | 拙蜀 |

表 2 说明：

① 传教士所记录的声调均没有调值的说明，只用画圈法标明了调类。

□ↄ上入　□ₒ中入　□ↄ̲下入（□指某个字）

② Ball（1888）所记之广州音有上入、中入和下入三种调类，根据书中字的分属，可以推断，当时的上入、中入、下入大致相当于如今广州话的上阴入、下阴入和阳入，[1] 具体调值可能有所改变。结合 Ball（1888）和 Saunders（1896）所列之字看，当时莞城话上入字、中入字和下入字的分类情形与当时广州话的基本一致。那么也就是说，在一百多年以前，莞城话的入声调类是有下阴入的存在的，共有上阴入、下阴入和阳入三种，跟广州话大致相同。当然，如 Saunders（1896）所言，它们之间具体的调值是很不相像的。

从以上表格可以看出，清末民初莞城话入声韵的塞音韵尾是完整的，-p、

[1] 一般而言，清声母入声字归阴入，浊声母入声字归阳入。阴入中，入声韵韵母主元音短而高的归为上阴入，反之，入声韵韵母主元音长而低的归为下阴入。

-t、-k 并存，不存在舒化现象。而入声调类则如当时的广州话一样，三分成上入、中入和下入，因此大致相当于今天广州话入声调类的上阴入、下阴入和阳入。

### 1.2　20 世纪 40 年代

到了 20 世纪 40 年代，情况有所改变，如王力、钱淞生（1949）的记载，咸山摄洪音字收 -k 尾，细音字收 -ȶ 尾，深摄为 -p 尾，臻摄为 -t 尾，宕江通摄收 -k 尾，曾梗摄大部分收 -k 尾，少部分主元音为 ɐ 的字收 -t 尾。舒化韵摄为合盍洽狎（a）、乏（ɛ）、曷（ɛ）、黠（ɛ）、月（ɛ）、铎（ɔ）、觉（ɔ）、德合口（wɔ）、陌麦开口（ɛ），调值为 224，记为变入。具体如下表：

**表 3　20 世纪 40 年代莞城入声舒化示意表**

| 古韵 | 合盍洽狎 | 乏 | 曷 | 黠 | 月 | 铎 | | 觉 | 德 | 陌麦 |
|---|---|---|---|---|---|---|---|---|---|---|
| 古等呼 | | | | | 合 | 开 | 合 | | 合 | 开 |
| 40s 声调 | 变入 | 变入 | 变入 | 变入 | 变入 | 变入 | 变入 | 变入 | 变入 | 变入 |
| 例字 | 塔甲鸭 | 法 | 撤 | 挖察杀刮刷刹 | 发 | 托洛各 | 霍 | 确剥 | 国 | 客责百革 |
| 清末音 | áp áp áp | át | | át át át át át át | át | ok ok ok | ok | ok ok | ok | át át át át |
| 40s 音 | a | ɛ | ɛ | ɛ | ɛ | ɔ | ɔ | ɔ | ɔ | ɛ |

表 3 说明：

① “40s 声调、40s 音”指王力、钱淞生（1949）所记之音，清末音指上文所述清末民初传教士所记之音。二者的写法皆依当时所著现今所存之定本。

② 由于传教士所记的同音字表每个音节只有一到两个例字，因此有些字的读音无从考证，如“撤”，故该字在表中的清末音一栏空白。

③ 由于王力、钱淞生（1949）所记之变入调的例字数量不一，多至六个，少至一个，因此可以认为上表所归纳之字就是当时全部的舒化字。

如表 3 所示，这个时候莞城话入声舒化的程度还是比较轻微的，发生舒化的字一共只有 23 个。没有入声舒化派入去声的。

### 1.3　20 世纪 80 年代

20 世纪 80 年代，莞城话的入声又产生了变化，如陈晓锦（1987）所述，咸、山摄部分字多变为喉塞尾，有的甚至变为开尾，加入变入行列，或者派入去声；深摄由 -p 尾变 -k 尾，舒化韵摄比起王力、钱淞生（1949）增加了药韵和昔锡韵，调值仍为变入 224。

结合詹伯慧（2002）中粤语各个方言点的字音对照表，东莞莞城话入声舒化并入去声 32 调的有 22 字，独立成变入 224 调的有 50 字，共 72 字。

变入 224 调字具体如下表：

**表 4　莞城话变入 224 调的字**

| 古韵 | 合盍洽狎 | 乏 | 曷 | 黠 | 月 | 铎 | | 觉 | 德 | 陌麦 | 药 | 昔 | 锡 |
|---|---|---|---|---|---|---|---|---|---|---|---|---|---|
| 古等呼 | | | | | 合 | 开 | 合 | | 合 | 开 | 开 | 开 | 开 |
| 40s 声调 | 变入 | 变入 | 变入 | 变入 | 变入 | 变入 | 变入 | 变入 | 变入 | 变入 | | | |
| 例字 | 塔甲鸭 | 法 | 撤 | 挖察杀刮刷刹 | 发 | 托洛各 | 霍 | 确剥 | 国 | 客责百革 | | | |
| 40s 音 | a | ɛ | ɛ | ɛ | ɛ | ɔ | ɔ | ɔ | ɔ | ɛ | | | |
| 80s 声调 | 变入 | 变入 | 变入 | 变入 | 变入 | 变入 | 变入 | 变入 | 变入 | 变入 | 变入 | 变入 | 变入 |
| 例字 | 压押 | 法 | 獭撒擦萨 | 八札察杀挖刷刮扎 | 发 | 阁各胳搁 | 霍郭廓 | 朔角确壳握 | 国 | 百拍拆窄格客吓责策革扼栅隔柏伯魄 | 脚钥 | 尺 | 踢锡 |
| 80s 音 | ɛ | ɛ | ɛ | ɛ | ɛ | ɔ | ɔ | ɔ握ɛ | | ɛ | œ | œ | œ |

去声 32 调字具体如下表：

**表 5　莞城话去声 32 调字**

| 古韵 | 合盍洽狎 | 铎 | 觉 | 药 | 音 |
|---|---|---|---|---|---|
| 古等呼 | | 开 | | 开 | 开 |
| 80s 声调 | 去声 | 去声 | 去声 | 去声 | 去声 |
| 例字 | 答鸽塔眨插夹甲鸭 | 博幕托作索恶 | 驳卓 | 削着绰却约 | 只 |
| 80s 音 | a | ɔ | ɔ | œ | œ |

表 5 说明：

80s 声调、80s 音指陈晓锦和詹伯慧所记之音。经多方询问，原书中所记之药、昔、锡三韵的韵母 ø 不准确，故表格中一律改为 œ。

### 1.4 21 世纪初期

21 世纪，入声演变再次有了新情况，据王许乐（2007）的调查，莞城话中舒化字并未独立成类，而是部分派入去声，部分派入阳上调。为详细考察莞城话入声演变的趋势，我们借助田野调查和语音实验手段进行分析。

最终得出莞城话声调系统如下：

**表 6 莞城话声调系统**

| 数目 | 平 | | 上 | | | 去 | | 入 | | | | |
|---|---|---|---|---|---|---|---|---|---|---|---|---|
| | 清 | 浊 | 清 | 次浊 | 浊 | 清 | 浊 | 清 | | | | 浊 |
| 7 | 阴平 132 | 阳平 21 | 阴上 35 | 阳上 24 | | 去声 33 | | 阴入 5 | 去声 33 | 阴上 35 | 阳上 24 | 阳入 3 |

老、中、青三代莞城人入声舒化情况如下：

**表 7 咸摄 18 个**

| 组 | 声母 | 清浊 | 开一合 | | 开二洽狎 | 开四贴 | 合三乏 |
|---|---|---|---|---|---|---|---|
| 非 | 非 | 全清 | | | | | 法 fs$^{24}$ |
| 端 | 端 | 全清 | 答 ta$^{24}$ 搭 ta$^{24}$ | 答 ta$^{24}$ | | | |
| | 透 | 次清 | 塔 $t^{h}a^{24}$ 榻 $t^{h}a^{24}$ 塌 $t^{h}a^{24}$ 拓 $t^{h}a^{24}$ | | | | |
| 泥 | 来 | 次浊 | 拉 lai$^{132}$ | | | | |
| 庄 | 庄 | 全清 | | | 眨 tʃa$^{24/33}$ | | |
| | 初 | 次清 | | | 插 tʃa$^{24/33}$ | | |
| | 生 | 全浊 | | | 炸 tʃa$^{33}$ | | |
| 见 | 见 | 全清 | 鸽 ka$^{24/35}$ | | 夹 ka$^{24}$ 甲 ka$^{24}$ 胛 ka$^{24}$ | 夹$_{夹菜}$ ka$^{24}$ | |
| 影 | 影 | 全清 | | | 鸭 ŋa$^{24/35}$ 押 ŋδ$^{24}$ 压 ŋδ$^{24}$ | | |

**表 8　山摄 17 个**

| 组 | 声母 | 清浊 | 开一曷 | 开二黠 | 开三薛 | 合二黠 / 辖 | 合三月 |
|---|---|---|---|---|---|---|---|
| 帮 | 帮 | 全清 | | 八 pδ$^{24}$ | | | |
| | 明 | 次浊 | | 抹 mδ$^{24}$ | | | |
| 非 | 非 | 全清 | | | | | 发$_{\text{头发}}$ fɛ$^{24}$<br>发$_{\text{发现}}$ fɛ$^{24}$ |
| 端 | 透 | 次清 | 獭 tʃ$^{h}$δ$^{24}$ | | | | |
| 精 | 清 | 全清 | 擦 tʃ$^{h}$δ$^{24}$ | | | | |
| | 心 | 全清 | 萨 tʃδ$^{24}$　撒 tʃδ$^{24}$ | | | | |
| 庄 | 庄 | 全清 | | 札 tʃδ$^{24}$　扎 tʃδ$^{24}$ | | | |
| | 初 | 次清 | | 察 tʃ$^{h}$δ$^{24}$ | | | |
| | 生 | 全清 | | 杀 ʃδ$^{24}$ | | 刷 tʃ$^{h}$δ$^{24}$ | |
| 见 | 见 | 全清 | | | | 刮 kwδ$^{24}$ | |
| | 溪 | 次清 | | 刮 kwδ$^{24}$ | | | |
| 影 | 影 | 全清 | | 轧 ŋδ$^{24}$ | | 挖 wδ$^{24}$ | |
| | 以 | 次浊 | | | 拽 jθ$^{33}$ | | |

**表 9　宕摄 42 个**

| 组 | 声母 | 清浊 | 开一铎 | 开三药 | | 合一铎 |
|---|---|---|---|---|---|---|
| 帮 | 帮 | 全清 | 博 pɔ$^{24}$ | | | |
| | 滂 | 次清 | 泊$_{\text{梁山泊}}$ p$^{h}$ɛ$^{24}$ | | | |
| 帮 | 并 | 全浊 | 泊 p$^{h}$ɛ$^{24}$ | | | |
| | 明 | 次浊 | 幕 mɔ$^{24}$<br>寞 mɔ$^{24}$<br>摸 mɔ$^{35}$ | | | |
| 端 | 透 | 次清 | 托$_{\text{托管}}$ t$^{h}$ɔ$^{24}$<br>托$_{\text{承托}}$ t$^{h}$ɔ$^{24}$ | | | |
| 泥 | 来 | 次浊 | 烙 lɔ$^{24}$<br>骆 lɔ$^{24}$<br>洛 lɔ$^{24}$<br>酪 lɔu$^{33}$<br>骆 lɔ$^{24}$<br>络 lɔ$^{24}$ | | | |

（续表）

<table>
<tr><th>组</th><th>声母</th><th>清浊</th><th>开一铎</th><th colspan="2">开三药</th><th>合一铎</th></tr>
<tr><td rowspan="9">精</td><td rowspan="2">精</td><td rowspan="2">全清</td><td rowspan="2">作 tʃɔ$^{24}$</td><td>爵 tʃœ$^{24}$<br>雀 tʃ$^{h}$œ$^{35}$</td><td>雀 tʃ$^{h}$ɛ/œ$^{35}$</td><td></td></tr>
<tr><td colspan="2">雀 tʃ$^{h}$ɛ$^{35}$</td><td></td></tr>
<tr><td rowspan="2">清</td><td rowspan="2">次清</td><td rowspan="2">错 tʃ$^{h}$ɔ$^{33}$</td><td>鹊 tʃœ$^{24}$</td><td>鹊 tʃ$^{h}$ɛ/œ$^{24}$</td><td></td></tr>
<tr><td colspan="2">鹊 tʃ$^{h}$ɛ$^{24}$</td><td></td></tr>
<tr><td>从</td><td>全浊</td><td>昨 tʃɔ$^{24}$</td><td colspan="2"></td><td></td></tr>
<tr><td rowspan="2">心</td><td rowspan="2">全清</td><td rowspan="2">索 ʃɔ$^{24}$</td><td>削 tʃœ$^{24}$</td><td>削 ʃɛ/œ$^{24}$</td><td></td></tr>
<tr><td colspan="2">削 ʃɛ$^{24}$</td><td></td></tr>
<tr><td rowspan="2">知</td><td rowspan="2">知</td><td rowspan="2">全清</td><td rowspan="2"></td><td>着$_{着衣}$ tʃœ$^{24}$</td><td>着$_{着衣}$ tʃɛ/œ$^{24}$</td><td></td></tr>
<tr><td colspan="2">着$_{着衣}$ tʃɛ/œ$^{24}$</td><td></td></tr>
<tr><td rowspan="5">章</td><td>章</td><td>全清</td><td></td><td colspan="2">酌 tʃ$^{h}$œ$^{24}$</td><td></td></tr>
<tr><td rowspan="2">昌</td><td rowspan="2">次清</td><td rowspan="2"></td><td>绰$_{绰号}$ tʃ$^{h}$œ$^{24}$<br>绰$_{绰起棍子}$ tʃ$^{h}$œ$^{24}$<br>焯 tʃ$^{h}$œ$^{24}$</td><td>绰$_{绰号}$ tʃ$^{h}$ɛ/œ$^{24}$<br>焯 tʃ$^{h}$ɛ/œ$^{24}$</td><td></td></tr>
<tr><td colspan="2">绰$_{绰号}$ tʃ$^{h}$ɛ$^{24}$<br>焯 tʃ$^{h}$ɛ$^{24}$</td><td></td></tr>
<tr><td rowspan="2">禅</td><td rowspan="2">次浊</td><td rowspan="2"></td><td>芍 tʃ$^{h}$œ$^{24}$</td><td>芍 tʃ$^{h}$ɛ/œ$^{24}$</td><td></td></tr>
<tr><td colspan="2">芍 tʃ$^{h}$ɛ$^{24}$</td><td></td></tr>
<tr><td rowspan="4">见</td><td rowspan="2">见</td><td rowspan="2">全清</td><td rowspan="2">各 kɔ$^{24}$<br>阁 kɔ$^{24}$<br>胳 lɔ$^{24}$<br>搁 kɔ$^{24}$</td><td>脚 kœ$^{24}$</td><td>脚 kɛ/œ$^{24}$</td><td rowspan="2">郭 kwɔ$^{24}$</td></tr>
<tr><td colspan="2">脚 kɛ$^{24}$</td></tr>
<tr><td rowspan="2">溪</td><td rowspan="2">次清</td><td rowspan="2"></td><td>却 k$^{h}$œ$^{24}$</td><td>却 k$^{h}$ɛ/œ$^{24}$</td><td rowspan="2">廓 kwɔ$^{24}$<br>扩 k$^{h}$ɔŋ$^{24}$</td></tr>
<tr><td colspan="2">却 k$^{h}$ɛ$^{24}$</td></tr>
<tr><td>晓</td><td>晓</td><td>全清</td><td>郝 k$^{h}$ɔ$^{24}$</td><td colspan="2"></td><td>藿 k$^{h}$ɔ$^{24}$</td></tr>
<tr><td rowspan="3">影</td><td rowspan="2">影</td><td rowspan="2">全清</td><td rowspan="2">恶 ŋɔ$^{24}$</td><td>约 jœ$^{24}$</td><td>约 jɛ/œ$^{24}$</td><td></td></tr>
<tr><td colspan="2">约 jɛ$^{24}$</td><td></td></tr>
<tr><td>以</td><td>次浊</td><td></td><td colspan="2">钥 jœ$^{24}$<br>跃 jœ$^{24}$</td><td></td></tr>
</table>

**表 10　梗摄 31 个**

| 组 | 声母 | 清浊 | 开二陌 / 麦 | 开三陌 / 昔 | 开四锡 |
|---|---|---|---|---|---|
| 帮 | 帮 | 全清 | 百 pɛ$^{24}$<br>柏 pʰɛ$^{24}$<br>伯 pɛ$^{24}$ | | 壁 pœ$^{24}$/pək$^{5}$书 |
| | 滂 | 次清 | 拍 pʰɛ$^{24}$<br>魄 pʰɛ$^{24}$ | | 劈 pʰœ$^{24}$/pək$^{5}$书　劈 pʰɛ$^{24}$<br>劈 pʰɛ$^{24}$ |
| | 并 | 全浊 | | 辟 pœ$^{24}$/pʰək$^{5}$<br>辟 pɛ/œ$^{24}$/pʰək$^{5}$<br>辟 pɛ$^{24}$/pʰək$^{5}$ | |
| 端 | 透 | 次清 | | | 踢 tʰœ$^{24}$　踢 tʰɛ$^{24}$<br>踢 tʰɛ$^{24}$ |
| | 定 | 全浊 | | | 笛 tɛ$^{35}$ |
| 精 | 心 | 全清 | | | 锡 ʃœ$^{33}$/ʃək$^{5}$书　锡 ʃɛ$^{33}$/ʃək$^{5}$<br>锡 ʃɛk$^{3}$/ʃək$^{5}$ |
| 知 | 彻 | 次清 | 拆 tʃʰɛ$^{24}$ | | |
| 庄 | 庄 | 全清 | 窄 tʃɛ$^{24}$<br>责 tʃɛ$^{24}$ | | |
| | 初 | 次清 | 策 tʃʰɛ$^{24}$<br>册 tʃʰɛ$^{24}$<br>栅 tʃʰɛ$^{24}$ | | |
| 章 | 章 | 全清 | | 支策 tʃi$^{132}$<br>炙 tʃœ$^{24}$/tʃək$^{5}$书<br>支策 tʃi$^{132}$<br>炙 tʃɛ/œ$^{24}$/tʃək$^{5}$书<br>支 tʃi$^{132}$ | |
| | 昌 | 次清 | | 赤 tʃʰœ$^{24/33}$/tʃʰək$^{5}$书<br>尺 tʃʰœ$^{24}$/tʃʰək$^{5}$书<br>赤 tʃɛ$^{h24/33}$/tʃʰək$^{5}$<br>尺 tʃʰɛ/œ$^{24}$<br>赤 tʃʰɛ$^{24/33}$/tʃʰək$^{3}$<br>尺 tʃʰɛ$^{24}$ | |

（续表）

| 组 | 声母 | 清浊 | 开二陌 / 麦 | 开三陌 / 昔 | 开四锡 |
|---|---|---|---|---|---|
| 章 | 船 | 全浊 | | 射 ʃœ$^{33}$/jœ$^{33}$书<br>射 ʃɛ/œ$^{33}$<br>射 ʃɛ$^{33}$ | |
| 见 | 见 | 全清 | 格 kɛ$^{24}$<br>革 kɛ$^{24}$<br>客 kɛ$^{24}$ | | |
| | 溪 | 次清 | 客 hɛ$^{24}$ | | |
| | 群 | 全浊 | | 剧 kʰɛ$^{24}$ | |
| | 疑 | 次浊 | 额 ŋɛ$^{24}$ | | |
| 晓 | 晓 | 全清 | 嚇 hδ$^{24}$ | | |
| 影 | 影 | 全清 | 扼 ŋδ$^{24}$ | | |

**表 11　江摄 12 个**

| 组 | 声母 | 清浊 | 开二觉 |
|---|---|---|---|
| 帮 | 帮 | 全清 | 驳 pɔ$^{24}$ |
| | 滂 | 次清 | 朴$_{朴素}$ pʰɔ$^{24}$<br>朴 pʰɔ$^{24}$ |
| 知 | 知 | 全清 | 桌 tʃœ$^{24}$<br>卓 tʃʰœ$^{24}$<br>卓 tʃʰɛ/œ$^{24}$<br>卓 tʃʰɛ$^{24}$ |
| 庄 | 生 | 次浊 | 朔 ʃɔ$^{24}$ |
| 见 | 见 | 全清 | 觉 kɔ$^{24}$<br>角 kɔ$^{24}$<br>饺 kau$^{35}$ |
| | 溪 | 次清 | 确 kʰɔ$^{24}$<br>壳 hɔ$^{24}$ |
| 影 | 影 | 全清 | 握 ŋɛ$^{24}$ |

表 12　曾摄 1 个

| 组 | 声母 | 清浊 | 合一德 |
|---|---|---|---|
| 见 | 见 | 全清 | 国 $kwɔ^{24}$ |

表 7-12 说明：

①统计时，每摄舒化字的总数是该摄老、中、青三代入声舒化字数目的总和。因有些字年轻人读不出来，故如此统计。

②表中加深的单元格代表此字在老、中、青三代人中读音相异。▨代表老年人，■代表中年人，■代表青年人。

③拉 $lai^{132}$、支 $ʧi^{132}$、饺 $kau^{35}$、酪 $lɔu^{33}$ 四字由于同音字较少，暂考虑为例外字。

此次调查表明，莞城话入声舒化的范围进一步扩大。不仅入声舒化字的数目有所增加，其派入的舒声调也越来越多——这次又发现了有少部分入声字的调为阴上 35 调，如摸、雀、笛三字，而鸭、鸽二字则既可以读去声 33 调，也可以读阴上 35 调。同时，在入声字中，老年人读的 œ 音，到了中年人一代大部分已被读成一个介乎 œ 与 ɛ 之间的音，且 œ、ɛ 在这个时候对于中年人来说已无区别意义的作用。再到青年人这一代，œ 音已经完全变成 ɛ 音。

从以上所列的所有表格中，我们可以看到的一个最显而易见的事实是，莞城话入声舒化的范围日益扩大：清末民初时为全无舒化字，入声调分上入、中入、下入；20 世纪 40 年代为 23 个舒化字，入声字调分阴入、阳入和变入；20 世纪 80 年代变为 72 个舒化字，入声字调分阴入、阳入、变入和去声；今天则发展为 121 个舒化字，入声字调分阴入、阳入、阴上、阳上和去声。可以说，莞城话入声舒化的进程是循序渐进的，基本上每隔三四十年就有一批新的舒化字出现，且舒化速度有加快的趋势。

## 2. 莞城话入声舒化轨迹

诚如上述，入声的舒化基本由两个方面构成，一是舒化韵的变化，二是调类调值的变化。这二者联系十分紧密并且相辅相成。

### 2.1　舒化韵之变

舒化韵的变化包含两方面，一是舒化韵本身音的改变（塞音韵尾的丢失和韵母主元音的变化），二是舒化韵范围的扩大。

变化最大的当属清末民初到 20 世纪 40 年代这一段，可以说是历史性的演变。

**表 13　20 世纪 50 年代舒化的入声字**

| 语言情况 | 塔甲鸭 | 法 | 撤 | 挖察杀刮刷刹 | 发 | 托洛各 | 霍 | 确剥 | 国 | 客责百革 |
|---|---|---|---|---|---|---|---|---|---|---|
| 清末音 | áp áp áp | át | | át át át át át át | át | ok ok ok | ok | ok ok | ok | át át át át |
| 40s 音 | a | ɛ | ɛ | ɛ | ɛ | ɔ | ɔ | ɔ | ɔ | ɛ |

从上表 23 个在 20 世纪 40 年代已经舒化的入声字可以观察到，清末民初传教士所记录的莞音，-p、-t、-k 三套塞音韵尾齐全；而到了 20 世纪 50 年代，这三套塞音韵尾有了不同程度的变化。部分跟在低长元音 á 后的 -p 尾消失，只剩下低长元音 á（今写作 a），即 áp 变成 a。-k 尾韵母跟 -p 尾韵母的变化相当，部分 -k 尾直接脱落，留下长元音 ɔ（前文已述，清末民初的 o 音相当于今天的 ɔ 音）。-t 尾跟 -p 尾、-k 尾不同，虽然也有部分跟在低长元音 á 后的 -t 尾消失，但 -t 尾消失了的 át 韵母的主元音却发生了改变，本来应该像 áp 那样变成 a 的，在当时却变成了 ɛ。至此我们大致可以得出一个论断：莞城话入声字中，古收 -p 尾和 -k 尾且主元音为低长元音的韵母容易舒化。在其舒化过程中，塞音韵尾脱落后，剩下来的韵母主元音不发生改变且成为舒化韵的韵母。而古收 -t 尾且主元音为低长元音的韵母虽然也容易舒化，但是其塞音韵尾脱落后，剩下来的韵母主元音 á 变成了 ɛ 并成为舒化韵的韵母。

那么为什么舒化的 áp 和 ok 在韵尾脱落后直接变成 a 和 ɔ，而同是以低长元音为主元音的韵母 át 在韵尾脱落之后却变成了 ɛ 呢？

这就涉及元音链移中长元音高化的问题。朱晓农（2005）提出，长元音高化的原因在于回归 / 滑向发音初始态。一个完整的发音过程，本来应该发声先停止，然后调音器官恢复初始态的。但是如果发声器官和调音器官在协同发音的时间上没配合好，就会产生"时间错配"。长而低的元音 a 容易高化的原因就在于它难以长时间维持大张口、低压舌的状态，又加上它回复初始态的动程大，因此它在回归发音初始态时很容易出现"时间错配"。具体说来就是，如果当 a 在发声还没有完全停止之前，调音器官先恢复初始态，那么就会产生一个 aə 或 a ↑ 滑音的过渡状态，从而导致高化的产生。-p、-t、-k 在充当韵尾的时候只有成阻、除阻阶段，没有最后的爆发，这就为它们影响元音的变化提供了条件。

在莞城话入声舒化的过程中，由于 -p 尾发音时舌位靠前且偏低，并且舌头在发音时不动，动程基本与低长元音 á 相似（当然时间长短不一样），只是多了最后的闭口动作。因此，它作为塞音尾跟在低长元音 á 后几乎成了一种顺势而为的姿态，同时由于它有上述的发声特质，它也有引导发声器官和调音器官同步发音的作用，因此这时的低长元音 á 相对没有那么容易发生“时间错配”。这样，当 áp 的整个音节时长变长，-p 韵尾脱落的时候，á 音的变化就小到可以忽略，因此舒化时，低长元音 á 就顺势成了舒化韵的韵母。至于 ok 舒化变成 ɔ 的过程，同理可证。

而 -t 尾在发音结束时由于有一个舌尖向前龈和齿背运动的过程，使得低长元音 á 发音时的发声器官和调音器官不容易协同发音，产生了“时间错配”，从而导致 á 高化变成 ɛ。这在 -t 尾依然存在的时候听感并不明显，但在 -t 尾脱落后，由于失去了这个向上的动作的束缚，ɛ 音被完全释放出来，故成为 át 舒化韵的韵母。

基于上述原因，时至今日，莞城话入声舒化的路径仍没脱离前文所下的论断：入声韵韵母的主元音为长元音者易舒化，在此前提下，古收 -p、-k 尾的入声韵舒化后其舒化韵韵母为原来的主元音，古收 -t 尾的入声韵舒化后其舒化韵韵母为高化了的 ɛ。

这一潜在规律定下以后，舒化韵范围的扩大就成了顺理成章的事，20 世纪 80 年代的变化便是一个例证。这时的舒化韵除了在原有基础及规律上新增了不少舒化字外，还新增了发 œ 音的药、锡、昔三韵。到了 21 世纪，入声舒化字的数目在表 14 所列之韵中就越来越多了。由此可以看到，莞城话入声舒化有愈演愈烈之势。

**表 14　21 世纪入声舒化字**

| | | | | | | | | | | | |
|---|---|---|---|---|---|---|---|---|---|---|---|
| 合盍洽狎 | 乏 | 曷 | 黠 | 月 | 铎 | 觉 | 德 | 陌麦 | 药 | 昔 | 锡 |

值得注意的是，现在中青年人口中的莞城话，入声舒化字的 œ 音也变为 ɛ 音，其中除了“懒音”的影响，恐怕还有类推的原因。从本次调查的表 8、表 9、表 10 中可以看出，œ 音与 ɛ 音呈对立分布状态，而且从舌位图上看，œ、ɛ 之别仅在于圆唇展唇。同时，发 ɛ 音的舒化字又占大多数，œ 音变为 ɛ 音，不仅不会影响辨义，还使音系得到简化。既不损害区别性，又增加了明晰性，何乐而不为呢？

### 2.2　调类调值之变

如上所述，入声必须是韵和调的配合。那么入声的舒化，除了韵的变化外，当然也离不开调的变化。

说到调的变化，首先要从长短元音说起。一般而言，粤语区的方言都有长短元音对立，这种对立在入声里表现为：入声调分上阴入（主元音为短元音）和下阴入（主元音为长元音）。且看下表（杨蔚，2002，表中具体调值与今天有一定差异）：

**表 15　粤语区古入声分化的调类调值分布**

<table>
<tr><th colspan="2">调类</th><th>广州</th><th>中山</th><th>东莞莞城</th><th>宝安沙井</th><th>广宁</th><th>肇庆</th><th>封开</th><th>清远</th></tr>
<tr><td rowspan="2">平</td><td>清</td><td>55</td><td>55</td><td>213</td><td>55/35</td><td>42</td><td>55</td><td>55</td><td>55</td></tr>
<tr><td>浊</td><td>21</td><td>51</td><td>21</td><td>21</td><td>21</td><td>21</td><td>24</td><td>21</td></tr>
<tr><td rowspan="3">上</td><td>清</td><td>35</td><td>13</td><td>35</td><td rowspan="2">11</td><td>55</td><td>35</td><td>52</td><td rowspan="2">35</td></tr>
<tr><td rowspan="2">浊</td><td>13</td><td rowspan="2">33</td><td>13</td><td rowspan="2">214</td><td>13</td><td>242</td></tr>
<tr><td>22</td><td>32</td><td>32</td><td>52</td><td>21</td><td rowspan="2">33</td></tr>
<tr><td rowspan="3">去</td><td>清</td><td>33</td><td rowspan="3">33</td><td rowspan="3">32</td><td>24</td><td>33</td><td>33</td><td>433</td></tr>
<tr><td rowspan="2">浊</td><td rowspan="2">22</td><td rowspan="2">32</td><td>214</td><td rowspan="2">52</td><td>21</td><td>22</td></tr>
<tr><td>21</td><td>55</td><td>55</td></tr>
<tr><td rowspan="4">入</td><td rowspan="2">清</td><td>55</td><td>55</td><td>44</td><td>55</td><td>55</td><td>55</td><td>55</td><td>55</td></tr>
<tr><td>33</td><td rowspan="3">33</td><td>224</td><td>35</td><td>33</td><td rowspan="3">33</td><td>43</td><td>33</td></tr>
<tr><td rowspan="2">浊</td><td rowspan="2">22</td><td rowspan="2">22</td><td rowspan="2">22</td><td>22</td><td rowspan="2">22</td><td rowspan="2">22</td></tr>
<tr><td>214</td></tr>
</table>

从上表可以看到，由于长短元音的存在，粤语区各方言点的入声基本上分上阴入、下阴入和阳入（不分上下阴入的都是由于下阴入归并到阳入去了），且这些入声的调值与该方言点的舒声调值基本上都有对应关系。也就是说，一个方言（这里指粤方言）中所有入声调的具体调值在该方言的舒声调中都一定能找到。如广州话的上阴入对应阴平，下阴入对应阴去，阳入对应阳去。但在这个表格中东莞莞城话却是个例外——入声分阴入、变入（占据下阴入的位置）和阳入，且入声调调值无法在其舒声调中找到。

这让人不由得心生疑虑：东莞话长短元音的格局与粤语区内其他方言长短元音的格局是否有所不同？

文章开头已述，广东粤语区内除东莞莞城话以外，其他方言点入声的演变都遵循一种“广州模式”，变得与广州话入声格局趋同。因此我们选取广州话作为代表与莞城话进行对比。

对于上述这种现象，刘镇发、梁慧敏（2011）认为是由于方言接触中权势方言的影响造成的。但他们并没有解释为什么莞城话入声的演变未走上“广州模式”的道路，只是以东莞与广州的经济实力相当为由一笔带过。对此，我们认为，莞城话与“广州模式”方言长短元音格局的不同是决定二者入声调演变道路相异的关键因素。

且看广州话入声中的长短元音格局（詹伯慧，2002）：

**表 16　广州话入声中的长短元音格局**

| | | | | | | |
|---|---|---|---|---|---|---|
| 塞音尾韵母 | ap 答甲 | ɐp 立及 | at 八杀 | ɐt 笔膝 | ak 百客 | ɐk 北克 |

再看莞城话入声中的长短元音格局（Saunders，1896）：

**表 17　莞城话入声中的长短元音格局**

| | |
|---|---|
| ap 洽 | áp 鸭 |
| at 握 | át 压 |

很明显的，广州话中长短元音 a、ɐ 构成对立，同见于三套塞音韵尾中，而且经考察，长元音和短元音在入声字中的分配也均衡。但在东莞莞城话中，即使在清末民初，长短元音 á、a 也并不是完全对立的，而且在总体分布上，主元音为长元音 á 的字明显多于主元音为短元音 a 的字，因为主元音为短元音 a 的字只有零星几个。而到了现在，莞城话入声字中长短元音的对立已经完全消失。

广州话长短元音的对立使广州话入声格局比较稳定，而莞城话长短元音分布的极度不均衡使得莞城话入声字比较容易发生变化。一旦以长元音为主元音的入声韵在某个时候读的音长变长，它的塞音韵尾脱落的可能性就会非常大，进而产生舒化。我们知道，粤方言中下阴入字在入声字中是最容易变动的，入声舒化多在这类字中产生。这主要是由于下阴入字的韵母主元音为长元音。莞城话入声字中，主元音多为长元音且不与短元音构成对立这两个特质使得入声字受到的束缚更少，一方面长元音本身容易带有使音节拉长的特质，一方面又缺少与之对立的短元音对其的制约，自然，莞城话入声舒化的进程就比同属粤方言的其他方言快了。这也是为什么普通话等北方方言入声舒化的进展如此之快，其根本在于缺少长短元音的对立。

## 3. 结语

本文通过重新整理前贤研究成果和进行田野调查，对东莞莞城方言的入声舒化现象进行了探讨和研究，总结了莞城方言入声舒化的百年概况，并列出其调韵变化的详表，希望对莞城方言入声舒化的历史进程有一个全面而又直观的了解。此外，本文还对莞城方言入声舒化现象提出了长短元音影响论，希望对南北方言入声舒化进程的差异有一个合理的解释。

## 参考文献

陈晓锦：《广东莞城话“变入”初析》，《中国语文》，1987 年第 1 期。

丁声树，李　荣：《汉语音韵讲义》，上海：上海教育出版社，2010 年。

国术平：《从语言内部补偿看入声舒化现象》，《语文学刊》，2006 年第 10 期。

侯兴泉：《关于广州话 - k 塞尾入声变化的调查实验》，《暨南学报》（哲学社会科学版），2005 年第 2 期。

李新魁，黄家教，施其生，麦　耘，陈定芳：《广州方言研究》，广州：广东人民出版社，1995 年。

李永明：《从今南方诸方言推测古入声韵尾脱落的过程》，《湘潭大学学报》（语言文学论集二），1986 年。

刘镇发，梁慧敏：《珠江三角洲方言阴入声受广州话影响的演变情况》，《语言研究》，2011 年第 4 期。

王　力，钱淞生：《东莞方音》，《岭南学报》，1949 年第 1 期。

王许乐：《莞城音系辨析》，《第 11 届国际粤方言研讨会论文集》，林亦，余瑾，南宁：广西人民出版社，2007 年。

徐通锵：《历史语言学》，北京：商务印书馆，1991 年。

徐　越，朱晓农：《喉塞尾入声是怎么舒化的——孝丰个案研究》，《中国语文》，2011 年第 3 期。

杨　蔚：《粤语古入声分化情况的当代考察》，《学术研究》，2002 年第 6 期。

詹伯慧：《广东粤方言概要》，广州：暨南大学出版社，2002 年。

张　凌：《广州话长短元音的语音实验新探》，《方言》，2010 年第 2 期。

中国社会科学院语言研究所：《方言调查字表》，北京：商务印书馆，1981 年。

周同春：《汉语语音学》，北京：北京师范大学出版社，2003 年。

朱晓农：《元音大转移和元音高化链移》，《民族语文》，2005 年第 1 期。

朱晓农，焦　磊，严至诚，洪　英：《入声演化三途》，《中国语文》，2008 年第 4 期。

朱晓农：《语音学》，北京：商务印书馆，2010 年。

朱晓农：《语言语音学和音法学：理论新框架》，《语言研究》，2011 年第 1 期。

Ball, J. Dyer. *Cantonese Made Easy* [M]. Hong Kong: The "China Mail" Office, 1888.

Ball, J. Dyer. The Tung-Kwun Dialect [J]. *China Review*, 1889: 284–296.

Saunders, C.J. The Tung-Kwun Dialect of Cantonese [J]. *China Review*, 1896: 465–476.

**【作者简介】**

杜泽君，北京师范大学文学院 2011 级硕士研究生。

**【专家点评】**

赵日新：

这篇文章选题很好，难度也很大。文章对不同历史时期的莞城方言入声舒化过程进行了探讨，是从入声韵、入声调两个方面来说的。文章结构方面，第一部分第四节声母表不必要用那么多。还有一些调查表的用字要仔细分析。关于广州话入声字韵尾为什么没有丢失的问题，要注意从方言自身的变化去分析。

# 类型学视野的湘潭方言完成体研究

北京语言大学　胡亚

**提　要**　完成体指事件发生在参照时间之前，并与参照时间的情景相关。本文研究的完成体包括六种用法，即结果性、持续性、经历性、报道新情况、先时性和近过去用法。湘潭方言表示这六种用法的手段主要有七种：哒、咖、咖哒、咖……哒、过、去来、去哒。这七个标记在六种用法的分布上有同有异，并且表示同一种用法的助词之间有结构和语义上的对立，可使六种用法的区分进一步细化。本文采用类型学中语义地图的方法，描述完成体标记在六种用法上的分合，检验六种用法的演变路径，将普通话和湘潭方言的完成体标记用法相结合，构建完整的带有演变路径的湘潭方言完成体语义地图。

**关键词**　湘潭方言　完成体　语义地图　演变路径

## 1. 引言

湘方言的体貌研究走在国内各方言的前面，但离深入、系统的研究还有一段距离。大部分研究在描述动态助词用法时，都明确指出了它们的完整体用法，却往往忽略了完成体的用法，没有对完成体进行明确的定义，也没有对其用法进行全面的描述，因此完成体的地位大大下降。

可见，完成体用法的研究是湘方言体貌研究的薄弱环节。本文旨在为这一薄弱环节提供个案的证据。另外，陈前瑞（2012）构建的完成体语义地图只有三个大概的阶段，普通话的证据不足以支持六种完成体用法的演变路径。本文通过描述湘潭方言复杂的完成体标记的用法，共性与个性相结合，充分地验证六种用法之间的关系和演变路径，帮助构建出带有完整的演变阶段的汉语完成体语义地图。

## 2. 汉语完成体的六种用法

完成体是类型学上具有典型意义的语法要素，它与完结体、完整体的关系都很密切，是类型学研究的一个重点。本文采用 Bybee 等（1994）的概念系统：完结体（completive）即彻底地做完某事；完成体（anterior 或 perfect）指事件发生在参照时间之前，并与参照时间的情景相关；完整体（perfective）指情状在时间上是有界的，是一种用来叙述离散事件序列的体演变。Bybee 等（1994）总结的演变路径是：完结体先向完成体演变，再向完整体演变。

陈前瑞（2012）归纳了汉语完成体的六种用法，分别是结果性用法、持续性用法、经历性用法、报道新情况用法、先时性用法和近过去用法。

①结果性（resultative）用法：表示当前的状态是由过去发生的动作所引起的，即过去发生的事件的结果在说话时（或其他参照点）仍然存在。这有两种情况，要么是过去的动作直接造成现在的状态，要么是过去的动作对现在的状态有间接的影响，都强调了一种因果关系及现时相关性。例如：

（1）有人偷走我的钱包了。（意味着“我的钱包不见了”）

结果性用法是完成体最典型的用法，现在的状态被描述为过去行为的结果。如例（1）中，现在“钱包不见了”的状态就是过去“有人偷钱包”这一行为所造成的结果。

②持续性（continuative）用法：表示一个过去发生并持续到现在的情状。这与通常说的“持续体”不同，强调要有一个持续的时间段，在汉语中该用法在双“了”句中最典型，其中的词尾“了”可用可不用，但句尾“了”却必不可少，如例（2）。当然，也能用于非双“了”句中，如例（3）。

（2）我等了他一个小时了。

（3）我从九月起就一直住在加利福尼亚。

③经历性（experiential）用法：表示特定的情状在过去到现在的一段时间内至少发生过一次。作为这些过去经验的结果，施事具备了某种知识。例如：

（4）玛丽在日本住过。（玛丽有关日本的知识是由参观该国家的结果所带来的）

④报道新情况（hot news）用法：有三个方面的特征，a. 表示所呈现的信息是第一次传递给其他人，一般呈现焦点信息（而完成体的其他用法所传递的信息一般是旧的，但与当前相关，或者是提醒听话人过去的情状仍然有影响），b. 该用法的一个显著事实是该用法一般是孤立的报道，以便在语篇中引入一个新的话题，c. 不仅能报道前景事件，而且还能连用以叙述一系列的新事件。Schwenter（1994：1018 ～ 1019）认为，报道新情况用法是完成体向完整体发展的一个重要阶段。例如：

（5）尼克松辞职了！

⑤先时性（anterior perfective）用法：表示相对于某一参照时间事件已经发生，强调两个事件的先后关系，不关心前一个事件是否完成。这种先时性有已然（现在或过去）和未然（将来）的区别。例如：

（6）吃了饭再去。（未然）

（7）吃了饭就走。（已然 & 未然）

例（6）表示“吃”在“去”之前发生，是一种未然的即将来完成体，“去”还没有发生；例（7）表示“吃”在“走”之前发生，既可以是已然的即现在或过去完成体，也可以是未然的即将来完成体。不管是已然还是未然，都表示前一个事件在后一个事件之前发生，并构成一种潜在的条件关系。

⑥近过去（recent past）用法：表示事件在说话之前一个较近的时间发生并具有相关性。在汉语普通话中，这种用法用“来着”来表示较为典型。例如：

（8）你说什么来着？我没听清楚。

陈前瑞（2012）采用语义地图的方法展现完成体的六种用法，并将其大概分为三个发展阶段，如图 1 所示。这样，六种用法之间关系的远近以及发展的阶段一目了然。一方面，汉语完成体标记多功能关联格局反映了共性；另一方面，应用到某一方言中检验，切割出不同的具有连续性的个别地图，则彰显了个性。下文接着就将其应用到湘潭方言的完成体研究中，以此来检验完成体六种用法，并进一步区分更细的用法。

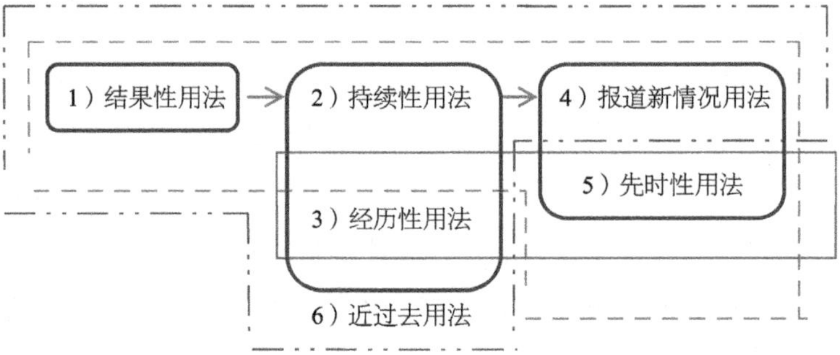


注：“——”包含的为完成体用法的三个阶段，“——”包含的为“过”的语义地图，“– –”包含的为句尾“了”的语义地图，“—--”包含的为“来着”的语义地图。

**图 1　汉语完成体用法的语义地图及发展阶段**

## 3. 湘潭方言完成体标记的用法及语义地图

湘潭方言表示完成体六种用法的标记主要有七个：哒［tɒ$^{33}$］、咖［kɒ$^{55}$］、咖哒［kɒ$^{55}$ tɒ$^{33}$］、咖……哒［kɒ$^{55}$……tɒ$^{42}$］、过［ku$^{55}$］、去来［tɕʻie$^{55}$lai$^{33}$］、去哒［tɕʻie$^{55}$ tɒ$^{42}$］。这七个标记在这六种用法的分布上有同有异，并且表示同一种用法的助词之间有结构和语义上的对立，可使六种用法的区分进一步细化。这一部分将举例说明这七个标记各自的用法及其语义地图，最后建构湘潭方言完成体用法的语义地图。

### 3.1 “哒”的完成体用法及语义地图

“哒”是湘潭方言中使用频率最高的一个动态助词，用法比较复杂。它既可以表示完成体，又可以表示完整体，还可以表示持续体，前两种用法相当于普通话的“了”，后一种用法相当于普通话的“着”。但由于语境的限制，这些用法一般不会引起歧义。本文只讲其完成体的几个用法：

#### 3.1.1 结果性用法

（9）刘老倌出去哒，冇得钥匙开门。（刘老头出去了，没有钥匙开门。）

（10）张娭毑回来哒，你自己同她讲啰。（张奶奶回来了，你自己和她说吧。）

（11）杯子打烂哒，快拿扫把把碎片扫咖。（杯子摔坏了，快拿扫帚把碎片扫起来。）

例（9）中，钥匙现在不在这里，是由刘老头的动作“出去”造成的；例（10）张奶奶现在人在这里，是由动作“回来”造成的；例（11）杯子现在坏了是由动作“打（摔）”造成的。这都是结果性用法，表明当前的状态是由过去发生的动作所引起的，而且前后都有明显的因果关系。

#### 3.1.2 持续性用法

（12）你到南岳去住哒好久？（曾毓美，2001）（你在南岳住了多长时间？）

（13）我从去年起就一直住哒咯里。（我从去年起就一直住在这里。）

例（12）（13）都有一个持续的时间段，但（12）并未持续到现在，（13）也要通过时间词或副词辅助表达才持续到现在。所以，“哒”的持续性用法是非典型的，但是，如果在末尾再加上一个“哒”变成“哒……哒”的结构，则是一种典型的持续性用法。如“你在南岳住哒好久哒？”“我从去年就住哒咯里哒”。这种表达都持续到了现在，虽然在末尾加了一个“哒”，但总归是“哒”的用法，所以认为“哒”具有持续性用法。

#### 3.1.3 经历性用法

“哒”似乎还保留了一种受限的经历性用法。陈满华（1995：198～199）在描述安仁方言时也讲到，“哒”的语法功能有时与“过”相仿，“哒”与“过”的区别要视“哒”前面的动词性质而定，一部分持续性动词后的“哒”与“过”的语法意义有时较为接近，这时，二者可以互换而基本意思不变；绝大部分非持续性动词后的“哒”与“过”有明显的区别。

“哒”的经历性用法受限，使用范围十分狭窄，一般是指发生在过去很远的事情，而且可以说是一生中值得一提的标志性事件或者重要的特殊的经历，如例（14）（15）。

（14）他年轻的时世当哒兵。（他年轻的时候当过兵。）

（15）他以前打仗的时世受哒伤。（他以前打仗的时候受过伤。）

“当哒兵”指的是曾经是兵，现在不是兵了，这与“当过兵”几乎没有什么区别。“受哒伤”指的是以前受伤，现在没有受伤，这与“受过伤”也没有什么区别。虽然“哒”还有一定的经历性用法，但比较受限，从例句可以看出，都是在追忆以前的事情的时候才有这种用法，而且现在用得很少了，它的经历性用法可能逐渐被“过”取代了。

#### 3.1.4 报道新情况用法

“哒”还可以用于句末，表示新情况的出现或变化实现。

（16）落雨哒。（曾毓美，1991）（下雨了。）

（17）我公公退休哒。（我爷爷退休了。）

（18）细方快结婚哒。（小方快结婚了。）

这三个例子所呈现的信息都是第一次传递给其他人，具有新奇性，尤其是例（18）。“哒”表示的变化实现是从无到有，即原来不具备某种性质、状态或条件，现在有了。

#### 3.1.5 先时性用法

“哒”还可以用在复句（包括紧缩复句）中表示一个动作在另一个动作之前发生，例如：

（19）呷哒饭再去好不？（曾毓美，1997）（吃了饭再去好吗？）

（20）我去哒以后才晓得。（我去了以后才知道。）

（21）真伢子的伯公公听哒，莫何里拿钱把他去买药。（彭德怀的大爷爷听了，马上拿钱给他去买药。）

（22）他等哒三个小时就走咖哒。（他等了三个小时就走了。）

例（19）真实地记录在《湘潭话音档》中，但是经过笔者的初步调查和母语感知，现在一般在这种用法中不用“哒”，而用“咖”。陈满华（1995：192）也指出，“吃了饭再走”在安仁话里不能说“吃哒饭再走”，而应该说“吃咖饭再走”。但是，例（20）～（22）却充分地证明“哒”可以表示两个事件的先后关系，即有先时性用法。这究竟是什么原因呢？

笔者认为，这是因为“哒”的先时性用法只限于已然的情况，不能用于未然的情况，而在上述例子中，只有例（19）是未然的，其余三例都是已然的。尤其像例（21）这样的句子在湘潭方言的历史语料中是常见的，都是在叙述已经发生的事情，通常可以在“哒”后加上“以后”，表明前后两个事件的先后关系。若要表示未然的先时性用法，要么用“咖”，要么在表已然的句子的句末再加一个“哒”，而且不能用第一人称，如把例（20）改为“你去哒以后就晓得哒”（你去了以后就知道了），但是第二种办法不是都适用的，如例（22）就不能加“哒”变未然。

### 3.1.6 近过去用法

在完成体的六种用法中，“哒”唯独没有近过去用法。可以用以下的例子从反面来证明：

（23）* 你做什么哒，找你半天都冇找到。（你做什么了，找你半天都没有找到。）
（24）* 他们才当呷好东西哒，都冇喊我人。（他们刚刚吃好吃的了，都没有叫上我们。）

在以上两个例句中，都不能用“哒”表示说话之前一个较近的时间发生的事，而只能换成“去来”或者“去哒”才能成立。

不过，“哒”偶尔也能表示近过去，只是在非常受限的情况下，而且必须与“刚刚”等时间副词共现。例如：

（25）我才当看见你嗅屋耶哒，他在找你。（我刚刚看见你爸爸了，他在找你。）

但这并不是近过去的典型用法，湘潭方言中，典型的近过去用法是由“去来”和“去哒”来表示的，具体的参见下文的3.6.2和3.7.2。

### 3.1.7 “哒”的语义地图

综合上述“哒”的五种用法，其语义地图可以用图2来表示：

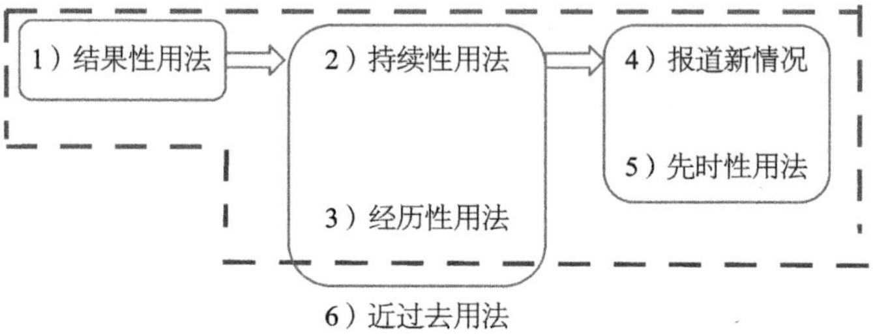


注：①细实线框为完成体用法的三个阶段。下同。

②“– –”包含的为“哒”的语义地图。以下照此类推。

**图2 “哒”的完成体用法及语义地图**

## 3.2 “咖”的完成体用法及分析

### 3.2.1 先时性用法

卢小群（2007：236）提到，“咖”用于紧缩复句中，表示前一动作完结后再发生后一动作，前一动作是后一动作的假设条件。笔者认为在这种情况中，并不强调前一动作“完结”，只要前后两动作有先后关系即可。

（26）我洗咖衣裤就睏觉。（我洗了/完？衣服就睡觉。）

（27）我做咖作业就去耍。（我做了/完？作业就去玩。）

（28）他呷咖饭就走。（他吃了饭就走。）

（29）我人呷咖水就做事。（我们喝了水就干活。）

以上几例中的“咖”在描述具体的一件事情中可以译成“完”，表示做完前一件事才做后一件，如例（26）～（27）；而在吃饭、喝水等日常行为中，不一定要做完前一件事，也就是不一定译成“完”。这表明“咖”有两种用法，在理解为“完”时有着明显的完结体意义；在不理解为“完”时有着典型的先时性用法，而且与“哒”用于“已然”不同，“咖”多用于“未然”的情况。

“咖”具有完结体和先时性两种用法，可以证明完结体向完成体发展的演变路径。

### 3.2.2 “咖”的语义地图

综上，“咖”的语义地图如图 3 所示：

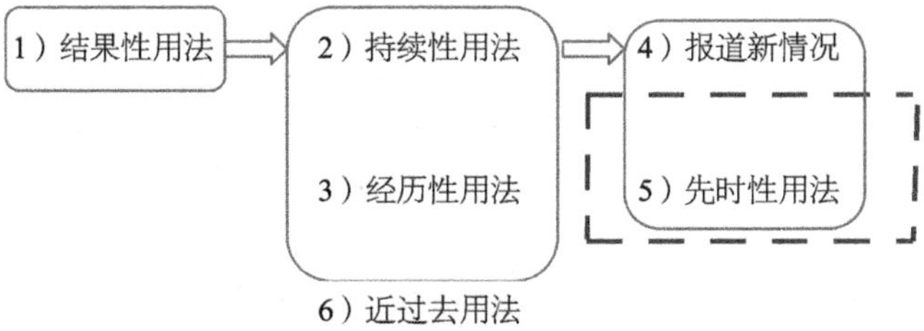


**图 3 “咖”的完成体用法及语义地图**

## 3.3 “咖哒”的完成体用法及语义地图

复合动态助词“咖哒”是由“咖”“哒”相加而成的，所表示的语法意义也是“咖”和“哒”的语法意义相加而成的。“咖哒”只能出现在句末。

### 3.3.1 结果性用法

（30）我屋家耶走咖哒，我屋家娘一个人住。（我公公去世了，我婆婆一个人住。）

（31）老师早就到咖哒，你嘛还冇进去？（老师早就已经到了，你怎么还没有进去？）

例（30）表示“我婆婆一个人住”这一状态是受“我公公去世”的间接影响；例（31）表示因为“老师早已到达”，所以说话者对听话者“还没进去”这一结果表示惊讶。这都有一种现时相关性。

### 3.3.2 持续性用法

彭兰玉（2005：209）指出，“V+ 咖 +Num+ 哒”表示在持续的行为中中断下来计算已经实现的动作的量。此式可以变换成“Num+V+ 咖哒 + 啰”，表示至少完成了某一个量，突出数量不少，无所谓继续。例如：

（32）卖咖一个礼拜哒。（卖了一个星期了。）

→一个礼拜卖咖哒啰。（一个星期至少卖了。）

（33）走咖一点钟哒。（走了一个小时了。）

→一点钟走咖哒啰。（一个小时至少走了。）

这表明“咖哒”也有持续性用法，只是这种变换式在句法格式上受到一定的限制而已。

### 3.3.3 报道新情况用法

“咖哒”表示某一动作行为的完成、状态的出现，同时还含有新情况出现的意思。

（34）妹子，你姆妈来咖哒，就在后背头。（曾毓美，1997）（妹子，你妈妈来了，就在后面。）

（35）炊壶里的水开咖哒。（曾毓美，1997）（水壶里的水开了。）

（36）毛毛醒咖哒。（曾毓美，2001）（婴儿醒了。）

与“哒”报道的新奇性不同，“咖哒”的报道新情况用法多具有警醒性，提醒听话人注意某一情况的发生，以便采取相应的行动。当然，“哒”报道新情况时，有的也具有警醒性，只是没有“咖哒”那么强烈。比较以下两个例子：

（37）你姆妈来哒。（①已经到了。②正在来的路上，马上就到。）

（38）你姆妈来咖哒。（已经到了。）

以“哒”结尾的表示某一动作或状态的出现，而以“咖哒”结尾的表示不但有过某一动作，而且这一动作已经完成了，强调“完全”“已经”的意味。这一点陈满华（1995：190）和伍云姬（1994）都有提到。所以，在提醒听话者采取措施时，“咖哒”比“哒”更具有警醒性，语气更强烈、更肯定。

综合以上“咖哒”的三种用法，可以用图 4 来表示其语义地图：

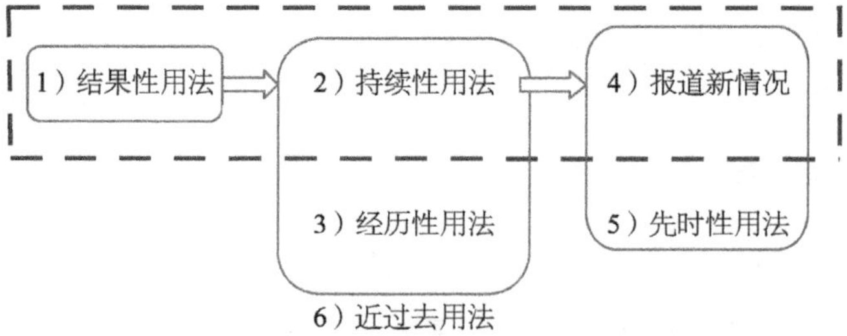


**图 4 “咖哒”的完成体用法及语义地图**

## 3.4 “咖……哒”的完成体用法及路径分析

### 3.4.1 持续性用法

（39）他睏咖一天哒。（他睡了一天了。）

（40）天黑咖三个小时哒。（天黑了三个小时了。）

伍云姬（1994）和彭兰玉（2005：208）都提到，“VP+ 咖 +Num+ 哒”表示与现在行为有关的某个过去动作已经完成或还将持续下去，如“他在车站等咖两个小时哒”。这说明，“咖……哒”的持续性用法在湘方言中是比较典型和普遍的。

值得注意的是，“哒”和“咖哒”/“咖……哒”都有持续性用法，但有区别：“咖哒”/“咖……哒”表示动作到现在为止完成的量，动作告一段落，可继续也可不继续，多数情况有可能继续下去；“哒”一般表示动作持续了一段时间，但并未持续到现在，只有在时间词或副词的辅助下才持续到现在，如上文例（12）和例（13）所述。但是在末尾再加一个“哒”，变成“哒……哒”则表示持续到现在。现将这种对比更清楚地表现在以下例句中：

（41）走哒一点钟。（走了一个小时。）

（42）走咖一点钟哒。（走了一个小时了。）

例（41）表示走了一个小时，现在不走了，已经走完了；例（42）还没有走完，很有可能继续走下去，也可不再走了。但是，例（41）要是在末尾再加一个“哒”变成“走哒一点钟哒”，则和例（42）的意思差不多了。

### 3.4.2 报道新情况用法

（43）你噢屋堂客养咖崽哒。（你老婆生了孩子了。）

（44）乡政府换咖一只书记哒。（乡政府换了一个书记了。）

“咖……哒”和“哒”一样，报道的情况具有新奇性，但是“咖……哒”的新奇性更明显、更强烈。比较例（43）和例（45）：

（45）你噢屋堂客养崽哒。（你老婆生孩子了。）

例（45）报道的是一种新情况，但只是一种很客观的陈述，没有很强烈的感情色彩；而例（43）则有一种迫切地把这种新情况传达给听话人的感觉，有强烈的感情色彩。

### 3.4.3 “咖……哒”的语义地图及路径分析

综上，“咖……哒”的语义地图如图5所示：

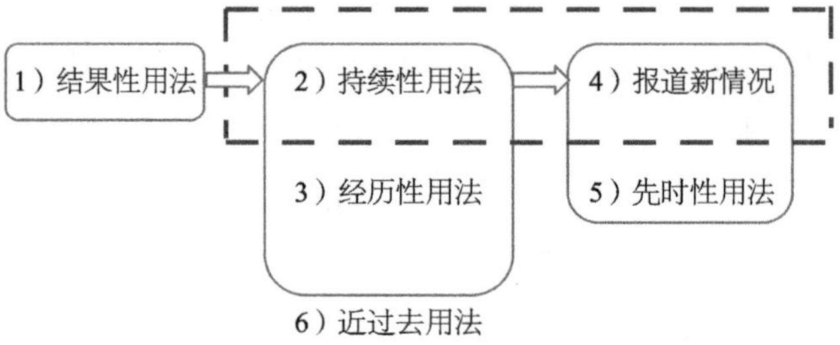


**图5 “咖……哒”的完成体用法及语义地图**

由3.3可知，“咖哒”有结果性用法、持续性用法和报道新情况用法，而“咖……哒”只有持续性用法和报道新情况用法。这不仅说明持续性用法和报道新情况用法有直接联系，而且结果性用法与它们也密切相连。

## 3.5 “过”的完成体用法

“过”在湘潭方言中有经历性用法，这种用法与普通话大致相同，但不同的是，没有普通话中“过”的先时性用法，这一用法在湘潭方言中被“咖”“哒”所替代。下面是“过”的经历性用法的例子。

（46）那只伢唧当过兵。（那个男孩当过兵。）

（47）我看过咯本书。（我看过这本书。）

“过”的语义地图如图6所示，只有经历性用法。

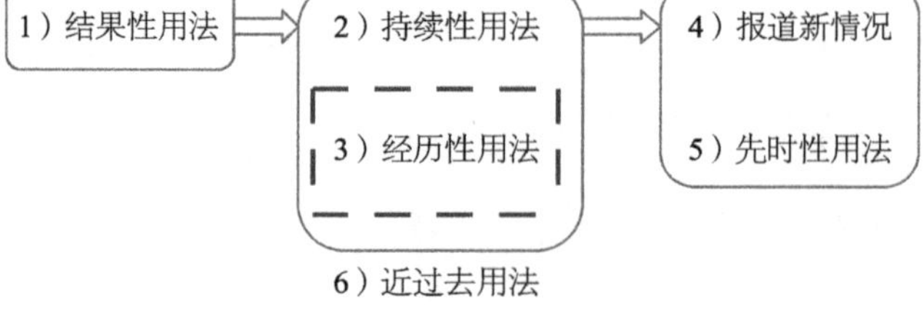


**图6 “过”的完成体用法及语义地图**

## 3.6 “去来”的完成体用法及分析

“去”和“来”分别与普通话的“去”“来”对应，但这两个词在普通话中不能成为一个合成词。在湘潭方言中，“去来”作为一个动态助词主要有两种完成体用法。

### 3.6.1 经历性用法

Kim（1998）总结了经历体的四个普遍特征，即可重复性（repeatability）、特殊性（uniqueness）、非连续性（discontinuity）和相对的时间跨度（relevant duration），根据这四个特征对湘潭方言中的“去来”进行判定，初步认为“去来”具有经历性用法。

伍云姬（2006：122）指出，“去”和“来”这两个趋向动词在汉语史上不但能单独做动态助词，而且在长沙方言中能结合起来表示经历。“去来”表示某个动作曾发生过，但不一定完成了，或虽完成了，结果却不令人满意。笔者发现在湘潭方言中，“去来”的经历性用法也有这层含义，如例（48）～（50）。

（48）他学英语去来，只不过如今都不记得去哒。（他学过英语，只不过现在忘得差不多了。）

（49）他来去来，咯刻不晓得到哪里去哒。（他来过，现在不知道到哪里去了。）

（50）咯只事我运神去来，只是冇想得清。（这件事我想过，只是没有想清楚。）

“过”和“去来”在经历性用法上有完结与未完结、非特定与特定的区别，详见笔者关于湘潭方言经历体研究的文章。[1]

### 3.6.2 近过去用法

“去来”还可以表示事件在说话之前一个较近的时间发生，并且和现在具有相关性。它只用于句尾，使用范围比较狭窄，通常用于表以下意义的对话中（伍云姬，2006：61）：

① 在我找你的时候你上哪儿去了？

② 我所关心的那件事情况怎么样？

③ 这件事怎么会发生呢？

[1] 该文章已在复旦大学举办的“2013年语言的描写与解释学术研讨会”上报告。

三种情况的对应例句如下：

(51) 好久冇看见你哒，你到哪里去来？（很久没看见你了，你上哪儿去了？）

——我到浏阳去来。(我去浏阳了。)

(52) 你衣服何解冇洗啰？（你衣服为什么没洗呢？）

——哪里有工夫啰，我上街去来。(哪有时间？我上街去了。)

(53) 教室肚里何解咯样邋遢啰？（教室里怎么这么脏呢？）

——他们开舞会去来。(他们在这里开舞会来着。)

例(51)和(52)的近过去用法比较弱，可能是因为句中有表示方向性的动词"到""上"，在这种句子中，"去来"保留了一部分实义，即方向性 。但它仍表示和现在有关的一个刚刚发生的事件，可以算作近过去用法。例(53)的近过去用法则比较典型，基本上与普通话的"来着"相对应。

#### 3.6.3 "去来"的语义地图及分析

综上，"去来"的完成体用法可以用图7来表示。

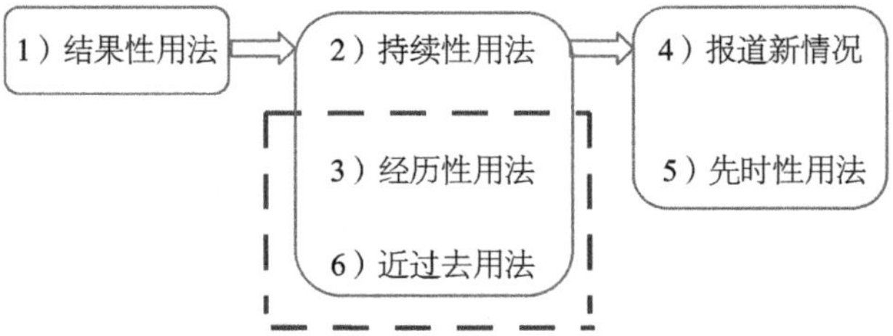


**图7 "去来"的完成体用法及语义地图**

"去来"只有经历性和近过去两种用法，而"过"只有经历性用法，这说明经历性用法和近过去用法紧密相连。

### 3.7 "去哒"的完成体用法

株洲市区方言中的"去哒"可以充当时体助词，表示过去发生的事件，也可以充当表示想不起来的疑问语气以及表示责备的语气词，还可以用作程度副词，表示程度极其高。[1]同样的，湘潭方言中的"去哒"也有这些用法，本文只研究

[1] 根据刘丰在讨论课上的报告，未发表。

“去哒”充当时体助词的用法，主要是完成体的两种用法。

### 3.7.1 结果性用法

（54）他不记得去哒，你莫问哒。（他不记得去了，你就不要问了。）

（55）我姆妈买菜去哒，你等她一刻唧啰。（我妈妈买菜去了，你等她一会儿吧。）

（56）读书的时世耍去哒，什么东西都冇学。（读书的时候玩去了，都没有学什么知识。）

例（54）中，“他现在不能回答”这一状态是由于“他不记得”造成的间接影响；例（55）中，“我妈妈不在家”这一状态是由“买菜”这一动作造成的间接影响；例（56）中，“没学什么知识”这一状态是由“读书的时候玩”造成的间接影响，都有明显的现时相关性。其中，例（54）中的“去哒”还可以替换成“哒”，是一种结果性用法。

### 3.7.2 近过去用法

“去哒”也可以表示事件在说话之前一个较近的时间发生，并且和现在具有相关性。这种用法与“去来”的近过去用法类似，多用于“去来”的那三种情况，详见 3.6.2，对应例句如例（57）～（59）；但是“去哒”并不强调是最近的过去，可以是很久以前的惯常的行为，对后来的状态造成影响，这就是上文说的结果性用法，如例（56）。

（57）好久冇看见你哒，你到哪里去哒？（很久没看见你了，你上哪儿去了？）

——我到浏阳去哒。（我去浏阳了。）

（58）你衣服何解冇洗啰？（你衣服为什么没洗呢？）

——哪里有功啰，我上街去哒。（哪有时间呢？我上街去了。）

（59）咯次考试嘛又冇及格？（这次考试怎么又没及格？）

——上课睡觉去哒。（上课睡觉去了。）

虽然“去来”和“去哒”都有近过去用法，在大部分情况下都可以互相替换而基本意思不变，但还是有所区别：

第一，“去来”由于有经历性用法，在表示近过去的时候也有一种非连续性，即在说话之前一个较近的时间发生，但现在没有在发生；而“去哒”有时有一种正在进行的意思，这时不表近过去，所以例（53）中的“去来”换成“去哒”是不成立的，如例（60）。

（60）* 教室肚里何解咯样邋遢啰？（教室里怎么这么脏呢？）
——他们开舞会去哒。（他们开舞会去了。）

例（60）中的“去哒”是表示“他们在说话的时间正在开舞会”，所以不能回答所问的问题，这表明“去来”的近过去用法比“去哒”更普遍。

第二，在含有“想不起来”的意思时，只能用“去哒”表近过去，不能用“去来”，如例（61）和例（62）。彭兰玉（2005：219）也指出，能加“去哒”表已然的动词和记忆有关，如“不记得、当成”等。这里的“已然”也就是本文的完成体，在此指其中的近过去用法。

（61）你才当讲什么去哒？我冇听得清。（你刚刚说什么来着？我没听清楚。）
（62）你喊什么名字去哒啊？突然间不记得去哒。（你叫什么名字来着？突然记不起来了。）

从以上区别可以看出，“去哒”和“去来”对立互补，一起对应普通话中的“去了”和“来着”，两者配合，全面地展示了近过去用法。

### 3.7.3 “去哒”的语义地图及分析

“去哒”的语义地图如图 8 所示：

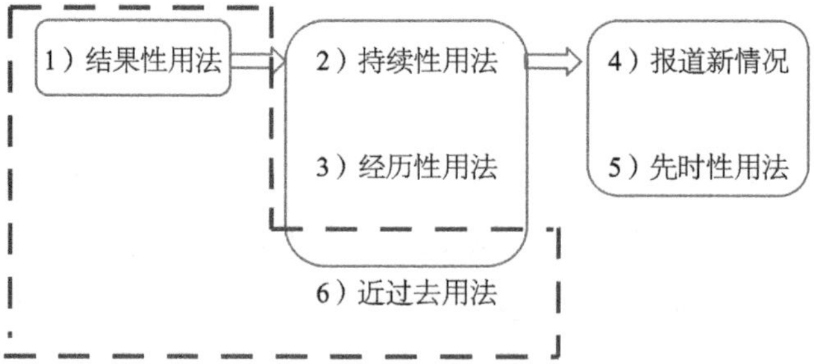


**图 8 “去哒”的完成体用法及语义地图**

“去哒”兼有结果性和近过去用法，说明结果性用法可以向近过去用法发展。

## 3.8 小结

综上讨论，“哒”具有除近过去以外的五种用法，“咖”只有先时性用法，“咖哒”有结果性、持续性和报道新情况用法，“咖……哒”有持续性和报道新情况用法，“过”只有经历性用法，“去来”有经历性和近过去用法，“去哒”有结果性和近过去用法。综合湘潭方言里这七个完成体标记各自的语义地图，可以将其整合成一张完整的湘潭方言完成体语义地图，如图9所示：

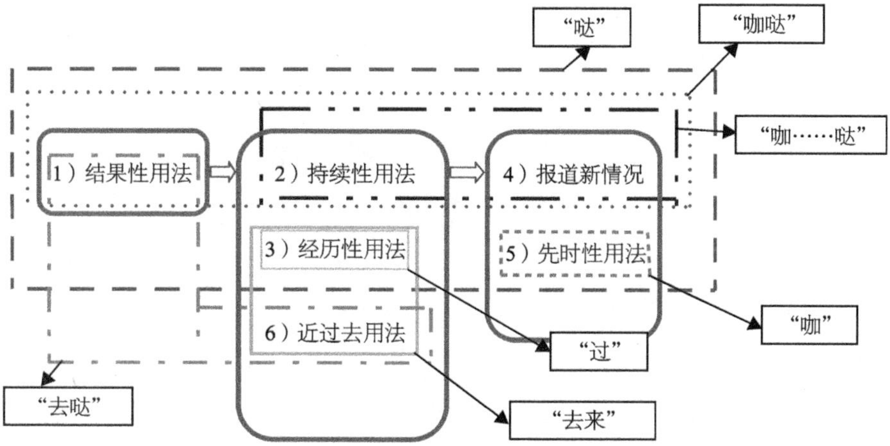


注：⇨表示三个阶段的演变路径，— —包含的为“哒”的语义地图，------包含的为“咖”的语义地图，·······包含的为“咖哒”的语义地图，—·—包含的为“咖……哒”的语义地图，——包含的为“过”的语义地图，——包含的为“去来”的语义地图，-·-·-包含的为“去哒”的语义地图。

**图9 湘潭方言的完成体用法及语义地图**

在图9的基础上，具体分析这七个标记在六种用法上的异同，可将其进一步细分：

① 结果性用法：哒、咖哒、去哒。一般说来，“哒”的结果性用法属于第一种情况，即过去的动作直接造成现在的状态，强调因果关系；而“咖哒、去哒”的结果性用法属于第二种情况，即过去的动作对现在的状态有间接的影响，强调现时相关性。

② 持续性用法：哒、咖哒、咖……哒。“咖哒”、“咖……哒”表示动作到现在为止完成的量，动作告一段落，可继续也可不继续，多数情况有可能继续下去；“哒”一般表示动作持续了一段时间，但并未持续到现在，只有在时间词或副

词的辅助下才持续到现在，但是在末尾再加一个“哒”，变成“哒……哒”则表示持续到现在。见 3.1.2 所述。

③ 经历性用法：哒、过、去来。“哒”的经历性用法比较弱，使用范围很狭窄，一般是指发生在过去很远的事情，而且可以说是一生中值得一提的标志性事件或者重要的特殊的经历；“过”和“去来”的经历性用法较为典型，但有着以下对立：“未完结”VS“完结”，“非特定”VS“特定”，“时间久远”VS“时间近”。

④ 报道新情况：哒、咖哒、咖……哒。“哒”“咖……哒”报道的新情况都具有新奇性，传递新信息，只是“咖……哒”的新奇性更明显、更强烈；但“咖哒”的报道新情况用法多具有警醒性，提醒听话人注意某一情况的发生，以便采取相应的行动。“哒”偶尔也有警醒性，只是没有“咖哒”那么强烈。

⑤ 先时性用法：哒、咖。“哒”的先时性用法只限于“已然”的情况，而“咖”多用于“未然”的情况。

⑥ 近过去用法：去来、去哒。“去来”表示近过去的时候也有一种非连续性，即在说话之前一个较近的时间发生，但现在没有在发生，但“去哒”有时有正在进行的意思，此时不表近过去；在含有“想不起来”的意思时，只能用“去哒”表近过去，不能用“去来”。所以，二者对立互补。

总之，六种用法在湘潭方言完成体标记中均可进一步细化：结果性用法有过去动作直接造成和间接影响之别，持续性用法有是否继续下去之别，经历性用法有是否完结、特定性等的区别，报道新情况有“新奇性”和“警醒性”的差异，先时性用法有“已然”和“未然”的对立等。

上文描述七个标记各自用法时，顺带提及了从一些用法中可以窥见的概念空间的相邻性。如“咖……哒”仅有的两种用法证明可以在持续性和报道新情况之间建立联系；“去来”和“哒”的用法可以在持续、经历和近过去之间建立联系；“去哒”仅有的两种用法证明结果性和近过去之间有直接的联系；已有的类型学研究已经表明，完成体的经历性用法是从完成体的一般的现时相关性用法即本文的结果性用法派生而来（参见 Lindstedt，2001：777）。

陈前瑞、张曼（2015）认为，普通话的“过”只有经历性和先时性用法，据此，有可能在这两种用法之间建立起发展关系。但是，这也存在很大的风险，因为先时性用法与经历性用法差距甚大，语义联系不密切。从历时语料来看，它们有可能是分别从结果性用法发展而来。经历性突出因果联系，不强调密切的时间先后；而先时性用法强调密切的时间先后关系，但不突出两者的因果关系。所以经历性和先时性之间没有直接联系，那么加上演变路径以后就要对原图进行修改，把先时性用法调整一下位置，让其直接与结果性用法相连。因此，可以在图9的基础上加上已经验证的演变阶段，即加上表示演变路径的线条，最终形成带有演变路径的完整的语义地图，如图10所示。

剩下的在湘潭方言中没有证据证明的结果性和持续性，报道新情况和先时性用法之间的关系，是本文的遗留问题，留待下一步研究解决。

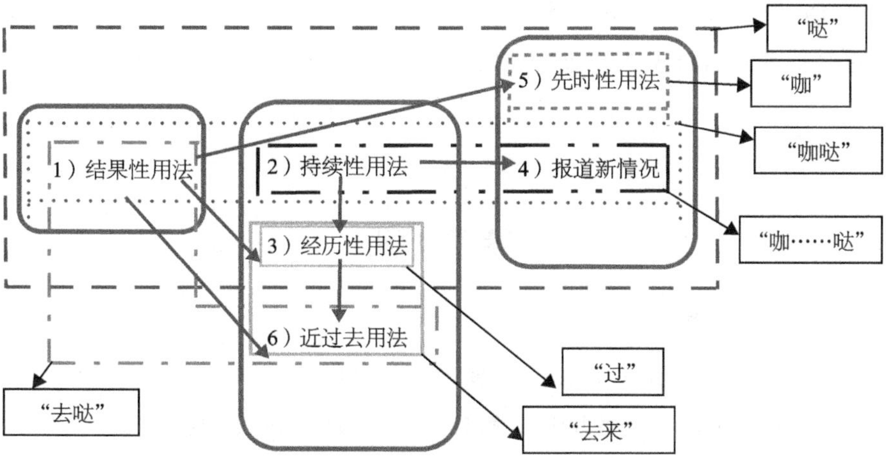


**图 10　带有演变路径的湘潭方言完成体语义地图**

## 4. 结论

本文研究的完成体基于陈前瑞（2012）归纳的汉语完成体的六种用法，即结果性、持续性、经历性、报道新情况、先时性和近过去用法。湘潭方言表示这六种用法的手段主要有七种：哒、咖、咖哒、咖……哒、过、去来、去哒。这七个标记在这六种用法的分布上有同有异，并且表示同一种用法的助词之间有结构和语义上的对立，可使六种用法的区分进一步细化，如"过"和"去来"在经历性用法上有"完结"和"未完结"、"非特定"和"特定"的对立，"哒"和"咖哒"在报道新情况用法上有"新奇性"和"警醒性"的区别，"咖"和"哒"在先时性用法上有“未然”和“已然”的差异等。

本文采用类型学中语义地图的方法，描述完成体标记在六种用法上的分合，检验六种用法的语法化阶段。陈前瑞（2012）构建的完成体语义地图只有三个大概的阶段，普通话的证据不足以支持证明六种完成体用法的演变路径。本文将普通话和湘潭方言复杂的完成体标记的用法相结合，充分地验证了六种用法之间的关系和演变路径，构建出带有完整的演变阶段的汉语完成体语义地图。构建的语义地图，基本可以在持续性和报道新情况之间，持续性、经历性和近过去之间，结果性和经历性之间，结果性和先时性之间，结果性和近过去之间建立直接的联系；但是毕竟一种方言的证据有限，所以仍留下了未能证明的路径：结果性和持续性，报道新情况和先时性之间的关系没有证明。这是本文的遗留问题，有待引进其他的方言证据进行进一步的验证，从而进一步完善汉语的完成体语义地图。

## 参考文献


陈满华：《安仁方言》，北京：北京语言学院出版社，1995 年。

陈前瑞：《汉语经历体的类型学思考》，第二届类型学视野下的汉语与民族语言研究学术论坛论文，北京：北京语言大学，2012 年 11 月。

陈前瑞，张　曼：《汉语经历体标记“过”的演变路径》，《汉语史研究集刊》，2015 年第 1 期。

卢小群：《湘语语法研究》，北京：中央民族大学出版社，2007 年。

彭兰玉：《衡阳方言语法研究》，北京：中国社会科学出版社，2005 年。

伍云姬：《长沙方言的动态助词》，《方言》，1994 年第 3 期。

伍云姬：《湘方言动态助词的系统及其演变》，长沙：湖南师范大学出版社，2006 年。

伍云姬：《湖南方言的动态助词》，长沙：湖南师范大学出版社，2009 年。

徐　慧：《益阳方言语法研究》，长沙：湖南教育出版社，2001 年。

曾毓美：《社会志·方言》，湘潭县社会志编写组，《湘潭县志》（第二十九卷），1991 年。

曾毓美：《湘潭话音档》，上海：上海教育出版社，1997 年。

曾毓美：《湘潭方言语法研究》，长沙：湖南大学出版社，2001 年。

张　敏：《“语义地图模型”：原理、操作及在汉语多功能语法形式研究中的运用》，北京大学汉语言研究中心《语言学论丛》编委会，《语言学论丛》第42辑，北京：商务印书馆，2010年。

Bybee, Joan J., R. Perkins & W. Pagliuca. *The Evolution of Grammar: Tense, Aspect, and Modality in the Languages of the World* [M]. Chicago: The University of Chicago Press, 1994.

Haspelmath, Martin. The geometry of grammatical meaning: Semantic maps and cross-linguistic comparison [M]. in Michael Tomasello (ed.), *The New Psychology of Language*, Mahwah, NJ: Lawrence Erlbaum, 2003(3): 211–242.

Kim, N. On Experiential Sentences [J]. *Studies in Language*, 1998(221)161–204.

Lindstedt, Jouko. Tense and aspect [M]. in Martin Haspelmath (ed.), *Language Typology and Language Universals: An International Handbook*, Berlin: Walter de Gruyter, 2001:768–783.

Schwenter, Scott. A. “Hot news” and the grammaticalization of perfects [J]. *Linguistics*, 1994(32.6):995–1028.

Wu, Yunji, *The Development of Aspectual Systems in the Chinese-Xiang Dialects* [M]. Paris: Centre de Recherches Linguistiques sur l’Asie Orientale, École des Hautes Études en Sciences Sociale, 1999.

**【作者简介】**

胡亚，北京语言大学对外汉语研究中心2012级硕士研究生，研究方向为汉语方言语法。

**【专家点评】**

赵日新：

文章用一种新的理论来解释方言的语法事实，这是一种很好的做法。如果从本字的角度想，这篇文章可能会更好写。文章中讲了“去”“来”的用法，从文中例子来说，怎么变成经历体和完成体用法这个没有讲清楚。如果能从方言中提取出一定的例句，从例句中找出虚化的线索，把线索理清楚，会更好。

# 3

# 杜诗联绵词研究

北京语言大学　严旭

**提　要**　杜甫素有“诗圣”之称，其诗歌是我国古典诗歌艺术的高峰。杜诗中联绵词的运用十分广泛，不仅增添了杜诗的审美价值，还反映了杜诗的语言成就。本文选取杜诗的优秀注本——清代仇兆鳌《杜诗详注》，借助工具书和历代语料，力求对杜诗中的联绵词做出较为全面和系统的描述。本文首先以较为科学的标准遴选出杜诗中所有的联绵词共 412 个，分别从语音和词性的角度对这些联绵词进行了数量和出现次数的分类计量统计。通过对杜诗所用联绵词首见年代的统计，发现首见于先秦至隋唐的联绵词呈递减趋势，而杜甫在其诗歌中创造了大量的联绵词，本文对这两种现象分别从多个角度予以解释。在统计的基础上，本文分析了使用联绵词所达到的形象生动、对仗精严、音韵谐婉的语用效果，以及从杜诗联绵词屡用词中反映出的风格沉郁、境界弘阔、画面优美的个人特色。杜诗联绵词研究对汉语史研究具有较高的价值，在异体字研究、弥补大型辞书收词释义的缺漏等方面具有重要的意义。

**关键词**　杜诗详注　联绵词　分类统计　语用汉语史

# 1. 绪论

## 1.1　选题缘起

联绵词，古称“联绵字”“连绵字”“连语”等。赵克勤《古代汉语词汇学》指出：“连绵字是由只代表音节的两个汉字组成的表示一个整体意义的双音词。”[1]语音上，组成联绵词的两个汉字往往具有一定的声韵关系；字形上，许多联绵词有着同义异形的多个书写形式。

唐代是中国古典诗歌发展的鼎盛时期，唐诗的杰出成就又集中体现在“诗仙”李白和“诗圣”杜甫身上。杜诗现存一千五百多首，诗风沉郁顿挫，兼备众美。既有高峻之志、深沉之思、悱恻之情，又济之以渊博之学、腾跃之才，出之以粹美之辞、雄浑之气，布于四方，行之久远。

古人对杜诗的研究多见于诗话、笺注、传记等，今人对杜诗的研究既有文学层面的解读，也有语言学方面的研究。目前对于杜诗语言的研究大部分集中在词汇方面，而对语法的研究相对薄弱，词汇方面的研究也主要集中在释词方面。近年来，学者们又提出唐诗是重要的口语语料的观点，随之，对杜诗中口语词、俗语词的研究也在逐渐增多。

对联绵词的收录、注释、研究早在汉代就已开始。古今学者对联绵词的认识有所不同：传统观念认为，凡两字联用而成为一个整体的，不论是单纯词还是双音节合成词，都是联绵词；当今学者则在对传统的联绵词观念加以批判继承的基础上，界定联绵词为双音节单纯词。

本文选择研究杜诗联绵词的主要缘由有：

① 杜诗中联绵词的运用不仅反映了杜诗的语言成就，还增添了杜诗的审美价值。杜诗联绵词的研究既有助于正确地理解杜诗，又可以促进诗歌语言研究及汉语史研究的深入。

② 杜诗中联绵词的运用十分广泛。经统计，在仇兆鳌《杜诗详注》前二十三卷 1439 首诗歌中，联绵词出现 1262 次。

## 1.2　研究意义

对杜诗联绵词进行分析和研究主要有如下意义：

[1] 引自赵克勤：《古代汉语词汇学》，北京：商务印书馆，1994 年，第 49 页。

① 语言研究方面，对杜诗语言的系统研究进行补充。在历来浩繁的杜诗注本和研究著作中，还没有系统研究杜诗联绵词的论文和专著。本文首次对杜诗联绵词进行系统研究。

② 文学欣赏方面，为杜甫诗歌欣赏提供新的角度。杜诗联绵词谐婉铿锵的音乐性及其营造的深远优美的诗境，是杜甫诗歌艺术的重要组成部分。从联绵词出发，可以窥见诗人丰富的内心世界和高超的艺术表现力。

③ 汉语史方面，对杜诗联绵词的上溯式的来源探究，在异体字研究、弥补大型辞书收词释义的缺漏方面均有着重要的意义和参考价值。

④ 本文的创新之处在于选取专人专著，借鉴语言学成果，对杜诗中的联绵词进行穷尽性计量统计，采用较为科学的分类方法，力求对杜诗中的联绵词做出较为全面和系统的描述。同时，分析了联绵词的语用效果，为诗歌语言研究和汉语史研究提供了材料。

### 1.3 研究材料

杜诗注本很多，本文采用的是中华书局出版的《杜诗详注》五卷本（繁体竖排），1979 年版。该书是清代的仇兆鳌历时二十余年，搜集康熙以前各家注本编辑而成，广征博引，以详见长，至今仍不失为阅读杜诗的重要参考书。

该书卷一至卷二十三为杜诗，共 1439 首；卷二十四为杜赋详注，共 10 篇；卷二十五为杜文集注，共 18 篇；另有《逸诗附录》置于二十三卷之末。因逸诗数量不多且多数不完整，文、赋不在本文考察之列，故本文统计分析的杜诗为《杜诗详注》前二十三卷的 1439 首。

在对联绵词进行遴选和词义疏解时使用的工具书为《汉语联绵词词典》和《汉语大词典》(2.0 版)。前者由北京师范大学谢纪锋教授编著，外语教学与研究出版社出版，收录古汉语联绵词 6400 条左右。这部词典既继承了以往此类词典的优点，如《辞通》(朱起凤，1982）重视从文献中摘引用例的做法，又能克服《联绵字典》(符定一，1946)、《辞通》收词芜杂的不足，难能可贵的是每条注明字的古音和中古音，以显示联绵词的语音属性，可谓“前修未密，后出转精”。然而这毕竟是一部以一人之力编著而成的中型辞书，难免有所缺漏，因此笔者又着重参考了目前规模最大的汉语工具书《汉语大词典》(2.0 版)。

其他参考材料有：联绵词相关研究著作、唐诗语言研究相关成果、古代汉语词汇学相关著作、杜诗学相关研究成果及语言学相关著作等。

# 2. 杜诗联绵词的使用情况

## 2.1 联绵词的判定

在综合分析参考各家观点的基础上，本文以双音节单纯词的标准作为界定联绵词的原则，其中包括双音节译音词。具体分为以下几种情况：

其一，一般来说，联绵词的两个字不能拆开来用，如“芙蓉”“滂沱”“葡萄”等，拆开后的单字或没有意义，或有意义但与该词词义毫不相干。

其二，两字中有一个字有独用用例，但这一单字字义与所构成的联绵词义无关；或该单字字义与其词义相同或相关，而另一字不能单说单用，仅与之相连缀，共同代表一个语素。如“逡巡”的“巡”字可以独用，但独用字义与“逡巡”词义无关。又如“邂逅”的“邂”字无独用用例。

其三，构词二字皆有意义，但其中一字字义与该词义无关，或二字字义皆与该词义无关。如“优游”。

其四，一个双音节词，既有联绵词义项，又有非联绵词义项，对这类词，本文只取联绵词义项，不取非联绵词义项。如“肃肃”是多义词，作为叠音联绵词取“疾速”“网目细密”“象声词”等义项，其余“恭敬”“严肃”等义项不取。

其五，联绵词中还应包括属于单纯词的叠音词。叠音词不是“词的重叠”：前者重叠是一种构词方式，重叠后才成为一个词，词义与单字字义无关，如“关关雎鸠”的“关关”；后者重叠是一种修辞手段，单字即是一个词，重叠后只是该单音词的重复，词义没有变化，如“燕燕于飞”的“燕燕”。联绵词只取前者（叠音词），排除后者（词的重叠）。

叠音联绵词有三种情况：第一，词义与单字无关，这与联绵词定义完全相合，如“呦呦”“丁丁”等。第二，单字字义与叠音词义相同，但只有叠音用例，而无单字用例。关于这种情况，笔者认为，单字字义实际是从叠音词用例中来的，所以判定为联绵词。如《说文解字》（以下简称《说文》）：“侁，行貌。”“侁”字在“行”这个意义上无独用用例，只有叠音用例，因此笔者认为“侁侁”是叠音联绵词。第三，有单字独用用例，也有叠音用例，叠音用例在前，单字独用用例在后，二者时代相差较远。笔者认为这种单字独用用例是叠音的省略用法。《说文》：

“芊，草盛也。”“芊芊”也是“草盛”义，早期只有叠音用法，直到元代才有了单字独用用例，元揭傒斯《寄题冯掾东皋园亭》诗：“池流淡无声，畦蔬蔚葱芊。”从严格意义上说，诗中的“芊”是“芊芊”之省，可能是受到诗句的平仄、押韵等方面的约束所致。因此笔者认为，在杜诗的年代，应将“芊芊”判定为联绵词。

另外需要特别说明的是，因为联绵词从本质上来说是一种记录语音的词，同一个联绵词有若干书写形式的情况大量存在，因此本文中对联绵词的判定考虑联绵词异形、倒文的情况。又因为本文需要从语音的角度对联绵词进行分类，有些联绵词发生音变后，虽然词义基本相同，但语音关系发生了变化，因此本文只将语音、词义都相同，仅字形不同的若干联绵词算作同一个联绵词的不同书写形式。以下三种情况在本文中算作同一个联绵词：

①《汉语联绵词词典》和《汉语大词典》(2.0 版）中写明“同某词”“异体作某词”的，算作同一个联绵词；注为“音变作某词”“易位作某词”“音变易位作某词”的，算作不同的联绵词。如《汉语联绵词词典》“橐驼”条：“同‘骆驼’，家畜名。”本文即把“橐驼”和“骆驼”算作同一个联绵词的不同书写形式，在列举时记为“橐驼 / 骆驼”。又如，“萧洒”条写道：“异体作‘消洒’‘潇洒’，音变作‘萧飒’。”本文即把“萧洒”和“潇洒”算作同一个联绵词的不同书写形式，在列举时记为“萧洒 / 潇洒”，而把“萧洒”和“萧飒”算作两个联绵词。

② 因构成联绵词的单字本身有异体字而造成联绵词有不同的书写形式的，算作同一个联绵词。如“鹏鹛”和“鸒鹈”算作同一个联绵词的不同书写形式，在列举时记为“鹏鹛 / 鸒鹈”。

③ 仇注中有说明的，算作同一个联绵词。如《卷之四 · 三川观水涨二十韻》“浮生有荡汩”句，仇注写道：“《北征》诗作‘荡潏’，义可通用。”本文即把“荡汩”和“荡潏”算作同一个联绵词的不同书写形式，在列举时记为“荡汩/荡潏”。

## 2.2 杜诗联绵词分类描写

### 2.2.1 按语音分类

联绵词两个字间的声韵关系问题，古代学者早已注意到了。明代方以智对联绵词的定义正是着眼于两个字之间的声韵关系，认为联绵词的核心特点是“双声相转”。近代王国维著《联绵字谱》按二字的声韵关系分三卷，即双声（含叠音联绵词，王氏认为叠音词属于双声联绵词）一卷，叠韵一卷，非双声叠韵一卷。当代学者王力在《汉语语法史·构词法的发展》(1989)中，比较详细地列出了《诗经》中的联绵词，先按词性分为名词、形容词、动词，同一词性中再按叠韵、双声、双声叠韵、非双声叠韵分类，可见声韵关系也是王力研究联绵词的重点之一。

本文依照《广韵》反切，将杜诗联绵词按语音分为双声、叠韵、双声叠韵、叠音、非双声叠韵。

### 2.2.2 按词性分类

依据联绵词在诗句中的语法功能，本文将杜诗中的联绵词按照词性分为名词、动词、叹词、拟声词和形容词。

名词性联绵词表示人、事、物的名称，在句中做主语或宾语，如"江上小堂巢翡翠，苑边高冢卧麒麟"(《曲江二首·其一》)中的"翡翠""麒麟"。动词性联绵词表示动作行为、心理活动，在句中做谓语，如"从来多古意，临眺独踌躇"(《登兖州城楼》)中的"踌躇"。叹词表示某种强烈感情，如"呜呼一歌兮歌已哀"(《乾元中寓居同谷县作歌七首·其一》)中的"呜呼"。拟声词模拟各种声音，如"春山无伴独相求，伐木丁丁山更幽"(《题张氏隐居二首·其一》)中的"丁丁"。在现代汉语中，叹词一般独立成句，而拟声词通常在句中做状语。但由于诗歌语言受到字数、格律等因素的严格约束，叹词极少以独立成句的形式出现，其语法功能与拟声词十分接近，且杜诗联绵词中的叹词仅有"呜呼""吁嗟"等个别几个，因此本文将叹词和拟声词合为一类进行统计。形容词性联绵词表示性质、状态，在句中做定语、谓语或补语，如"痛饮狂歌空度日，飞扬跋扈为谁雄"(《赠李白》)中的"跋扈"。

## 2.3 杜诗联绵词数量及出现次数统计

根据2.1中所述的原则，笔者从《杜诗详注》所收杜诗中遴选出联绵词共412个，出现次数共1262次。

据笔者统计，杜诗中出现次数最多的联绵词是"萧萧"和"寂寞"，各出现27次。其他出现次数在10次及10次以上的联绵词还有21个：萧条，23次；呜呼，22次；悠悠，20次；麒麟，19次；惨淡，18次；萧瑟，15次；昆仑，14次；飘飖，14次；漠漠，14次；茫茫，14次；崆峒，13次；骅骝，13次；蹉跎，13次；烂漫，13次；徘徊，12次；磊落，12次；凤凰，13次；鸳鸯，10次；杜鹃，

10次；苍苍，11次；牢落，10次。

从语音上看，杜诗联绵词中，两字是双声关系的共68个，占总数的16.50%，出现次数共187次，占总出现次数的14.82%；两字是叠韵关系的共118个，占28.64%，出现次数共378次，占总出现次数的29.95%；两字是双声叠韵关系的共3个，占总数的0.73%，出现次数共10次，占总数的0.79%；两字是叠音关系的共102个，占总数的24.76%，出现次数共295次，占总出现次数的23.38%；两字是非双声叠韵关系的共121个，占总数的29.37%，出现次数共392次，占总出现次数的31.06%。见下表：

**表1　杜诗联绵词语音分类情况**

| 类型 | 双声 | 叠韵 | 双声叠韵 | 叠音 | 非双声叠韵 | 合计 |
|---|---|---|---|---|---|---|
| 数量/个 | 68 | 118 | 3 | 102 | 121 | 412 |
| 数量比例 | 16.50% | 28.64% | 0.73% | 24.76% | 29.37% | 100.00% |
| 出现次数 | 187 | 378 | 10 | 295 | 392 | 1262 |
| 出现次数比例 | 14.82% | 29.95% | 0.79% | 23.38% | 31.06% | 100.00% |

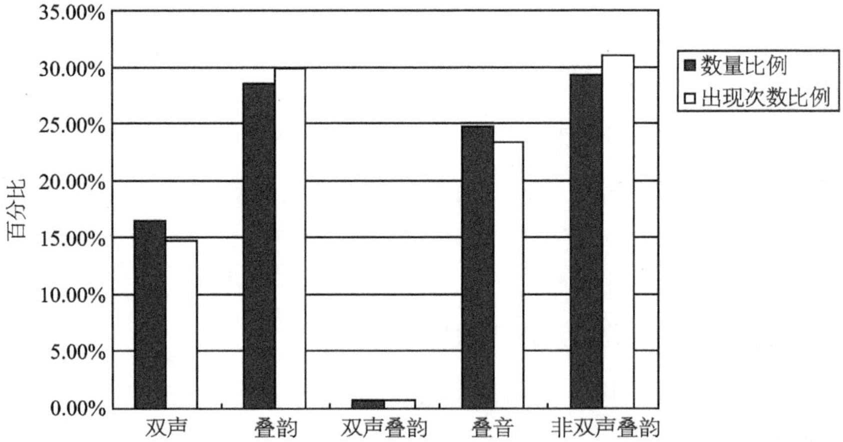


**图1　杜诗联绵词语音分类比例**

双声、叠韵、双声叠韵、叠音联绵词共291个，占联绵词总数的70.63%，共出现870次，占出现总次数的68.94%。可见，杜诗中具有声韵联系的联绵词占了大多数。

从词性上看，杜诗中共有名词性联绵词123个，占总数的29.85%，出现次数共372次，占总出现次数的29.48%；动词性联绵词27个，占总数的6.55%，出现次数共84次，占总出现次数的6.66%；叹词和拟声联绵词24个，占总数的5.83%，出现次数共99次，占总出现次数7.84%；形容词性联绵词238个，占总数的57.77%，出现次数共707次，占总出现次数56.02%。见下表：

**表2　杜诗联绵词词性分类情况**

| 类型 | 名词 | 动词 | 叹词、拟声词 | 形容词 | 合计 |
|---|---|---|---|---|---|
| 数量 / 个 | 123 | 27 | 24 | 238 | 412 |
| 数量比例 | 29.85% | 6.55% | 5.83% | 57.77% | 100.00% |
| 出现次数 | 372 | 84 | 99 | 707 | 1262 |
| 出现次数比例 | 29.48% | 6.66% | 7.84% | 56.02% | 100.00% |

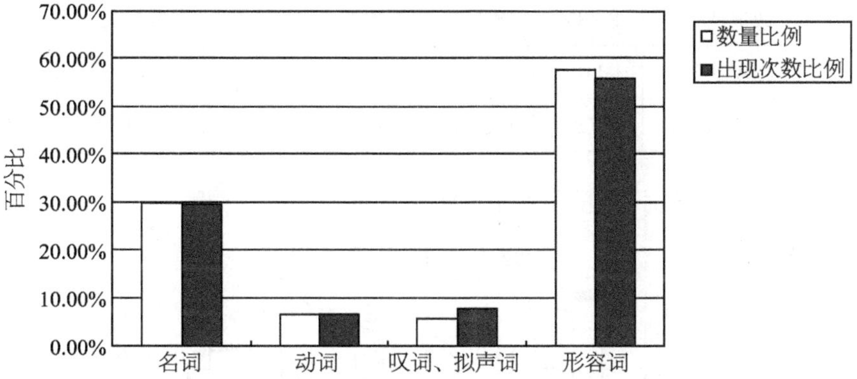


**图2　杜诗联绵词词性分类比例**

可见，形容词性联绵词占了多数。

汇总整理如下：

**表3　杜诗联绵词分类情况汇总**

| 类型 | | 双声 | 叠韵 | 双声叠韵 | 叠音 | 非双声叠韵 | 合计 |
|---|---|---|---|---|---|---|---|
| 名词 | 数量 / 个 | 19 | 29 | 0 | 0 | 75 | 123 |
| | 数量比例 | 4.61% | 7.04% | 0 | 0 | 18.20% | 29.85% |
| | 出现次数 | 48 | 94 | 0 | 0 | 230 | 372 |
| | 出现次数比例 | 3.80% | 7.45% | 0.00% | 0.00% | 18.23% | 29.48% |

(续表)

| 类型 | | 双声 | 叠韵 | 双声叠韵 | 叠音 | 非双声叠韵 | 合计 |
|---|---|---|---|---|---|---|---|
| 动词 | 数量/个 | 8 | 9 | 1 | 0 | 9 | 27 |
| | 数量比例 | 1.94% | 2.18% | 0.24% | 0 | 2.18% | 6.54%[1] |
| | 出现次数 | 22 | 41 | 4 | 0 | 17 | 84 |
| | 出现次数比例 | 1.74% | 3.25% | 0.32% | 0.00% | 1.35% | 6.66% |
| 叹词、拟声词 | 数量/个 | 4 | 4 | 0 | 14 | 2 | 24 |
| | 数量比例 | 0.97% | 0.97% | 0 | 3.40% | 0.49% | 5.83% |
| | 出现次数 | 7 | 26 | 0 | 60 | 6 | 99 |
| | 出现次数比例 | 0.55% | 2.06% | 0.00% | 4.75% | 0.48% | 7.84% |
| 形容词 | 数量/个 | 37 | 76 | 2 | 88 | 35 | 238 |
| | 数量比例 | 8.98% | 18.45% | 0.49% | 21.36% | 8.50% | 57.77% |
| | 出现次数 | 110 | 217 | 6 | 235 | 139 | 707 |
| | 出现次数比例 | 8.72% | 17.19% | 0.48% | 18.62% | 11.01% | 56.02% |

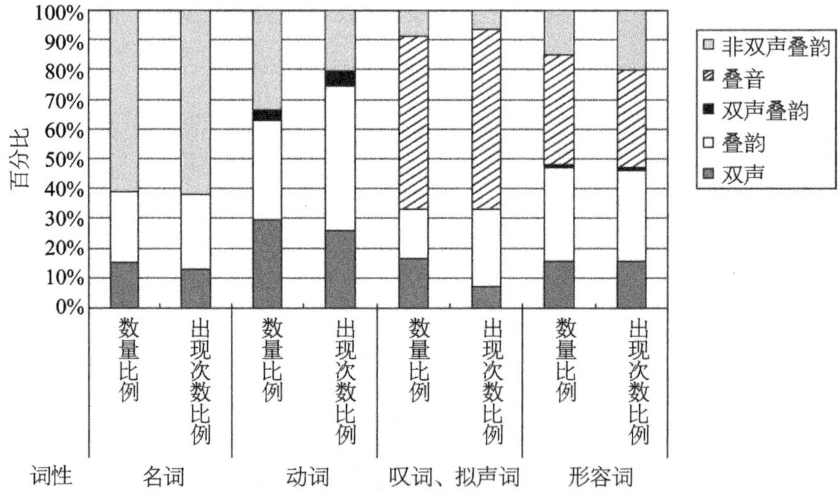


**图3　杜诗联绵词分类情况汇总**

综合分析杜诗联绵词的语音和词性特征可以看出:

[1] 因四舍五入，此处各项百分比合计为6.54%，与前文的6.55%略有差异，此处按表3中各项相加之和的实际数值记录。该表中百分比合计与前文略有差异的，都处理为实际数值。

① 名词性联绵词中非双声叠韵的占了大多数，而其他词性的联绵词两字之间绝大多数具有声韵联系。

② 叠音联绵词绝大多数是形容词、叹词和拟声词。

## 3. 杜诗联绵词溯源

### 3.1　杜诗所用联绵词首见年代统计

本文将杜诗所用联绵词的首见年代分为先秦、秦汉、三国两晋南北朝、隋唐（杜甫以前）、首见于杜诗。统计杜诗联绵词的首见年代时依据以下原则：

（1）《汉语联绵词词典》和《汉语大词典》（2.0 版）都收录的联绵词，以二者所引书证中年代最早的作为该联绵词的首见年代。如《汉语联绵词词典》“芙蓉”条：“异体作‘夫容’。①植物名。俗名荷花。三国魏曹植《芙蓉赋》：‘芙蓉蹇产，菡萏星属。丝条垂珠，丹荣吐绿。’”《汉语大词典》（2.0 版）“芙蓉”条：“1. 荷花的别名。《楚辞 · 离骚》：‘制芰荷以为衣兮，集芙蓉以为裳。’”本文即以《离骚》所在的时代先秦为“芙蓉”一词的首见年代。

（2）《汉语联绵词词典》不收，《汉语大词典》（2.0 版）收录的联绵词，以《汉语大词典》2.0 版所引书证中年代最早的作为该联绵词的首见年代。如“崔嵬”一词不见于《汉语联绵词词典》，《汉语大词典》（2.0 版）“崔嵬”条：“1. 本指有石的土山。后泛指高山。《诗 · 周南 · 卷耳》：‘陟彼崔嵬，我马虺隤。’”本文即以先秦为“崔嵬”一词的首见年代。

（3）《汉语联绵词词典》收录，《汉语大词典》（2.0 版）不收的联绵词，以《汉语联绵词词典》所引书证中年代最早的作为该联绵词的首见年代。如“猰貐”一词不见于《汉语大词典》（2.0 版），《汉语联绵词词典》“猰貐”条：“音变作‘猰窳’‘窫窳’。①传说中的猛兽名。据说此兽可食人。”《淮南子 · 本经训》：“逮至尧之时……猰貐……皆为民害。”本文即以汉代为“猰貐”一词的首见年代。

（4）《汉语联绵词词典》和《汉语大词典》（2.0 版）均不收的 3 个联绵词，因“钟離”为复姓，据其源流，本文以先秦为“钟離”一词的首见年代；其他 2 个联绵词“蒲鸽”和“嵓嵼”则认为首见于杜诗。

需要说明的是，《汉语大词典》以“古今兼收，源流并重”为编纂原则，每个词语的第一条书证即编者所认为的该词的首见用例。《汉语联绵词词典 · 凡例》中则说明：“在同一义项下的若干条书证以时代先后为序排列”，“本书搜罗比较多的书证。那些在实践中用例较少的词条，尽可能把搜罗到的书证全部列出来”。笔者采取的上述原则可以保证本文用于统计的首见年代是《汉语大词典》（2.0 版）、《汉语联绵词词典》和杜诗三者相较之下最早的一个，但若这三者中最早的用例是由《汉语联绵词词典》所给出，则不排除此年代仍然不是该联绵词的实际首见年代的情况。若此种情况给读者带来误导或不便，笔者表示歉意。

杜诗 412 个联绵词中，首见于先秦的共 170 个，占总数的 41.26%，出现次数共 650 次，占总出现次数的 51.51%；首见于秦汉的共 104 个，占总数的 25.24%，出现次数共 284 次，占总出现次数的 22.50%；首见于三国两晋南北朝的共 70 个，占总数的 16.99%，出现次数共 189 次，占总出现次数的 14.98%；首见于隋唐（杜甫以前）的共 12 个，占总数的 2.91%，出现次数共 33 次，占总出现次数的 2.61%；首见于杜诗的共 56 个，占总数的 13.59%，出现次数共 106 次，占总出现次数的 8.40%。见下表：

**表 4　杜诗联绵词首见年代情况**

| 首见年代 | 先秦 | 秦汉 | 三国两晋南北朝 | 隋唐（杜甫以前） | 首见于杜诗 | 合计 |
|---|---|---|---|---|---|---|
| 数量 | 170 | 104 | 70 | 12 | 56 | 412 |
| 数量比例 | 41.26% | 25.24% | 16.99% | 2.91% | 13.59% | 100.00% |
| 出现次数 | 650 | 284 | 189 | 33 | 106 | 1262 |
| 出现次数比例 | 51.51% | 22.50% | 14.98% | 2.61% | 8.40% | 100.00% |

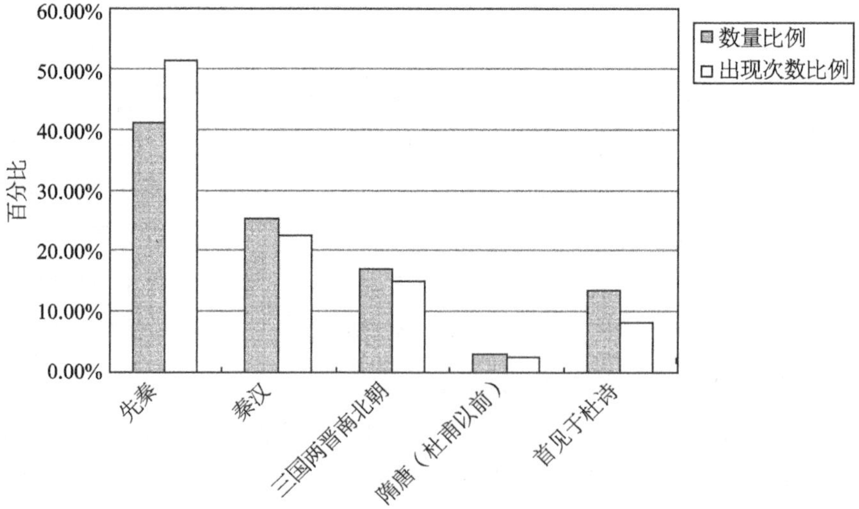


**图 4　杜诗联绵词首见年代比例**

## 3.2 基于杜诗联绵词首见年代的分析

### 3.2.1 首见于先秦至隋唐的联绵词呈递减趋势

从3.1中的统计数据可以看出，杜诗联绵词中首见于先秦的数量最多，出现次数占总次数的一半以上，从先秦到隋唐（杜甫以前）呈现显著的递减趋势。笔者试从以下几个方面分析其中的原因：

（1）从汉语词汇发展的角度看

在初始造词时期，文字产生之前，联绵词多是用来拟声的。有采用两个相异音节模拟声音的，如“雎鸠”“鹦鹉”。也有开始是两个相同的音节叠加，后来改变其中一个音节的声母或韵母，如“猗”字有“美盛”义，重言“猗”，变成“猗猗”，“猗猗”的声母从影母变为泥母，就成了“猗傩”，“猗猗”和“猗傩”的意义都是“美盛貌”。先秦汉语中许多叠音和双声叠韵的联绵词都是通过这种造词方式产生的。还有表示情感的声音如“吁嗟”“呜呼”等。

衍生词造词时期是在文字产生之后，这时的联绵词多是在原始联绵词的基础上衍生出来的。衍生是指联绵词的意义发生改变，要随之造出相应的词来，进而改变其声音，如叠音词“夭夭”变为“窈纠”“窈窕”“妖娆”。这种语义衍生产生了一批与原词语义相关而又有所区别的同族联绵词。

合成词造词时期，联绵词产生的方式多是原来可以分开的两个语素，在使用过程中逐渐凝固成一个整体含义，并被人们普遍使用。

首见于先秦的联绵词，其产生年代横跨了以上三个造词时期，数量自然十分庞大。到了后代，词语的用字逐渐固定，语音的记录也逐渐完善，联绵词通过语音摹状和语义相近而产生的孳生都有所减少，新产生的联绵词自然呈递减趋势。

（2）从历朝的时代背景看

先秦时期，大一统的国家尚未形成，人口流动、文化交流远不如后世那样频繁，不同的地区、不同的作者在对联绵词的选用上自然也有一定的差异。因此，先秦文学作品的作者在数量上与地域上的广泛性也是先秦联绵词数量丰富的一个重要原因。

在汉代，由于汉语词汇复音化的发展趋势，加上代表性文体——汉赋铺排夸饰的语言特色和对韵律节奏的和谐要求，因此也催生了一大批形象、生动的联绵词。但随着大一统王朝的建立和一系列文化统一措施的实施，较之先秦时期，汉代新产生的联绵词已有所减少。

汉唐时期是中国历史上吸收外来词的第一个高峰，一些双音节音译外来词，如“葡萄、袈裟、兰若”等被广泛地接受和使用，是这一时期产生了一些新的名词性联绵词的原因之一。但汉代至唐代，由单音词通过衍音等形式而双音化产生的新的联绵词进一步减少，从总体上看，新产生的联绵词数量与先秦不可同日而语。

（3）从杜诗对经典的继承看

我国古代最重要的文化典籍大多完成于先秦至汉代。这些经典构成了中华文化的根源和底色，对后世的影响不仅深远，而且入微。杜甫生于“奉儒守官”并有文学传统的家庭中，其诗歌在人文精神、现实精神和艺术创造等方面从先秦典籍中吸收了丰富的营养。如《种莴苣》《牵牛织女》《江月》《古柏行》《锦树行》等，都与《毛诗》及其经学阐释的风雅比兴怨刺精神直接相关。而其中最著名的一些代表作品，如《哀江头》《悲陈陶》《兵车行》《丽人行》等，如元稹所说，正是“寓意古题，刺美见事，犹有诗人引古以讽之义焉”的典型代表，深深地植根于古代经典之中。

可见，杜诗中的联绵词首见于先秦的居多，其中一个重要原因是诗人继承了《诗经》等经典著作的语言传统。

#### 3.2.2　杜诗中联绵词大量涌现

从3.1中的统计数据还可以看出，杜甫在其诗歌中创造了大量的联绵词。笔者试从以下几个方面分析其中的原因：

（1）从唐诗语言的特点看

其一，唐诗中有不少口语词。这一点古人就已经注意到。如《唐音癸签》卷十一：“杜子美善以方言俚语点化入诗句中。”口语词不仅在杜诗中有运用，在其他诗人的作品中也有。以往的很多学者认为诗歌语言在很大程度上受格律等的影响，不能很好地反映当时的实际语言情况，但事实上，由于古文运动的影响，唐人散文的语言很多都显得简练古朴，反而是诗歌中吸收了大量生动鲜活的口语词，尤其是联绵词。“重言和联绵字最早是活跃于口头语言中，散文典籍的作者们……由于追求简练庄重，也不屑于让口头词语过多地出现在‘高文典册’

之中。"[1]

其二，唐诗对音韵节奏和谐的要求也是唐诗中联绵词大量涌现的重要原因。构成联绵词的两字大多有语音上的联系，读起来朗朗上口，听起来也具有连贯和谐的美感。此外，在唐诗中联绵词经常出现在对仗句中，形成对文联绵词现象。这种对文现象更进一步提高了诗句声韵的和谐性，增强了诗歌抑扬顿挫的节奏美感，这也是唐诗中大量使用联绵词的一个原因。

（2）从杜甫的诗风看

杜诗沉郁顿挫，众美兼备。联绵词的广泛运用，使得诗歌对仗精严、音韵优美、节奏抑扬。

试举其句而言："牢落乾坤大，周流道术空"（《奉寄河南韦尹丈人》），雄盖一世；"峥嵘赤云西，日脚下平地"（《羌村三首》），深沉壮丽；"诗卷长留天地间，钓竿欲拂珊瑚树"（《送孔巢父谢病归游江东兼呈李白》），何等缥缈仙举；"冯陵大叫呼五白，袒跣不肯成枭卢"（《今夕行》），又是何等的举重若轻；复如"岁寒仍顾遇，日暮且踟蹰"（《赠韦左丞丈济》）之幽寂、"非无江海志，潇洒送日月"（《自京赴奉先县咏怀五百字》）之横放、"此身饮罢无归处，独立苍茫自咏诗"（《乐游园歌》）之雄浑、"春山无伴独相求，伐木丁丁山更幽"（《题张氏隐居二首》）之闲适、"无边落木萧萧下，不尽长江滚滚来"（《登高》）之苍凉……唐人的各种面目，都可以在杜诗中寻得貌异志同的对象。诚如胡应麟所言："王、杨之繁富，陈、杜之孤高，沈、宋之精工，储、孟之闲旷，高、岑之浑厚，王、李之风华，昌龄之神秀，常建之幽玄，云卿之古苍，任华之拙朴，皆所专也；兼之者杜陵也。"（《诗薮》外编卷四）

# 4. 杜诗联绵词的语用分析

## 4.1 联绵词的艺术效果

### 4.1.1 形象生动

联绵词中，形容性联绵词的词义最活跃，表现力最强，不仅能细致入微地写景状物，生动形象地描绘样貌情态，而且能把丰富的感情、复杂的心理、美妙的

[1] 引自朱广祁：《〈诗经〉双音词论稿》，郑州：河南人民出版社，1985年，第144页。

意境浓缩在一词一语中。

如《咏怀古迹五首·其二》:"怅望千秋一洒泪，萧条异代不同时。" 仅用一个"萧条"，就烘托出了草木摇落、气象萧森、江山寂寞、故宅荒芜的情景，触景生情，怀古伤今，将"怀宋玉，所以悼屈原；悼屈原者，所以自悼也"的思想感情表现得淋漓尽致。

#### 4.1.2 对仗精严

对仗是古代诗歌中一种重要的修辞方式，是格律诗的艺术要求和显著特征。杜甫的近体格律诗在声律、对仗、炼字等方面积累了完整的艺术经验，成为诗歌史上艺术的高峰。

上下联的同一位置上使用联绵词构成对仗，可以使对仗在形式和韵律上都显得更加精严。杜诗中这样的句子很多，如"香稻啄余鹦鹉粒，碧梧栖老凤凰枝"(《秋兴八首·其八》)、"高空得蹭蹬，短草辞蜿蜒"(《義鹘行》)、"沙头宿鹭联拳静，船尾跳鱼拨剌鸣"(《漫成一首》)、"风含翠筱娟娟净，雨浥红蕖冉冉香"(《狂夫》)，等等。

#### 4.1.3 音韵谐婉

刘勰《文心雕龙·声律篇》:"异音相从谓之和，同声相应谓之韵。" 诗人善于运用"异音相从"和"同声相应"的联绵词来表达细致入微的思想感情，增加了语言的音乐美。

《自京赴奉先县咏怀五百字》是杜甫五言古诗的一首代表作，诗中用了很多联绵词"濩落、契阔、萧洒、兀兀、峥嵘、嵽嵲、蚩尤、郁律、胶葛、窸窣、号咷、呜咽、仓卒、骚屑、鸿洞"，等等。其中，"胶葛、窸窣、呜咽、仓卒、骚屑"是双声，"濩落、峥嵘、号咷、鸿洞"是叠韵，"契阔"是双声兼叠韵，"兀兀"是叠音。这些词在诗中的运用，达到了气韵高古、沉郁顿挫、一唱三叹的艺术效果。

### 4.2 杜诗联绵词屡用词所反映的个人风格

一个诗人所常用的词语，可以反映他的人生态度、生活状态，也可以在一定程度上反映诗人的艺术风格。笔者试从杜诗联绵词中的屡用词来管窥杜甫的诗风。

### 4.2.1 风格沉郁

“萧萧”是杜诗联绵词中运用最普遍的一个，与之语义相近的“萧条”“萧瑟”等出现次数也很多。杜诗中的“萧萧”可分为两大类。一是摹声：描写风声，如“江风萧萧云拂地，山木惨惨天欲雨”(《发阆中》)；描写雨声，如“片片水上云，萧萧沙中雨”(《雨二首·其二》)；描写马鸣声，如“车辚辚，马萧萧，行人弓箭各在腰”(《兵车行》)，等等。二是状物：描写凄清荒凉的景物，如“渺渺春风见，萧萧夜色凄”(《子规》)等。还有一些较为抽象的用法，如修饰兴致：“冯唐毛发白，归兴日萧萧”(《哭王彭州抡》)等。由模拟声音到表现荒凉的景物，由表现荒凉的景物到反映悲凉的心境，是一个由浅入深、从具体到抽象的渐进过程。

“萧萧”修饰的大量事物，都笼罩着一层悲凉之气。飘零的草木、凄清的风雨、晦暗的夜色，无不反映着杜甫孤苦、幽寂、落寞的心情。诗人的感情通过联绵词“萧萧”所营造的意象折射出来，这一表达方式，使得杜诗含蓄隽永、意蕴深沉。

### 4.2.2 境界弘阔

萧涤非（1998：216）曾将杜诗的特点概括为“大”和“真”。“大”一方面是指诗歌的内容广大，另一方面是指杜诗的境界十分弘阔。从杜诗联绵词屡用词来看，“悠悠”“漠漠”“茫茫”“苍苍”“磊落”等形容词都具有辽远的时间感和广阔的空间感；“昆仑”“崆峒”“麒麟”等名词也是堂堂正大、凛然崇高的事物。杜甫以深沉的爱、绝大的才力，创造出了很多意境雄浑、气势矫健的佳句。

### 4.2.3 画面优美

杜甫曾用形象的比喻来描述两种不同的风格：“或看翡翠兰苕上，未掣鲸鱼碧海中。”(《戏为六绝句》)除了“鲸鱼碧海”般的壮美，杜诗中也有“翡翠兰苕”般的优美，赏心悦目。

杜甫常用的联绵词中，也有“烂漫”这样绚丽多彩的形容词，和“凤凰”“鸳鸯”等美丽活泼的动物名称。如《绝句二首·其一》：“迟日江山丽，春风花草香。泥融飞燕子，沙暖睡鸳鸯。”燕子的翩飞蕴含着蓬勃的生机，鸳鸯的慵睡透露出安恬的惬意，而这一切都沐浴在煦暖的阳光和温柔的花香之中，给人以春光旖旎、诗情画意的优美感受。

## 5. 杜诗联绵词研究在汉语词汇研究方面的价值

杜甫的诗歌被誉为"诗史"，它不仅是诗歌艺术的瑰宝，也是汉语史研究的宝库。

### 5.1 为异体字研究提供佐证

异体字又称俗体、或体、重文等，是指读音和意义完全相同而写法不同的汉字。杜诗联绵词中的异体字很多，如"鷝/鸊、回/迴、嶵/辠、累/礧/壘、嫋/裊"等等。关注异体字产生时间的差异，可以更好地了解汉语史上汉字的更替。

以"回/迴"为例。"回"和"迴"都表示回旋、旋转。杜诗联绵词中用"回"5例，用"迴"4例。这两个异体字出现的时代不同。《说文》收"回"而无"迴"。《说文》:"转也。从囗，中象回转形。囘，古文。""迴"字最早见于《洪武正韵》:"胡瑰切。与回同。"又《广韵》:"胡对切，音溃。曲也。"《正字通》:"古无迴字。盖回即雷字。水囘为回，后人欲别之加辶。当作迴。迴字从囘作。"可见，"回"是"迴"的正字。俗字"迴"的产生，可以借用陈五云（2000）的观点，是"按形旁给汉字做意义归类的心理习惯所起的作用"[1]。"回"和"迴"在联绵词"迟迴/迟回""回回/迴迴""低回"中都取本义。从杜诗中的用例来看，"迴"字仅在联绵词中使用，而"回"字除在联绵词中使用外还可独用，且有动词、形容词、量词等不同词性的多种意义。可见，"回""迴"二字在唐代并存，而"回"使用较多，处于正字地位。这与现代汉语规范用字中保留"回"而舍弃"迴"相一致。

又如"鷝"和"鸊"。"鸊鹈"一词最早见于汉赋中。"鸊"《唐韵》:"普击切。"《集韵》:"蒲历切，音甓。"《广韵》:"鸊鷉，水鸟。陈藏器曰：似凫而小，足连尾不能陆行，常在水中。"《广雅》:"鸊鷉，鹘鷉也。""鷝"字，《唐韵》《集韵》《广韵》均不收，《篇海类编》:"必益切，音辟。鷝鴭，鸟名。鸠也。又与鸊同。"可见在杜甫的时代，"鸊"是正字，"鷝"是俗字。而《现代汉语词典》(第5版）中收"鷝"而无"鸊"，说明"鷝"后来取代了"鸊"成为通用正字。

在异体字正俗更替的过程中有一个普遍的现象：原先许多字的正字为上下结

[1] 引自陈五云:《从新视角看汉字：俗文字学》，郑州：河南人民出版社，2000年，第99页。

构，后来产生了左右结构的俗字，这些左右结构的俗字逐渐取代了上下结构的正字而成为通行字。如“嵴”取代“脊”，“鹏”取代“鹭”等。这种结构的变化主要是受草书的影响。草书解散了字形，再加上古人的书写习惯是从上至下，上下结构的字容易被误认为两个字，而左右结构则不会发生这种混淆，因此很多左右结构的字取代了上下结构的字。

## 5.2 弥补大型辞书收词释义的缺漏

《汉语大词典》是目前收词量最大、释义最全面的大型汉语词典。由于工程浩大，涉及的典籍浩如烟海，其中难免会有缺漏。其中词条失收、义项缺漏、释义不确、书证滞后等现象较为普遍。杜诗联绵词研究有助于修正其中的一些不足。

### 5.2.1 可以增补失收的词条

笔者发现一些杜诗中的联绵词在《汉语大词典》( 2.0 版 ) 中失收。这些失收的联绵词除了首见或仅见于杜诗的“蒲鸽”“嵲嵲”“袅窕”之外，还包括“猰貐”等杜甫之前的时代已经出现的联绵词。

以“猰貐”为例，《汉语大词典》( 2.0 版 ):“猰 (《广韵》: 乌黠切，入黠，影 ) 兽名。”“貐 (《广韵》: 以主切，上麌，以 ) 古代兽名用字。”而“猰貐”一词不收。《汉语联绵词词典》收录“猰貐”，释义为:“音变作‘猰貐’‘窫窳’。①传说中的猛兽名。据说此兽可食人。《淮南子·本经训》:‘逮至尧之时……猰貐……皆为民害。’”笔者认为，“猰”“貐”二字均无独用用例，拆开后的单字没有意义，完全符合联绵词的定义，且在自汉至清的语料中多有使用，应当作为一个独立的词条，列入《汉语大词典》。

### 5.2.2 可以提前书证

《汉语大词典》( 2.0 版 )“鲅鲅”:“2. 象声词。鱼摆尾声。”所引的第一条书证为宋陆游《雨后》诗:“帘上翩翩燕，蒲新鲅鲅鱼。”事实上，“鲅鲅”在杜甫《观打鱼歌》中就已见到:“绵州江水之东津，鲂鱼鲅鲅色胜银。”可以作为更早的书证。

《汉语大词典》(2.0版)"兀兀":"9.犹矻矻。勤勉貌。"所引的第一条书证为唐韩愈《进学解》:"焚膏油以继晷,恒兀兀以穷年,先生之业,可谓勤矣。"事实上,"兀兀"的联绵词义"勤勉的样子"在杜甫《自京赴奉先县咏怀五百字》中就已见到:"以兹悟生理,独耻事干谒。兀兀遂至今,忍为尘埃没",还可以作为更早的书证。

《汉语大词典》(2.0版)"嶙峋":"1.形容沟壑、山崖、建筑物等重叠幽深。"所引的第一条书证为唐韩愈《送惠师》诗:"遂登天台望,众壑皆嶙峋。"事实上,"嶙峋"在杜甫《折槛行》中就已见到:"千载少似朱云人,至今折槛空嶙峋。"虽然这仍然不是笔者见到的"嶙峋"的最早书证(如《文选·扬雄〈甘泉赋〉》中即有"增宫嵾差,骈嵯峨兮。岭巆嶙峋,洞无崖兮"),但至少可以表明"嶙峋"一词在韩愈之前的时代就已出现。

杜诗联绵词研究对以《汉语大词典》为代表的大型辞书的修正远不止以上所述。随着研究的深入,应当会有更多的发现。

## 6. 余论

本文选取杜诗优秀注本——仇兆鳌《杜诗详注》,借助工具书和历代语料,分别从语音、词性、首见年代的角度,对杜诗中联绵词的数量和出现次数进行了穷尽性的分类计量统计,并在此基础上,从文学、语用、汉语史等方面对杜诗联绵词做出了较为全面和系统的描述和分析。

由于笔者的知识和能力有限,在联绵词的遴选、判定和释义上难免会有失误和疏漏。另外,受到研究时间、统计方法的局限,本文仅对杜诗联绵词的语音和词性分类统计进行了交叉整合,而对杜诗联绵词首见年代的统计和分析仍是孤立的。如果能对首见年代和语音、首见年代和词性的分类统计也进行整合,将会更加清晰地显示联绵词的发展轨迹,得到更多、更有价值的发现。这是本研究的不足之处,有待进一步完善。

# 参考文献


曹莉亚：《现代联绵词的界定——基于〈现代汉语词典〉( 第 5 版 ) 之联绵词研究》，《汉字文化》，2011 年第 4 期。

陈五云：《从新视角看汉字：俗文字学》，郑州：河南人民出版社，2000 年。

符定一：《联绵字典》，北平：中华书局，1946 年。

郭在贻：《杜诗札记》，《训诂丛稿》，上海：上海古籍出版社，1985 年。

韩晓光：《试论杜甫律诗中的虚词运用》，《杜甫研究学刊》，1997 年第 2 期。

韩晓光：《试论杜甫诗歌中的动词运用》，《中国文学研究》，2000 年第 1 期。

韩晓光，郑昕蒂：《杜甫诗歌中的特殊名词词组及其表达功能》，《杜甫研究学刊》，2006 年第 4 期。

胡绍文：《杜诗动词研究》，上海：复旦大学学位论文，2005 年。

蒋礼鸿：《杜诗释词》，吴文祺，《语言文字研究专辑》( 上 )，上海：上海古籍出版社，1982 年。

蒋绍愚：《杜诗词语札记》，北京大学中文系《语言学论丛》编委会，《语言学论丛》( 第 6 辑 )，北京：商务印书馆，1980 年。

蒋绍愚：《唐诗语言研究》，郑州：中州古籍出版社，1990 年。

兰佳丽：《联绵词词族研究》，上海：华东师范大学学位论文，2007 年。

林　飞：《汉赋联绵词研究》，济南：山东大学学位论文，2007 年。

蔺秀娟：《汉字机制对联绵词的规约——兼及汉语联绵词与英语词汇的对比》，青岛：中国海洋大学学位论文，2006 年。

罗竹凤：《汉语大词典》( 2.0 版 )，上海：汉语大词典出版社，1991 年。

潘艳花，代小军：《古代联绵词研究综述》，《南昌教育学院学报》，2010 年第 11 期。

仇兆鳌：《杜诗详注》，北京：中华书局，1979 年。

邵敬敏：《现代汉语通论》，上海：上海教育出版社，2001 年。

王　丹：《唐诗语言研究综述》，《古籍整理研究学刊》，2011 年第 5 期。

王金桃：《杜诗青系颜色词 ( 语素 ) 研究》，长沙：湖南师范大学学位论文，2012 年。

王　力：《古代汉语》，北京：中华书局，1982 年。

王　力：《汉语语法史》，北京：商务印书馆，1989 年。

王启涛：《杜诗疑难词语考辨》，《古汉语研究》，1999 年第 3 期。

魏耕原:《杜诗释词》,《陕西教育学院学报》, 2000 年第 1 期。
魏耕原:《杜诗语词考释商略》,《兰州大学学报》, 2001 年第 3 期。
魏耕原:《杜诗口语词汇释》,《唐宋诗词语词考释》, 北京: 商务印书馆, 2006 年。
魏耕原:《杜诗疑难语词疑议》,《唐宋诗词语词考释》, 北京: 商务印书馆, 2006 年。
吴　峤:《汉字要论》, 武汉: 武汉出版社, 2000 年。
吴淑玲:《仇兆鳌及〈杜诗详注〉研究》, 保定: 河北大学学位论文, 2005 年。
萧涤非:《杜甫诗选注》, 北京: 人民文学出版社, 1998 年。
谢纪锋:《汉语联绵词词典》, 北京: 外语教学与研究出版社, 2011 年。
徐仁甫:《杜诗注解商榷》(上)(下),《四川师院学报》, 1977 年第 3 期、第 4 期。
徐文静:《联绵词研究综述》,《西昌学院学报》(社会科学版), 2009 年第 3 期。
徐振邦:《联绵词概论》, 北京: 大众文艺出版社, 1998 年。
许　慎:《说文解字》, 北京: 中国书店, 2011 年。
殷孟伦, 袁世硕:《杜诗名篇中几个词语的训释问题》,《文史哲》, 1979 年第 2 期。
于年湖:《杜诗颜色词的运用艺术》,《广西社会科学》, 2005 年第 8 期。
于年湖:《杜诗语言艺术研究》, 济南: 齐鲁书社, 2007 年。
张　会:《杜诗虚字研究》, 重庆: 西南大学学位论文, 2009 年。
张振羽:《杜诗副词同义聚合体的发展演变考察》,《广西社会科学》, 2005 年第 2 期。
赵克勤:《古代汉语词汇学》, 北京: 商务印书馆, 1994 年。
朱广祁:《〈诗经〉双音词论稿》, 郑州: 河南人民出版社, 1985 年。
朱起凤:《辞通》, 上海: 上海古籍出版社, 1982 年。

**【作者简介】**

严旭, 北京语言大学人文学院 2013 级汉语言文字学专业硕士研究生, 研究方向为汉语史。

**【专家点评】**

程娟:

文章的意义突出, 基本功相当扎实。穷尽性的方法可看出作者的严谨态度, 对联绵词的时代考察非常具有学术价值, 可进行更深入的挖掘。写作规范, 语言简练。可对唐诗中的联绵词的研究情况进行描述, 突出文章的特色与价值。可以进一步对联绵词进行语义方面的分类, 并联系其使用频率探讨联绵词演化的原因。

刘雪春：

整体非常不错，对于联绵词的判定标准可以做进一步的严格限制。叠音词与词的重叠方面的分析探讨可以更加明确。可根据联绵词中的类型、数量多少对陈述顺序进行调整，注意小标题主题与行文内容上的搭配。

王丽娟：

文中对杜诗联绵词的研究以统计分析为主，可深入挖掘数据背后的意义。

# 《孟子》谓词性成分无标记指称化初探

北京大学　耿葳

**提　要**　本文在回顾了前人的研究成果的基础上，选取述宾结构宾语为考察点，以《孟子》作为考察对象，进行细致的阅读，穷尽性地调查了 VP 无标记指称化的现象，并按 VP 的小类详细描写，总结出单个谓词、状中结构、谓词性联合结构、主谓结构、述宾结构、述补结构在这些语法位置上的分布情况，解释形成述补结构分布的原因，并讨论无标记自指 VP 和转指 VP 的不同特点和性质。

**关键词**　《孟子》　无标记指称化　自指　转指

# 1. 绪论

继在《语法讲义》(朱德熙，1982）中提出“指称性主语、宾语”和“陈述性主语、宾语”之后，朱德熙（1983）在《自指和转指——汉语名词化标记的“者、所、之”的语法功能和语义功能》一文里首次正式提出“指称”和“陈述”，该文指出:“一个VP加上自指的‘者’以后，从语法上说，是从谓词性成分转化为名词性成分；从语义上说，是从陈述转化为指称。”

根据这一段话，我们可以判断指称和陈述是一对语义方面的术语，对应于语法方面的体词性成分和谓词性成分。朱德熙在该文里为了说明指称化或名词化，即“陈述（谓词性成分）转化为指称（体词性成分）”的现象而提出指称和陈述这对术语，但对此并没有加以详细论述。此后，学者们陆续发表与指称化相关的研究成果，并把指称化从名词化的领域中分离出来。指称化研究的源头可以追溯到20世纪50年代引发的名物化论争。张志公主持制订的《暂拟汉语教学语法系统》中首次提出了“名物化”的术语（张志公，1957)，在当时的汉语语法学界引发了一场长期的“名物化”论争。先看下面的例子：

（1）a. 他的到来使大家很高兴。

b. 狐狸的狡猾是很出名的。

张志公（1956：17～18）认为这些处于主宾语位置上的动词和形容词已经“名物化”了。名物化或事物化的说法显然是侧重于语义方面提出的，从词性方面来看，有点儿含混，内部已包含引起争论的余地。围绕其词性是否已变成名词的名物化争论直到20世纪90年代末还没罢休，学者们对其词性的认识可以归结为下面的两种：

甲.（已变成）名词——黎锦熙、刘世儒、史振华等

乙.（仍然是）动词、形容词——朱德熙、卢甲、马真、胡裕树、范晓等

随着名物化论争的推进，学者们逐渐达成共识：处于主语、宾语位置上的动词、形容词的词性仍然是动词、形容词，只不过是在语义上“指称化”了。语义方面的指称化并不完全等于语法方面的名词化，而在范围上包含名词化的阶段。朱德熙所介绍的与“指称和陈述”有关的一些理论、术语在汉语语法学界已被公认，应该说其对语法学界产生的影响极大。从目前与指称、陈述相关的研究现状

来看，比起其重要性和普遍性，研究还不成熟，没有形成系统。已有的研究主要偏重于指称化的现象，对其原始概念，即指称本身的研究还远远不足；偏重有标记指称，对无标记指称研究较少。本文以上古汉语中《孟子》为对象考察无标记指称化结构，提出一些不成熟的认识。

## 1.1 前人研究成果

指称化研究的出发点是对汉语名物化的反思和继续推进，学者们针对处于主语、宾语位置上的动词、形容词的词性展开论证，并在这一过程中提出了一些与指称化有关的思想。目前为止，对指称的研究还不成熟，而且带着不均衡性，表现在偏重于现代汉语方面的研究，而对上古汉语研究不足。

### 1.1.1 《马氏文通》的“句之读化”

《马氏文通》（以下简称“《文通》”）提出了“句读”概念。《文通》对“读”下了如此定义：“凡有起词、语词而辞气未全者”[1]，他所说的“读”实际上指“非叙述性谓语核心位置上的各类谓词性句法结构”[2]，并且“在汉语里，谓词性结构只要处于读的位置上，无论有标记还是没有标记，都会背离典型的陈述，表现出不同程度的指称化，套用马氏的话，可以说是‘句之读化’”[3]。因此，马氏虽然没提出“指称化”这样的术语，但他所谓的“读”就是本文所要考察的谓词性成分的指称化结构。我们可以说，汉语语法著作里最早讨论指称化的就是《文通》，正如马建忠所说：“是书本旨，专论句读。”[4]《文通》对“读”描写得比较全面，涉及指称化研究的大部分内容。《文通》提出的“读之记”有三种：①接读代字“其”“所”“者”，②起语两词之间参以“之”字，③弁读之连字。“读之记”就是今天所谓的指称化标记。目前，“其”“所”“者”“之”都与公认的指称化标记吻合。他提出的“弁读之连字”是指表假设或让步的一些词，如“虽”“如”“若”“纵”“果”“诚”等。对此，我们也可以认为是一种广义的指称化标记，因为包含这些成分的所谓“状读”仍然是指称化结构。

[1] 引自马建忠：《马氏文通》，北京：商务印书馆，2002年，第410页。
[2] 引自宋绍年：《〈马氏文通〉研究》，北京：北京大学出版社，2004年，第75页。
[3] 引自宋绍年：《〈马氏文通〉研究》，北京：北京大学出版社，2004年，第76页。
[4] 引自马建忠：《马氏文通》，北京：商务印书馆，2002年，第15页。

从《文通》所举的例子来看，不但有有标记的指称化，也可以找到很多无标记的指称化用例。《文通》对“读”的位置也做了很详细的描写。“读之用”就是指称化成分的句法分布。《文通》把它分为“用如名字者”“用如静字者”“用如状字者”，这里面的具体情况大部分符合上古汉语指称化成分所能分布的句法位置。这几个方面应该说是《文通》在指称化研究上很高明的成果。

### 1.1.2 一些术语的提出

朱德熙（1983）第一次提出了与指称化有关的一些术语，如指称化、名词化、名词化标记、转指、自指、句法成分的提取等，为推进汉语语法研究开辟了道路，这些术语都已被人们公认，成为语法学界的常用术语。但是，朱德熙在该文里将指称化等同于名词化，并且只肯定有标记的指称化，否认无标记的指称化，他说：“不过凡是真正的名词化都有实在的形式标记。所谓零形式名词化，对于汉语来说，只是人为的虚构。”对此，姚振武（1994）、宋绍年（1998a）等根据上古汉语的实际情况补充了朱德熙的意见，并肯定无标记的自指和转指在汉语中是存在的。

姚振武（1994）认为古汉语中，有些谓词性成分不用任何名词化形式的标记也能发生转指。例如：

（2）斑白不提挈。(《礼记·王制》)

形容词“斑白”没有标记，转指头发花白的人。

宋绍年（1998b）认为“其”和“之”同样是谓词性成分自指化的标记，并且进一步指出应区别句法层面上的名词化和语义层面上的指称化，他指出：“旧的名物化观念用语义替代语法，认为谓词性成分在语义范围内指称化了就变成名词了，这是不可取的。但是，把名词化等同于指称化，并且只承认有标记的指称化而不承认无标记的指称化，进而认为‘所谓零形式名词化对汉语来说，只是人为的虚构’这种观点似乎过分强调了句法而忽视了语义。”[1] 例如：

（3）养心莫善于寡欲。(《孟子·尽心下》)

[1] 引自宋绍年：《古代汉语谓词性成分的指称化和名词化》，《古汉语语法论集》，郭锡良，北京：语文出版社，1998年b，第332页。

(4)诛不孝……以彰有德。(《孟子·告子下》)

(5)诚有功，则虽疏贱必赏；诚有过，则虽近爱必诛。(《韩非子·王道》)

我们认为，指称化是就表述功能（语义方面）来说的，而名词化是从句法角度看问题的，应将两者区分开来。处于主语宾语位置上的谓词性成分一定指称化，但却不一定名词化：如例（3）中“养心”的固有表述功能是陈述，但在主语位置上，由陈述功能转化为指称功能，指称这个事件。“养心”无标记自指，仍然是谓词性的，没有名词化。例（4）(5)“不孝”“有德”“疏贱”“近爱”的固有表述功能是陈述，在主宾语位置上，没有标记直接转指人，临时具有名词的性质。如果将句法分析和语义分析相结合，无标记谓词性成分指称化的现象不应当被我们忽视。

#### 1.1.3 指称化与名词化之分

《文通》在说明“读”的过程当中把“读”视为一种名词性成分：“‘读’之式不一，或用如句中起词者，或用如句中止词者，则与名代诸字无异。”[1]朱德熙（1983）虽然提出指称化的术语，但也仍然与名词化等同起来。对此，胡裕树、范晓（1994）、姚振武（1996）、宋绍年（1998b）等通过详细的论证把指称化和名词化区分开来。胡裕树、范晓（1994）认为指称化和名词化分别是语义和语法方面的术语：

“如果从不同平面来分析主宾语位置上的动词形容词性词语，我们以为可将‘名物化’和‘名词化’这两个述语给以适当的分工，‘名物化’是专指动词形容词的‘述谓’义在语义平面转化为‘名物’(或‘事物’义)，‘名词化’则是专指动词、形容词在句法平面转化成名词的现象。”

宋绍年（1998b）支持这一看法并进一步指出指称化和名词化之间的关系。“名词化概念主要适用于句法领域，指称化概念主要适用于语义领域。但是二者之间有着密切的关系：名词化现象必然伴随着指称化现象；指称化不等于名词化，但指称化可以作为衡量名词化的一种尺度。如果把谓词性成分的名词化看作一个过程的话，那么自指和转指就可以看作这个过程中的两个不同阶段。自指化仍处于这个过程之中，而转指化则标志着名词化的完成。谓词性成分转指化以后

[1] 引自马建忠:《马氏文通》，北京：商务印书馆，2002年，第28页。

就获得了名词的资格，这一规律在无标记的转指化现象里特别明显。”[1]

英语里语义上的指称化和语法上的名词化可以合一，但是汉语里指称化与名词化必须分开。请看下面的例子：

（6）a. 这本书的出版是有重要意义的。

b. 打是不对的。

对上面的句子中的“出版”和“打”，初期名物化论者认为这些词已名物化、名词化了。但是汉语里大部分动词、形容词可以比较自由地充任句子的主语、宾语。这样，汉语里大部分的动词、形容词好像是名动、名形兼类词，就又会面临“词无定类，类无定词”的问题。这里的“出版”和“打”在词性上仍然是动词，在语义上陈述性成分已变成了指称性成分，即这些词只发生指称化，不发生名词化。指称化按照其程度的不同，可以划分为两个阶段，即自指和转指。语义上自指化的成分只是事件化了，词性上仍然是谓词性成分，转指化的谓词性成分由于提取了与核心动词相关的一个名词性成分，所以在词性上已经转化为名词性成分，就等于名词化。在汉语语法的研究上，语义上的指称化和句法上的名词化之间的区分是很重要的。

## 1.2 研究思路和方法

我们上面说，在古汉语里，谓词性成分只要处于“读”的位置上，无论有没有标记都会背离典型的陈述，表现出不同程度的指称化。《文通》指出：“读”用如起词或止词“则与名、代字无异”。[2]《文通》多处指出“读”的语法作用相当于一个名词，常常充任主宾语，这就是所谓名物化观念。这一观念无疑是需要扬弃的。但是，从另一个角度看，名物化观念也在一定程度上反映了中国学者意识到了汉语里的陈述可以比较自由地转化为指称这一现象。

我们认为，当无标记的谓词性成分（以下统称 VP）进入马建忠所说的“读”的位置，即处于主语、述宾结构宾语、介宾结构宾语、定中结构中心语、定语、

[1] 引自宋绍年：《古代汉语谓词性成分的指称化和名词化》，郭锡良，《古汉语语法论集》，北京：语文出版社，1998 年 b，第 333 页。

[2] 参见马建忠：《马氏文通》，北京：商务印书馆，2002 年，第 28 页。

状语这几个位置时，会发生指称化。我们选取述宾结构宾语为考察点，以《孟子》（杨伯峻译注版，1960）作为考察对象，进行细致的阅读，穷尽性地考察了VP无标记指称化的现象，并按VP的小类详细描写，总结出单个谓词、状中结构、谓词性联合结构、主谓结构、述宾结构、述补结构在宾语位置上的分布情况，试图解释形成某种分布的原因，并讨论无标记自指VP和转指VP的不同特点和性质。

## 2. 述宾结构宾语位置VP无标记指称化

朱德熙（1983）提出了指称化有两种形式，一种是自指，即发生指称的成分与原来的谓词性成分所指相同，没有转而指称动作行为的施事者、受事者或其他语义格，只是一般地事物化了，不再是一个陈述。它的意义只跟谓词性成分自身的意义相关。例如：

（7）仁者，人也；义者，宜也。（《礼记·中庸》）

“仁”和指称化标记“者”结合后发生自指，“仁者”和“义者”的语义和“仁”“义”相同，指“仁”“义”这两种德行本身。

另一种是转指，发生指称的成分与原来的谓词性成分所指不同，转而指称动作行为的施事者、受事者和其他语义格，或者说谓词性成分转指化以后就“提取”了原谓词性成分的施事、受事或其他语义格，已经名词化，具有名词的性质。它的意义跟谓词性成分所蕴含的对象相关。例如：

（8）仁者乐山。（《论语·雍也》）

“仁”和指称化标记“者”结合发生转指，意为有“仁”这种德行的人。“者”不自指“仁”这种德行，而是转指具有仁德的人。

我们认为，无论是否有标记，自指的谓词性成分仍然是谓词性的，只是在语义上实现了指称化，没有发生名词化，不具有名词的功能；转指的谓词性成分发生了名词化，临时具有了名词的性质。

下面，我们以述宾结构宾语、定中结构中心语和定语共三个句法位置为考察点，观察VP无标记指称化的情况。

## 2.1 VP 无标记自指化句法分析

在述宾结构中充当宾语的无标记自指化 VP 共有 481 例，根据 VP 的语法结构的不同，我们对其做了如下分类：单个动词、形容词（数词）、状中结构、联合性谓词结构、主谓结构、述宾结构、述补结构、其他复杂的谓词结构。VP 的句法特征统计如下：

**表 1**

| 用例情况 | 单个动词 | 形容词（数词） | 状中结构 | 联合性谓词结构 | 主谓结构 | 述宾结构 | 述补结构 | 其他复杂的谓词结构 | 合计 |
|---|---|---|---|---|---|---|---|---|---|
| 数量 / 例 | 102 | 82 | 62 | 34 | 67 | 118 | 5 | 11 | 481 |
| 百分比 | 21.2% | 17.0% | 12.9% | 7.1% | 13.9% | 24.5% | 1.0% | 2.3% | 100%[1] |

下面分类详细考察：

### 2.1.1 VP 为单个动词

VP为单个动词无标记自指化做述宾结构宾语的例子比较多，有 102 例，例如：

（9）无非事者，春省耕而补不足，秋省敛而助不给。（2.4，表示第二卷第四节，以下均采用数字表达法）

（10）从流下而忘反谓之流，从流上而忘反谓之连，从兽无厌谓之荒，乐酒无厌谓之亡。（2.4）

例（9）“耕”和“敛”做“省”的宾语，此时“耕”和“敛”都已经事件化；例（10）“流”“连”“荒”“亡”做感知动词“谓”的远宾语。

### 2.1.2 VP 为形容词（数词）

古代汉语数词的语法性质，特别是基数词的语法性质接近形容词，《文通》把数词归入静字（形容词），称为滋静字。所以，我们把数词和形容词放在一起统计、分析。例如：

（11）夫子必居一于此矣。（4.3）

（12）恶佞，恐其乱义也。（14.37）

例（11）“此”指代两个错误，“一”指称“一个”；例（12）“佞”是“恶”

[1] 由于四舍五入，本书涉及百分比的各项之和实际不足 100% 或超过 100%。

的对象,“佞”指品德自身。

2.1.3　VP 为状中结构

VP 为状中结构的有 62 例,其中根据该类 VP 的特点又可细分为三类:

① 否定副词充当状语的状中结构,例如:

(13)心不若人,则不知恶,此之谓不知类也。(11.12)

(14)文王视民如伤,望道而未之见。(8.20)

例(14)VP 中充当状语的是否定副词“不”,为“之”复指宾语的宾语前置句,“此”是近宾语,“不知类”是“谓”的远宾语。例(14)由“未”充当状语。“未之见”为否定句中代词做宾语的宾语前置句。朱熹《孟子集注》:“而读为如。”状中结构“未之见”做“而”的宾语。

② 介宾结构充当状语的状中结构,例如:

(15)推恶恶之心,思与乡人立,其冠不正,望望然去之,若将浼焉。(3.9)

(16)思与乡人处,如以朝衣朝冠坐于涂炭也。(10.1)

③ 其他副词(结构)充当状语的状中结构,例如:

(17)及其为天子也,被袗衣,鼓琴,二女果,若固有之。(14.6)

(18)以若所为求若所欲,犹缘木而求鱼也。(1.7)

例(17)为情态副词“固”充当状语;例(18)述宾结构“缘木”加“而”修饰中心语,是“求鱼”的方式。

2.1.4　VP 为联合性谓词结构

VP 为联合性谓词结构共有 34 例,有动词联合、形容词联合、述宾结构联合、表并列或转指关系的谓词性结构联合几种类型,例如:

(19)所谓西伯善养老者,制其田里,教之树畜,导其妻子使养其老。(13.22)

(20)吾他日未尝学问,好驰马试剑。(5.2)

(21)言举斯心加诸彼而已。(1.7)

例(19)VP 为两个动词联合做“教”的远宾语,“树畜”是“教”的内容,已经事件化；例（20）的宾语由两个述宾结构联合形成，“驰马”即“使马驰”，“驰”是使动动词；例（21）“举斯心加诸彼”是连谓结构做“言”的宾语。

#### 2.1.5 VP 为主谓结构

VP 为主谓结构的例子有 67 个，结构较为复杂，例如：

（22）孔子不悦于鲁、卫，遭宋桓司马将要而杀之，微服而过宋。（9.8）

（23）敢问何谓浩然之气。（3.2）

例（23）“问”的宾语为一个主语和谓语易位的主谓结构。

#### 2.1.6 VP 为述宾结构

VP 为述宾结构的例子最多，共 118 个，结构大多比较简单，例如：

（24）以兄之室则弗居，以于陵则居之，是尚为能充其类也乎？（6.10）

（25）苟善其礼际矣，斯君子受之，敢问何说也？（10.4）

例（24）“为”的宾语是一个“能愿动词 + 宾语”的述宾结构，例（25）“问”的宾语是疑问句代词做宾语的宾语前置结构。

#### 2.1.7 VP 为述补结构

VP 为述补结构无标记指称做主语时共有 5 例，依据述补结构补语的不同，大致分为以下几类：

① 对象补语，2 例，例如：

（26）今也小国师大国而耻受命焉，是犹弟子而耻受命于先师也。（7.7）

② 处所补语，3 例：

（27）思以一豪挫于人若挞之于市朝。（3.2）

（28）由射于百步之外也，其至，尔力也；其中，非尔力也。（10.1）

（29）言饱乎仁义也，所以不愿人之膏粱之味也。（11.17）

例（26）两个 VP 做“耻”的意动宾语。

#### 2.1.8 VP 为其他复杂的谓词结构

这样的例子有 11 个，例如：

(30)焉有仁人在位罔民而可为也?(1.7)

(31)今病小愈,趋造于朝,我不识能至否乎?(4.2)

(32)朝,将视朝,不识可使寡人得见乎?(4.2)

例(30)VP为一个复句;例(31)VP为一个反复结构;例(32)“识”的宾语为递系结构,作为一个具体的事件被论述。

## 2.2 VP无标记转指化句法分析

在述宾结构中充当宾语的无标记转指化VP共有145例,根据VP的语法结构的不同,我们对其做了如下分类:单个动词、形容词(数词)、状中结构、联合性谓词结构、述宾结构、述补结构。我们没有发现主谓结构无标记转指充当动词宾语的例子。VP的句法特征统计如下:

表2

| 用例情况 | 单个动词 | 形容词(数词) | 状中结构 | 联合性谓词结构 | 述宾结构 | 述补结构 | 合计 |
|---|---|---|---|---|---|---|---|
| 数量/例 | 30 | 58 | 39 | 14 | 3 | 1 | 145 |
| 百分比 | 20.7% | 40.0% | 26.9% | 9.7% | 2.1% | 0.7% | 100%[1] |

下面分类详细考察:

### 2.2.1 VP为单个动词

(33)仁者如射:射者正己而后发。(3.7)

(34)尊贤使能,俊杰在位,则天下之士皆悦,而愿立于其朝矣。(3.5)

例(33)后一句为“射者正己而后发”,所以前一句应为“仁者如射者”,“射”转指“射箭的人”;例(34)“尊贤使能”组成联合结构,“尊贤”为“尊重贤者”,“使能”之“能”转指有能力的人。

### 2.2.2 VP为形容词(数词)

VP为形容词(数词)的例子最多,共有58个。因为形容词描述人或事物的性质、状态,最容易与所描述的对象联系起来。所以,用形容词转而指称具有这

[1] 此处由于四舍五入,各项之和实际超过100%

样性质、状态的人或事物也最容易。

（35）然则小固不可以敌大，寡固不可以敌众，弱固不可以敌强。（1.7）

（36）为贫者，辞尊居卑，辞富居贫。辞尊居卑，辞富居贫，恶乎宜乎？（10.5）

例（35）“大”“强”转指“大国”“强国”，“众”转指“多数人”。例（36）“尊”“卑”转指“尊位”“卑位”，“富”“贫”转指“厚俸”“薄俸”。

2.2.3 VP为状中结构

VP为状中结构的例子较多，共有39例；其中，“无以”“有以”结构共有12例。例如：

（37）如中也弃不中，才也弃不才。（8.7）

（38）故推恩足以保四海，不推恩无以保妻子。（1.7）

（39）叟！不远千里而来，亦将有以利吾国乎？（1.1）

例（37）“不中”“不才”转指“道德不好的人”和“没有才能的人”；例（38）（39）“无以”“有以”常被人看作固定的结构：吕叔湘《中国文法要略》（1990）把“无以”“有以”看成是“熟语”，并用“无所以”“有所以”来解释。如果理解为“无所以”“有所以”，就是有标记转指，“所”提取“以”的宾语。原句中没有“所”，我们把这两种结构理解为“无”“有”后的介宾结构无标记转指，提取的是“以”的宾语，即用来做某件事的工具、方法。

2.2.4 VP为联合性谓词结构

VP多为形容词联合的谓词性结构，也有个别动词联合构成谓词性结构的例子。例如：

（40）当今之时，万乘之国行仁政，民之悦之，犹解倒悬也。（3.1）

（41）其君子实玄黄于篚以迎其君子，其小人箪食壶浆以迎其小人。（6.5）

例（40）为两个动词联合而成的谓词性结构，VP做“解”的宾语，指“倒着的和悬挂着的人”。例（41）形容词“实”活用为使动动词，宾语“玄黄”转指“黑色和黄色的束帛”。

### 2.2.5 VP 为述宾结构

VP 为述宾结构的例子很少，仅有 3 个：

（42）天下有善养老，则仁人以为己归矣。（13.22）

（43）尊贤育才，以彰有德。（12.7）

（44）蚳蛙谏于王而不用，致为臣而去。（4.5）

例（42）“善养老”转指“善养老的人”，例（43）“彰”的宾语“有德”指“有德的人”，例（44）“为臣”转指“官职”。

### 2.2.6 VP 为述补结构

VP 为述补结构的例子仅有 1 个：

（45）出于其类，拔乎其萃，自生民以来，未有盛于孔子也。（3.2）

我们对“未有盛于孔子也”的切分是这样的“未有 / 盛于孔子也”。述补结构“盛于孔子也”做“未有”的宾语，转指“超过孔子的人”。

以上，我们对述宾结构宾语位置无标记自指和转指 VP 的句法特征进行了分析。述宾结构述语和宾语之间是支配关系，有什么样的述语，就要求相应的宾语与之搭配；从另一方面来看，述语的不同类别也反映了宾语的不同性质。下面，我们从宾语前的动词入手，进一步比较说明自指宾语和转指宾语的不同特点。

## 2.3 宾语位置 VP 无标记指称化的性质

朱德熙（1982）将及物动词分为两类：只能带体词性宾语，不能带谓词性宾语的动词是体宾动词；能带谓词性宾语的动词是谓宾动词，个别谓宾动词也可以带体词性宾语。谓词性宾语是指由谓词或谓词性词组充任的宾语。谓词性宾语可以分为指称性的和陈述性的两类。陈述性的宾语能用“怎么样”指代，不能用“什么”指代，在意念上表示陈述，不表示指称。指称性的宾语只能用“什么”指代，不能用“怎么样”指代，在意念上表示指称。

朱德熙所说的“指称”“陈述”和我们所说的有所不同，我们前面说过，谓词性结构处于宾语位置在一定程度上就指称化了。朱德熙所说的“陈述性宾语”和“指称性宾语”是在谓词性宾语指称化的基础上，就宾语的不同表述功能而进行的分类。"陈述性宾语"的指称性相对弱，意念上表陈述；而"指称性宾语"的指称性更强。在下面的讨论中，我们仍然采用朱德熙的说法，但两个不同层面上的"指称"不能被混同。

崔立斌（1995、2004）将《孟子》的及物动词分为行为动词、趋止动词、状态动词、存在动词、感知动词、类同动词、能愿动词七大类。根据他的研究，除去能愿动词，在这六类动词中，行为动词、趋止动词、状态动词、存在动词、感知动词 A 类和 B1 类绝大多数是体宾动词，即使个别是谓宾动词，宾语也是"指称性宾语"。而感知动词 B2 类和类同动词大多是谓宾动词，其后宾语大多为陈述性宾语。按照他的分类，无标记自指 VP 和无标记转指 VP 前的动词情况如下：

**表 3**

| 动词类别 | 自指 VP 前此类动词数 / 例 | 动词示例 | 动词类别 | 转指 VP 前此类动词数 / 例 | 动词示例 |
|---|---|---|---|---|---|
| 形容词活用 | 2 | 多、急 | 形容词活用 | 3 | 甘、贵 2 |
| 不及物心理动词 | 8 | 乐、耻 6、羞 | 不及物状态动词 | 4 | 觉 4 |
| 行为动词 | 65 | 藏、承、待 2、厎 3、斗、遏、范、废、改 2、构、观、及2、乱、免2、强、求 7（有 5 例陈述宾语）、取 5、伤 2、舍、胜、施、守、俟、为 10、效、挟、兴、学 5、遗 2、用、责、掌、致、作 | 行为动词 | 65 | 闭、补 4、辞 4、敌 3、伐、废、服、害、获 2、解、救、举、绝、弃 2、取 2、实、使3、事 2、受、为（以为）10、挟 5、泄、养 5、易、御、彰、治、致、诛 2、助 2、执、蒙 |
| 趋止动词 | 6 | 至 3、居 2、在 | 趋止动词 | 8 | 居 4、在 3、至 |
| 状态动词 | 5 | 变 2、加 2、宿（存留） | 状态动词 | 6 | 放 2、丧 2、失、逾、 |
| 存在动词 | 47 | 无 18、有 29 | 存在动词 | 46 | 无 14、有 32 |
| 感知动词 A | 1 | 观 | 感知动词 A | 2 | 顾、信 |
| 感知动词 B1 | 50 | 忘 6、忍 4、省 5、恐 5、乐 2、虑、谋 2、疾、好 9、厄 3、恶 8、病 2、意、憎 | 感知动词 B1 | 6 | 恶、哭、忘 2、隐 2 |

（续表）

| 动词类别 | 自指VP前此类动词数/例 | 动词示例 | 动词类别 | 转指VP前此类动词数/例 | 动词示例 |
|---|---|---|---|---|---|
| 感知动词B2 | 184 | 称3、道、识8、诲、见4、教4、视5、思9、为9、谓56、闻18、问6、言3、以4、以为33、语、云3、遭、知13、言（意思是）、谓（说的是） | 感知动词B2 | 1 | 教 |
| 类同动词 | 108 | 而、如13、若33、似、为29、犹（由）17、曰14 | 类同动词 | 4 | 如1、曰3 |
| 总计 | 476 | | 总计 | 145 | |

注：①“动词示例”一列中动词后面的数字表示语料中出现的数量。

无标记自指VP前的感知动词B2和类同动词共有292例。“求”虽然是行为动词，但其后可以是陈述宾语，这样的例子有5个。无标记自指VP做述宾宾语的情况，有297例都是陈述性宾语，占总数的62.4%。指称性宾语有179例，占总数的37.6%。

无标记转指VP前的感知动词B2和类同动词仅有5例。由于谓宾动词也可以带指称性宾语，考察这5例，我们发现它们也都是“指称性宾语”。所以无标记转指VP做述宾宾语，全部都是指称性宾语，比例达到了100%。

所以我们可以看出，虽然VP无标记指称化位于宾语位置，但指称化的程度是不同的：无标记自指VP中有62.4%充当陈述性宾语，说明它们虽然指称化，但仍然有着较强的陈述功能，指称化程度比较低；剩余的37.6%为指称性宾语，它们的指称化程度略高。但这些VP跟谓词性成分所蕴含的对象无关，仅仅指向动作行为自身，成为了一个事件。这些指称性宾语和陈述性宾语的性质是一样的，仍然是谓词性的。无标记转指VP100%都是指称性宾语，它们的指称化程度最高，它们在句中的意义和功能都和名词一样，“提取”了原谓词性成分的施事、受事或其他语义格，临时具有名词的性质，已经实现了名词化。

经过多年的讨论，前人对“名物化”已经能达成相对一致的看法，即谓词性结构位于（主）宾语位置上，不一定名词化，但是却发生了指称化。通过以上我们的统计和分析可以看出，指称化和名词化是密切相关的：宾语位置谓词性成分通往名词化的路上，一部分谓词性结构虽然在某类动词后发生指称化，但是指称化程度较低，仍然具有陈述性，只能充当陈述宾语；比之更进一步，另一部分谓词性结构在一些谓宾动词后指称化程度加深，能充当指称性宾语。但它们只和动作行为自身有关，仍然不是名词；只有发生转指，才标志着名词化的完成。

### 2.4 关于宾语位置述补结构指称化的探讨

VP 无标记指称化充当述宾结构宾语的例子中，VP 为述补结构的数量非常少，仅有 6 例（占发生指称化 VP 总数的近 1%），其中自指 5 例，转指 1 例：

（46）今也小国师大国而耻受命焉，是犹弟子而耻受命于先师也。（7.7）

（47）思以一豪挫于人若挞之于市朝。（3.2）

（48）由射于百步之外也，其至，尔力也；其中，非尔力也。（10.1）

（49）言饱乎仁义也，所以不愿人之膏粱之味也。（11.17）

（50）出于其类，拔乎其萃，自生民以来，未有盛于孔子也。（3.2）

而除了例（46）VP 前的动词为不及物心理动词，述补结构做“耻”的意动宾语，例（47）（48）（49）VP 前的述语动词“若”“由”“言”都是类同动词。而类同动词的宾语大多都是陈述性宾语，陈述性强，指称性弱。所以我们猜测，正因为述补结构陈述性太强，所以很难进入宾语位置被指称化；即使发生指称化，也仅能充当陈述宾语，几乎不能充当指称性宾语。例（50）是转指的例子，存在动词“有”后的宾语为指称性宾语。“盛于孔子”转指“超过孔子的人”。这个例子似乎不符合我们的猜测。但我们在《太平御览》中发现了同一个句子的另一种表述：“《孟子》曰：‘子夏、子张、子游皆有圣人一体；冉有、伯牛、闵子、颜渊具体而微。自生民以来，未有盛于孔子者也。’”例（50）这样的例子仅有一个，且很有可能脱漏了“者”字，所以，我们猜测述补结构的强陈述性让它很难指称化做宾语。

## 3. 结论

通过以上的调查和分析，我们发现：

在述宾结构中充当宾语的无标记自指化 VP 共有 481 例，VP 多为述宾结构、单个动词、形容词。述补结构无标记自指化充当宾语的例子极少。

在述宾结构中充当宾语的无标记转指化 VP 共有 145 例，VP 多为形容词（数词）、状中结构、单个动词。述宾结构、述补结构的例子极少。我们没有发现 VP 为主谓结构的例子。

根据崔立斌（1995、2004）的研究，通过对无标记指称化 VP 前动词的统计分析，我们发现：无标记自指 VP 做述宾宾语中，有 302 例都是陈述性宾语，占总数的 62.4%；指称性宾语有 179 例，占总数的 37.6%；而无标记转指 VP 做述宾宾语，全部都是指称性宾语。

由此我们认为，虽然 VP 无标记指称化位于宾语位置，但指称化的程度是不同的：无标记自指 VP 虽然指称化，但大部分 VP 仍然有着较强的陈述功能，只能充当陈述性宾语，指称化程度比较低；小部分 VP 能充当指称性宾语，指称化程度略高，但这些 VP 仅仅指向动作行为自身，成为了一个事件。这些充当指称性宾语的 VP 和充当陈述性宾语的 VP 性质是一样的，仍然是谓词性的。无标记转指 VP 都做指称性宾语，它们的指称化程度最高，它们在句中的意义和功能都和名词一样，“提取”了原谓词性成分的施事、受事或其他语义格，临时具有名词的性质，已经实现了名词化。

谓词性结构位于（主）宾语位置上，不一定名词化，但是却发生了指称化。指称化和名词化是密切相关的：大部分自指化谓词性成分的陈述功能较强，自指化仍然处在名词化的进程中；只有发生转指，“提取”原谓词性成分的施事、受事或其他语义格，才标志着名词化的完成。述补结构指称化充当宾语的例子极少，通过对 VP 前的动词情况分析，我们猜测，正因为述补结构陈述性太强，所以很难进入宾语位置被指称化；即使发生指称化，也仅能充当陈述宾语，几乎不能充当指称性宾语。

## 参考文献

崔立斌：《〈孟子〉名词、动词和形容词研究》，北京：北京大学学位论文，1995 年。

崔立斌：《〈孟子〉词类研究》，郑州：河南大学出版社，2004 年。
胡裕树，范　晓：《动词形容词的“名物化”和“名词化”》，《中国语文》，1994 年第 2 期。
吕叔湘：《中国文法要略》，《吕叔湘文集》（第 1 卷），北京：商务印书馆，1990 年。
马建忠：《马氏文通》，北京：商务印书馆，2002 年。
宋绍年：《论〈马氏文通〉的理论基础——纪念〈马氏文通〉发表一百周年》，《北京大学学报》（哲学社会科学版），1998 年 a 第 4 期。
宋绍年：《古代汉语谓词性成分的指称化和名词化》，郭锡良，《古汉语语法论集》，北京：语文出版社，1998 年 b。
宋绍年：《〈马氏文通〉研究》，北京：北京大学出版社，2004 年。
杨伯峻：《孟子译注》，北京：中华书局，1960 年。
姚振武：《关于自指和转指》，《古汉语研究》，1994 年第 3 期。
姚振武：《汉语谓词性成分名词化的原因及规律》，《中国语文》，1996 年第 1 期。
张志公：《语法和语法教学》，北京：人民教育出版社，1956 年。
朱德熙，卢甲文，马　真：《关于动词形容词“名物化”的问题》，《北京大学学报》，1961 年第 4 期。
朱德熙：《语法讲义》，北京：商务印书馆，1982 年。
朱德熙：《自指和转指——汉语名词化标记“的、者、所、之”的语法功能和语义功能》，《方言》，1983 年第 1 期。

**【作者简介】**

耿葳，女。北京大学中文系汉语言专业 2008 级硕士研究生。

**【专家点评】**

张猛：

作为本科生的毕业论文，能写得这么深入，很好。而且，能把《孟子》通篇阅读、分析下来，十分难能可贵。作者讨论“无标记指称”，对于“指称”和“陈述”以及“名物化”的问题，都比较清楚。如果可以拿出先秦其他文献的例子，和《孟子》进行比较，揭示《孟子》的特点，这样更能突出《孟子》“无标记指称”的特点。

# 《吕氏春秋》中名词词类活用的转喻分析*

北京语言大学　郝暾

**提　要**　本文首先分析了词类活用与兼类、同形词的关系，指出语言中总有一部分词或临时出现于另一类词的位置上而成为一种活用，或由于这种活用的广泛使用而成为一种兼类，本文所要探究的就是能够参与这种游移的名词。文章的第二部分提出从依附性的角度解释典型名词的活用，所谓依附性是指一个名词所表示的概念出现在人的头脑中是否总是固定地联系着另外的概念，常与其他概念发生某种相对固定的联系的名词具有高依附性，反之则比较低。本文第三部分对《吕氏春秋》中名词活用为动词的 90 个例子进行了转喻模式的归纳，以分析它们活用的模式和动因。

**关键词**　词类活用　《吕氏春秋》　依附性　转喻

*　本文为作者本科毕业论文的主要部分，文章写作过程中得到了河北师范大学王华副教授和宋文辉教授的指导，这一稿的修改又得到了硕士生导师施春宏教授的帮助，在此一并谨致谢忱。

# 1. 研究对象和方法

## 1.1 研究对象

与“词类活用”相关的提法首先是从《马氏文通》（马建忠，1983）的“字类假借”开始的。陈承泽（1982）的《国文法草创》称之为“字类活用”，正式以活用对待。从此，许多著名的语法著作和有影响力的教材都吸收了这一观点，如吕叔湘《中国文法要略》（吕叔湘，1956）、《汉语语法分析问题》（吕叔湘，1979）、郭锡良《古代汉语语法讲稿》（郭锡良，2007）、王力《汉语史稿》（王力，2004）。从提出至今，各家对词类活用概念的界定或基于语法层面或基于修辞层面，但本质上都认为词类活用是词的语法功能的临时改变。在随后的研究中，一些学者（董性茂、贾齐华，1997；任福禄，1992；白平、王定秀，1999）否定了“词类活用”这种提法，认为它是套用印欧语法的结果，有悖于语言事实。还有一些学者（张伯江，1994；谭景春，1998；施春宏，2001）借鉴西方的语言学理论，从全新的角度来研究“词类活用”问题，以意义、句法功能等标准重新研究词类的本质。

“词类活用”的界定的确存在困难。首先，它要求我们准确地了解某个词的词义系统，这样才能判断这个词“活用”的意义源于哪里，进而才知道它是否算得上是一种活用。其次，这种活用的“临时性”很难把握。过去的研究缺乏量化的统计，通常人们认为的一些活用现象，如“食 sì、衣 yì”等，实际上因为使用频率很高而产生形态的变化，最终固定成词本身的一个义项。

但是，不管“词类活用”的具体概念怎样界定，我们都应该认识到在语言发展的过程中的确有一部分词的词性发生了变化。在共时的平面中，大量的词一直稳定地处于某一词类中，一部分词或临时出现于另一类词的位置上而成为一种活用，或由于这种活用的广泛使用而成为一种兼类，甚至有可能从原先的词类脱离出来，主要承担另一类词的语法功能。在整个历时的发展中，这样的运动一直在不同词类之间循环往复，形成一种连续统，见图 1。

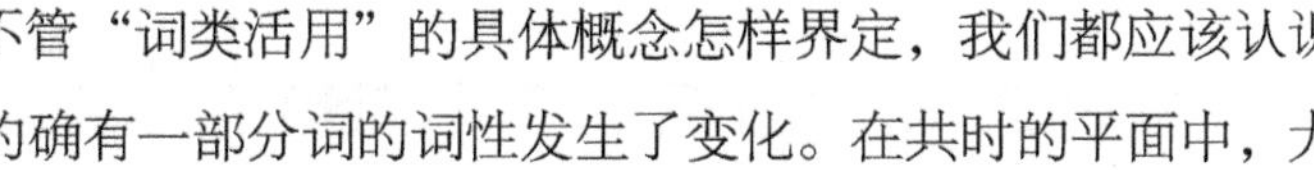


**图 1**

因此，我们希望了解什么样的词可以参与这样的运动，具体的运动又有什么样的特点。本文将以《吕氏春秋》中的名词为研究对象，探讨什么样的名词可以参与活用甚至成为兼类，希望能从一个截面反映上古汉语名词转指的动因和方式。首先，选择《吕氏春秋》是因为它有着确切的成书年代，文献真实可靠，使用的语言是通语，对它的研究有助于反映先秦至秦汉过渡期的语言整体面貌。其次，把兼类一并放到这个问题当中是因为我们认为兼类的形成和活用有着相似的动因和特点，它是活用日渐频繁的一个结果，所以虽然它不是活用，但它对活用的研究有着重要的参考价值。

### 1.2 研究方法

为了尽力准确地判断活用现象，本文做了大量的量化统计。根据殷国光（2008）《吕氏春秋词类研究》和张双棣等（2009）《吕氏春秋词典》，《吕氏春秋》共5154词，其中名词3369个，占总词量的65.4%。在对活用和兼类的判定中，我们遵循《吕氏春秋词类研究》的做法，即从频率和意义两个角度出发。从频率的角度来看，我们必须人为地划出一条标准以区别活用和本用。这个标准首先要兼顾到《吕氏春秋》以及同时期的语料，还要照顾到人们的语感和词类的系统格局。因此，这里我们把出现频率小于5次的用法看作活用（整体使用频率过百的词采用小于总词量5%为标准）。从意义的角度看，活用的词义和本用的词义之间都是有迹可循的，甚至有一些类型化的变化规律。比如，名词可以从指称事物转指以该事物为对象的动作，如“桑”用作动词义为采桑。

## 2. 词类活用的不平衡性

并不是所有的词都有机会参与活用，在《吕氏春秋》3369个名词中，活用作他类的名词只有130个，约占名词总量的3.9%，兼类也只有330个，约占名词总量的9.8%。名词只出现了活用为量词和动词的情况，兼类的种类较多，但以名动兼类和名形兼类为主。下面我们将试图从以下几个方面探究这部分可以活用的名词所具有的特征。

### 2.1 前人提供的思路

词义的转指一直是人们关注的问题，常见的解释因素有名词的抽象与具体、音节的长度和生命度等。在此我们先谈谈这些思路应用在《吕氏春秋》中的情况。

首先来看名词的抽象和具体。抽象名词在活用或成为兼类上比具体名词具有更大的可能性，在形式上这些抽象名词相较于具体名词来说很少受量词的修饰，或者受量词修饰时的限制很多。《吕氏春秋》中，名词活用为他类的共有130个，其中有112个词是具体名词。看似活用的具体名词在绝对数量上超过了抽象名词，但实际上这是因为普通名词中的具体名词本身就在数量上占有绝对优势。在这里我们不同意殷国光（2008）《吕氏春秋词类研究》的看法，我们认为活用的能力不能从绝对数量上衡量，而应该看这类词有多大比例能参与到活用中去。《吕氏春秋》共有普通名词1781个，具体名词占91%。其中，6.91%的具体名词参与了活用，11.25%的抽象名词参与了活用。因此我们可以看出，抽象名词在活用的能力上高于具体名词。

**表1**

| 名词类别 | 总数/个 | 活用数量/个 | 活用比例 |
|---|---|---|---|
| 具体名词 | 1621 | 112 | 6.91% |
| 抽象名词 | 160 | 18 | 11.25% |

其次，专有名词通常不参与活用。专有名词包括人名、地名、国（族）名、官职名、书名、星名等，很少受到量词的修饰。《吕氏春秋》共有专有名词1501个，占到了名词总量的44.6%，其中单音词242个，复音词1259个，在这么大量的专有名词中，无一例发生了活用和兼类。但并不是说这一时期的专有名词一定不能发生活用（参见张伯江，1994），如“尔欲吴王我乎”（《左传·定公十年》），这里的“吴王”是专有名词并且活用为动词，表示“像对待吴王那样对我”。这时“吴王”已经不再简单指吴王这个人，而是借由“对待”的动作包含了如“地位”“礼节”等复杂的概念。由此我们发现，当专有名词表示实指意义的时候不发生活用，当表示虚指意义的时候则可以活用。

再次，单音节名词是活用和兼类的主流。《吕氏春秋》共有名词3369个，单音节词1523个，复音节词1846个。这一时期的复音节词已经达到了相当的数量，超过了名词总量的一半，但参与活用和兼类的绝大多数仍是单音节词。在可以活用的130个名词中只有3个复音节词活用为动词，330个拥有兼类的名词中只有4个复音节词。复音节词在总量上大于单音节词，但可以活用和形成兼类的数量却远远少于单音节词，这其中最主要的原因就是67.5%的复音节词都是专有名词，特别是三音节以上的复音名词都是专有名词，而专有名词在《吕氏春秋》中无活用。此外，另一个重要的因素就是复音节词作为新词形成不久，义项还比较单一，不容易发展出活用和兼类。

表2

| 名词音节数 | 总数/个 | 活用数量/个 | 兼类数量/个 |
|---|---|---|---|
| 单音节名词 | 1523 | 127 | 326 |
| 复音节名词 | 1846 | 3 | 4 |

最后，无生名词更容易转指。生命度的高低已经成为解释转指的一个重要角度，无生名词比有生名词更容易活用甚至成为兼类，它们在形式上几乎不能加动词构成主谓结构。《吕氏春秋》的130例活用中，活用为量词的12个名词，如“镬”“鼎”“脟”等都是无生名词；活用为动词的118个名词中有无生名词96个，如“裘”“灰”“脯”等，占81.4%。兼类的情况也与此类似，无生名词更容易成为名词和其他词类的过渡状态。

表3

| 活用词类 | 数量/个 | 无生名词/个 | 无生名词比例 |
|---|---|---|---|
| 活用为量词 | 12 | 12 | 100% |
| 活用为名词 | 118 | 96 | 81.4% |

总的来说，以上这些角度基本上都可以归并到典型性的解释。名词这个聚合是一个原型范畴，其中的成员有典型和不典型之分。典型的名词可以在语言发展的过程中稳定地担当名词的语法功能，不够典型的名词则有可能发生活用甚至形成兼类。而以上提到的几个方面几乎都可以归为对名词典型与否的一种衡量。Taylor（1989）参考Ross和Langacker等人的说法，把名词的典型特征归纳为：离散的、有形的、占有三维空间的实体 > 非空间领域的实体 > 集体实体 > 抽象实体。典型的名词应当是具体的、有生的，这些名词较少活用更绝少有兼类。相

反，抽象的、无生的名词更容易向其他词类游移。而在抽象这一点上又能解释专有名词的情况，继而也就解释了复音节词的情况。

## 2.2　另一种角度——依附性的高低

### 2.2.1　什么是依附性

之所以补充依附性的角度是因为我们发现在词类活用中仍然有一部分非常典型的名词会发生活用，这种现象我们难以从名词典型性的角度去解释。例如"树"，本义是名词，指树木，"树相近而靡，或軵之也"(《精通》)，后又兼用作动词表示种植，"日至，苦菜死而资生，而树麻与菽"(《任地》)。从之前的四个角度来看，"树"是具体名词、普通名词、单音节名词，又是有生名词，是极典型的名词，那它又为什么可以发生活用进而形成兼类呢？由此，我们提出了依附性的解释。

依附性的高低是指一个名词所表示的概念出现在人的头脑中是否总是固定地联系着另外的概念，常与其他概念发生某种相对固定的联系的名词具有高依附性，反之则比较独立。名词这种依附性的差别与其概念意义有关，但更重要的是和先民的生产生活经验有关。由此，我们也可以看出依附性解释与典型性解释的不同之处——典型性仅从语言内部词义本身的特点出发，而依附性还要考虑语言外部，诸如使用者、社会环境等因素对词义的影响。一个词是否在人的心理上普遍而固定地与另一概念相联系是由词义本身决定的。但是即使是词义类似的词也有可能因为其在先民的生产生活中担当不同的角色而在依附性上有了变化。

例如，"兵"本义是指武器，但因为武器总是固定地和战争、士兵联系在一起，因此有了战争和军队的义项，如"夫兵有大要，知谋物之不谋之不禁也"(《论威》)。相反，像"山"这样客观地独立存在，不需要与其他概念发生固定联系的词就总是单纯而稳定地处于名词的集合中，《吕氏春秋》是这样，如"土有九山，天有九塞"(《有始》)，即使现代汉语中也是这样。

### 2.2.2　依附性的层级表现

我们认为，在名词之中依据依附性的高低存在着一个连续统，使名词之间有了层级性的差别。依附性低的名词很少活用，依附性高的名词则可能经常活用，甚至产生稳定的兼类用法。第一层名词是从来不与别的概念发生相对固定联系的词，不活用，更不会形成兼类，它们固定地充当名词，具有名词的典型语法功能。例如，“山”：做主语，“土有九山，山有九塞”(《有始》)；做宾语，“水出于山而走于海，水非恶山而欲海也，高下使之然也”(《审己》)；做定语，“有若水之波，有若山之楫”(《明理》)；做状语，“若燕秦齐晋，山处陆居，岂能逾五湖九江、越十七厄以有吴哉”(《长攻》)；做中心语被定语修饰，“使治乱存亡若高山之与深溪，若白垩之与黑漆，则无所用智，虽愚犹可矣”(《察微》)；构成联合结构，“如山林，入川泽，取鱼鳖，求鸟兽”(《尊师》)。类似的还有“天”“河”“雀”“芹”等，在《吕氏春秋》中总计2909词。

第二层的名词与其他概念有固定联系，但由于使用频率低，所以只有活用没有兼类。例如，“耳”本义是名词指耳朵：做主语，“天全，则神和矣，目明矣，耳聪矣，鼻臭矣，口敏矣”(《本生》)；做宾语，“故雷则掩耳，电则掩目，此其比也”(《贵生》)；做定语，“俶诡殊瑰，耳所未尝闻，目所未尝见”(《侈乐》)；做中心语被定语修饰，“恐人闻之而夺己也，遽掩其耳”(《自知》)。但“耳”总是固定地让人想到它是用来听声音的，因此会用如动词转指耳闻这个概念，构成联合结构“吾举登也，已耳而目之矣”(《知度》)。类似的还有“裘”“灰”“醢”“釜”“脯”等，在《吕氏春秋》中总计130词。

第三层的名词与其他概念有很固定的联系，并且使用频率很高，已经从活用固定为一种兼类现象。例如，“友”本义是名词指朋友：做主语，“友曰翟璜”(《举难》)；做宾语，“能自取友者存”(《骄恣》)；做中心语被定语修饰，“臣非能相人也，能观人之友也”(《贵当》)；做谓语，“吾于阳城君也，非师则友也，非友则臣也”(《上德》)；构成联合结构，“且师友也者，公可也”(《举难》)。因为“友”总是固定地与交朋友这样一个概念联系在一起，就有了交友、友爱这样一个动词的义项：做述语，“文侯师子夏，友田子方，敬段干木”(《举难》)；做主语，“至于亡而友不衰”(《遇合》)；做宾语，“有如此者，国君不得而友，天子不得而臣”(《士节》)；做中心语，“少而与子友”(《序意》)。类似的还有“事”“使”“祠”“辞”“期”等，在《吕氏春秋》中总计330词。

## 3. 名词活用的转喻分析

### 3.1 转喻的应用与分析对象

前一部分，我们通过典型性和依附性分析了可以活用的名词所具备的特征，这一部分我们希望通过转喻解释名词转类的原因及其具体机制。在认知语言学理论中，转喻不仅仅是一种修辞方式，更是一种人们认识世界的普遍心理机制。转喻是指在同一概念域或理想认知模型（Ideal Cognitive Model, ICM）之内的映射，以一个概念为参照点，与另一个概念建立的心理联系。目标概念是本体，转喻概念是喻体。我们相信，名词到动词的活用就是由其在事件结构中所能充当的论元角色向支配它们的动作转喻，例如从与动作相关的施事、受事、工具、结果、方式等转指动作本身。因此，不同的转喻模式就表示着词类活用的途径和动因。

在这一部分，我们主要参考《吕氏春秋词典》（张双棣等，2009）来选取《吕氏春秋》中名词活用为动词的例子。首先，仅选择活用为动词的例子是因为它占到了名词活用的90.77%，最具代表性。[1] 其次，为了保证活用义项来源的单纯性，这里排除了兼类的例子。据此，我们选择了可活用为动词的名词共计 90 个（详见附录）。

## 3.2 名词活用为动词常见的转喻模式

**表 4**

| 转喻模式 | 例子 | 数量 / 个 | 在样本中所占比例 |
|---|---|---|---|
| 动作对象转指动作 | 兵[2]、裘、靡 | 37 | 41.11% |
| 动作结果转指动作 | 灰、醢、脯 | 26 | 28.89% |
| 动作工具转指动作 | 兵、釜、舆 | 15 | 16.67% |
| 动作发出者转指动作 | 载、布衣、蝼 | 7 | 7.78% |
| 动作方式转指动作 | 左、夜、穴 | 6 | 6.67% |

### 3.2.1 由动作的对象转指动作

在描述一个事件时，动作通常总是联系着特定的动作对象，表示动作对该对象施加了某种作用，产生了某种影响，因而构成了一个固定的认知框，可以以动作对象转指动作本身。这一类别的转喻在样本中最为常见，占到了总数的41.11%。其中以无生名词作为对象转指动作的例子占到了八成以上，例如“裘”，

[1] 统计时将通假字合为一词。

[2] “兵”有两种转喻方式：一是对象转指动作，由军队义转指用军；二是工具转指动作，由武器转指打仗。因此，表 4 五种转喻模式的数量之和为 91。

本义是皮、皮衣，用作名词共11例，同时还有1例用作动词表示穿皮衣，做状语中心语，“是月也，天子始裘”(《孟冬》)。

有生名词是典型的名词，转指发生得较少。例如“麛”，本义做名词，泛指幼兽，共出现2例，同时它还有1例活用为动词，指杀幼兽，做状语中心语，“无覆巢，无杀孩虫、胎夭、飞鸟，无麛无卵”(《孟春》)。有生名词转指在语义上还有比较特殊的一类，即所谓的意动用法，是“把……视作某种人（或动物）”。例如，“师”用作名词，表老师之义共有68例，同时它还有19例用作动词做述语，表示“以……为师”，如“文侯师子夏，友田子方，敬段干木，此名之所以遇桓公也”(《举难》)。

### 3.2.2 由动作的结果转指动作

这种认知框是指名词表示一种动作的结果，它可以转指导致这种结果的动作。动作与结果的联系要弱于动作与对象的联系，动作大多要有对象，只有一小部分动作才强调施加这种动作产生的变化。因此，这一类转指明显少于由对象转指动作，占总数的28.89%，居第二位。例如，“脯”在《吕氏春秋》中共用作名词3次，表示干肉，同时它还可以用作动词，表示制作干肉的动作，这种用法在《吕氏春秋》中仅见1例，做述语，即“昔者纣为无道，杀梅伯而醢之，杀鬼侯而脯之”(《行论》)。

### 3.2.3 由动作的工具转指动作

以16.67%排在第三位的转喻模式是以工具转指动作，在这种认知框中名词表示与一种动作固定联系的工具，即发生这种动作必然或通常都要借助该工具，它可以转指使用这种工具的动作。例如，“釜”本义是名词，指古代一种类似锅的炊具，同时，“釜”有1例活用为动词构成联合结构，“君之不令民，父之不孝子，兄之不悌弟，皆乡里之所釜鬲者而逐之”(《安死》)。

### 3.2.4 由动作的发出者转指动作

在出现频率上排在第四位的是以动作的发出者转指动作，仅有7例，占样本的7.78%。动作的发出者和对象一样，也和动作稳定地联系在一起构成一个认知框，从而由指代发出者的名词转指了自己发出的动作，产生了动词的用法。但这一类转喻模式的实际用例却明显少于以对象转指动作，很重要的一个原因就是可以充当动作发出者的这个名词通常是一个有生名词，或者相对生命度较高，这样的名词是比较稳定的，不容易发生活用。例如，“风”在《吕氏春秋》中有36例用作名词，指空气流动所形成的天气现象，同时，“风”还有1例活用为动词指风灾，做状语中心语，“如此者不风”(《审時》)。

#### 3.2.5 由动作的方式转指动作

出现频率最低的一类转喻是以动作的方式转指动作，仅6例，占总数的6.67%。这一类转指是以动作的方式转指带有这种方式的动作，比较常见的是以方位名词转指向该方位前进。如“东”做名词表示东方在《吕氏春秋》中共出现了38例，同时它还有3例活用为动词：做述语1例，“反郑之埤，东卫之亩，尊天子于衡雍”(《简选》)；构成联合结构1例，“国有游蛇西东”(《明理》)；构成连谓结构1例，“师遇周而东”(《悔过》)。

## 4. 说明

本文对名词词类活用数量的统计主要来自《吕氏春秋词典》(张双棣等，2009)和《吕氏春秋词类研究》(殷国光，2008)两本书，但由于两本书的判定方式略有出入，统计结果也有偏差。因此，本文使用的数据和计算的结果也可能与实际情况略微有所不同。但是，我们认为，这种偏差并不影响整体的规律性，本文的分析仍然是可靠的。

认知语言学的理论已经广泛地用于对现代汉语的分析，本文以《吕氏春秋》为例分析表明，该理论实则对整个上古汉语中的名词词类活用分析皆有参考意义。现代汉语的研究和古代汉语的研究各有特点，笔者也遇到了一些在现代汉语中不曾遇到的问题，例如对本义、引申义的判断影响着活用义的来源，又如由于语感的缺失和文献的有限很难判断具体语境下的词性，而这一点严重地影响着对词类游移的判定。接下来的研究中，希望能选取少量的词对两部文体相似、年代间隔恰当的文献做对比研究，更加客观地描述、分析上古汉语不同词类之间的游移。

## 参考文献

白　平，王定秀：《“词类活用”问题之我见》，《山西大学学报》，1999年第3期。

陈承泽:《国文法草创》，北京：商务印书馆，1982 年。

董性茂，贾齐华:《“词类活用”说的理论探讨与思考》,《信阳师范学院学报》(哲学社会科学版)，1997 年第 2 期。

郭锡良:《古代汉语语法讲稿》，北京：语文出版社，2007 年。

吕叔湘:《中国文法要略》，北京：商务印书馆，1956 年。

吕叔湘:《汉语语法分析问题》，北京：商务印书馆，1979 年。

马建忠:《马氏文通》，北京：商务印书馆，1983 年。

任福禄:《古代汉语“词类活用”说质疑》,《西藏民族学院学报》(社会科学版)，1992 年第 2 期。

施春宏:《名词的描述性语义特征与副名组合的可能性》,《中国语文》，2001 年第 3 期。

谭景春:《名形词类转变的语义基础及相关问题》,《中国语文》，1998 年第 5 期。

王冬梅:《现代汉语动名互转的认知研究》，北京：中国社会科学院研究生院学位论文，2001 年。

王　力:《汉语史稿》，北京：中华书局，2004 年。

殷国光:《吕氏春秋词类研究》，北京：商务印书馆，2008 年。

张伯江:《词类活用的功能解释》,《中国语文》，1994 年第 5 期。

张　敏:《认知语言学与汉语名词短语》，北京：中国社会科学出版社，1998 年。

张双棣，殷国光，陈　涛:《吕氏春秋词典》(修订本)，北京：商务印书馆，2009 年。

Taylor, J. R. *Linguistic Categorization: Prototypes in Linguistic Theory* [M]. Oxford: Oxford University Press, 1989: 183.

# 附录

《吕氏春秋》中可活用为动词的单义名词列举（90个）：

| | | | | | | | | | |
|---|---|---|---|---|---|---|---|---|---|
| 耳 | 子 | 裘 | 灰 | 醢 | 麛 | 布衣 | 脯 | 釜 | 舆 |
| 俎 | 素服 | 华 | 羽翼 | 蝼 | 侯 | 表 | 潦 | 巢 | 缟素 |
| 号令 | 陶 | 道德 | 舟 | 酒 | 膠 | 咎 | 绨 | 雷 | 帷 |
| 痿 | 醴 | 鸱夷 | 尸 | 师 | 几 | 麻 | 地 | 蛇 | 左 |
| 墨 | 臂 | 帝 | 禘 | 鬲 | 磿 | 疫 | 责 | 阨 | 伯 |
| 夜 | 禄 | 粟 | 狱 | 淖 | 目 | 位 | 辀 | 血 | 穴 |
| 赖 | 胼胝 | 兵 | 网 | 张 | 苍 | 桑 | 镜 | 蝗 | 黄 |
| 东 | 龙 | 踵 | 忠 | 虫 | 农 | 门 | 西 | 君 | 谶 |
| 身 | 臣 | 弦 | 弁 | 卵 | 官 | 垣 | 风 | 蚕 | 金 |

**【作者简介】**

郝暾，北京语言大学对外汉语研究中心2012级硕士研究生，研究方向为理论语言学。

**【专家点评】**

王丽娟：

这篇文章思路清楚，学术规范较好。但是个人感觉：一、第二部分“词类活用的不平衡性”与第三部分“名词活用的转喻分析”联系不太紧密；二、词类活用的不平衡性中，原创“依附性”部分的解释较主观。

童小娥：

一、文章中对依附性较高词语的例子解释不太恰当；二、转喻的分析不太精确。

玄玥：

论文选题有讨论价值，写作有创新，思路清晰，文章总体不错。但“依附性”的使用有待商榷，想知道它和认知语言学所说的“关联性”有何差别和联系？

# “告、⿶凵牛”新蠡

## ——基于历时动态化视角的古文形义考察

北京语言大学　黄劲伟

**提　要**　从历时角度看，古文“告”字构形经历了“→→→→告”的演变，最初构形从“牛”从“凵”，为牛在凵中，当隶作“⿶凵牛”，即“告”“⿶凵牛”同形。其原始本义为一种以“凵”（坎阱）为机关陷牛捕猎之法，久之演进为以“凵”为“牢”的畜牛之法，继而演化为以所养牲畜为祭牲进行祭祀的祭祀之法。甲骨文“⿶凵牛”的使用可分为两个系列，分别对应“告”的词义演变的不同阶段。作为祭祀活动的“告”其实就是薶祭，是一种以土薶牲的祭祀方法。

**关键词**　告　⿶凵牛　告祭　⿶凵牛祭　薶牲

## 1. 引言

告祭于甲骨卜辞十分常见。据郭新和（2008）统计，仅《甲骨文合集》就有“告” 祭卜辞600余条，例如：

（1）丁未卜，争贞：王告于祖乙。（《合集》1583）

（2）丙戌卜，大贞：告执于河，賁……沈三牛。（《合集》22594）

郭文指出，卜辞中告祭对象有商代先公先王（上甲、祖乙），商人高祖（夔、王亥、上甲、祖乙），殷人先妣、高妣、父王母后等，以及一些自然神、功臣；告祭方式既有单祭某神，也有集体合祭多位神祇；告祭原因有请先祖攘除疾病，商王出省田猎时向祖先告祭求平安，敌方侵扰时请求神佑自己不受祸害，商王亲征商军出征请求先祖庇佑，天象现异而行告祭以求丰收等；告祭地点包括宗庙、南室、盟室；告祭用牲主要有牛、豕、羊；告祭辅助祭祀时还可进行燎、沉、酒祭等。

学界一般认为⿱屮凵、⿱屮口等字[1]做祭名讲时，隶为“告”，用为动词，相当于“祰”。《说文·示部》：“祰，告祭也，从示告声。” 但 “告祭” 究竟是一种什么样的祭法，自《说文》以降，段玉裁、朱骏声、明义士、吴其昌等均未给出明确答案（以上几位成果见于潘玉坤等，2008。其他如：于省吾，1996；戴家祥，1999；徐中舒，1989；黄锡全，1982；周及徐，1992；徐山，2004；贾文，2001；郭新和，2008；李立新，2003；钱宗武、苏进跃，1989；邓明，1998；李玲玲、刘精盛，2012；黄劲伟、樊森，2013）。本文尝试利用古文字资料从动态的角度对“告”“⿶凵牛”“薶祭”“告祭”做系统考证，认为“告”“⿶凵牛” 同形，“告祭” 就是“⿶凵牛祭”，即坎祭、陷祭、薶祭，是一种设凵以土埋牲的祭祀。不当之处，尚祈批评指正。

## 2. “告、⿶凵牛” 同形一体

要讨论“告祭”，先得弄清“告” 字本形、本义。我们认为“告” 字本形为凵中有牛，隶作“⿶凵牛”，本义为陷牛之法，与“⿶凵牛” 字一样，除了表示陷兽捕获之

[1] 卜辞“告” 字形体，可参见中国社会科学院考古研究所（1965：38）、于省吾（1996：685）、刘钊等（2009：51）。

法外，还可表示埋牲祭祀之法。以下先从“告”“”二字的字形关联上予以讨论。

### 2.1 “告”字考辨

甲骨文、金文“告”字形体多样，概其要者有如下数端：

0.《合集》15602；1.《合集》20058；2.《合集》33193；3.《合集》20576；4.《合集》6139；5. 六年召伯虎簋《集成》4293；6.《合集》23056；7.《合集》33347；8. 亚告鼎《集成》1410；9.《合集》14753

**图 1**

其上为牛，古文形体大致经历了“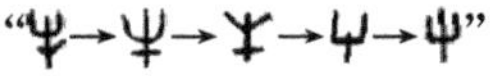”的演变，或像牛头之形，或像全牛之状，这点学界意见基本一致。

1、2. 牛鼎《集成》1104；3.《合集》32013；4.《合集》8974；5.《合集》9214；6.《戬》7.18；7. 叔簋《集成》4133；8. 师寰簋《集成》4313；9. 鄂君启车节《集成》12110

**图 2**

但对“告”下所从“”学界争议颇多。或认为是口形，古代学者如许慎、段玉裁、朱骏声，现代学者如徐中舒（1989）、钱宗武和苏进跃（1989）、邓明（1998）、李玲玲和刘精盛（2012）等；或认为是坎（捕兽陷阱）形，如朱歧祥（2010）；或认为是器皿形，如明义士（参见古文字诂林编纂委员会，1999：753）。如此常见的“告”字，学界的认识何以有如此大的分歧，这是值得深思的问题。

我们知道，一个表意字，无论象形还是会意，其形义之间必有联系，即表意字的本义，应该就是这个字原始构形所能传达的意义。对于这类字，观其形即可晓其义，这是“见形晓义”形训法的基础，也恰是汉字表意理据性的重要表现。因此，当我们对一些古汉字的构形原理疑惑不解时，也可采取逆向思考的方法，从字的意义去推论字的原始构形。而汉字往往一字多义，因此确定一个字的本义时，排除假借与引申，对推断该字的本形就显得格外重要。

一字之本义，必满足以下两个条件：其一，本义与其原始构形相合；其二，引申义与其本义具有合理明晰的渊源关系。否则，若形义不符或以引申义甚至假借义推论字的构形，其结论必然违背事实。《说文·告部》依据小篆字形“”认为：“告，牛触人，角箸横木，所以告人也。从口，从牛。”显然不能做到形义相合，后人根据“告”字告诉、报告等义项来分析“告”字构形，认为“从口，从牛”，这种见解的依据也不充分，因为“告诉之义”何以从牛并不清楚。

从语言的历时演变来看，很多共时存在的现象其实是不同历时阶段的层叠。显然，以往学者们的观点绝不是毫无道理，之所以如此分歧，是因为他们所取的仅是历时发展中的某一个断面。就“告”字而言，本文同意《说文》等将“告”字分析为有上下两个部件，但不是“从口，从牛”，而是“从凵，从牛”。朱岐祥之“坎穴（凵）说”[1]比较可信，此说也能更好地系联出较合理的“告”字词义系统。[2]

“告”字下部的形应为（典籍通常作坎），即坎陷形，其与“口”实是因形近而讹作的义符通用现象，而此现象在古文字字形演变中不乏可陈。韩耀隆（1987）列出与“口”因形近通用的义符有“甘”“厶”二部；王慎行（1992）罗列出包括“口凵”在内的18组“古文字形近偏旁混用例”。而最能说明“口、凵”通用的例子为古文“各”“出”二字。

“各”字上从夂，像倒趾形，下从，像居穴坑凵形，本字构形像足临居穴（人足趾向下陷入坑坎）。甲骨文初作或，后作或，最后变作或，最后之形体周代金文因之。“各”字有停止不前义。典籍“各”字通作“格”，《小尔雅·广诂》训格为止。（见图3）

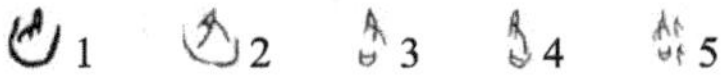

1.《合集》20985；2.《合集》20974；3.《合集》30923；4.《合集》31116；5.《合集》31164

**图3**

“出”字像足离居穴（人足趾向上离开坑坎），甲骨文作、，也作，与“各”字只是所从止（趾）向上向下之别。裘锡圭（1992）进一步解释：“古人穴居，或象坎穴（坎的象形初文本作）。整个字形以趾离坎穴表示外出。”（见图4）

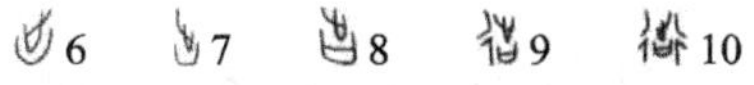

6.《合集》5134；7.《合集》6692；8.《合集》19322；9.《合集》20160；10.《合集》20276

**图4**

[1] 朱歧祥（2010）认为，“告”下为“凵”，其形为人工翻挖的井穴形，将其上部件看作标识物。

[2] 详见《汉语大字典》编辑委员会（2010：638）。

据上所摹古文字形，基本上可以断定二字大致经历了如下的演变：

可见，古文字中确有[illegible]（口）、[illegible]（凵）混用情况。此外，甲骨文“合”字有[illegible]、[illegible]二体，“舀”字有[illegible]、[illegible]两种，从[illegible]从[illegible]均无别。以上表明，汉字构形演变中“[illegible]（凵）→[illegible]（口）”为普遍现象。“告”字下部所从“[illegible]（口）”来自“[illegible]（凵）”的衍讹不足为奇。

因此，我们把甲骨文[illegible]字的发展轨迹做如下排列：[illegible]→[illegible]→[illegible]→[illegible]→告。那么，“告”字从牛从凵，当隶定为“凷”，其构字原形为牛在坎中之形。

## 2.2 “凷”字考辨

我们知道，甲骨文中已有字隶作“凷”，构形为“牛在坎中”，如下所示（见图5中1～3）：

1.《前》1.32.6；2.《合集》15615；3.《合集》21258；4.《合集》21257；5.《甲》3523；6.《合集》22123；7.《合集》16197；8.《合集》14313；9.《合集》10655；10.《合集》11752；11.《合集》10656

**图5**[1]

罗振玉《增订殷墟书契考释》：“此字象掘地及泉，实牛于中。当为薶之本字。或又从犬。”王襄《古文流变臆说》：“《周礼·大宗伯》：以狸沉祭山林川泽。契文象掘地为坎实牲其中之形，内之点为水或土，乃薶之本字。契文薶、沉亦为祭名，所从之牲有牛、羊、犬、豕之异。”饶宗颐《殷代贞卜人物通考》：“狸读为埋。埋于水与土中俱为狸；狸薶一字。”屈万里《殷墟文字甲编考释》：“本辞之‘[illegible]’，亦当是狸字。兹从通行书体写作埋。埋，埋牲之祭也。”[2]

可见，学界基本认为卜辞“凷”字与《说文·艹部》“薶”字等价。《说文·艹部》：“薶，瘞也。从艹狸声。”段注：“土部曰瘞，幽薶也。……《周礼》假借‘狸’字为之，今俗作‘埋’。”显然以上对“薶”字的说解依据的是小篆“[illegible]”字。这与出土所见古文字资料中的“凷”字在字形上完全风马牛不相及：“[illegible]”为形声字，“凷”为会意字。对于二字关系，商承祚（2003）指出，“此字象掘地及泉，置牛

[1] 图5中对应各字可分别隶定为：1～3凷、4圂、5～6[illegible]、7～8[illegible]、9[illegible]、10[illegible]、11[illegible]。

[2] 诸说参见潘玉坤等（2008：165）。

于中。当为狸之本字，狸为借字"，比较可信。那么，在我们判断该字本义时，能够作为依据的构形只能是可以直接表意的"𡆥"字，所谓"薶"字本义的解读也可进一步思考。

## 3."𡆥"分两系三阶

从以上讨论中，我们看到"告"字与一般所认为的"薶"字原始构形一致，都为"从凵，从牛"，像凵中有牛，都可隶作"𡆥"。那么，我们在探寻"告"字本义时，自然应该从"𡆥"出发。

如图 5 所摹，"𡆥"字其实代表的是构形理据一致，皆为凵中有动物的一组字。黄育婷（2012）根据凵中部件所指事物类型将"狸"(𡆥）字分为两类：一为动物，如；一类为非动物，如等，上方为人、亚、肉（月）等。前者字形上方为牛、犬、豕、鹿等猎物，下方相同的凵形部件表示陷阱；从后者字形上方物件不可以挖陷阱捕获来看，下方凵形部件为凹洞义，填入上方的部件应表献祭作用，不作陷阱解释。

黄文的研究，对我们认识"𡆥"字本义颇有启发。其实，黄文所整理的凵上为动物类的各个字形在卜辞中的用法并不完全相同。根据我们的考察，此类隶作𡆥的字，应分为两类：一类以""为代表，主要用于祭祀卜辞，读为"薶"，为一种瘗埋祭牲之法，例如：

（3）戊午卜，王，尞于宰□羊，𡆥三羊又一五。(《合集》14362）

（4）尞于河一羊，𡆥二羊。(《合集》14599）

（5）尞羊，𡆥三羊。(《合集》15601）

（6）(尞羊)，𡆥三羊。(《合集》15602）

（7）……𡆥五羊。(《合集》16195）

（8）□丑卜，尞三牢，𡆥二牢。(《合集》21260）

（9）戊子卜，(贞)：𡆥于河二（牢)。四月。(《合集》40401）

（10）……河二羊、𡆥三□。(《合集》40403）

（11）贞帝于东，𡆥冎豕，尞三羊，卯黄牛。(《合集》14313 正）

（12）辛巳卜，㱿贞：凶三犬，尞五犬、五豕，卯四牛。一月。(《合集》16197）

其中，如“寮于河一羊，凷二羊”意为：向河神燎祭一羊，薶祭二羊。

另一类则是以“𠙹”为代表，主要用于田猎卜辞，于省吾（1979）读为“陷”[1]，为一种坎陷捕猎之法，例如：

（13）……其𠙹麋于斿。（《合集》5579 正）

（14）……𪋻，毕。（《合集》10662 正）

（15）戊午卜，争贞：叀王自往𠙹。十二月。（《合集》6664 正）

（16）贞：王叀往𠙹，（毕）。（《合集》7075 正）

（17）壬申卜，𣪊贞：甫毕麋。丙子𠙹，允毕二百又九。（《合集》10349）

（18）……王𠙹麋……（《合集》10361）

（19）□巳卜，𠂤（贞）：王𠙹□网鹿。（《合集》10666）

（20）……𠙹，（毕）……（《合集》10668）

（21）……乎往𠙹。（《合集》10669）

其中，如“……其𠙹麋于斿”意为：在斿地挖坑设陷以捕获麋鹿。

从上述卜辞用例可见，以往读作“薶”的诸字实为两个系列：其一，凷为代表，表示埋牲祭祀之法，凵中动物为牛、羊、豕、犬等祭牲；其二，𪋻为代表，表示陷兽捕获之法，凵中动物为鹿、麋、兕等猎物。

如果说语言中的词义系统是一个动态、开放的系统，那么用来记录词义系统的文字符号则是一个相对滞后、保守的半开放系统。我们从动态的角度来探讨一个字的词义系统时，必然要考虑形义之间的时差问题。

我们认为凵中之物，牛、羊、豕、犬也曾经以猎物的身份出现过，即“凷”也曾为陷兽捕获之法。但随着捕猎技术的发展，捕获所得出现剩余，狩猎先民便将这些剩余猎物饲养在凵穴之中，此时的“凷”描画的是具有牢圈功能的畜养之所。而这一功能也随着人类自身居住条件的改善而从地下穴居或半穴居迁至地面房居，作为畜养之所的“牛在凵中”也发展为“牛在宀下”的“牢”字。在此阶段，这些牛、羊、豕、犬已不单单只是作为食物出现在人们的物质生活中，而是逐渐成为人们精神生活——祭祀的重要组成部分，成为专供祭祀的牲品。

[1] 裘锡圭（1992）释为“坎”。同一字形，两位大家分歧，反映了从不同视角、不同材料出发会得出不同结论。

就甲骨卜辞所见，排在前几位的祭牲动物正是这些已被驯服、专门饲养的牛、羊、豕、犬[1]、牢、⿱宀羊。关于“牢”，文献上有“太牢、少牢”之分，相当于卜辞的“大牢、小⿱宀羊”，按传统解释，“太牢”指牛羊豕三牲，“少牢”指羊豕二牲，这种说法不可信。胡厚宣（1939）认为“牢”或“⿱宀羊”是专指一牝一牡而言。张秉权（1968）和姚孝遂（1984）则一致认为，“牢”和“⿱宀羊”是指经过专门圈养用于祭祀的牛和羊。这一观点有先秦文献为据,《大戴礼记·曾子天圆》:“诸侯之祭,（牲）牛曰太牢；大夫之祭，牲羊曰少牢。”[2]可见，牛、羊、豕等动物在先民生活中的角色的确经历了从猎物到牲畜再到祭品的演变过程。这在考古、民族志、人类学、动物饲养史上都可找到证据，此不赘述。

“⿱牛凵”字词义系统的发展正反映了这一演变过程。现将“⿱牛凵”字诸义演变三个阶段图示如下：

**图 6**

根据刘兴林（1996）的研究，甲骨文于构形之初，古人尚不能以一种抽象概括的思维去区别祭祀、田猎中的每次活动、每种动物，故每种动物均造一字，这是造成甲骨文一字多形的重要原因。这也反映了商人对“国之大事，唯祀与戎”的认真与重视。于是一种设陷捕兽的打猎方法就有了“
”等一系列变体。受语言文字经济性原则支配，早期记录文字构形变体的多形区别字最终必然走上异体专用字的统一道路。而与上述猎物、牲畜、祭品相关的一系列动物字形变体走向统一的最佳选项，就是以“牛”为专用字。

[1] 驯服后的犬，其最主要功能是捕猎工具“猎犬”，因此，做祭牲用的犬远不如牛、羊、豕常见。

[2] 引自［汉］戴德:《大戴礼记·曾子天圆》(见《丛书集成初编》(1027 册)), 北京：中华书局, 1985 年，第 95 ～ 96 页。又高明注译:《大戴礼记今注今译》，天津：天津古籍出版社，1988 年，第 213 页。

最能体现汉字这一选取变化过程的莫过于“牝(图7)、牡(图8)、牢(图9)”三字。如下:

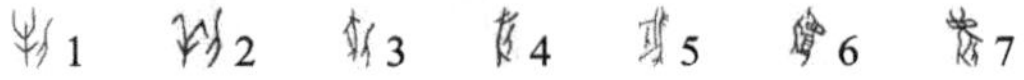

1.《合集》11149;2.《合集》11198;3.《合集》20181;4.《甲》3070;5.《合集》11049;6.《合集》17224;7.《合集》795

图 7

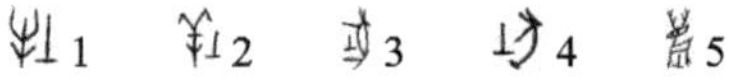

1.《合集》938;2.《合集》22222;3.《合集》22055;4.《合集》22363;5.《合集》8233

图 8

1.《合集》33933;2.《合集》35256;3.《宁沪》1.522;4.《合集》29415

图 9

上举字形中牛、羊、豕、犬、马、虎、鹰等构形最终都统一为“牛”。而且作为祭牲的“牺牲”二字也都以“牛”为偏旁。可见在汉字统一过程中,人们更倾向于以“牛”为代表来统一各字体,这与牛在当时祭祀中的重要地位是密切相关的。据甲骨文记载,商代祭祀用牲数量居前五位的是牛、羊、豕、犬、人,其中用牛最多。众所周知,牛在祭祀中地位最重,有无用牛的祭祀有“大牢”“少牢”之分,而纯白色的牛更是经常被作为神物奉献给天地神祇。

由此,我们可以将上文所述两个系列统一在下图所示的“凷→告”的演化过程中。

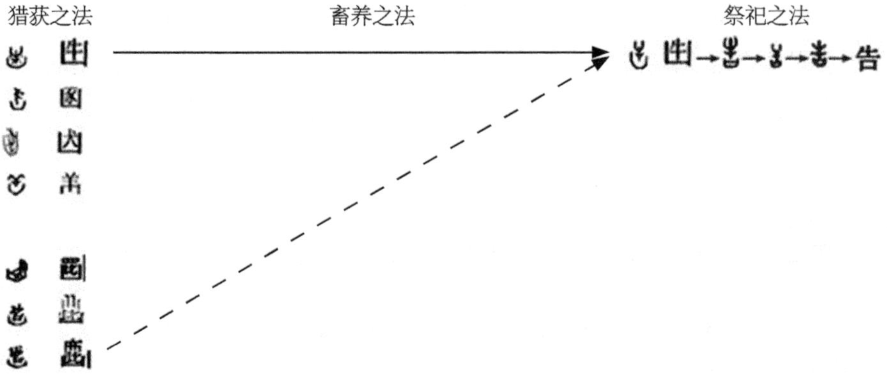


图 10

以𠱓为代表的系列一已经历了“猎获之法→畜养之法→祭祀之法”三个完整发展阶段（用实线箭头标识），而以𢉩为代表的系列二还处于第一阶段“猎获之法”（用虚线箭头标识），这也恰与当时牛、羊、犬、豕已经驯服而鹿、麋、麂、兕等动物尚未驯服是一致的。

因此，“𠱓”字本义应为设陷获牛的猎获之法，后经历“猎获之法→畜养之法→祭祀之法”三个阶段而发展为一种以土薶牲的祭祀之法。其祷告、报告、告诉等言说义皆由祭告义引申而来。“畜养之法”则由“牿”这一后起字以及“牢”字承担。[1]“猎获之法”则由“陷、坎”等代替。

## 4.“告、薶”二祭等同说

基于以上讨论，我们再对传统释为“薶”的“𠱓祭”和作为祭名的“告祭”卜辞进行重新考察。

首先，我们梳理了甲骨卜辞中有关“𠱓（薶）”祭和“告”祭的卜辞，发现二字之后往往连接的是表示动物的名词，且在句式上也有相同之处。

### 4.1 “𠱓（薶）”祭

①𠱓＋（于）＋神祇＋祭牲：

（22）……𠱓于河一𦍌。四月。（《合集》14609）

（23）……𠱓于河二𦍌。四月。（《合集》14610）

（24）……（𠱓）于河四𦍌。（《合集》14611）

（25）（𠱓）于河……（《合集》14612）

（26）……（𡆥）于河□𦍌，𠱓……（《合集》14613）

（27）……𠱓于…四牛，宜三豕。（《合集》16198）

（28）戊子卜，（贞）：𠱓于河二（宰）。四月。（《合集》40401）

②𠱓＋祭牲

（29）戊午卜，王，𡆥于灊□𦍌，𠱓三𦍌又一𤣩。（《合集》14362）

（30）𡆥于河一𦍌，𠱓二𦍌。（《合集》14599）

[1]“牢”与“告”在“牛马圈”义上具有同源关系，是“告”的分化字。这一点另有专文讨论，此不赘述。

（31）賁羊，𠁁三羊。（《合集》15601）

（32）（賁羊），𠁁三羊。（《合集》15602）

（33）……𠁁五羊。（《合集》16195）

（34）辛卯，贞其𠦪禾于河，賁二牢，沈牛二。（《合集》33283）

分析①②两组例子，可以看到"𠁁"后祭牲多为牛、牢、羊。值得注意的是，𠁁常与"燎""沉"等祭法一同出现。据统计，甲骨卜辞中"燎"祭相关卜辞共有1477例，其中带牲卜辞560例（牛321、羊82、豕55、牢102）；𠁁祭与"燎"同现的情况9例。[1]统计列表如下：

**表1**

| 考察对象 | 燎 | 沉 | 燎+沉 | 其他 | 合计 |
|---|---|---|---|---|---|
| 𠁁 | 9 | 0 | 0 | 27 | 36 |

## 4.2 "告"祭

③告+（于）+神祇+祭牲：

（35）丙戌卜，争贞：告执于河。（《合集》805）

（36）丙戌卜，大贞：告执于河，賁……沈三牛。（《合集》22594）

（37）告上甲三牛，岁于父丁，即宗。（《合集》32334）

（38）辛丑，贞日㞢戠，其告于上甲……牢，宜大牢。（《合集》33697）

（39）丁未，贞告其（出），于河五牢。（《合集》34144）

（40）壬戌，贞：其告执于田。

（41）壬戌，贞：其告田二牛。

（42）壬戌，贞：其告于田四牛。（SM11[2]）

④告+祭牲：

（43）……告□叀□牛𠁁□。（《合集》15230）

（44）其告一牛。（《屯南》2193）

（45）丙戌卜，大，贞告执于河，賁……沈三牛。（《合集》22594）

[1] 统计数据依据香港中文大学中国文化研究所汉达文库之甲骨文资料库。

[2] SM11片见于胡厚宣（1998：124）。

（46）癸未卜，彭贞：告羊。（《合集》30596）

（47）告一牛。（《合集》30597）

分析③④两组例子，可以看到“告”后祭牲也多为牛、牢、羊。而“告”祭也可与“燎”“沉”等祭法一同出现。同样，据统计，“告”祭相关卜辞例3878例，除去“一告、二告、三告、大告、小告”和表“报告”义等非祭祀卜辞外（刻辞漫灭无法释读者除外），带牲卜辞共105例（牛87、羊8、豕5、牢5）。其中“告”与“燎”和（或）“沉”同现的卜辞67例。统计列表如下：

**表2**

| 考察对象 | 燎 | 沉 | 燎+沉 | 其他 | 合计 |
|---|---|---|---|---|---|
| 告 | 65 | 1 | 1 | 743 | 810 |

通过比较4.1、4.2两组卜辞，可以发现“告”“凷”两种祭祀卜辞极为相似：①祭牲均为牛、牢等；②祭法都倾向于和“燎”同现，少与“沉”同现；③句式都为“V+（于）+神祇+祭牲”或“V+祭牲”。

众所周知，凷（薶）、沉、燎均为用牲之法。陈梦家（1936）根据古文字中所见的商周祭祀情况将常用祭名分为七类，其中第三类“以所祭之法为名者”即是指以用牲法作为该种祭祀名称的规则。既然燎、沉、凷（薶）作为祭名分别记录的是焚牲以祭，投牲入水以祭，埋牲以祭的处理祭牲之法（李立新，2003），那么“告”祭之“告”也应该是能够通过字形描绘出该祭祀用牲之法的祭名。

我们知道，出土所见古文字资料中“”字构形为“水中有牛”，“凷”字构形为“凵中有牛”，根据上文对“告”原本字形的构拟：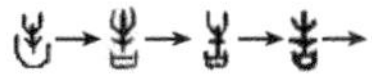告，也可隶作“凷”，也为“凵中有牛”义，我们有理由推测“告”祭也是埋牛于凵中的一种祭祀方式，与传统所释的薶祭相通。

其次，我们看到“告”与“凷”不仅在系列一的祭祀上有共通之处，而且在“凷”的另一类用法系列二，即设陷猎获之法上，也有着相似之处。根据上文中所列的部分卜辞考察可知，不论是“告”还是“凷”，在作为一种设坎陷猎获的方法时，所获猎物均为大型动物，如鹿、麋、牛等。《说文》有“阱，陷也”之句，段注曰：“穿地陷兽。”孙雍长（2007）根据甲骨卜辞归纳出了殷周时代有徒手捕捉、弓矢射取、布设网罟、安置陷阱等八种主要的狩猎方式。八法各有侧重，其中针对大型或凶猛野兽则多采用“安置陷阱”（挖掘坎阱或利用自然坎穴）引其入凵的方法，这与当时生产力条件相一致。“告”或“𠙹”原本构形从凵从牛，像牛在凵中之形，正形象地体现了狩猎先民设陷捕获野牛这一古老的狩猎场景。这可在文献、考古及民族材料中找到线索。元代熊太古《冀越集记》卷上《象驼》中也有南人设陷捕象的记载：“人掘坑坎，以草木覆之。或象陷于坑中，饿数日，人以草饲之……”明谢肇浙《五杂俎》卷九记载：“唯有独象，时为人害，则阱而杀之。”（转引自周士琦，1994）据邓向福（1965）《野牛的生活习性及其捕捉法》考察，在我国西南山区，直到20世纪60年代还保留着设阱捕捉野牛的方法。[1]

综上所证，“告”“𧃶”原始构形均隶作𠙹，二字实为同源的异体分化字。据此，我们可以尝试对部分相关卜辞做出新的解读。

如下列有关“告”字的卜辞：

（48）己亥卜，王（贞）：其逐，（㞢）告鹿。（《合集》10635）

（49）……才淒，犬告狐，王……引吉。（《合集》27901）

（50）戊辰卜，才淒，犬中告麋，王其射，亡𢦏，𠬝。（《合集》27902）

（51）乙未卜，才盂，犬告有（鹿）。（《合集》27919反）

（52）牢，犬□告，王其比，亡𢦏，𠬝。（《合集》27920）

（53）盂，犬告鹿，其比，𠬝。（《合集》27921）

（54）……告有兕……（《合集》33360）

（55）戊戌卜，贞：才[illegible]，犬[illegible]告[illegible]鹿，王其比射，往来亡灾。王□吝。（《合集》37439）

（56）……（𠀠）叀……告麑兕。（《合集》37467）

在以往的研究中，多认为此类卜辞中的“告”表报告义，为犬来告知有猎物痕迹。而根据上文“告”字形的分析，“告”从凵从牛，为牛在凵中义，与“𠙹”字构形理据一致，那么以上“告”字能否也理解为挖坑捕兽之法呢？答案是肯定的。以“戊辰卜，才淒，犬中告麋，王其射，亡𢦏，𠬝。（《合集》27902）”为例，

[1] 邓向福（1965）在文中实录了1958—1959年间云南热带生物资源考察队和西南动物研究所在该地区捕捉野牛的研究工作。野牛性暴，抓捕野牛需先于其活动区域内、来往道路上挖掘长4米、宽3米、深3米的陷坑。待野牛落坑后，隔避生人，3~5天后饲以蔓生秀竹、白茅嫩草及含盐清水。再后几日可以粗大树干于陷坑周匝做栅栏，围成饲养场。待野牛性稍稳后则每日专人定时饲养。再后可牵回饲养。

其中“犬中告麋”我们完全可以做如下解读：一个名中的犬人（职官）设陷坑捕获麋。其他也都可以做出类似的解读：“告鹿＝告有鹿[1]＝[glyph]”“告狐＝[glyph]”“告兕＝[glyph]”等。

再如：

（57）其告一牛。（《屯南》2193）

（58）甲子卜，即贞：告于丁，酒，亡它。（《合集》23065）

（59）癸未卜，彭贞：告羊。（《合集》30596）

（60）告一牛。（《合集》30597）

以往的解读为用一牛、用羊行告祭，但若我们将“告”理解为“从凵从牛”的“㞢”字，联系“㞢”在卜辞中的用法，那么如“告于丁”类或可理解为“向丁薶一牛”。

其实，卜辞中这种用一个会意字形来包孕多种句子成分的用字现象十分常见，通常称作“会意包孕句子成分”现象。比较以下三组例子：

（61）a. 壬申卜，㱿贞：甫𢍰麋，丙子[glyph]？允𢍰二百又九。（《合集》10349）

b. ……王[glyph]麋……，……麋（𢍰）……吉𢍰。（《合集》10361）

（62）a. 呼[glyph]，获？（《合集》10643 反）

b. 逐豕，只。（《合集》390 反）

（63）a. 贞𡆥于河□羊，[glyph]，卯二牛？（《合集》14558 正）

b. ……河𡆥五牢，[glyph]五□。（《合集》33280）

以上三例的 a 句中的“[glyph]、[glyph]、[glyph]”很可能应读作“陷麋、逐豕、沉牛”，因为动词的宾语已经包含在会意字中，所以不必重复写出。郭沫若（1983）认为“[glyph]”像麋陷于阱中之形，罗释为阱，案当是“阱麋”二字的合文。知者，以下言“允擒二百又九，不复言麋也”。裘锡圭（1980）指出：“卜辞里面不跟兽名的[glyph]、[glyph]、[glyph]诸字，大概多数应该分别读为‘陷麇’‘陷鹿’‘陷麋’。”这种“会意包孕句子成分”现象不仅存在于甲骨文中，纳西东巴文中同样存在。

早期的东巴经字少词多，没有逐词记录语言，只记下句子的主要成分，十来

[1] 卜辞中“有＋N=N”极为常见，尤其是“有＋动物”往往就相当于“动物”，其中“有”用作词头。详见喻遂生（2002）。

个字往往要读五六十个音节（词），大量次要成分都是在诵经时补充出来的。会意字类似图画，包含了有关的句子成分，如主体、客体、工具、动作等，从不同的角度理解就可能有不同的读法。[1]如“藤”字：

（64） ka55 ȵi33 藤，又读 lv55 缠，ka55 ȵi33 dzər21 to55 lv55 藤缠树。
藤 树 抱 缠

看主体是藤，看动作是缠，主客体动作一起看就是藤缠树。由于会意字已经包含了动作的客体，在行文时就没有必要把客体再写一遍，如“佩”字：

（65）

 hæ33 佩，又读 gæ21 hæ33 佩剑，tʂusa21 nɯ33 gæ21 tha55 hæ33 男子佩利剑。
剑 佩 男子 （助） 剑 利 佩

刀在腰间即佩，“佩刀”若再画一把刀在旁边，在原始文字中反而不合情理。

相对来讲，甲骨文发展程度远高于东巴文。例（61）～（63）的 a 句中的“、、”实际宾语已经包孕在动词会意字中。

## 5. 结语

以上讨论仅是从动态角度考察古文字形义的一种尝试。通过以上讨论，得出如下结论：

① “告”字原始构形为从凵从牛，像凵中有牛之形，当隶作“⿶凵牛”。其字形演变轨迹为：→→→→告。

② “⿶凵牛”字本义为设陷获牛的猎获之法，后经历“猎获之法→畜养之法→祭祀之法”三个阶段而发展为一种以土薶牲的祭祀之法。

③ 以往研究所揭示的“⿶凵牛”字诸形应分为“⿶凵牛、⿶凵羊、⿴囗豕、⿴囗犬”（系列一）和“⿶凵鹿、⿶凵豕、⿴囗罒、⿶凵兕”（系列二）两个系列，分别代表了“⿶凵牛”的祭祀之法和猎获之法的两个发展阶段。系列一凵中之物完成了“猎物→牲畜→祭品”的角色转变，已成为祭祀活动中的祭牲；系列二凵中之物未完成“猎物→牲畜→祭品”的角色转变，仍处于初级狩猎活动中的猎物角色。

④ 历时研究，如果仅从材料所见归纳结论，所得往往出现分歧。一是“眼见未必为实”，材料本身可能具有“欺骗性”；二是“横看成岭侧成峰”，角度不同，所见不同。以往研究所揭示的“薶”仅代表了“⿶凵牛”的部分词义：埋牲于凵中，

[1] 更多东巴文“会意包孕句子成分”异读现象见喻遂生（2002）。

而未能揭示古文“𡆥”字形体的原始本义。同样，将“告”字径直理解为“祷告、报告、告诉”等义，不能做到形义相合，也无法梳理出较为合理的“告”字词义系统。从历时的角度，将“告”与“𡆥”联系在一起来考察，则可解释许多以往无法解释的问题：如“告祭”与“薶祭”相关，也是一种祭祀法，与“燎”“沉”等祭祀用牲法相类，所不同者，“燎”以火焚牲，“沉”以水沉牲，“告”以土薶牲。

# 参考文献


陈梦家:《古文字中之商周祭祀》,《燕京学报》，1936 年第 19 期。

戴　德:《大戴礼记·曾子天圆》,《丛书集成初编》(1027 册)，北京：中华书局,1985 年。

戴家祥:《金文大字典》，上海：学林出版社，1999 年。

邓　明:《“告”字发微》,《古汉语研究》，1998 年第 2 期。

邓向福:《野牛的生活习性及其捕捉法》,《生物学通报》，1965 年第 1 期。

高　明:《大戴礼记今注今译》，天津：天津古籍出版社，1988 年。

古文字诂林编纂委员会:《古文字诂林》，上海：上海教育出版社，1999—2004 年。

郭沫若:《卜辞通纂》，北京：科学出版社，1983 年。

郭新和:《卜辞中的“告”》，郭旭东,《殷商文明论集》，北京：中国社会科学出版社，2008 年。

韩耀隆:《中国文字义符通用释例》，台北：文史哲出版社，1987 年。

《汉语大字典》编辑委员会:《汉语大字典》(第二版)，武汉：崇文书局，成都：四川辞书出版社，2010 年。

胡厚宣:《释牢》,《中央研究院历史语言研究所集刊》(第八本第二分册)，1939 年。

胡厚宣:《美国所见甲骨补录》,《苏德美日所见甲骨》，成都：四川辞书出版社，1998 年。

黄劲伟，樊　森:《也谈“告”字形义》,《华中师范大学研究生学报》，2013 年第 1 期。

黄锡全:《“告”“吉”考辩》,《吉林大学研究生论文集刊》(第 1 集)，1982 年。

黄育婷:《由文字构形组合窥探字义延伸轨迹与汉字认知思维——以“狸”为例》，第 24 届北美汉语语言学会议——纪念赵元任先生诞辰 120 周年会议，旧金山：旧金山大学，2012 年。

贾　文:《甲骨文字考释三则》,《承德民族师专学报》,2001 年第 1 期。
李立新:《甲骨文中所见祭名研究》,北京:中国社会科学院研究生院学位论文,2003 年。
李玲玲,刘精盛:《“告”字本义考》,《汉字文化》,2012 年第 2 期。
刘兴林:《甲骨文田猎、畜牧及与动物相关字的异体专用》,《华夏考古》,1996 年第 4 期。
刘　钊,洪　飏,张新俊:《新甲骨文编》,福州:福建人民出版社,2009 年。
潘玉坤等:《古文字考释提要总览》,上海:上海人民出版社,2008 年。
钱宗武,苏进跃:《释告》,《古汉语研究》,1989 年第 3 期。
裘锡圭:《甲骨文字考释》,中国古文字研究会等,《古文字研究》(第四辑),北京:中华书局,1980 年。
裘锡圭:《释坎》,《古文字论集》,北京:中华书局,1992 年。
商承祚:《殷墟文字类编》,北京:北京图书馆出版社,2003 年。
孙雍长:《从甲骨文看殷周时代的田猎文化》,《广州大学学报》(社会科学版),2007 年第 1 期。
王慎行:《古文字与殷周文明》,西安:陕西人民教育出版社,1992 年。
徐　山:《释“告”》,《长安大学学报》,2004 年第 3 期。
徐中舒:《甲骨文字典》,成都:四川辞书出版社,1989 年。
姚孝遂:《牢、考辩》,中国古文字研究会等,《古文字研究》(第九辑),北京:中华书局,1984 年。
于省吾:《甲骨文字释林》,北京:中华书局,1979 年。
于省吾:《甲骨文字诂林》(第一册),北京:中华书局,1996 年。
喻遂生:《从纳西东巴文看甲骨文研究》,《甲金语言文字研究论集》,成都:巴蜀书社,2002 年。
张秉权:《祭祀卜辞中的牺牲》,《台湾“中央研究院”历史语言研究所集刊》(第三十八本),1968 年。
中国社会科学院考古研究所:《甲骨文编》,北京:中华书局,1965 年。
周及徐:《释告及所谓甲骨文牛龄诸字》,《古汉语研究》,1992 年第 2 期。
周士琦:《我国古代养象训象》,《大自然》,1994 年第 4 期。
朱歧祥:《说“争”》,中国古文字研究会等,《古文字研究》(第二十八辑),北京:中华书局,2010 年。

**【作者簡介】**

黄劲伟，北京语言大学2013级博士研究生，研究方向为语言学及应用语言学。

**【专家点评】**

华学诚：

内容丰富，材料的文献考证都下了功夫，有自己的思考，也发现了自己的问题，在解决问题中有了自己的探索。建议材料引用方面应该尽量用原始材料。同形异体的这几个字的论证性不是很强。同形异体的字单纯的字形联系在一起是不够的，能够找到词的用例，这个证明力更强。逻辑方面还是需要加强。

王鸿滨：

文章行文规范，角度新颖，材料做得扎实。对字的形体和意义两方面说服力都很强，形和义都有所创新。可以对行文专业术语再进行界定。文章中字可以联系《卜辞》和方言再做更深入的考证和联系。希望能把文章中零零散散出现的字系联到一张图中，从中找出汉字系统之间的关系。

# 4

# 论《石头记》中脂批的叙述声音*

北京语言大学　刘玄

**提　要**　本文力图从叙述声音的角度，对《脂砚斋重评石头记》（甲戌本）中的脂批进行分类和深入的分析，在假设脂批对《石头记》文本具有修辞作用的基础上，研究脂批在《石头记》文本中作为作者型叙事者和个人型叙事者的叙述声音的形式效力。

**关键词**　《石头记》　脂批　叙述声音　叙述者　含混反讽　叙事时空

* 本文中脂批和《石头记》正文的引文均引自曹雪芹的《红楼梦古抄本丛刊：脂砚斋重评石头记》（甲戌本）（北京：人民文学出版社，2010年）；本文有关叙述声音的概念主要参考兰瑟的《虚构的权威：女性作家与叙述声音》（北京：北京大学出版社，2002年）中的概念和分类。

## 1. 引言

有些文学作品的问世，显得如此的独特，足以撼动一个民族的精神。《红楼梦》正是这样一部作品。两百年来，无论对这部作品有怎样的理解，《红楼梦》对每个人来讲都是“新”的，鲁迅就曾赞叹，“自有《红楼梦》出来以后，传统的思想和写法都打破了”[1]，夏志清也说过，“即便是最好的现代小说，在深度和广度上也难以与《红楼梦》相匹敌”[2]。

本文在审视《红楼梦》的独特叙事手法时，选择脂批作为切入点。中国古代小说评点是一个独特的文化现象，我们不能将其当作单纯的文学批评看待。评点在中国小说史上虽然是以批评的面貌出现的，但其实际所表现的内涵远非文学批评可以涵盖。从现存脂评本所反映的情况来看，曹雪芹自甲戌的历次修订稿，书名都清一色地写作《脂砚斋重评石头记》，甲戌本《石头记》第一回中也曾明确写道“至脂砚斋甲戌抄阅再评仍用石头记……”[3]，这大概可以说明，隐含作者一直坚持将脂砚斋的“评”和他的小说相并列，从而凸显出脂批与《红楼梦》浑然一体的特性。这是其他任何小说评点所不具备的特点。如果说小说评点融“批”“改”为一体是一个颇为独特的现象，那么与《红楼梦》相伴而生且共存于文本之中的脂批与小说文本之间的关系，则更非“批”“改”二字可以概括。

对于脂批，目前学界的研究主要集中在将脂批作为《红楼梦》批点中的一种，研究其对小说理论的意义，或者作为《红楼梦》索引的论据（参考刘继保，2007）。基于上述考虑，本文试图将甲戌本《石头记》中的脂批作为叙事文本中的一部分来研究。能否将小说评点作为探讨小说叙事艺术的材料，学界还没有公允的判断，但对于脂批这个文学史上独特的评点现象，我们或许可以放宽眼光，将脂批看作文本的有机组成部分，对其形式效力进行深入的探寻。

[1] 引自鲁迅:《中国小说的历史的变迁》，北京：中国文史出版社，2002 年，第 82 页。
[2] 引自夏志清:《中国古典小说史论》，南昌：江西人民出版社，2001 年，第 108 页。
[3] 引自曹雪芹:《红楼梦古抄本丛刊：脂砚斋重评石头记》(甲戌本)，北京：人民文学出版社，2010 年，第 16 页。

# 2. 脂批：作者型叙述者的叙述声音

## 2.1 脂批作为作者型叙述者声音向读者“讲述”

作者型叙述声音是指一种“‘异故事的’、集体的并具有潜在自我指称意义的叙事状态”[1]。脂批直接评论作品中的人物、情节、主题、结构等在文本中十分常见，这些批点一般被看作一种对《石头记》的文学分析，然而脂批从口气和态度上都是不同于一般的文学性评论的。我们未尝不能将这类批点中的部分，看作脂批在承担叙述者的评论功能。很多《石头记》叙述者没有表态的事，都是由脂批旁敲侧击地告诉读者。写人物，摔玉事后，黛玉说明日再看不迟，脂批“总是体贴，不肯多事”[2]；写情节进展，“为葫芦案伏线”“已伏下至金陵一节矣”[3]等。既然作者将脂批看作他作品的一部分，那我们可以设想，他也可以将叙述者的评论工作，交给脂批。这样的处理方式，或许可以看作是隐含作者的一种潜在的故意。文本和评点形成了一种阅读关系网络，脂砚斋从小说文本中生发，延伸了文本的内容，也拓展了读者的阅读想象。可以说，脂批构建了一个叙述自我，不同于故事叙述者显示的表达方式，是以一种肯定的口吻，向读者“讲述”故事叙述者并没有说明的事情。

## 2.2 脂批作为作者型叙述者声音形成的效果

### 2.2.1 效果一：对叙述者可靠性的质疑

且看第一回眉批：“知眼泪还债，大都作者一人耳，余亦知此意，但不能说得出。”[4]和第三回批点：“前文反明写宝玉之哭，今却反如此写黛玉。几被作者瞒过。这是第一次算还，不知下剩还该多少？”[5]这种直接告诉读者叙述者在文本背

[1] 引自兰瑟：《虚构的权威：女性作家与叙述声音》，北京：北京大学出版社，2002年，第12页。

[2] 引自曹雪芹：《红楼梦古抄本丛刊：脂砚斋重评石头记》(甲戌本)，北京：人民文学出版社，2010年，第98页。

[3] 引自曹雪芹：《红楼梦古抄本丛刊：脂砚斋重评石头记》(甲戌本)，北京：人民文学出版社，2010年，第44页。

[4] 引自曹雪芹：《红楼梦古抄本丛刊：脂砚斋重评石头记》(甲戌本)，北京：人民文学出版社，2010年，第20页。

[5] 引自曹雪芹：《红楼梦古抄本丛刊：脂砚斋重评石头记》(甲戌本)，北京：人民文学出版社，2010年，第97页。

后还有深意，有隐喻的批语在书中极为常见。

从表层的效果来看，脂批似乎是在否定叙述者的本意，正如“风月宝鉴”的隐喻，脂批指出的正是本书的阅读定要从两面来看。众所周知，《红楼梦》是作者戴着镣铐跳舞的创作，文中的深意，作者试图通过姓名的隐喻、谋篇布局的设计、谶语等方法暗示读者。作者深恐自己想要表达的淹没在叙述者日常、细碎的描写当中，所以脂砚斋时时提点，试图让读者不要忘记，如果想理解此书，一定要通观全书，时时将书之“大关键处”“总纲”记于脑海。进一步想，“是”与“不是”、“正解”和“反解”更像是隐含作者和脂批共同组织的一场和读者比拼理解力的游戏，脂批作为《石头记》最外层的叙述者，对文本内全知的叙述者提出了质疑，时不时就跳出来告诉我们，别相信讲故事的人，他有事瞒着没说。在时不时中断的阅读中，读者不得不停下来思考：叙述者所言究竟为何？这实际上是让读者质疑《石头记》的叙述者的可靠性。脂批的意思似乎是，隐含作者在此所要表达的意思远远大于叙述者所说明的内容，这样《石头记》的叙述者就成了不可靠的叙述者。读者在阅读文本的过程中，自然会因为批语而质疑叙述者的判断和价值观。这让文本本就复杂的思想、价值判断和道德规范等变得更加复杂。

### 2.2.2 效果二：意图的含混

“天香楼”一案，之所以成为现代红学界众说纷纭、难有定论的话题，正是因为作者删去了这一情节，却又把脂批对此事的批和评都留在书中。例如：“秦氏究竟不知系出何氏？所谓寓褒贬别善恶是也。秉刀斧之笔，是菩萨之心，亦甚难矣！”“如此写出可儿来历，亦甚苦矣！又知作者是欲天下人共来哭此‘情’字。”秦可卿死后，“彼时合家皆知，无不纳罕，都有些疑心”上批：“九个字写尽天香楼事，是不写之写。”[1]写设坛于天香楼上，为秦可卿超度，侧批：“删，却是未删之笔。”[2]回后批：“‘秦可卿淫丧天香楼’，作者用史笔也。老朽因有（其）魂托凤姐贾家后世二件，嫡是（非）富贵尊荣坐享人能想到处？其事虽为漏，其言其意则令人悲切感服，姑赦之。因命芹溪删去。”[3]

[1] 引自曹雪芹：《红楼梦古抄本丛刊：脂砚斋重评石头记》（甲戌本），北京：人民文学出版社，2010年，第258页。

[2] 引自曹雪芹：《红楼梦古抄本丛刊：脂砚斋重评石头记》（甲戌本），北京：人民文学出版社，2010年，第261页。

[3] 引自曹雪芹：《红楼梦古抄本丛刊：脂砚斋重评石头记》（甲戌本），北京：人民文学出版社，2010年，第274页。

纵观以上关于“天香楼”一事的批语，读者从中自然读出，秦可卿之死本不是因病，而是和她与贾珍之间的丑事直接相关。我们可以梳理出一个创作时空的故事，作者本已将此回写成，脂砚斋等人读过之后，念及故人，觉得不应将此事公布于众，所以让作者将此事删去。然删去之后，作者还留下第五回秦可卿题诗，“彼时合家皆知，无不纳罕，都有些疑心”等线索。对这些线索批者也没有再劝说作者删掉，反是在批语中议论此事。姑且不谈这些线索的留存是否符合作者的本意，现存的文本无疑给我们留下了对“天香楼”一案揣测和遐想的空间。无论是无意还是故意，“天香楼”一案通过作者和批点者的合作，成了《红楼梦》中最大的悬案。

“云烟渺茫”之中残留的线索，给读者留下了大片的空白和困惑。这种困惑，不仅仅体现在对“天香楼”情节的臆度上，也是在对“未删之笔”“不写之写”等表达的理解上。脂批参与其中，凸显了隐含作者在表述中“意图的含混”[1]，即相互悖反的意义的合力昭示了作者的矛盾心态。由叙述文本和评点共同构成的隐含作者对秦可卿之死至少表达了批评、同情、矛盾、揭露等几种态度。首先，删“天香楼”之文，是“菩萨之心”“大发慈悲也”；进而，叙述者留下“无不纳罕，都有些疑心”等文，则造成了所表述的意义彼此不合，如果可卿因病而去，又有什么可“纳罕”“疑心”呢？再者，评点者又主动暴露了删文的过程和部分内容，似乎是故意让“天香楼”一事若隐若现。而作为公开流传的版本，作者似乎也并未打算删掉这部分评点。这样来看，隐含作者对此事的态度确让读者感到无所适从，这样“合力”也确实在某种程度上表明了作者对此事的矛盾态度。在爱与憎之间，秦可卿的故事让隐含作者进退两难，也让读者不明所以。进而，我们可以将隐含作者对此事价值判断上的矛盾延伸到整个文本当中，情的尺度和道德的尺度之间的张力在文本中时刻绷紧，而作者几乎没有做出判断的意图。或许我们可以这样理解，《石头记》的隐含作者（包括脂批）是以人的尺度为价值判断的标准的，因而才会在对秦可卿之死一事的处理上，投注了如此复杂的情感，又出现了如此多的“欲言又止”。

---

[1] 此概念参考了威廉·燕卜荪（1996）。

# 3. 脂批：个人型叙述者的叙述声音

个人型叙述声音类似于热拉尔·热奈特（1990）所谓的“自身故事”的叙述，其中讲故事的“我”既是故事的讲述者，同时又是故事的参与者。

## 3.1 脂批作为个人型叙述者的声音

### 3.1.1 旁观者型叙述者的声音

此类脂批中的大部分，在人物的层次上表现为纯粹的旁观者或见证人。比如批语中常见的“作者与余实实经过”“句句都是耳闻目睹”“屈指二十年矣”等语，让虚构的小说文本具有了现实的来源。这无疑是承担了叙述者的见证功能，即“叙述者可采用各种让人信服的方式证实故事的来源，或发出某种触景生情的感慨，以此来说明其叙述的准确和感觉的真切”[1]。当我们把创作时空作为全书框架的时候，文本中的很多脂批都是在一个“芹脂创作”的时空中，回忆、追溯、感慨、讲述着。第一回：“昔子房谒黄石公，惟见一石，子房当时恨不随此石去。‘余亦恨不能随此石而去也。’”[2]第十三回，秦可卿死后托梦凤姐，眉批：“‘树倒猢狲散’之语，余犹在耳，屈指三十五年矣。伤哉，宁不恸杀！”[3]同一回凤姐细数宁国府五件风俗。眉批：“旧族后辈，受此五病者甚多，余家更甚。三十年前事，见书于三十年后，令余悲恸，血泪盈面！”[4]这样的评论，既不同于评论文本的结构形式和叙事方法的批点，也不同于上文评论事体、人物等的批点，而是以第一人称的方式回忆着、述说着，让本来虚构的故事，有了真切而实在的回忆和情感的依托。

### 3.1.2 主人公型叙述者的声音

脂批作为主人公型的叙述者时，叙述者处于故事中心，采用第一人称的内视角。这类叙述声音在脂批中并不多见，但这类批点，却是脂批中最独特，也是最

[1] 引自胡亚敏：《叙事学》，武汉：华中师范大学出版社，2004 年，第 52 页。

[2] 引自曹雪芹：《红楼梦古抄本丛刊：脂砚斋重评石头记》（甲戌本），北京：人民文学出版社，2010 年，第 10 页。

[3] 引自曹雪芹：《红楼梦古抄本丛刊：脂砚斋重评石头记》（甲戌本），北京：人民文学出版社，2010 年，第 255 页。

[4] 引自曹雪芹：《红楼梦古抄本丛刊：脂砚斋重评石头记》（甲戌本），北京：人民文学出版社，2010 年，第 274 页。

具魅力的。第八回:“吾观‘才从学里来’几句,忽追思昔日情景,可叹!”[1]是追忆的口吻。众人称赞宝玉写的斗方字法越发好了。眉批:“余亦受过此骗。今阅至此,赧然一笑。此时三十年前向余作此语之人在侧,观其形,已皓首驼腰矣。乃使彼亦细听此数语,彼则潸然泣下,余亦为之败兴。”[2]批书人这时候不仅站出来说这个细节是真真切切发生过的,而且说当时跟我说这句话的人就在身边,这时候两人同看此语,一个潸然泪下,一个为之败兴。这俨然就是一段小小的叙述文了。此外,前文曾提到,在“满纸”诗后,有眉批:“能解者,方有辛酸之泪哭成此书。壬午出席,书未成,芹为泪尽而逝。余尝哭芹,泪亦待尽。每意觅青埂峰再问石兄,奈不遇癞头和尚何?怅怅!……今而后,惟愿造化主再出一芹一脂,是书何幸!余二人亦大快遂心于九泉矣!甲申八月泪笔。”[3]“泪尽”“哭芹”等语,不仅在讲述一个一芹一脂创作《石头记》的故事,更是真真切切地写出了作为事件参与者的隐含作者内心的波澜。

### 3.2 脂批作为个人型叙述者的声音丰富了文本中的“幻”“真”关系

《石头记》中的“幻设语”,从作品命名就可以看出来了,所谓“石头记”是言此书不过一块“石头”所言之事,点明“幻”的主题。与此相应,小说开篇中石头身处“大荒山”“无稽崖”,它幻化为玉,在人世间温柔乡中遭遇了一回,记下此书。随后,小说又通过甄士隐一梦,交代了宝黛之间爱情的一段前世姻缘。继而,在第五回宝玉的梦中,作者又另设一层太虚幻境,为全书的主要人物命运埋下了伏笔。从大荒山幻境,降至“灵河岸、赤霞宫”幻境,再到“太虚”幻境,可以说隐含作者是有意地逐层推演,系统说明他的真幻时空。

而在大荒山的幻境,通过一僧一道和甄士隐的一个梦,与“大观园”时空勾连在一起,因为士隐在梦里梦外和一僧一道的三次相遇,而分不清真假。同时又有空空道人传抄此书,曹雪芹批阅十载,增删五次等句,让大荒山的虚幻世界和

[1] 引自曹雪芹:《红楼梦古抄本丛刊:脂砚斋重评石头记》(甲戌本),北京:人民文学出版社,2010年,第219页。

[2] 引自曹雪芹:《红楼梦古抄本丛刊:脂砚斋重评石头记》(甲戌本),北京:人民文学出版社,2010年,第228页。

[3] 引自曹雪芹:《红楼梦古抄本丛刊:脂砚斋重评石头记》(甲戌本),北京:人民文学出版社,2010年,第17页。

“曹雪芹”的批阅增删勾连。此处，这个虚无缥缈的“大荒山”时空和某某人传、某某人改、某某人题的“拟创作”时空也以空空道人为媒介融为一体，似乎试图将故事化虚为实，又意图将创作化实为虚。在这个复杂纠缠的时空关系之外，脂批的存在，又让“芹脂创作”这个相对真实的时空，和“曹雪芹于悼红轩中披阅十载，增删五次”纠结不清，同时将“芹脂创作时空”和“石头创作时空”交织在一起。这样的处理和马原在《冈底斯的诱惑》中直接跳出来，向读者声明这里的故事不是爱情故事有异曲同工之妙。

文本的五层时空中，如果不管其他几个时空，大观园时空内宝黛等的故事内容也足以涵盖《石头记》百分之九十的内容。然而隐含作者又为什么将文本的时空构建得如此复杂呢？太虚幻境和大观园都在基本的故事之中，太虚幻境是大观园的影子，是大观园的梦境。二者形成一种对应的关系。秦可卿、晴雯等人死后，都回到太虚幻境之中，仿佛大观园时空中发生的种种，不过是“一干风流冤家”“下凡”经历的故事。这样，大观园时空中琐琐屑屑、繁繁复复的生活细节就被架空了，这无疑拆解了大观园时空的真实存在感，形成了一种世事皆空、人生虚幻、恍若梦境的喻意。作者也借僧道之口，点出书之总纲：“那红尘中有却有些乐事，但不能永远依持；况又有美中不足，好事多磨八个字紧相连属；瞬息间则有乐极生悲、人非物换；究竟是到头一梦，万境归空。”[1] 如果仅仅是这两层时空，还不足以表达隐含作者创作的宏图。如果从“大荒山”来看，“太虚幻境”和“大观园”不过都是石头所讲的一个风流温存的故事，既无年代可考，也无事迹可证。在经过讲述、传抄等后，犹如尘世间的一缕青烟，缥缥缈缈若有似无。而这个“大荒山”，又因为一僧一道和甄士隐的梦，而和“大观园”“太虚幻境”之间分不清边界。这时，作为媒介的空空道人，又把这个“石头的故事”带入一个“拟创作”的时空中，这些人的传抄和删改，让石头的讲述也变得遥远而虚无，似乎只是个故事的引子，一个寓言的开始而已。进而，在“曹雪芹披阅十载”句中，脂批又曰：“若云雪芹‘披阅增删’，然则开卷后至此这一篇‘楔子’又系谁撰？足见作者之笔，狡猾之甚。”[2] 暗示读者，所谓“石头创作，雪芹披阅”都是

[1] 引自曹雪芹：《红楼梦古抄本丛刊：脂砚斋重评石头记》（甲戌本），北京：人民文学出版社，2010 年，第 14 页。

[2] 引自曹雪芹：《红楼梦古抄本丛刊：脂砚斋重评石头记》（甲戌本），北京：人民文学出版社，2010 年，第 16 页。

作者的狡猾之笔，是一种文法。真正的现实时空其实是“芹脂创作时空”。然而这批点又是何人所撰呢，是否也是一种狡猾的文法呢?

关于《石头记》这个精巧的开篇，前人已经有过无数的阐发，笔者只是想通过梳理这几层时空层层叠叠的关系，若有似无的边界，以及脂批在讲述“芹脂创作”时与作者构建的严密的时空之间的关系，寻找一种不同的阐释空间。在《石头记》“真—假—（真）假—真（假）—真”的复杂的时空关系中，“大荒山”时空之“真实”是将“太虚幻境”和“大观园”的故事时空“否定”为“虚构”，“拟创作”时空的“真实”也同样将“大荒山”“否定”为“虚构”。在此基础上，脂批的参与，又是将“拟创作”时空“否定”为“虚构”。文本中就构成了四重的“否定”关系。而在阅读过程中，读者也同样可将“芹脂创作”时空“否定”为“虚构”。

“《红楼梦》寓意结构的主脉是‘真假’。”[1]如果细细辨别这几层时空关系，到底何为真，何为假，已经难以厘清。真假关系的寓意，不仅仅体现在“甄”“贾”之辨上，更是隐含作者试图借小说之构架阐明的“大关键”。在这种“否定之否定”的关系中，造就了一种虚实循环，从而形成了一个“无限、绝对的否定性”，也就是“反讽”。[2]克尔凯郭尔在《论反讽的概念》中用譬喻的方式谈到反讽:“苏格拉底把世人从一切实质性中驱逐出去，就像把遇难乘客赤条条赶出沉船一般；他推翻实在性，在远处窥见理想性，触及它却未能占据它。”[3]在他看来，反讽源于独特的主体，这个主体与大众意识疏离，开始感觉到某种“非反讽”的大众感受不到的东西，因而相对于大众来说是一个“例外者”或“局外人”；但这样一种“例外”的本性又还有些晦暗不明，并未取得独立的内涵。《石

[1] 引自浦安迪:《中国叙事学》，北京：北京大学出版社，1996年版，第159页。

[2] 此处“反讽”概念可参照胡亚敏的《叙事学》(武汉：华中师范大学出版社，2004年，第116页)一书中的界定:“其核心在言意之间的对立，它展示的是言意之间错综复杂的关系……反讽重视语言符号中的能指功能，它有意破坏言意之间的对应关系，充分实现语言的歧义性。”另见，克尔凯郭尔《论反讽的概念：以苏格拉底为主线》(北京：中国社会科学出版社，2005年，第215页):“反讽是一种生存性规定。没有什么比认定反讽为某种言辞的运用更荒缪的了……如果真正拥有反讽，就永远拥有，而不会局限于特定的形式。因为它就是内在于它之中的无限。”

[3] 引自克尔凯郭尔:《论反讽的概念：以苏格拉底为主线》，北京：中国社会科学出版社，2005年，第180页。

头记》的故事正是在这样一种推翻实在、窥视理想的立场上，力图去触及某种建立在否定的循环之上的“真理”。当现实的世界（大观园的时空）已经在层层的真幻之间的相互否定中变得无法“占有”时，作者“假亦真来真亦假，无为有来有还无”的诗意就在小说文本的阐释中无限地丰富了。反讽的主体对整个存在感到陌生，而他对于存在也成了陌生人，由于现实对他失去了有效性，他自己在某种程度上也变得不现实了。这就是为什么曹雪芹会出现在石头时空中，是隐含作者对自身的不现实性的一种隐喻。在《石头记》中，读者可以明显地感觉到隐含作者对“真”与“幻”这一哲学问题的关注，隐含作者让他的世界成为一种相互之间否定又交融的“诡论式”的关系。或许必须通过这种含混不清的态度，隐含作者才能把他看到的“真假”“虚实”的矛盾整体性呈现出来。而作为主人公型叙述者的声音的脂批，无疑在这个循环中起到了关键的作用，让这个循环脱离了我们常规理解的故事层面，而进入“从前有座山”式的无限的循环当中。匠心独具的结构，最终是为了让读者对“真假”的寓意有更深层的体悟，“使其看到真与假是人生经验中互相补充，并非辩证对抗的两个方面”[1]。

## 4. 结论

脂批作为评点是如此的独特，才能给予后代的研究者无限的阐释空间。本文将脂批看作文本叙述声音的一部分，是文本复杂的叙事关系中的叙述者之一。一方面，脂批的叙述声音弥补了《石头记》显示表述方式可能存在的不足；另一方面，有助于探讨文本复杂的修辞和哲学上的深层意义。《石头记》是在尝试以石头的限制视角来叙事，但可能最终因其难度而放弃了，在这场文字的游戏中，脂批也有意无意地参与其中，并在一次次的删改中，逐渐成为文本叙事过程中不可缺少的部分，所以隐含作者才会在第一回将脂砚斋评点一事也写入故事之中。笔者认为，作者留下脂批作为文本的组成部分，是为了读者阅读的体验强度而服务的。虽然脂批同样起到其他作用，但是它们主要的作用是按照另一种尺度来影响读者的阅读和判断。

[1] 引自浦安迪:《中国叙事学》，北京：北京大学出版社，1996 年，第 160 页。

# 参考文献


[美]布　斯:《小说修辞学》,北京:北京大学出版社,1987年。

曹雪芹:《红楼梦古抄本丛刊:脂砚斋重评石头记》(甲戌本),北京:人民文学出版社,2010年。

胡亚敏:《叙事学》,武汉:华中师范大学出版社,2004年。

[丹]克尔凯郭尔:《论反讽的概念:以苏格拉底为主线》,北京:中国社会科学出版社,2005年。

[美]兰　瑟:《虚构的权威:女性作家与叙述声音》,北京:北京大学出版社,2002年。

刘继保:《〈红楼梦〉评点研究》,北京:北京图书馆出版社,2007年。

鲁　迅:《中国小说的历史的变迁》,北京:中国文史出版社,2002年。

[美]浦安迪:《中国叙事学》,北京:北京大学出版社,1996年。

[美]浦安迪:《明代小说四大奇书》,北京:生活·读书·新知三联书店,2006年。

[法]热拉尔·热奈特:《叙事话语·新叙事话语》,王文融,译,北京:中国社会科学出版社,1990年。

[英]威廉·燕卜荪:《朦胧的七种类型》,杭州:中国美术学院出版社,1996年。

夏志清:《中国古典小说史论》,南昌:江西人民出版社,2001年。


**【作者简介】**

刘玄,北京语言大学人文学院2009级古代文学专业硕士研究生,研究方向为古代文学批评。

**【专家点评】**

段江丽:

本文有三个比较突出的特点。

第一,角度新颖。本文将甲戌本《红楼梦》中的脂批作为叙事文本的组成部分,进而对脂批中"叙述声音"的类别性质及修辞效果进行具体的、比较深入的讨论,对于脂批研究来说,这是一个全新的角度。

第二,理论术语理解和运用比较准确。本文借用叙事学的一些理论概念来分析脂批,对理论概念的理解比较清楚、准确,理论与研究对象的结合比较贴切。

第三，综合来看，本文能够运用相关理论对研究对象做实事求是的理论分析，体现了较强的理论思辨能力。

不足之处在于对脂批研究现状应该有适当介绍。

曾广开：

切入点新颖，尤其是将脂批作为叙述整体的一部分，开拓了脂批研究的思路，为以后研究古典小说提供了可借鉴的角度。文笔叙述清楚，条理清晰，逻辑性强。在理论的运用方面，过于“顾及”理论，有套用之嫌，如能将理论完全融入分析过程会更佳。有一点建议，即可讨论脂批与作者的叙述是否是有意为之，对二者矛盾之处做进一步阐释。

华学诚：

整体上是不错的，基本具备学术论文的规范性。从学术研究上看，应该在正文之前对前人的研究成果有个大致的阐述，如果是全新的研究，也要说明新的视角或者新的理论。

# 苏轼与赵挺之关系考论

北京语言大学　李幸

**提　要**　赵挺之是苏轼在政治上的一个重要敌人。由于苏轼在赵挺之召试馆职时的直言批评，加上苏辙、黄庭坚与赵挺之的过节，导致了赵挺之对苏轼的仇视。元祐元年（1086）到元祐四年（1089），赵挺之与苏轼同朝为官，围绕着策题和科举取士问题，发生激烈交锋。

**关键词**　苏轼　赵挺之　关系　敌人

目前在对苏轼的研究中，与苏轼交游人物的考证文章洋洋大观，且集中在以“苏门四学士”和“苏门六君子”为代表的苏门文人集团内。但研究界往往忽略对苏轼敌人的讨论，而赵挺之就是这样一个常常被研究者忽略的角色。他与苏轼同朝为官，在徽宗时期一度官拜宰相。在政治上，由于两人属于不同的党派，加之私怨甚深，赵挺之与苏轼之间的斗争异常激烈。据苏轼《乞罢学士除闲慢差遣札子》《乞郡札子》《辨黄庆基弹劾札子》三篇札子的内容，我们可以知道，赵挺之在元祐年间多次上书弹劾苏轼，苏轼认为这是对自己的诽谤和谗毁。而苏轼在礼部为官时也利用手中职权打击赵挺之。因其种种积怨和党派对立，二人在元祐政坛上斗争不断，直至他们出京为官。

## 1. 苏轼与赵挺之交恶原因

苏轼在元丰末被召回京师为官后，其直谏敢言的个性以及名满天下的才学令他深受困扰，也因此树敌甚多。在被提拔为翰林学士后，“便为朱光庭、王岩叟、贾易、韩川、赵挺之等攻击不已，以致罗织语言，巧加酝酿，谓之诽谤”[1]。赵挺之便是其中之一。赵挺之（1040—1107），字正夫，密州诸城（今山东诸城）人。神宗熙宁三年（1070）进士，为登、棣二州教授，通判德州。哲宗元祐年间在朝历任集贤校理、监察御史。元祐四年（1089），因不论蔡确，出通判徐州，移知楚州。徽宗朝累官至御史中丞，力主绍述之说，打击元祐诸臣，不遗余力。大观元年（1107）卒，年六十八，谥清宪。

赵挺之作为赵明诚的父亲、李清照的公公，在李清照的家世研究中常被提起。而赵挺之作为苏轼在政治上的一个敌人，则很少被人所重视。事实上，二人同朝为官，由于党派之间政见不同，加之私怨甚深，赵挺之与苏轼之间的斗争异常激烈。苏轼在元祐三年所写的《乞郡札子》中说：“臣以此知挺之崄毒甚于李定、舒亶、何正臣，而臣之被谗甚于盖宽饶、刘洎也。”[2] 由此可以看出，赵挺之的确是苏轼在政治上的一个重要敌人。苏轼是元丰八年十二月到京任职，于元祐

[1] 引自苏轼：《乞罢学士除闲慢差遣札子》，苏轼，著，孔凡礼，点校，《苏轼文集》，北京：中华书局，1986 年，第 816 页。

[2] 引自苏轼：《乞郡札子》，苏轼，著，孔凡礼，点校，《苏轼文集》，北京：中华书局，1986 年，第 829 页。

四年三月出知杭州。赵挺之于元祐元年十二月授任馆职，元祐四年五月出通判徐州。二人在京为官的交集就是元祐初这三年多的时间。由于以往的积怨，加上元祐政坛上的党派斗争、政见之争，他们彼此互相打击对方。尤其是赵挺之，屡次上书弹劾苏轼，令苏轼在元祐政坛上多了一个政敌，处境更加凶险。

关于赵挺之与苏轼交往的最早时间并无史料记载，但据苏轼元祐三年十月所上的《乞郡札子》中透露，赵挺之在元祐元年召试馆职时遭到苏轼的非议，苏轼对赵挺之的学问和品行都给予了相当负面的评价，这直接导致了赵挺之的愤恨。

（1）御史赵挺之，在元丰末通判德州，而著作黄庭坚方监本州德安镇，挺之希合提举官杨景棻，意欲于本镇行市易法，而庭坚以谓镇小民贫，不堪诛求，若行市易，必致星散，公文往来，市人传笑。其后挺之以大臣荐，召试馆职，臣实对众言，挺之聚敛小人，学行无取，岂堪此选。[1]

赵挺之在德州任职期间，与黄庭坚在推行市易法上产生了分歧。黄庭坚政治立场属旧党，他认为，德安镇小民贫，实行市易法有困难，不同意这样做，与赵挺之公文往来，反复争论。苏轼在元祐元年已与黄庭坚结交，他很可能是通过黄庭坚了解到赵挺之的所作所为，因此才鄙视赵挺之的为人。同时，赵挺之作为王安石新法的推行者，为了讨好提举官而推行市易法，恐怕更是苏轼所厌恶的。由于苏轼对王安石变法持否定的态度，而赵挺之却是推行王安石新法的干将，二人在政治立场上存在鲜明对立。苏轼反对新法，反对王安石，对推行新法的赵挺之存在不满便理所当然。因此在赵挺之召试馆职的时候，苏轼直言不讳地表达出自己的不满，对赵挺之做出“学行无取，岂堪此选”的评判。而正因此使得赵挺之忌恨苏轼。苏轼对赵挺之的这次直言批评为日后二人在元祐年间的政治斗争埋下了伏笔。

第二个原因是黄庭坚与赵挺之交恶，这直接影响到了赵挺之与苏轼的关系。上文所引的材料中，黄庭坚就与赵挺之在推行市易法上发生分歧，而在元祐年间，二人同时在馆阁供职，多次发生言语上的不合。这使赵挺之格外仇视黄庭坚。

根据宋人李幼武在《宋名臣言行录》中的记载：

（2）元祐中，先生与赵挺之俱在馆阁，先生以其鲁人，意常轻之，每

[1] 引自苏轼:《乞郡札子》，苏轼，著，孔凡礼，点校，《苏轼文集》，北京：中华书局，1986年，第827～828页。

庖吏来问食次，赵必曰“来日吃蒸饼”。一日聚饮行令，先生云：欲五字，从首至尾各一字，复合成一字。赵沉吟久之，曰“禾女委鬼魏”。先生应声曰：“来力敕正整”，协赵之音。合坐大笑。赵又尝曰：乡中最重润笔，每一志文成，则太平车中载以赠之。先生曰：想俱是萝卜与瓜齑尔。赵衔之切骨，其后挤排不遗余力，卒致宜州之贬。[1]

元祐初，黄庭坚与赵挺之都供职馆阁，黄庭坚曾两次在言语上嘲讽赵挺之。黄庭坚先是用谐音的酒令嘲笑赵挺之，以“来力敕正整”谐“来日吃蒸饼”，又对赵挺之的自我夸赞泼冷水，这明显表现出黄庭坚对赵挺之的不屑和轻视。馆阁共事时黄庭坚两番嘲笑赵挺之，加上之前二人在德州任职时的矛盾，也就不难理解赵挺之对他“衔之切骨”。黄庭坚与赵挺之的交恶也为他将来的贬谪埋下了祸根。需要注意的是，在元祐年间，黄庭坚与苏轼的交往已经非常密切，苏轼甚至曾上书举黄庭坚自代。作为“苏门四学士”之一，黄庭坚应该是受到苏轼的影响，对赵挺之的人品学问颇为鄙视。反过来，黄庭坚与赵挺之的过节也加深了赵挺之对苏轼的仇视，甚至对苏轼和苏轼举荐的人才一起攻击，在元祐年间屡次上书弹劾苏轼。

第三个原因与苏辙对郭概的弹劾有关，而郭概正是赵挺之的岳父。元祐元年，苏辙以谏官的身份上《乞责降成都提刑郭概状》，劾奏都提点刑狱郭概欺上罔下，拖延公事。

（3）右臣窃见朝廷近日察知蜀中卖盐、榷茶及市易比较收息，为远人所苦，委成都提点刑狱郭概，体量事实。臣观此三事，利害易见，甚于黑白，凡有耳目莫不闻知，而郭概观望阿附，公行欺罔，其所奏报，并不指言实弊。……臣乞降圣旨，先行罢黜郭概，所有卖盐、榷茶、市易等事，乞别委官体量施行。[2]

苏辙上书指责郭概，认为他因畏惧茶官陆师闵的权势，不能及时体量蜀中卖盐、榷茶以及市易的具体情况。同时，郭概在任职西蜀提刑时趋炎附势，包庇为非作歹的韩玠，苏辙对郭概很不满，认为他品行恶劣，并上书要求罢黜郭概。作

[1] 引自李幼武：《宋名臣言行录》，扬州：江苏广陵古籍刻印社，1987年，第98页。

[2] 引自苏辙：《乞责降成都提刑郭概状》，《栾城集》，上海：上海古籍出版社，2009年，第803～804页。

为郭概的女婿，为官的赵挺之不可能不知此事。由于亲情的纽带作用，赵挺之必然对苏辙产生记恨，而苏辙的哥哥苏轼自然也就被牵连进来，赵挺之对苏氏兄弟恨之入骨，所以苏轼说“以此挺之疾臣，尤出死力”[1]，这种亲属之间的恩怨矛盾加深了赵挺之对苏轼的仇恨。

第四个原因是二人所属党派的对立。在熙宁变法中，赵挺之站到了新党的队伍里，而苏轼作为旧党，对新法持有很大异议。在新法的推行中，自然会发生矛盾冲突。上文就已经提到，赵挺之元丰末通判德州时与黄庭坚在推行市易法上产生分歧，结下私怨。这在一定程度上也是党派争斗的结果。由于其政治立场和主张不同，在具体政策的实施上容易产生摩擦。而苏轼是坚定地站在黄庭坚这一方的，不仅是因为二人的私人关系，也是其政治主张使然。

## 2. 苏轼与赵挺之交恶的具体表现

### 2.1 文字之谤

尽管苏轼在赵挺之召试馆职时对他颇有微词，但是赵挺之最终于元祐元年十二月授任馆职。而赵挺之和苏轼一旦结下私怨，两人同时在京为官，便为这种私怨提供了一个极为敏感的触发点。由于上文所提到的种种原因，从元祐二年到元祐四年，赵挺之不断地上书弹劾苏轼，对苏轼的人品大加贬斥，而苏轼也利用手中的权力不断阻击赵挺之。

元祐二年十二月二十八日，赵挺之上了一道《劾苏轼奏》：

（4）苏轼专务引纳轻薄虚诞，有如市井俳优之人以在门下，取其浮薄之甚者，力加论荐。前日十科，乃荐王巩；其举自代，乃荐黄庭坚。二人轻薄无行，少有其比。王巩虽已斥逐补外，庭坚罪恶尤大，尚列史局。按轼学术本出战国策苏秦、张仪纵横揣摩之说，近日学士院策试廖正一馆职，乃以王莽、袁绍、董卓、曹操篡汉之术为问。王莽于元后临朝时，阴移汉祚；曹操欺孤寡，谋取天下；二袁、董卓凶焰爇天。自生民以来，奸臣毒虐未有过于此数人者，忠臣烈士之所切齿而不忍言，学

[1] 引自苏轼:《乞郡札子》，苏轼，著，孔凡礼，点校，《苏轼文集》，北京：中华书局，1986年，第828页。

士大夫之所讳忌而未尝道。今二圣在上，轼代王言，专引莽、卓、袁、曹之事，及求所以篡国迟速之术，此何义也！公然欺罔二圣之聪明，而无所畏惮，考其设心，罪不可赦。轼设心不忠不正，辜负圣恩，使轼得志，将无所不为矣。[1]

赵挺之的这道奏章言辞非常激烈，矛头直指苏轼，并指出苏轼的两条罪名。第一，引纳轻薄之人，并且"取其浮薄之甚者，力加论荐"。这其中就包括黄庭坚和王巩。而且赵挺之着重指出"庭坚罪恶尤大，尚列史局"，很明显这是对黄庭坚的故意攻击。黄庭坚与赵挺之的私怨很深，再加上黄庭坚又是苏门弟子，因此赵挺之把苏、黄二人当成一个整体来进行诬蔑打击。第二是批评苏轼所出试题内容不忠不正。苏轼在《试馆职策问》的第二首《两汉之政治》中问两汉灭亡的原因。西汉国势强盛，而王莽"谈笑而取之"，并拿东汉做比较，东汉虽衰乱，而"董吕二袁皆以绝人之姿，欲取而不敢，曹操功盖天下，其才百倍王莽，尽其智力，终身莫能得"[2]。他提出这种现象，要求试策人陈述这种现象背后的政治风俗原因。而赵挺之指出其"专引莽、卓、袁、曹之事，及求所以篡国迟速之术"，是公然欺君罔上，"设心不忠不正"。的确，苏轼在策问的命题上有不当之处，引用王莽、董卓、曹操等在封建统治者看来是篡国之徒的人物，容易引起争议。但是苏轼这道命题的出发点不在这里，他想通过对国家兴亡的历史探讨，达到考古证今的目的。苏轼在其《西汉风俗谄媚》一文中说："吾尝发策学士院，问两汉所以亡者，难易相反，意在此也。"[3]讲的就是这道策题的命意，他认为西汉亡在风俗谄媚，这是其本来的用意。而赵挺之抓住了苏轼这道策题所引人物在品德上的缺陷，以此认定苏轼"罪不可赦"，则是出于打击苏轼的目的，怀有强烈的私心。

赵挺之在攻击苏轼的同时，黄庭坚、王巩等苏轼荐举之人也被连带劾奏，赵挺之甚至纠集御史台的其他官员一起劾奏苏轼。在赵挺之之前，当月二十四日，监察御史杨康国就有对苏轼策题的批评："臣昨于朝堂见百官聚首，共议学士院撰到召试廖正一馆职策题，问王莽、曹操所以攘夺天下难易，莫不惊骇相视。"[4]赵

[1] 引自李焘:《续资治通鉴长编》(卷四百七)，北京：中华书局，2004年，第9915页。

[2] 引自苏轼:《试馆职策问·两汉之政治》，苏轼，著，孔凡礼，点校，《苏轼文集》，北京：中华书局，1986年，第211页。

[3] 引自苏轼:《苏轼文集》，孔凡礼，点校，北京：中华书局，1986年，第2009页。

[4] 引自李焘:《续资治通鉴长编》(卷四百七)，北京：中华书局，2004年，第9914页。

挺之等人利用苏轼的失误夸大其词，添油加醋，硬是给苏轼戴上一个不忠不正的帽子，实际上是赵挺之在利用谏官的职权以泄私怨。而纠集杨康国等人对苏轼进行弹劾，则把二人之间的私怨上升为集团间的斗争。连续上奏之后，未见明显效果，但赵挺之等人并未善罢甘休，元祐三年正月，侍御史王觌重提此事，对苏轼的学问人品大加贬抑，定要把苏轼排挤出朝廷。

(5)苏轼去冬学士院试馆职策题，自谓“借汉以喻今”也。其借而喻今者，乃是王莽、曹操等篡国之难易，缙绅见之，莫不惊骇。轼习为轻浮，贪好权利，不通先王性命道德之意，专慕战国纵横捭阖之术。是故见于行事者，多非理义之中；发为文章者，多出法度之外。此前日策题所以亏损国体而震骇群听者，非偶然过失也。轼之意自以为当如此尔。臣见轼胸中颇僻，学术不正，长于辞华而暗于义理。若使久在朝廷，则必立异妄作，以为进取之资；巧谋害物，以快喜怒之气。朝廷或未欲深罪轼，即宜且与一郡，稍为轻浮躁竞之戒。[1]

这里王觌批判苏轼“专慕战国纵横捭阖之术”，苏轼的策题确实具有术士论辩的色彩。但他曲意附会，以此来判定苏轼行事超出理义法度、学术不正便是对苏轼的片面攻击了。苏轼的文章词采自是卓然不群，因此才受到神宗以及高太后的赏识，加之苏轼又以气节才华自负，敢于直谏进言，这便容易遭人忌恨。最重要的是，苏轼与赵挺之的私怨甚深，因此，赵挺之在任监察御史后纠集了御史台的杨康国、王觌先后上书，来势汹汹，猛烈地攻击苏轼，定要把苏轼排挤出朝廷。

苏轼在政治上的敌人有一个共同点，那就是善于在苏轼的文章中寻章摘句，并且加以附会，企图以此攻击苏轼。前有李定、舒亶以及贾易，后有赵挺之。元祐三年，苏轼负责起草的吕大防的麻制中有“民亦劳止”一词，而正是这句话被赵挺之指责为“诽谤先帝”。在苏轼看来，这完全是“以白为黑，以西为东，殊无近似者”[2]。其麻制的原文是：“天维显思，将启承平之运；民亦劳止，愿闻休息之期。眷予元臣，咸有一德；咨尔百辟，明听朕言。”[3]“民亦劳止”本于《诗

[1] 引自李焘:《续资治通鉴长编》(卷四百七)，北京：中华书局，2004年，第9922～9923页。

[2] 引自苏轼:《乞郡札子》，苏轼，著，孔凡礼，点校，《苏轼文集》，北京：中华书局，1986年，第829页。

[3] 引自苏轼:《除吕大防制》，苏轼，著，孔凡礼，点校，《苏轼文集》，北京：中华书局，1986年，第1095页。

经·大雅·民劳》，其原文是“民亦劳止，汔可小康”[1]，意思是说老百姓太劳苦，也该稍稍得到安乐了。苏轼在麻制中引用这句话，在某种程度上可以理解为是对熙宁变法折腾百姓的批评。即便是有所指，那针对的也是王安石，而非宋神宗。毕竟苏轼的政治立场较为保守，对王安石变法存在种种不满，以苏轼的性格，在这里发泄一下也可以理解。但赵挺之以此来指责苏轼“诽谤先帝”则是站不住脚的。苏轼的政治思想以儒学为本，他反对王安石以法家的理论思想急速变法。在新法的反对者中，苏轼无疑是极为激烈的人士之一。苏轼的几次上书也引起了神宗的重视，甚至一度影响了神宗的决定。宋神宗对于苏轼来说有知遇之恩，他曾几次三番想起用被贬的苏轼，却被王安石所阻挠。苏轼与王安石的思想主张格格不入，必然会遭到王安石的排挤，因此二人也结下私怨。而宋神宗对苏轼的器重和赏识，苏轼是清楚的，以他的个性断然不会在草麻词中诽谤神宗。如果存在诽谤的话，那也是暗讽新党的党魁王安石。赵挺之在元祐年间是少数留在朝中的新党分子，他从苏轼的草麻词中摘出一句添油加醋，企图陷害苏轼，其真实意图是为了泄私怨。

## 2.2 取士之争

如果说苏轼所遭受的文字之谤是由于二人的私怨，那么在取士制度上的分歧则显示出其立场的差异。苏轼与赵挺之由于分属新旧两党，且其政治主张和学术思想大相径庭，在现实的政治生活中难免发生直接或间接的冲突，这一点在科举取士的一系列问题上表现得尤为明显。元祐三年二月，作为监察御史的赵挺之奏苏轼主持科举考试禁引《三经新义》。

（6）监察御史赵挺之言，贡举用《三经新义》取人近二十年。今闻外议，以为苏轼主文，意在矫革，若见引用《新义》，决欲黜落。请礼部贡院将举人引用新经与注疏文理通行考校。[2]

赵挺之以为，苏轼主持科举禁止举人引用《三经新义》，其手法就是让引用的人落选，从而达到在思想文化领域排斥《三经新义》的目的。而赵挺之对此非

[1] 引自程俊英、蒋见元:《诗经注析》，北京：中华书局，1991年，第837页。
[2] 引自李焘:《续资治通鉴长编》（卷四百八），北京：中华书局，2004年，第9925页。

常不满，要求礼部贡院对“引用新经与注疏文理通行考校”，即对这两种注释不偏不倚，一起考量。《续资治通鉴长编》这段话原注写道：“按，轼初无此意，挺之因浮议以献言，用情诬实。”[1]据此推测，这是赵挺之在诬蔑苏轼。而笔者以为，从苏轼的政治立场和思想主张来看，赵挺之的这种举报未必是诬陷，说苏轼排斥新经也不是没有根据。据宋人马永卿在《懒真子》中记录：

（7）元祐中，东坡知贡举日，并行诗赋、经义，《书》题中“出而难任人，蛮夷率服”。注云：“任，佞也。难者，拒之使不得进也。难任人，则忠信昭而四夷服。”东坡习大科目，曾作《忠信昭而四夷服论》，而新经与注意同。当时举子谓东坡故与金陵异说，以为难于任人则得贤者，故四夷服。及东坡见说，怒曰：“举子至不识字。”辄以“难”(去声)为“难”(平声)，尽黜之，惟作“难”(去声)字者皆得。盖东坡原不曾见新经，而举子未尝读注故也。闻之于柴慎微。[2]

从这段材料来看，当时的举人多以为苏轼故意与王安石的新经异说，才把“难”(去声)解释为“难”(平声)。由此可见，苏轼对王安石的《三经新义》是有异议的，以至于举人们妄断臆测，曲解了苏轼的出题本意。可见赵挺之的奏章并不是空穴来风。《三经新义》的颁行是王安石变法在思想领域的重要举措。王安石用《诗经新义》《尚书新义》和《周官新义》作为学校的教材和科举考试的标准答案。元祐以来，由于旧党上台执政，王安石变法的内容几乎被废除殆尽。然而在思想领域，王安石推行的《三经新义》曾一度占据着统治地位。而苏轼的学术思想与王安石不同，并且反对王安石用这种标准教材搞学术思想垄断。苏轼曾说：“文字之衰，未有如今日者也。其源实出于王氏。王氏之文，未必不善也，而患在于好使人同己。”[3]可见，苏轼并不否定王安石的文章，而是反对王安石以一家之言垄断学术，造成“文字之衰”。元祐三年，苏轼主持贡举。这正是他对王安石垄断学术思想进行矫革的绝好机会。这时候苏轼按照自己的标准来选拔举人亦是无可厚非。而赵挺之是王安石变法的支持者和维护者。在元祐政坛上，赵挺之是少数在朝为官的新党分子。因此，苏轼矫革学术风气的行为引起赵挺之的不

[1] 引自李焘：《续资治通鉴长编》(卷四百八)，北京：中华书局，2004年，第9925页。

[2] 引自马永卿：《嬾真子录》，北京：中华书局，1985年，第7页。

[3] 引自苏轼：《答张文潜县丞书》，苏轼，著，孔凡礼，点校，《苏轼文集》，北京：中华书局，1986年，第1427页。

满，并上书对苏轼的矫革进行反击。

由于党派和立场的不同，赵挺之与苏轼在取士制度上也存在重大分歧。在北宋科举考试的选拔标准上，经义与诗赋之争一直存在，反复不断。熙宁变法中，宋神宗听取王安石的意见颁布贡举新制，废除诗赋、帖经、墨义，专以经义、策论取士。但苏轼并不认同这种做法，在他看来科举考试的选拔应以诗赋为主。首先，从以诗赋取士的历史来看，“原夫诗之作也，始于虞舜之朝；赋之兴也，本自两京之世。迤逦陈、齐之代，绵邈隋、唐之裔。故遒人徇路，为察治之本；历代用之，为取士之制”[1]。且“自唐至今，以诗赋为名臣者，不可胜数”[2]，“祖宗百年而用此，号曰得人，朝廷一旦而革之，不胜其弊”[3]。其次，以经义取士存在严重弊端。苏轼认为，“自文章而言之，则策论为有用，诗赋为无益；自政事言之，则诗赋、策论均为无用矣”[4]。为了应试，士人“纂类经史，缀辑时务，谓之策括，待问条目，搜抉略尽，临时剿窃，窜易首尾，以眩有司，有司莫能辨也”[5]。苏轼认为经义策论：“学之易成，无声病对偶，故考之难精。以易学之士，付难考之吏，其弊有甚于诗赋者矣。”[6]在这种情况下，苏轼提出了以诗赋为主、兼试经义策论的选拔标准，用诗赋来考查士人的智力，以经义策论来考查其才力。

在熙宁年间，苏轼就与王安石的选才主张不同，而到了元祐年间，赵挺之作为变法的支持者，继承了王安石这种重经义轻诗赋的取士传统。元祐初，只以经义策论取士的科举制度的弊端逐渐显现，因此朝中的有识之士主张恢复诗赋取士的传统。尽管在这一问题上朝中大臣有很多争议，但最后妥协的结果是，第一场先考经义，第二场再考诗赋策论。这样就等于恢复了对诗赋的重视。同时允许引

[1] 引自苏轼:《复改科赋》，苏轼，著，孔凡礼，点校，《苏轼文集》，北京：中华书局，1986年，第29页。

[2] 引自苏轼:《议学校贡举状》，苏轼，著，孔凡礼，点校，《苏轼文集》，北京：中华书局，1986年，第724页。

[3] 引自苏轼:《复改科赋》，苏轼，著，孔凡礼，点校，《苏轼文集》，北京：中华书局，1986年，第29页。

[4] 引自苏轼:《议学校贡举状》，苏轼，著，孔凡礼，点校，《苏轼文集》，北京：中华书局，1986年，第724页。

[5] 引自苏轼:《议学校贡举状》，苏轼，著，孔凡礼，点校，《苏轼文集》，北京：中华书局，1986年，第724页。

[6] 引自苏轼:《议学校贡举状》，苏轼，著，孔凡礼，点校，《苏轼文集》，北京：中华书局，1986年，第724页。

用古今的学人学说以及发表自己的意见，这就打破了王安石一家之学统治科举的藩篱，有利于人才的选拔。

赵挺之在思想立场上并不赞成以诗赋取士，然而诗赋在科举考试中的回归此时已是大势所趋。但他在科举考试的管理上提出意见，企图以此来减弱诗赋在科举中的地位，维护经义取士的地位。元祐三年二月，赵挺之上奏章，指出科举考试选才取士的关键在于考试官的能力，把问题引向了考校文章的试官。而科举考试不考诗赋二十多年，“世以进士登科者，止治一经。……是以一经登科而令遍考《五经》，往往差失谬乱，今若更令参考辞赋，窃恐难为去取升降”[1]。他指出辞赋考试选拔的困难，这对试官来说的确是一个挑战。因此，赵挺之提出了选差试官的方法：每一种经分派一员试官，只考本经；另设辞赋登科；省试分经义、辞赋、论策，各有一场考试，以使考生各尽所长；殿试经义、辞赋举人同考一道论策。而试官的数量则依据具体情况，“科场如差三员者，以二员经义、一员辞赋；两员者，各差一员”[2]。从试官数量的对比上也可以看出赵挺之重经义、轻诗赋的立场。赵挺之的这些建议很快得到了采纳，开始实行。总体来说，赵挺之的取士思想是延续了王安石的方针路线，重视经义策论而轻视诗赋。赵挺之的建议得到施行后，苏轼则提出了不同意见。

紧接着，元祐三年三月，苏轼就上札子《乞不分经取士》。他辨析道：“自来条贯分经取士，既于逐经中纽定分数取人，或一经中合格者少，即取词理浅谬卷子，以足其数。如合格者多，则虽优长亦须落下，显是弊法。将来兼用诗赋，不专经义。欲乞今后更不分经，专以工拙为去取。”[3]即打破各种经义的界限，以文辞的工拙来定优劣。这种不分经取士的主张也很快得到采纳。苏轼的这种主张正与赵挺之的取士主张针锋相对。赵挺之因袭的是熙宁中的科举旧例，主张分经考试，这种选拔方式未免有些封闭；而苏轼对熙宁旧制本来就存在不满，此时的他主持贡举，大权在握，进行革新是势在必然。比较而言，苏轼的这种不分经的取士方法比以前更为开明和成熟，它打破各种经书之间的隔阂，从中择优录用，显

[1] 引自苏轼:《乞不分差经义诗赋试官》，苏轼，著，孔凡礼，点校，《苏轼文集》，北京：中华书局，1986年，第812页。

[2] 引自李焘:《续资治通鉴长编》(卷四百八)，北京：中华书局，2004年，第9938页。

[3] 引自苏轼:《乞不分经取士》，苏轼，著，孔凡礼，点校，《苏轼文集》，北京：中华书局，1986年，第812页。

示出较为开放的取士观念。

在上述建议得到采纳后，苏轼紧接着又上札子《乞不分差经义诗赋试官》，即试官的选择不以经义诗赋区分。这正是针对前面赵挺之所提出的“将来科场如差试官三员者，以二员经义，一员诗赋；两员者，各差一员”[1]条贯。对此，苏轼则不以为然。他说：“试官乃分而为二，甚无谓也。凡差试官务在有词学者而已。”[2]即是主张没有必要分诗赋和经义的试官了，只要懂词学就行。否则“深恐天下监司，妄意朝廷必欲用诗赋之人为试官，不问有无词学，一例差充”[3]，因此他建议“今后差试官不拘曾应经义诗赋举者，专务选择有词学人充”[4]，即选试官不应该拘泥于试官曾经是否考过经义诗赋，只要有词学之人皆可。苏轼的这种主张得到了认可，于当年五月二十九日开始施行。

苏轼代表了主张诗赋取士的一派，力图矫革熙宁科举旧制，他提出的许多科举考试意见都被朝廷采纳。而赵挺之既然是新党，支持王安石变法，自然对经义更为看重。在苏轼等人的努力下，经义的地位一步步向下滑落，主张经义派感到了危机。元祐三年十二月，由御史中丞李常带头，侍御史盛陶，殿中侍御史翟思，监察御史赵挺之、王彭年联合署名，三次上奏，针对朝廷立法黜抑经术而崇尚声律的现实，要求把经义和诗赋各设一科，分科取士。其主要论据是经义有利于道德教化：“以义理论之，则以经术劝士为先，声律为下；以教化言之，则通经术者为利博，事声律者为害大。”[5]他们认为通习经术才能“知道德”“讲礼义”“履忠厚”“崇廉耻”，这样的人十有八九是良士。而如果“事声律”就会“涉猎浮靡”，不通道德礼义，很难成为良士：“今以诗赋设科，是朝廷率人以浮靡，其相率为浮靡者，非士之罪，而诗赋之罪也。”[6]尽管李常等人（包括赵挺之）继续指责诗赋取士的弊端，但他们已经没有能力改变这种现实，只能要求诗赋和经义分

[1] 引自苏轼：《乞不分差经义诗赋试官》，苏轼，著，孔凡礼，点校，《苏轼文集》，北京：中华书局，1986年，第812页。

[2] 引自苏轼：《乞不分差经义诗赋试官》，苏轼，著，孔凡礼，点校，《苏轼文集》，北京：中华书局，1986年，第812页。

[3] 引自苏轼：《乞不分差经义诗赋试官》，苏轼，著，孔凡礼，点校，《苏轼文集》，北京：中华书局，1986年，第813页。

[4] 引自苏轼：《乞不分差经义诗赋试官》，苏轼，著，孔凡礼，点校，《苏轼文集》，北京：中华书局，1986年，第813页。

[5] 引自李焘：《续资治通鉴长编》（卷四百二十），北京：中华书局，2004年，第10168页。

[6] 引自李焘：《续资治通鉴长编》（卷四百二十），北京：中华书局，2004年，第10172页。

科取士，以此来保住经义在科举中的地位。他们的建议也取得了一定的成果。元祐四年，进士科举正式分为经义、诗赋两科。

在科举取士上苏轼与赵挺之之争并不能简单地划分为新旧两党的对立。事实上，在这一问题上是因人而异的，苏轼作为旧党，主张诗赋取士，而旧党领袖司马光就曾主张废除诗赋，以经义取士。比较准确的一种理解方式是，苏轼在坚持自己的取士主张，并试图对熙宁科举旧制一步步进行改革。而赵挺之作为王安石变法的支持者，必然要对苏轼的这种矫革行为发起反击。苏轼在努力恢复以诗赋取士的传统，而赵挺之也在竭力维持其经义取士的地位。二者主张不同，意见对立，这其中也不无私人的仇怨在发挥着作用。据《续资治通鉴长编》载：

（8）国子司业赵挺之为御史日，屡言轼不公事迹。轼居礼部，统辖国子监日务，捃摭太学中事，凡所判状，多不依学制，意欲沮抑挺之，使之补外。访闻苏辙见议除挺之为转运副使，以同列商议未合，故未敢进呈。其挟私怨而忘公义，乃至于此。[1]

苏轼与赵挺之在取士上的分歧也不可避免地掺杂进了私人仇恨的情绪。赵挺之和苏轼在国子监时，明争暗斗，互相倾轧，既是立场的对立，也是私人仇怨的显性表现。这一点在赵挺之身上表现得尤为明显，他几次上书劾奏苏轼，其目的也是想把苏轼排挤出朝廷，以泄前怨。

苏轼与赵挺之的交恶也可以从苏门六君子之一的陈师道身上看到。

（9）（陈师道）与赵挺之友婿，素恶其人，适预郊祀行礼，寒甚，衣无绵，妻就假于挺之家，问所从得，却去，不肯服，遂以寒疾死。[2]

尽管陈师道和赵挺之是连襟关系，但陈师道却嫌恶赵挺之。陈师道和苏轼在元祐年间已经有密切的交往，他对赵挺之的所作所为也应该很清楚。他不喜欢赵挺之的为人，所以即使冻死也不用赵家棉袄，表现出其贫贱不能移的高尚气节。

苏轼与赵挺之的交恶，源自于二人的私人恩怨。这私怨与苏轼直谏敢言、尽忠职守的为官态度直接相关。当初赵挺之召试馆职，他直言赵挺之“学行无取”，这种坦荡和直率也令他遭到赵挺之的忌恨，为日后苏轼被赵挺之不断攻击埋下了种子。加上其亲属朋友之间的过节，使得二人矛盾进一步加深。而两人同时在京

[1] 引自李焘:《续资治通鉴长编》(卷四百八十四)，北京：中华书局，2004 年，第 18359 页。
[2] 引自脱脱:《宋史》，北京：中华书局，1999 年，第 10208 页。

做官则为他们之间爆发冲突提供了一个平台，于是就上演了赵挺之几次三番劾奏苏轼的报复行为。而苏轼也因与赵挺之政见不同，利用手中的职权不断阻击赵挺之。对苏轼而言，赵挺之只是其政敌之一。由于来自新党和旧党人物的不断攻击，苏轼不得不屡次上书要求外任。直到元祐四年三月苏轼出知杭州，其纷争才告一段落。

## 参考文献


程俊英，蒋见元:《诗经注析》，北京：中华书局，1991 年。

孔凡礼:《苏辙年谱》，北京：学苑出版社，2001 年。

孔凡礼:《苏轼年谱》，北京：中华书局，2005 年。

李　焘:《续资治通鉴长编》，北京：中华书局，2004 年。

李希运:《三苏与北宋进士科举改革》,《山东大学学报》( 哲学社会科学版 ), 1999 年第 2 期。

李幼武:《宋名臣言行录》，扬州：江苏广陵古籍刻印社，1987 年。

马永卿:《嬾真子录》，北京：中华书局，1985 年。

莫砺锋:《苏轼的敌人》,《学术界》，2008 年第 2 期。

牛维鼎:《论赵挺之——一个正直的封建改革家》,《安徽教育学院学报》( 社会科学版 ), 1986 年第 1 期。

钱志熙:《黄庭坚与“新旧党争”》,《温州师专学报》( 社会科学版 )，1986 年第 2 期。

苏　轼:《苏轼诗集》，王文诰，辑注，孔凡礼，点校，北京：中华书局，1982 年。

苏　轼:《苏轼文集》，孔凡礼，点校，北京：中华书局，1986 年。

苏　辙:《栾城集》，上海：上海古籍出版社，2009 年。

脱　脱，等:《宋史》，北京：中华书局，1999 年。



**【作者简介】**

李幸，北京语言大学人文学院 2011 级硕士研究生，研究方向为唐宋文学。

**【专家点评】**

本文有较好的学术价值和自己的价值判断，它超出一般文学史研究的传统视角，超出把历史作为文学背景的研究方法，采用了叙事学的历史观，做到了文史结合。此外，文献搜集全面，资料翔实，分析深入，细读文本做得较好。不足之处在于材料分析应更严谨，对历史人物的是非应站在更宽广的角度去考察，尽量还原当时的历史背景，不要单独论说二者的关系。题目比文章本身叙述的内容要大。建议可以参考《全宋文》、《北宋文人与党争》、宋人的笔记以及南宋学者的研究论述。

# 朱熹与《毛诗序》解读《诗经》的异同

## ——以《雅》诗为例

北京语言大学　陈朗

**提　要**　南宋学者朱熹在《诗经》研究上颇有建树，他反对《毛诗序》中对《诗经》有失本意的解读，而试图通过撰写《诗集传》等学术著作对《诗经》进行更为贴切的解说。在《雅》诗部分，朱熹指出《毛诗序》常有断章取义、妄断世次、滥用美刺的弊病。本文以《诗经》中的《雅》诗为例，通过比较朱熹与《毛诗序》解读《诗经》的异同，分析朱熹“以《诗》说《诗》”的《诗经》学观点。

**关键词**　朱熹　《毛诗序》《诗经》《雅》

## 1. 引言

《毛诗序》对《诗经》的解读影响深远，一直是后世解读《诗经》的主要参照对象。汉代的官学和私学都以讲授儒家经典为主，《诗经》也是其中之一。汉儒传播《诗经》，是将《诗经》经典化的过程，《毛诗序》的编写初衷便也在于传经育世。它产生于汉代经学的学术语境之下，并向前人的三家诗靠拢，在解释诗意时注重参与社会，美刺时政。晋代以后，《鲁诗》《齐诗》和《韩诗》基本都已失传，只有《毛诗》得以保留。它的解读代表着当时的释诗潮流，它的唯一性又为它确立了不可动摇的地位。所以《毛诗序》一直都是学者们解读《诗经》的范本。对此，《四库全书总目》总结道："诗有四家，毛氏独传。唐以前无异论，宋以后则众说争矣。"

到了宋代，《毛诗序》的解释受到了众多学者的质疑。朱熹作为当时《诗经》研究领域代表性的学者之一，认为"《小序》汉儒所作，有可信处绝少。《大序》好处多，然亦有不满人意处。"[1] 为了详述他的观点，他先后撰写了《诗集解》《诗集传》等著作。从《诗集解》到《诗集传》，朱熹对《小序》的态度经历了一个由相信到摒弃的过程。早年他熟读《小序》，到二十岁"便觉《小序》无意义。及去了《小序》，只玩味《诗》词，却又觉得道理贯彻"[2]。后到三十岁，朱熹"断然知《小序》之出于汉儒所作，其为缪戾，有不可胜言"[3]，于是产生了废《序》的意思。他认为《毛诗序》不能准确解读诗意，于是他"多不依他《序》"，力求从汉代经学的学术语境下跳脱出来，用"考本《诗》上下文意"的方法解读《诗经》。他强调解读《诗经》要建立在忠实的文本阅读之上，通过"讽诵涵泳"的方法，用阅读文学的视角，从文本本身得出文本的意义。读《诗》之人不要先看旧解，以免被他人的思维定式框住。也不要在阅读的时候便带有一定的成见，用自己的观点扭曲诗作的本意。同时，他要求自己要博览众家之说，然后在品赏诗意之后形成自己的看法。将沉潜讽诵和自己的感悟相结合，朱熹认为这才是正确品读《诗经》的方法。

[1] 引自黎靖德:《朱子语类》(卷第八十)，北京：中华书局，1986年，第2067页。
[2] 引自黎靖德:《朱子语类》(卷第八十)，北京：中华书局，1986年，第2078页。
[3] 引自黎靖德:《朱子语类》(卷第八十)，北京：中华书局，1986年，第2092页。

## 2. 朱熹与《小序》解诗异同的具体统计

首先，朱熹并不是完全推翻了《小序》，而是在考订了《小序》与诗作本身的出入及其与历史事实的偏差之后，进行了适当的取舍。在莫砺锋（2000）的《朱熹文学研究》一书第五章“朱熹的诗经学”中已经宏观地比较了《诗集传》与《小序》的异同，并做了具体的统计，现将该表列示如下（按：不包括六篇笙诗）：

**表 1**

| 《诗集传》与《小序》比较 | 《风》 | 《小雅》 | 《大雅》 | 《颂》 | 合计 |
|---|---|---|---|---|---|
| 《诗集传》采用《小序》说 | 16 | 5 | 5 | 3 | 29 |
| 《诗集传》不提《小序》而全袭其说 | 36 | 10 | 0 | 7 | 53 |
| 《诗集传》与《小序》大同小异 | 41 | 18 | 15 | 15 | 89 |
| 《诗集传》与《小序》说不同 | 64 | 39 | 11 | 12 | 126 |
| 《诗集传》认为应该存疑 | 3 | 2 | 0 | 3 | 8 |
| 合计 | 160 | 74 | 31 | 40 | 305 |

莫砺锋（2000）在统计之后总结：“一、二类共计 82 首，也即朱熹同意《小序》说的诗共占《诗经》总数的 27%。三、四两类共计 215 首，也即朱熹对《小序》说有异议的诗共占《诗经》总数的 70%。这说明朱熹对《小序》的态度是有取有舍，既不曲从，也不尽废，但是改正《小序》说的比较多。”[1] 莫砺锋的这一客观统计数据，对一些学者过于肯定的说法给予了有力的反驳。朱熹曾说：“如《小序》亦间有说得好处，只是杜撰处多。”[2] 所以我们在分析二者异同的时候应该明确朱熹认为《小序》哪些地方有理、哪些属于杜撰。

《诗经》中《雅》诗共有 105 首，占总数的三分之一，朱熹对《小序》给这类诗做附加的注解，批驳十分犀利。他的观点主要可以归纳为以下几类：（1）《小序》断章取义，即朱熹在辩说时明确提出《小序》“断章取义”“一句生说”的诗作。（2）《小序》妄断世次，即被朱熹批为“妄断世次”和“未有据”的诗作。

[1] 引自莫砺锋：《朱熹文学研究》，南京：南京大学出版社，2000 年，第 216 ～ 217 页。

[2] 引自黎靖德：《朱子语类》（卷第八十），北京：中华书局，1986 年，第 2072 页。

（3）《小序》滥用美刺，即他批评《小序》妄生美刺或把美刺的对象判断错误的诗作。篇目统计如下（按：不包括六篇笙诗）：

**表2**

| 《诗经·雅》 | 断章取义 | 妄断世次 | 滥用美刺 |
|---|---|---|---|
| 《小雅》 | 6 | 16 | 18 |
| 《大雅》 | 4 | 10 | 1 |

以上篇目的数字统计参考了前人的研究成果，并加入了笔者个人的见解，对于朱熹没有进行直接批驳的作品则未计算在内。另外朱熹的解读中还存在一类无法考证所以暂时存疑的作品，如他在《诗序辩说》中《小雅·鱼丽》一篇里说："此篇以下时世次第，《序》说之失，已见本篇。"在《小雅·鸿雁》一篇后朱熹批注道："此以下时世多不可考。"对于这类诗作，朱熹不否定也不跟从《小序》的解释，只做了笼统的概述，未做更多说明，所以不归纳在以上三类之中。在檀作文（2003）的《朱熹诗经学研究》中，还特意列出一类朱熹对"《序》无'理'"的批判。我在分析之后，认为导致《小序》"无文理"和"无义理"的原因多包含在上述三类批驳观点之中。如《大雅·行苇》一篇，《诗序辩说》说："碎读之，逐句自生意义，不暇寻绎血脉，照管前后……随文生意，无复伦理。"这一批评意见与朱熹批驳《小序》断章取义的观点相同，所以亦不列出。

## 3. 朱熹对"断章取义"篇目的辩说

朱熹批驳《小序》"断章取义"，因其以偏概全地解说了诗意。他认为这种解读会使读者偏离诗人作诗的本来意图，严重者甚至会与原意背道而驰。这样的解说不仅误导读者，而且扭曲了《诗经》原作。如《小雅·蓼萧》一篇，《小序》解为"泽及四海也"。朱熹批评道："《序》不知此为燕诸侯之诗，但见'零露'之云，即以为泽及四海，其失与《野有蔓草》同。臆说浅妄类如此云。"我们通过查阅其他先秦著作，可以找到在《左传》襄公二十六年有相关记载："秋七月，齐侯、郑伯为卫侯故，如晋，晋侯皆享之。晋侯赋《嘉乐》。国景子相齐侯，赋《蓼萧》。"昭公十二年亦有记载云："夏，宋华定来聘，通嗣君也。享之，为赋《蓼萧》。"根据《左传》的记载，这两次赋诗《蓼萧》的场景都发生在君臣燕飨场合之上，歌者歌咏此诗是因为受到了诸侯的恩惠所以表示感谢，并为他们颂德祝福。这与诗本意相符，所以朱熹的观点比较正确。再如朱熹对《大雅·行苇》前的《小序》的批评："此诗章句本甚分明，但以说者不知比兴之体、音韵之节，遂不复得全诗之本意，而碎读之，逐句自生意义，不暇寻绎血脉，照管前后。但见'勿践''行苇'，便谓'仁及草木'。但见'戚戚兄弟'，便谓'亲睦九族'。但见'黄耇台背'，便谓'养老'。但见'以祈黄耇'，便谓'乞言'。但见'介尔景福'，便谓'成其福禄'。随文生义，无复伦理。诸《序》之中，此失尤甚，览者详之。"朱熹认为，从诗文本身的修辞到它所反映出的礼乐文化，《小序》都没能梳理清楚。《小序》只是根据只言片语，便望文生义，用个别语句的意思总揽诗意。《小序》做这样的解读，可能是因为相比整首诗的意思，某些语句的意思更加具有政教意义。但是这样会打乱诗作本身的逻辑，妨碍读者从整体上把握一首诗。朱熹认为，这种"断章取义"的解读方式已经超越了有害文意、达到"无复伦理"的程度。

朱熹作为宋明理学的集大成者，非常讲究事物的"义理"。在文学上，诗文是有"理"的，对诗歌的解读也该符合"理"。这个"理"，在朱熹批判《小序》时，可以解释为"文理""伦理"或"义理"，而断章取义往往破坏了这种"理"。虽然"断章赋诗"是先秦交际的一种规则，也是汉儒解诗的一种方式，但这是一种特殊情况，在这种场合下，古人只需考虑所引诗句是否可以准确表达自已想说的话即可，而无需统观整个诗篇的意思。所以朱熹说："古人引诗，但借其言以寓己意。初不理会上下文义，偶一时引之耳。"[1]这种解读《诗经》的方式，只见语句，不见篇章，它为说话人的说话目的而服务，却不能够作为一般意义上的《诗经》解读之法。

## 4. 朱熹对"妄断世次"篇目的辩说

朱熹认为《诗经》中的篇章大多难以考证时代，所以他对《小序》中许多确定了诗作时代的解读都产生了怀疑，正所谓"不知何据"。如《毛诗序》认为《小雅·采薇》为咏"文王之时"，《小雅·鸿雁》为"美宣王也"，《小雅·雨无正》是"大夫刺幽王也"，朱熹则皆以为"未有所考"，不见得是《小序》所说的

[1] 引自黎靖德:《朱子语类》(卷第八十)，北京：中华书局，1986年，第2072页。

那样。朱熹对待无法考证世次的诗作，认为不应该用推测臆断或随例而证的方式加以解说。比如《小雅·鼓钟》，随例而证则为“刺幽王”，但是又没有足够的证据证实它是否真是如此，所以朱熹在解说上免去断时问世。再如《小雅·文王有声》，朱熹不同意将此诗划在文武之时，而认为这首诗出自成王、周公之后，讲述的是“文王迁丰，武王迁镐之事”。他认为，《大雅》首篇《文王》有追思文武功绩的意思，追述的语气是诗人表达追思前人的一种惯用写作手法，如果能够认识这种表达方式，就不会因为个别字句而妄断世次。朱熹说，《文王》一诗开篇即言“文王在上”，这就是作者对文王功业的赞颂。而且全诗洋洋洒洒，洋溢着赞美之情。后文又言“无念尔祖”，更加证明了这是一首诗人在歌颂祖德功绩的诗。所以此诗应该产生于文武之后，而不是当时的诗作。以此类推，《文王有声》列在《文王》之后，所以《文王有声》也不是文武之诗。不能跟从《郑谱》旧说，将《文王有声》以前的诗作归为文武之诗。这样的辩说体现了朱熹严谨的一面，他不像《小序》那样容易在一个思维定式下对作品进行解读。

## 5. 朱熹对“滥用美刺”篇目的辩说

朱熹反对《毛诗序》解读《诗经》时处处作美刺说。他认为许多诗作并不带有美刺的意味，应该根据诗作的具体内容判断它所要表达的意思。比如《小雅·小宛》，朱熹认为这是一首“兄弟遭乱畏祸而相戒之辞”[1]。在解释“交交桑扈，率场啄粟，哀我填寡，宜岸宜狱”一句时，朱熹说这里有“言王不恤鳏寡，喜陷之于刑狱”[2]的意思。虽然原作抱怨了残酷的社会背景，但这并不代表它就是一首美刺之诗，这句话恰恰为下文讲到主人公抓小米占卜以求避免牢狱之灾的场景做了铺垫。朱熹认为这首诗言辞恳切，未见有刺幽王之意。所以他认为《小序》将它解释为“刺幽王”是没有理解诗意的杜撰之说。朱熹在《大雅·抑》中曾批判《小序》存有“非美非刺，则诗无所为而作”的狭隘主张，他认为如果都依《小序》的解法，则《诗经》“无复温柔敦厚之意”。朱熹认为：“‘温柔敦厚’，《诗》之教也。使篇篇皆是讽刺人，安得‘温柔敦厚’？”[3]“讽刺”的尖利与《诗经》“温

[1] 引自朱熹:《诗集传》，北京：中华书局，2011 年，第 183 页。

[2] 引自朱熹:《诗集传》，北京：中华书局，2011 年，第 184 页。

[3] 引自黎靖德:《朱子语类》(卷第八十)，北京：中华书局，1986 年，第 2065 页。

柔敦厚”的感情基调相反，会使《诗经》穿凿破碎。而且，诗歌创作既然来自个人，那么就必定存在创作上的主观性与偶然性。再如《小雅·绵蛮》,《小序》也认为是“微臣刺乱也”。而朱熹则认为此诗可直接解为作者的个人感情抒发。朱熹更加具体地说:“《雅》虽有刺，而其辞庄重，与《风》异。”[1]可见美刺并不是《诗经》的首要创作目的，更不是《雅》诗的创作目的。汉儒故意附会美刺之说，有其出于以经育人的目的的考虑。但是如果只从诗歌本身出发，从文学的角度来释读《诗经》，便不难发现这种解释是站不住脚的。

## 6. 朱熹对《雅》诗之用的辩说

“以《诗》说《诗》”这一主张是朱熹在《诗经》研究史上最重要的贡献之一，它适用于解读《诗经》中的所有篇目。而在《雅》诗的范畴之内，朱熹还提出了解读《雅》诗所要注意的一个特殊问题，即《雅》诗有其燕飨宾客的独特功能。如果抛开这种功能不谈，那么对《诗经》的解读就不够全面。其中，最能体现《雅》诗的燕飨功能的篇目应属《小雅》的前三篇诗作——《鹿鸣》《四牡》和《皇皇者华》。朱熹认为《小序》对这三首诗的解读都有“得诗意，而未尽其用”的问题。他认为,《鹿鸣》之用在于“燕享宾客”,《四牡》之用在于“劳使臣”,《皇皇者华》之用在于“遣使臣”。“人君以《鹿鸣》而下五诗燕其臣，故臣受君之赐者，则歌《天保》之诗以答其上。”[2]为证明这一观点，朱熹引用了《乡饮酒礼》《燕礼》《学记》和《春秋》这些文献中的记载。在《左传》中，也可以找到关于先秦君臣在燕飨场合如何运用这三首诗的叙述。襄公四年这部分中记录了穆叔如晋，晋侯享之的经过。晋侯对穆叔闻不同燕飨之乐而产生的不同反应产生疑问，穆叔则明确回答道:“《鹿鸣》，君所以嘉寡臣也，敢不拜嘉？《四牡》，君所以劳使臣也，敢不重拜？《皇皇者华》，君教使臣曰：‘必咨于周。’臣闻之……敢不重拜？”这段话与朱熹的判断相契合，印证了《雅》诗确实存在燕飨宾客的功用。

另外，在《小雅》诗群中，有一类特殊的诗作，称为“笙诗”，一共六首，皆已佚失。朱熹通过考证《仪礼》和《周礼》，重新调整了诗作顺序，并讲明笙

[1] 引自黎靖德:《朱子语类》(卷第八十)，北京：中华书局，1986年，第2066页。

[2] 引自黎靖德:《朱子语类》(卷第八十)，北京：中华书局，1986年，第2073页。

诗的用途。“乡饮酒礼，鼓瑟而歌《鹿鸣》《四牡》《皇皇者华》。然后笙入堂下，磬南北面立，乐《南陔》《白华》《华黍》”；“按《仪礼·乡饮酒》及《燕礼》，前乐既毕，皆‘间歌《鱼丽》，笙《由庚》；歌《南有嘉鱼》，笙《崇丘》；歌《南山有台》，笙《由仪》’。”[1]所以朱熹认为，笙诗是穿插在《小雅》其他诗作中的，而且只作为音乐出现，没有歌词。但是《小序》却赋予了笙诗以意义，朱熹对此反驳道：“所谓‘有其义’者，非真有。所谓‘亡其辞’者，乃本无也。”他认为给没有辞文的笙诗加以诗意，歪曲了笙诗在《雅》诗和燕飨之礼中的意义和作用。《小序》的这种解读近于无中生有，所以朱熹批驳它“尤无理”。《小序》在解读这些诗作时，未及考虑它们的功用，不尽完美。朱熹将此重新提出，补充在《小序》之后，完善了读者对于《雅》诗的认识，是非常有价值的。

## 7. 结语

朱熹作为宋代理学大家，在进行经学研究的时候，也会时而伴有理学之风。他在《诗集传序》中总起说：“或有问于余曰：‘《诗》何为而作也？’余应之曰：‘人生而静，天之性也。感于物而动，性之欲也。夫既有欲矣，则不能无思。既有思矣，则不能无言。既有言矣，则言之所不能尽，而发于咨嗟咏叹之余者，必有自然之音响节族而不能已焉。此《诗》之所以作也。’”[2]在这段话中，朱熹表示人的感情欲望都是人内心真实的反映，是自然合理的行为。所以，创作诗文来抒发情感也就同样是符合“理”的。既然合“理”，那么就没有必要用其他说法来掩盖它原本的抒情性。有这样的认知做支撑，朱熹更加坚定了用“以《诗》说《诗》”取代“以《序》解《诗》”的读诗方法。

综上所述，朱熹作《诗集传》是为了改变“以《序》解《诗》”的僵硬局面，寻求在更大限度上理解《诗经》，认识那个时代的礼乐文化。且不论朱熹的观点是否正确，他的确给后来学者开拓了一个研究《诗经》的新纪元。钱穆曾说：“朱子自谓自有《诗集传》，使一部《诗》起死回生，复活了。”这正是朱熹给学术界创造的价值。

[1] 引自朱熹:《诗集传》，北京：中华书局，2011年，第123～124页。

[2] 引自朱熹:《诗集传》，北京：中华书局，2011年，第1页。

# 参考文献

包丽虹：朱熹《诗集传》文献学研究，杭州：浙江大学学位论文，2004年。
黎靖德：《朱子语类》，北京：中华书局，1986年。
莫砺锋：《朱熹文学研究》，南京：南京大学出版社，2000年。
檀作文：《朱熹诗经学研究》，北京：学苑出版社，2003年。
杨伯峻：《春秋左传注》，北京：中华书局，1981年。
杨天宇：《朱熹的〈诗经〉说与〈毛诗序〉》，《河南大学学报》(社会科学版)，1992年第2期。
朱　熹：《朱子全书》，上海：上海古籍出版社，2002年。
朱　熹：《诗集传》，北京：中华书局，2011年。
邹其昌：《朱熹诗经诠释学美学研究》，北京：商务印书馆，2004年。

**【作者简介】**

陈朗，北京语言大学人文学院2013级中国古代文学专业硕士研究生，研究方向为先秦两汉文学。

**【专家点评】**

段江丽：

文章挺不错，思路很清晰，先归纳现象再提出问题的方法也很对路。但根据题意对朱熹和《毛诗序》解读《诗经》的观点应该并重，不能偏于一方，如果主要谈朱熹对《诗经》的看法，那就应该修改题目。应深入阐述朱熹和《毛诗序》解读《诗经》的不同、不同的原因以及自己的评价。

曲利丽：

文章比较扎实，思路很对。语言表达不够简明准确，引言中的常识性知识可以删除。可以补上朱熹和《毛诗序》解读《诗经》不同的原因。

# 5

# 从“跳舞场”到“后花园”

## ——穆时英小说现代意识与古典情怀的交锋

北京语言大学　鞠楠

**提　要**　穆时英在《公墓》《白金的女体塑像》《圣处女的感情》三部小说集里塑造了“跳舞场”与“后花园”两大意象，代表“都市 / 现代”与“田园 / 传统”的这两重意象在其小说中的纷杂交错，体现了穆时英现代意识与古典情怀的奇异碰撞：一方面，作家展示都市人的狂欢与孤独，想象出一个个疲倦憔悴的天涯沦落人作为“我”的心理补偿，但是这样的女性对“我”而言是一个诱惑更是一个危险；另一方面，作家无法为都市人找到精神出路，转而建立一个与世无争的“后花园”，设计一个个场景期待圣女的出现，上演一系列爱情故事作为都市人的归宿。除此之外，现代派种种技巧的自如挥洒与古典意象的时时闪现也显示出作家现代意识与古典情怀的交锋。这些似乎都更加鲜明地昭示了古典情怀对于现代作家的意义：当个人迷失在以“跳舞场”为代表的消费文化中时，唯有向“后花园”寻求心灵的慰藉。文本中现代意识下隐隐浮动的古典情怀透露了隐含作者的文化选择：若是在公共空间（“跳舞场”）无法实现个人的追求与满足，倒不如退回到私人领域（“后花园”）浅吟低唱，哪怕这个“后花园”如空中楼阁一般虚无缥缈。

**关键词**　穆时英　跳舞场　后花园　现代意识与古典情怀

穆时英《南北极》小说集内八部作品“气分（氛）是一贯的”[1]，调子是四部小说集中最统一的——无一不通过身份的对立展现其对阶级压迫的不满[2]，作品中表现出的社会责任感和对国家民族命运的关心即为夏志清所说的“感时忧国的精神”[3]。然而，作为试手之作的《南北极》仅仅表现了穆时英小说风格的一个侧面，作为新感觉派的主将，穆时英以《公墓》《白金的女体塑像》《圣处女的感情》三个集子为代表的小说更能体现其整体创作风貌。在分析这些小说时，学界多强调穆时英小说展示的都市欲望消费的一面，以及其中体现出的现代化叙事技巧，但笔者更关注穆时英以上三个小说集文本里流露出的古典情怀，及现代意识与其交锋中产生的奇妙张力。笔者认为，穆时英塑造了“跳舞场”与“后花园”两大意象，其中潜藏了他的文化选择：当个人迷失在以“跳舞场”为代表的消费文化中时，唯有向“后花园”寻求心灵的慰藉——哪怕这个“后花园”是虚幻的。

## 1.“跳舞场”

穆时英的跳舞场里闪烁着狂欢的都市人群像，起伏着翻江倒海似的让人喘不过气来的情欲，而且还异常吊诡地笼罩着如影随形无法驱逐的孤独。

### 1.1 狂欢与孤独

穆时英笔下的跳舞场充满了狂欢与情欲：灯光“带着酒意”，爵士乐“直刺到人的骨头里边，把骨髓都要抖出来似的”(《本埠新闻栏编辑室里一札废稿上的故事》)。满场尽是“非洲黑人吃人典礼的音乐，那大雷和小雷似的鼓声”(《夜总会里的五个人》)，到处皆有“黄澄澄的酒，浓烈的色情”(《夜》)。跳舞场成为一个虚拟的、可以尽情发泄各种能量的舞台。真实与虚幻、演戏与生活开始变得界限模糊。男男女女彼此激烈露骨地挑逗调情，身体上的摩擦触碰唤醒了他们心中原始的情热，人们沉醉在欲望中不可自拔。

[1] 引自穆时英:《南北极》(第三版)，上海：现代书局，1934年a，第97页。

[2] 如《黑旋风》中学生与工人的对立，从《咱们的世界》到《油布》七篇作品中下层人民与富人的对立。

[3] 夏志清认为，现代中国文学有一种“感时忧国的精神”，即在动荡的社会中作者不约而同地在作品中流露出的爱国热忱。详见夏志清:《中国现代小说史》，刘绍铭，等译，香港：香港中文大学出版社，2001年，第459页。

然而，穆时英的跳舞场里没有真正快乐的人，在喧嚣吵闹的“跳舞场”，穆时英小说中的男主人公找不到安身立命的支撑，精神的荒芜与信仰的缺席使他们将找寻“天涯沦落人”作为对自己心灵的慰安。

### 1.2　找寻“天涯沦落人”

“寂寞”与“疲倦”是穆时英小说中的两大关键词。为了排遣寂寞，疲惫的“叫生活压扁的人”总能在作家的安排下在“跳舞场”找到可以同病相怜的“天涯沦落人”——在昏暗的灯光或淡淡的烟雾后，“我”时常遇到“一个寂寞的，疲倦的，半老的妇人的剪影”(《Craven “A”》)，她往往“手托着下巴颏儿，憔悴地。她的头发和鞋跟是寂寞的”(《夜》)，她柔弱寂寞得“载不住自己的歌声里边的轻愁似的”(《墨绿衫的小姐》)，作家不厌其烦地强调她“那么疲倦的样子！”(《黑牡丹》) 同是天涯沦落人的出现让“我”觉得压在脊背上的生活的重量减了许多。

穆时英小说中的主人公像个身心俱疲的流浪汉，在跳舞场里总是有所期待，但灯红酒绿并不能使他安定，他对舞女——“天涯沦落人”，似乎总是带有一些不信任。但“我”又往往是孱弱的，舞女的诱惑对“我”而言同时意味着危险，好比有毒的罂粟花、印在红色烟盒上的黑猫、接在玄狐身上的牡丹，是幸福与邪气的混血。

事实上不只是舞女，但凡稍稍主动的女性都会拨动“我”敏感的神经，让“我”感到危险。《被当作消遣品的男子》中的蓉子正是那些舞女的校园版。作者在描绘蓉子和与蓉子有关的事物时总爱以跳舞来譬喻。“跳舞”的意象对“我”而言是一种诱惑，更是一个危险。二者此消彼长，它们之间构成了一种奇妙的张力，左右着文本的节奏与推进。在故事的开端显然前者更占据上风，那舞女一样的精灵迅速瓦解了“我”心头一次次涌上来的“危险”“骗人”等警示，任由年轻的心乖乖投降。但“危险”的感受始终如同巨大的阴影笼罩于全篇，于是“我”开始“神经衰弱”。但这种煎熬仍然无法抵挡“危险”的降临，在巴黎（文中的跳舞场），“危险”终于压倒诱惑，二者的平衡被打破，而“我”的失控实质上是对那种“危险”的全面进攻所做的唯一一次反抗，并且是失败的。在那以后，“我”和蓉子再也无法回到之前的状态，“危险”的另一端不再是诱惑，而是虚空以及伴其而来的惆怅。

综上所述，都市人在眩目的跳舞场中尽情狂欢，然而这狂欢是苍白无力的，于是孤独的“叫生活压扁的人”渴望找到天涯沦落人，但是这样的女性对他们来说既是一种诱惑又是一个巨大的危险。对于“跳舞场”——确切地说对于“跳舞场”所代表的整个都市消费文化，穆时英在表面上为之沉迷的同时，内心深处却始终是提防乃至排斥的，在那些放浪形骸的举动之外，他有对某种安全感的诉求，于是他借建构“后花园”以安置自己惊疑不定的心。

## 2.“后花园”

在穆时英构筑的文学世界中，始终存在着“跳舞场”与“后花园”构成的“南北极”：“跳舞场”是舞女、交际花、浪子、投机家各色人等的聚集处，他们期待着能够在快节奏的都市生活的压迫之外寻得一份刺激，释放被压抑的原始本性；“后花园”则隐蔽幽僻，有着纯然的古典情趣，透露着圣洁的意味，往往只有“绰约如处子”的神人居住。这两者构成了一个奇怪的统一体，现诸穆时英的笔端。同时，“后花园”的建构表现了他对圣女的一种期待，而明知“后花园”的虚幻却仍然执着地想象，体现了穆时英为都市男女寻找归宿的企图。

### 2.1 “后花园”的场景设计：期待圣女

穆时英希望有一个远离尘世、不为人知的私人空间。仔细分析穆时英的小说，可以发现作者精心建构了一个“后花园”，他一次又一次地试图把女性生拉硬拽到这个与世隔绝的场所：“我”在一条幽静寂寞的小径认识并爱上欧阳玲（《公墓》），“我”在一个带有隐士风的朋友的郊区的别墅里再次邂逅“黑牡丹”（《黑牡丹》），“我”与玲子在辽远的天空、无际的草原、宁静的暮色的猎场产生说不清道不明的感情，“我”遇见“墨绿衫的小姐”更是在《聊斋志异》加《桃花源记》似的人烟稀少的场所（《墨绿衫的小姐》）。为了建构好这个私人空间，穆时英可谓煞费苦心，有时甚至不惜与现实逻辑相冲突：比如活跃在都市跳舞场中的余慧娴居然住在“法租界很荒僻的一条马路上”（《Craven“A”》），又如为了成全空闲少佐和看护黎姑娘水中月镜中花一般无望的爱情，作者竟然设置了郊外的别墅——在兵荒马乱的年代，居然有一栋别墅等着滋养一个伤兵的爱情。由此可见，穆时英对“后花园”这个私人领地实在情有独钟，他无法摆脱才子佳人后花园定情的叙事滥套，渴望有一个独立于世外不被干扰的场所上演他心爱的男欢女爱的故事。[1] 对建构花园的热衷体现了作家对圣女的期待。

## 2.2 “后花园”的故事上演：寻找归宿

搭建起隐秘的“后花园”后，穆时英开始想象这个私人园地，把它当作心灵的寄居地和拯救疯狂倦怠的都市人的最终归宿。《公墓》所展示的就是这样一个水晶般的存在——纯良的少女、丁香一样的淡淡哀愁。作者的笔触由放肆露骨转为古典清秀，仿佛隐含作者自已也很相信在这样的环境中真的能产生爱情。然而这个美丽所在因为缺乏现实根基显得有些虚无缥缈，因此“后花园”意象的出现暗示着一切的终结。《被当作消遣品的男子》中蓉子离开时，也就是跳舞鞋最后一次出现的时候，背景被换成了一派田园牧歌式的江南春雨，令人想起戴望舒的《雨巷》，在全文的整体氛围中显得突兀奇诡，先前晃动跳跃的文字意象霎时间如水墨画般飘忽杳然——事实上，“我”在潜意识中已经意识到自己和蓉子之间的感情如肥皂泡一样地破灭。即便意识到“后花园”的虚幻，穆时英也不忍放弃这个可以驰骋想象的私人空间，《黑牡丹》中，他用浪漫的手法安排了一场不可思议的情节默许了“牡丹妖”这个荒谬的说法和一位没有说服力的隐士的存在，虽然“我”的那次游历给人的感觉是类似《南柯太守传》一样的“南柯一梦”，但作者在这样的想象中获得了心灵的小憩。《墨绿衫的小姐》一篇中，躺在长满野草覆满落叶的园子内的樱树下，因为醉酒而神志不清的“墨绿色的罂粟花”得来全不费功夫。荒废的园子、碎石小径是遇鬼的经典场景，路转溪头忽见有繁花满树，更是洋溢着阵阵仙气，虽然这样的场景暗示了此等美事人间罕有，然而作者还是乐此不疲地想象“后花园”这一虚幻的存在。在他看来，高速度的恋爱危险不可靠，需要有一个“后花园”来舒缓生活的节奏，因此明知“后花园”是虚幻的，穆时英也要竭力建构这一方私人天地来作为都市男女的归宿。

以上这些田园牧歌的想象美则美矣，但比较肤浅虚幻。以《公墓》一文为例，爱情的生根发芽之地被选在了墓地——生与死的交会之处，天与地的尽头所在，是一个极端的边缘地带。作者费心地建构这样一个边缘化且私人化的场所，

[1] 事实上，隐含作者在对古典文学中小姐公子“私定终身后花园”这一常见叙事套路的暗用本身就体现出穆时英的古典情怀。

以散文化的笔触使之具有了桃花源、乌托邦一样的气氛，这样的刻意为之似乎说明他关心的只是这样一个环境、这样一个氛围。这是他对古典的回眸，但颇为吊诡的是，很快地——不知是为了煽情的效果还是传统文人的矫情——他又亲手毁灭那当中的美好，给读者留下一个犹有余韵的海市蜃楼——穆时英仿佛从来不肯细细研究自己对于露水情缘的爱好究竟是因为什么，他不愿再进一步思考让身处现代都市的男女“两情久长时”的方法，因而他的“后花园”虽作为都市人的家园存在，却因其虚幻只能成为想象中的归宿。

## 3. 现代与传统间的交锋

“跳舞场”与“后花园”两大意象代表都市与田园、现代与传统的对立。很难说穆时英认同哪一种方式，但作为一个享受现代都市文明的地地道道的都市人，也许后者因其神秘而更具吸引力。他认为对都市中刺激新奇的追求也无法减轻他的寂寞，唯有宁静的故乡可以安定他疲倦的心。因此他一次又一次地在小说中建立田园牧歌式的古典意象，试图在这种私人空间中超越自我，找寻心灵的家园。于是在穆时英的小说中出现了一种有趣的对立：小说笔法在现代和古典间摇摆不定——一方面是现代化的形式技巧，一方面是田园牧歌式的古典意象。

### 3.1 形式技巧：现代意识的自觉实践

穆时英对技巧颇为重视，他曾表示：“对于自己所写的是什么东西，我并不知道，也没想知道过，我所关心的只是‘应该怎么写’的问题。”[1]受日本新感觉派横光利一、片冈铁兵、池谷信三郎等人的影响，穆时英在小说的形式技巧上下了很大功夫，主要体现在词汇选择、语言的夸张变形与陌生化、小说材料的剪裁及组织结构等方面。

在词汇选择上，穆时英喜欢在汉语中夹杂外语，这使他的语言看上去很热闹。他还擅长通过语言的夸张变形表现人物的心理。《白金的女体塑像》写单身医生面对少妇的性冲动，在正常的叙事外作者还特别用带括号的句子表现医生的意识流动和心理状态的变化，括号内外的文字因而形成了有张力的对话。《五月》第四章第一节为了表现江均对蔡佩佩的暗恋，括号的使用更是到了登峰造极的地

[1] 引自穆时英：《南北极》（第三版），上海：现代书局，1934 年 a，第 97 页。

步。为了表现人物心理的需要，穆时英还别出心裁地创造出一些新的表达方式，《Craven“A”》里余慧娴电话中吻过“我”后，穆时英这样写“我”的感受：

（啧啧啧啧啧）

这声音雷似地在我脑子里边哄闹着（……）

五个由小到大的“啧”字形成声音由远及近、由弱到强的推进感，同时也富有视觉冲击力。

穆时英所说的“‘应该怎么写’的问题”不仅仅体现在遣词用句中，还表现在对材料的剪裁上，他善于捕捉动作、场景及人物一瞬间的情态，并用电影式的富有镜头感的文字呈现出来：读完《上海的狐步舞（一个断片）》，满眼好像都是闪烁的霓虹灯和晃动的鞋跟；[1]《夜总会里的五个人》选取了五个人失意的一瞬间大加敷衍，以他们的心理状态变化为线拼贴出从生活中跌落下来的人的一幅颓废悲哀的图景；《红色的女猎神》叙事果断明快不蔓不枝，场景间的转换干脆利落动感十足。这些恐怕都要归功于穆时英电影方面的造诣——仅从他1937年发表在香港《朝野公论》上的《蒙太奇论》即可看出其对电影画面的选取、连缀、时间与空间的组合等问题的不凡理解。穆时英积极地把电影中采用的技巧运用到小说创作中来，因而他的作品与传统文学显得格格不入，很能代表现代派小说的风貌。

### 3.2 意象营造：古典情怀的魂兮归来

光怪陆离的都市和生活在其中的疯狂病态的人是穆时英小说中的一大核心意象，在涉及相关题材时，穆时英常用嘲弄的姿态审视都市中的人和事。然而除开对都市冷静的摹写外，穆时英是温柔多情的。他笔下流淌出一系列纯正的古典意象：忧郁的紫丁香、悠长的煤屑路、沙漠里的驼铃、年华的跫音、萧萧的雨声、隐士的花圃、古旧的屋子……无论小说中的技巧如何先锋，这类意象往往自觉不自觉地出现在文本中。在先锋技法与古典意象的碰撞中，有时两者不能很好地融合，甚至会使小说变得不太协调。比如《公墓》中贯串着浓郁的抒情诗味，但当

[1] 日本加藤武雄回忆穆时英小说时说：“一看《上海的狐步舞》的书名，便可想象萦绕在其中的近代感觉。”见《悼念穆时英君》一文，此文被收录到《穆时英全集》第3卷中，严家炎，李今，北京：北京十月文艺出版社，2008年，第462页。

“我”得知欧阳玲要离开上海时，“神经组织顿时崩溃了下来——没有脊椎，没有神经，没有心脏的人了哪！”这句突然插入的描写打破了原本浑然一体的抒情风格，显得有些突兀刺眼。又如能说得一口苏州味话的女子容易让人联想起温婉含羞的小家碧玉，然而文中这样的女子却爱刺激爱变化。在这种对立外，忙于约会、周旋于各色男子之间的蓉子这个摩登女郎在抽着强烈的吉士牌香烟等“我”的时候，却置身于富于古典韵味的背景中——悠长的煤屑路、长着麦穗的田野、几座荒凉的坟、埋在麦里的远处的乡村，天空中横飞着一阵乌鸦——这又是一种对立。穆时英心底似乎萦绕着那么点点滴滴的传统诗意，这使他的作品中常常闪现着挥之不去的古典情怀：浓重者如《公墓》，通篇浸渍在结着轻愁的丁香般的忧郁感伤的氛围中，即便展现都市生活的小说也有古典意象的痕迹——《Craven “A”》里回旋着《初夏的最后一朵玫瑰》太息似的乐音，《夜》里有对家园恓恓惶惶的寻觅。即使在被公认为技巧娴熟的《夜总会里的五个人》中，穆时英也对古典依恋反顾：第一节选取五个场景依次刻画五个落魄失意的人，对每个人的描摹结束后，都采用“嘴唇碎 / 破了的时候…… 嘴唇碎 / 破了的时候……”这样统一的句式作结，像西方文艺复兴时期十四行诗的对句点明题旨、凝练有力。

这些古典意象的建立与其说是作者有意为之，毋宁说是他潜藏在心底、压在纸背的心情的表露：在穆时英看来，无论都市中的人们如何寻欢作乐、释放压力，最后都要回归以“后花园”意象为代表的宁静故园。因此，脱离了乡土滋养的都市人一次次被拉回以古典意象为表征的“后花园”，这种私人空间成为浮华苍白的都市中人的解药。

## 4. 结语

有一种说法认为“五四”文学斩断了同传统的联系，但通过论述我们发现，即使在最先锋、最新潮、最前卫的现代派作家笔下，传统文人的情怀依旧若隐若现，包括追忆式的感伤[1]、怀春式的忧郁乃至矫情，以及躲避世俗、建构私人话语的企图。在动荡的文化转型期，传统被外来文化的巨浪一遍一遍地冲刷，在不同作家的笔下保留着深浅不同的印记，即便在“新感觉派圣手”穆时英各种令人

[1] 宇文所安（2004）认为“追忆”为中国古典文学的一大母题。详见［美］宇文所安：《追忆：中国古典文学中的往事再现》，郑学勤，译，北京：生活·读书·新知三联书店，2004年。

目眩神驰的现代技法下也飘荡着“后花园”似的古典意象与浓浓的诗味。普实克认为中国新文学的特点是“削弱情节的作用，甚至完全取消了情节”[1]，穆时英对“后花园”的恋恋不舍似乎也呼应了新文学作家对叙事的忽略和对抒情的偏爱。在“风沙扑面、虎狼成群”，感时忧国之作层出不穷的年代，穆时英继《南北极》后剑走偏锋，转而描写以“跳舞场”为代表的都市，遂为时人诟病。但当他发现在都市中无法安放自我，无力把人引向光明的所在后下意识建构“后花园”的举动却暗含了个人的国族想象，那现代意识下隐隐浮动的古典情怀透露了穆时英的文化选择：若是在公共空间（“跳舞场”）无法实现个人的追求与满足，倒不如退回到私人领域（“后花园”）浅吟低唱——哪怕这个“后花园”如空中楼阁一般虚无缥缈。

## 参考文献

穆时英：《公墓》，上海：现代书局，1933年。

穆时英：《南北极》（第三版），上海：现代书局，1934年a。

穆时英：《白金的女体塑像》，上海：现代书局，1934年b。

穆时英：《圣处女的感情》，上海：上海良友图书印刷公司，1935年。

穆时英：《穆时英全集》，严家炎，李今，编，北京：北京十月文艺出版社，2008年。

夏志清：《中国现代小说史》，刘绍铭，等译，香港：香港中文大学出版社，2001年。

［捷克］雅罗斯拉夫·普实克：《普实克中国现代文学论文集》，李燕乔，等译，长沙：湖南文艺出版社，1987年。

杨　义：《论海派小说》，《中国现代文学研究丛刊》，1991年第2期。

宇文所安：《追忆：中国古典文学中的往事再现》，郑学勤，译，北京：生活·读书·新知三联书店，2004年。

[1] 普实克（1987）在分析鲁迅的《怀旧》一文时提出这一论断，他认为以《怀旧》为代表的这一倾向表明了“抒情作品对叙事作品的渗透”和“传统叙事形式的衰落”。具体论述请见雅罗斯拉夫·普实克：《普实克中国现代文学论文集》，李燕乔，等译，长沙：湖南文艺出版社，1987年，第117页。本文无意比对中国古代文学与现代文学的差异，引普实克之语只想说明古典意象凝聚着的抒情因素成为现代派作家穆时英小说中的重要组成部分。

**【作者简介】**

鞠楠，北京语言大学人文学院2009级硕士研究生。

**【专家点评】**

张强：

这篇论文非常精彩，我们很受启发，是一种对穆时英的全新认识，其对文本的把握有王德威的风范。为什么西方的沙龙优雅而上海文人的沙龙像穆的“跳舞场”般孕育罪恶？因为欲望的推动。穆用“跳舞场”写出了欲望，又通过“后花园”表达了对欲望背后的宁静的向往。

# 女性崇拜的建构与颠覆

## ——以女性主义视角看《丰乳肥臀》

中国人民大学　席满琴

**提　要**　莫言在这部近乎史诗的大作中向我们展示了女性的韧性与魅力，但是最终又以男权的力量将其一一解构。作品的内涵非常丰富，历史跨度长，人物关系复杂，在这错综复杂的关系中我们可以看到女性崇拜与性别歧视的交织，体会建构与解构的双重变奏。

**关键词**　女性崇拜　性别歧视　解构

《丰乳肥臀》是莫言非常重要的一部作品，他自己曾明确说道："我认为它当然是我重要的作品之一了，截至目前，可以不看我的任何作品，但是应该看我的《丰乳肥臀》。"[1]《丰乳肥臀》于 1997 年获得首届"大家·红河文学奖"，引起了社会的广泛关注。这部作品也引起了很大的争议，有说此书哗众取宠的，也有对其赞不绝口的。这部书厚重丰富又怪诞魔幻，多重主题交织，跨越多个历史时期，确实可以有多重角度评价。但是从它的"艳名"到书中的内容都和性别有很大的关系，以女性主义视角解读，将对此书产生一种新的认识。

## 1. 男权构想下的母性崇拜

莫言曾在《光明日报》发表《〈丰乳肥臀〉解》一文，对小说名字做出如下解释：其一是为了"重新寻找这庄严的朴素，就是为了追求一下人类的根本"；其二就是"我决定写一篇大文章献给母亲，写一篇长篇小说告慰母亲在天之灵"，而这个题目是"富有象征意味"的；其三，"'丰乳'与'肥臀'是大地上乃至宇宙中最美丽，最神圣，最庄严，当然也是最朴素的物质形态，她产生于大地又象征着大地"。总之，"这部作品是写给一个母亲，并希望她能代表天下的母亲，是歌颂一个母亲并企望能借此歌颂天下的母亲"。不仅如此，莫言还非常热情地歌颂母亲的伟大："人世间的称谓没有比'母亲'更神圣的了，人世间的感情没有比母爱更无私的了，人世间的文学作品没有比母亲的歌唱更动人的了。"[2] 从作者的自述中我们可以清楚地知道，对母亲的赞歌是小说的重头戏。

《丰乳肥臀》可以看作一部描写家族苦难的史诗性著作，表达了生命对于苦难的记忆，以及人类面对灾难、困境时的不屈生命力。而这一切在上官鲁氏的身上表现得最明显。上官鲁氏与苦难好像结下了不解之缘，但她又以顽强的意志抵抗并消化着一切的苦难和变迁。上官鲁氏一生忍辱负重，几乎经历了 20 世纪中国所有的苦痛、灾难和屈辱，她忍受着常人难以想象的痛苦，顽强不屈地生活着。她以坚韧的生命韧性和无私奉献的精神，养育了上官家一群儿孙。就像叶开说的："上官鲁氏颠沛流离，历经苦难，顽强而博爱的一生是高密东北乡王国苦难

[1] 引自谢静国：《论莫言小说（1983—1999）中的几个母题和叙述意识》，台北：秀威资讯科技股份有限公司，2006 年，第 171 页。

[2] 引自《光明日报》1995 年 11 月 22 日"文艺观察"版《〈丰乳肥臀〉解》。

历程的标志，是自由的女神，是前路的明灯，在高密东北乡钟楼广场的最高处，上官鲁氏作为母亲的光辉形象照耀众生。”[1]

然而在赞歌的背后，我们要看到这个母亲是一个“祭坛上的天使”[2]，在这种“天使”的光环下掩盖着母亲自我的彻底丧失，她是祭坛上的天使，流着鲜血却不能哭喊。她被高度歌颂的无私奉献的牺牲精神，不过是为了树立符合男性需要的典范，让更多的女性前赴后继地学习，一步步地陷入父权制文化为她们设定好的性别角色的泥淖。就像弗吉尼亚·伍尔夫所言：“想象中她无比重要，事实上却一钱不值。她充斥一部部诗集的封面，青史上却了无名声。”[3]上官鲁氏是作为地母式的形象出现的，象征着孕育一切承载万物的大地。但是这个过分超载的母体，在极权之父的强行施暴下早已经千疮百孔。这块土地上上演了无数光怪陆离的荒诞剧，作为一个凡人之母，她为这些荒诞做了见证，也默默承担了无尽的苦难。因此我们必须清醒地认识到尽管莫言大唱母亲的赞歌，实际上仍是坚持传统的性别观。母亲仍然是男权下一个地位卑微的弱女子。

## 2. 难逃悲剧命运的鲜活女性

《丰乳肥臀》中塑造了一系列有血有肉、刚毅果敢的女性形象，尤其是鲁氏的女儿们。她们上演了一幕幕精彩的人间悲喜剧，身上都涌动着强烈的叛逆精神，一旦机遇到来，就会毫不犹豫地突破命运的限制。传统的道德对她们失去了作用，她们表达着强烈的生命欲望。大姐上官来弟首先起了示范作用，生活的苦难没有磨去她的美丽和光彩，反而让她变得“胸脯已高高挺起”，“腰肢变得纤细柔软，富有弹性，屁股膨胀并往上翘”。[4]青春的魅力吸引了沙月亮，尽管来弟的母亲极力反对，甚至情急之中将她许配给大哑巴，想以此断绝来弟的想法。没想到来弟自己终于败在十件色泽夺目的兽皮大衣和八十八只野兔下——来弟私奔了。有了姐姐的榜样，妹妹们都在自己的婚姻上采取主动态度。

---

[1] 引自叶开：《莫言评传》，郑州：河南文艺出版社，2008年，第5页。

[2] 引自寿静心：《女性文学的革命——中国当代女性主义文学研究》，北京：中国社会科学出版社，2007年，第140页。

[3] 引自康正果：《女权主义与文学》，北京：中国社会科学出版社，1994年，第50页。

[4] 引自莫言：《丰乳肥臀》，北京：中国工人出版社，2003年。下文引自该小说的内容不再说明出处。

但是这些女性改变命运的最常见的方式是嫁人。上官家的女儿们就像“历史的奖品”一样，情愿或者不情愿地献给了时代的英雄。最惨不忍睹的就是大姐上官来弟被地方政府强行许配给挂满勋章、截断双腿的大哑巴，由于来弟曾经为了沙月亮而抛弃大哑巴，大哑巴此时变本加厉地报复来弟。在苦难的命运面前，她们的力量是那么弱小，只能等待一个英雄来拯救自己。而时代风云变幻，各路英雄各显神通，上官家也变得成分复杂，复杂而热闹。

这些女儿虽然不听母亲的劝告，大胆地选择婚姻，但是她们内心深处还是坚持着“从一而终”“嫁鸡随鸡嫁狗随狗”的观念，当丈夫遇到生命危险，她们常常会奋不顾身地相救或者相随。司马库、巴比特、鸟儿韩等，他们都得到了上官家女儿们的全身心付出。渗入骨髓的传统依附心理使她们在古老的泥泞中奋力挣扎，难以自拔，“男权主义的价值标准虽然在某种程度上消退着，但却依然束缚着女性及整个人类的心灵和行为”。[1]

## 3. 无能的恋乳癖与深藏的男权

和有着强大生命力的姐妹们形成鲜明对比的是上官金童，尽管他是马洛亚牧师之子，有着西方血统，是家中唯一一个男子，寄托着上官鲁氏无限的希望，但实际上他是个扶不起的阿斗。他一生中最大的爱好就是女人的乳房，是个不折不扣的“恋乳癖”。尚在襁褓之中时，这个黄毛小儿已经在“小白鸽”“大萝卜”等乳房之间发现了相似性。他还能通过乳汁的味道和乳房的形状判断母亲的心情。长大以后，他对乳房更是迷恋崇拜到了无以复加的地步：“这世界上，没有人比我更懂乳房更爱乳房更知道如何保护乳房了。”恋乳的癖好深深渗透到了上官金童的血液中，就好像毒深深地渗透到了瘾君子的血液中，一有机会一到时候就会自动爆发。上官金童的恋乳症有三种表现：一是以乳为食，他对所有的女性（母亲、姐姐、乡亲、甚至是母山羊）都一视同仁，眷恋她们的乳房，渴望她们的乳汁。二是以乳为美，小说虚构了一个名叫“雪集”的离奇仪式，以此来刻画金童对乳房不同寻常的艺术感觉。三是以乳为性，金童成长过程中，所有的性冲动、性幻想都是对着女性的乳房。实际上他在性面前是无能的，除了奸尸（龙青萍）

[1] 引自刘慧英：《走出男权传统的樊篱：文学中男权意识的批判》，北京：生活·读书·新知三联书店，1995年，第119页。

和被女人（汪银枝）戏弄外，即使面对司马粮找来的女侍和独乳老金，他也只能专注于乳房上。

这样一个无能的恋乳癖毫无男子汉气概，和前面的姐妹们相比就更加黯然失色，好像作者放弃了男权的视角，用一个无能儿来反衬女性的光辉。但是上官金童的无能与特殊癖好并没有给他带来太多的厄运，而是从出生开始就享受着各种特权，让周围的女性都加倍地付出，甚至献出生命。更进一步看，莫言塑造了一个如此极端的恋乳癖，对“乳”的描述更是乐此不疲，《丰乳肥臀》这部以“乳”和“臀”为书名的50万字小说，从开篇第一章到最后一页都以“乳房”为贯穿线，并几乎达到平均每7页就出现“乳房”一词的地步。这反映了深藏其内心深处，具有普遍代表性的中国男性的理想与梦想：他们不仅渴望母亲的爱，而且希望被包括母亲在内的所有女人溺爱，希望获得最多数的女人最真诚的奉献之心。对上官金童来说，爱自己的人可以是母亲，可以是姐妹，可以是老金，是鲁胜利，等等。因此上官金童的“恋乳癖”是一种男性占有欲的原始表达，也是中国历史多灾多难所造成的心灵恐惧的一种安慰救赎。王德威（1999）非常深刻地指出：“《丰乳肥臀》渲染了男性又一种官能的震颤——触觉的欲望与变奏。对乳房的依恋已接近器官拜物狂。女性其实已彻底被物化为身体的一种特征。在恋乳之余，他是个彻底的性无能患者，丰乳与肥臀代表性的图腾，又何尝不是性的禁忌？”

作者总是煞费苦心地满足着这位无能儿的要求，对这样的反面角色作者反而能如此爱护，不得不让我们反思其背后强烈的男权思想。而且在疯狂的恋乳背后是把女性彻底地物化和肢解化，女性又有何地位可言呢？

## 4. 苦难与饥饿中的性别歧视

莫言特别喜欢描写苦难，可能是因为作家童年和少年时经历的苦难在心中留下了深刻的烙印。饥饿是书中重点描写的苦难，它最能考验出人性的本质，展示性别政治的残酷。

上官家的女儿们在战争之前还可以去河里捞虾，用劳动换取食物，但是当战争来临，她们大多数食物都要用婚姻去换取，而换来的食物的一个重要用途就是供养上官金童。其他的女儿们也难逃厄运，玉女和金童是双胞胎，但从她出生的那一刻起就注定她是一个多余人，她还是个瞎子，所有的权利都被金童剥夺了，最后她选择投河自尽减轻母亲的负担。四姐上官想弟为了家人的生计和给母亲治病，主动跳入火坑，虽然最后带回了装满珠宝的琵琶，但是自己迅速地走向了死亡。最让人心酸的是乔其莎的堕落，这个医学院的高才生，曾经为了坚持真理敢于反抗农场的伪科学，说出振聋发聩的言语："您说的对，我是极右派，永久性的。但是，我想，这是两码事，科学和政治，是两码事，政治可以翻云覆雨，可以朝秦暮楚，可以把白的说成黑的黑的说成白的，但科学却是严肃的。"她的顽强不屈和坚持科学的品质，虽然给她带来了厄运——被打成右派，得罪上官盼弟，被派到更艰苦的养鸡场，但是她留下了崇高光辉的形象。就是这样一个如出污泥不染的莲花一样的人，在饥饿的折磨下，居然放弃了所有的人格，甘心被张麻子诱奸，而且场面非常触目惊心。张麻子举着食物在前面引诱她，"她的双眼，贪婪地盯着那个馒头。夕阳照着她水肿的脸，像抹了一层狗血，她凭着动物的本能追逐着馒头"。书中没有对乔其莎内心痛苦的描写，她麻木地接受了这一切，没有眼泪没有仇恨也没有报复。最后她不是饿死，而是因为得到张麻子给予的更多的食物，吃得太多而撑死了。这不单单是对灾荒的控诉，更是借助一个女人人格的破灭和身体的牺牲讲述一个弱者的故事。生命和尊严就是这样被胃口与食物轻易地控制着，不得不感叹："你将格外的不幸，因为你是女人！"[1]反观男性的生存，饥饿似乎对他们不是致命的问题，上官金童有着吃奶的特权，司马粮有着惊人的消化能力，"他吃着草根树皮长大，食量惊人，只要塞到他嘴里的东西，他一律咽下"。司马粮的名字直接与食物相连，象征着他高超的获取食物的能力。还有沙月亮和鸟儿韩有着获取食物的特殊本领，即使流落到日本的原始森林，仍旧能生存。综上可以看到饥饿问题已经超出生理的界限而成为一种伦理问题、社会问题：谁有权力占有食物，谁要为食物牺牲自我。饥荒不是没有食物，而是某些人没有获得食物的权利和途径。我们已经非常明显地看到作者将女性塑造成了潜在的被吃的对象，而男性则拥有优先占有的权利。

总之，莫言在《丰乳肥臀》中给我们树立了一个崇高的母亲形象，却表现了男权对女性无限付出的构想；塑造了很多鲜活的女性，但她们难以把握自己的命运，只能依赖男性的力量；提供了一个无能的让人失望的恋乳癖的形象，他却

[1] 引自张洁：《张洁集》，福州：海峡文艺出版社，1986年，第1页。

享有特权，暗藏着深刻的男性欲望；展现了苦难，却将女子的弱小和男子的强权推到了一个新的境界，表现了残酷的性别政治——女性在两性关系中试图掌握主动权，但命运和传统却将她们重新打回到卑微者的原状。莫言总是给出一个女性崇拜的表象，然后再用深层的内涵解构它，流露出根深蒂固的男权思想和性别歧视。

# 参考文献

康正果:《女权主义与文学》，北京：中国社会科学出版社，1994 年。

刘蓓蓓，李以洪:《母神崇拜与“肥臀情结”——读莫言的〈《丰乳肥臀》〉》解，《文学评论》，1996 年第 6 期。

刘慧英:《走出男权传统的樊篱：文学中男权意识的批判》，北京：生活・读书・新知三联书店，1995 年。

莫　言:《丰乳肥臀》，北京：中国工人出版社，2003 年。

寿静心:《女性文学的革命——中国当代女性主义文学研究》，北京：中国社会科学出版社，2007 年。

王德威:《千言万语　何若莫言》,《读书》，1999 年第 3 期。

谢静国:《论莫言小说（1983—1999）中的几个母题和叙述意识》，台北：秀威资讯科技股份有限公司，2006 年。

叶　开:《莫言评传》，郑州：河南文艺出版社，2008 年。

张　洁:《张洁集》，福州：海峡文艺出版社，1986 年。

**【作者简介】**

席满琴，中国人民大学文学院 2012 级硕士研究生，研究方向为中国现当代文学。

**【专家点评】**

于小植：

（1）优点

能够以小见大，从一点展开去说，功底很好。

（2）建议

若遇到可以找到的资料，就不要转引，注意这点。可以把提要的语言写得再精彩些、充实些，锤炼得更好。

张冠夫：

担心容易变成单一视角的评论。

（1）优点

文本关键元素提取很好，强调理论方法很鲜明。

（2）建议

文本与莫言的心理、女性观等联系时太直接。运用女性主义批评时，其实主要是从女权主义出发的，应注意避免形成理论局限。

# “表情法”梳理中的学术指向与现实关怀

## ——梁启超《中国韵文里头所表现的情感》解读

北京语言大学　宋哲

**提　要**　梁启超欧游之后的心得和与新文化主流话语的对话关系，使其重新去认知和估量传统文化，特别是传统诗学。梁氏将情感观和诗学相连接，勾勒出一条中国文学抒情传统的脉络。通过这一过程，梁氏亦有自己的预期：就新文学的发展而言，主要是提供可资借鉴的情感范式和表现技巧；就现代文化的建设而言，是重新发扬理性与情感兼胜的传统经典的价值，充实现代文化的情感维度建设。梁氏对传统文学的重新梳理始终围绕现代性和民族性两个价值坐标，既将其作为中国文学和文化的现代化的重要资源，又发挥其对于形成全民族由传统向现代的过渡中的新的文化认同所具有的独特价值。

**关键词**　梁启超　表情法　抒情传统　审美的现代性文化认同

## 1. 引言

20 世纪 20 年代初，梁启超本着宣传新文化的使命，应国内一些大中城市的学校和社团的邀请，先后做了五十多次的演讲。演讲的主题关涉多个领域。其中关于文学的演讲主要集中在 1922 年，进行了三次。包括：年初受清华学校文学社邀请所做的系列演讲，总题为《中国韵文里头所表现的情感》(以下简称《韵文》)[1]；4 月 21 日受北京诗学研究会邀请所讲的《情圣杜甫》；11 月 3 日受南京东南大学文哲学会邀请所讲的《屈原研究》。

本文拟对梁启超《韵文》进行细致的阅读分析，寻找其所勾勒的文学史脉络。通过梁氏的其他材料（以 20 世纪 20 年代的材料为主），整理出其中的架构和系统，框定这一系列问题在梁氏整体学术架构内的位置及影响，探究其独特性和建设性。

## 2. 新文学建设的关怀：寻找抒情

### 2.1 《韵文》里头所表达的情感

《韵文》是梁氏受清华学校文学社邀请所做的系列演讲。原刊于 1922 年 2 月 15 日、4 月 15 日《改造》(第 4 卷，第 6 号、第 8 号)，不全，后收入《(乙丑重编）饮冰室文集》(卷七十一)，中华书局 1926 年 9 月初版。

演讲前梁氏提出其拟讲的计划，共十四节，与实际讲解内容有出入。实际有十节。

**表 1**

| 预定章节 | 预定内容 | 实际章节 |
| --- | --- | --- |
| 一、二 | 导言 | 一、二 |
| 三 | 奔迸的表情法 | 三 |
| 四、五 | 回荡的表情法 | 四、五 |
| 六 | 附论新同化之西北民族的表情法 | 六 |
| 七、八 | 蕴藉的表情法 | 七 |

[1] 本文关于梁启超《韵文》的引述，皆出自夏晓虹：《梁启超文选》(下)，北京：中国广播电视出版社，1992 年，第 21 ～ 109 页。不再另注。

（续表）

| 预定章节 | 预定内容 | 实际章节 |
|---|---|---|
| 九 | 附论女性文学与女性情感 | 八 |
| 十 | 象征派的表情法 | 未作为独立的一节，而是作为第七节的部分内容 |
| 十一 | 浪漫派的表情法 | 九 |
| 十二 | 写实派的表情法 | 十 |
| 十三 | 文学里头所显的人生观 | 缺 |
| 十四 | 表情所用文体的比较 | 缺 |

梁氏《韵文》："自觉用情法分类以研究旧文学，确是别饶兴趣。"梁氏认为"表情法"并非自己独创，只是前人"未尝为有系统的研究"，所以梁氏此文，是对传统文学进行有系统的归纳分类的"表情法"式研究的一次尝试。

首先看一看梁氏对韵文的定义："'韵文'是有音节的文字。那范围，三百篇、楚辞起，连乐府歌谣、古近体诗、填词曲本乃至骈体文都包在内（但骈体文征引较少）。"这是在《韵文》里的表述。在《晚清两大家诗钞题辞》里，梁氏将中国的诗分为"广义的诗""狭义的诗"。狭义的诗是指诗经、古体诗、近体诗；广义的诗是指"凡是有韵的皆是"。故而骚体、七体、赋、歌谣、乐府、词、曲本、山歌、弹词等就都可以纳入诗的范畴。

而在其《国学入门书要目及其读法》中，梁氏将骈文从韵文里分出，归入古文。

从笔者整理出的梁氏在《韵文》中所征引篇目来看，除了《芜城赋》和被梁氏称为"浪漫派小说的鼻祖"的《桃花源诗序》（实则诗序只是诗的附庸而已），其他所选包括诗经、楚辞、汉魏六朝诗、唐诗（杜诗居多）以及一些词、曲等。故而梁氏在《韵文》中所标举的"韵文"研究是可以看作诗学研究的。

梁氏在《韵文》中对每一种表情法的特征都给予了概括。如"回荡的表情法""专从热烈方面尽量发挥""曲线式或多角式的表现"。并把它分成四类：螺旋式、引蔓式、堆垒式、吞咽式。其他的表情法亦然。在此，梁氏通过分类归纳，有系统地将既往的典范作品划分开来。

文体分类在文学问题的讨论中十分重要。而梁氏的文体分类在此是以感情的表达方式作为依据的。故而梁氏的尝试亦可看作对中国表情传统或抒情传统的一次系统梳理。

## 2.2 对话主流

梁启超20世纪20年代的文学观、文化观和以新青年派为代表的新文化运动的主流话语构成了一种对话关系。

陈独秀们和胡适们对传统文学总体来说是持怀疑和否定态度的。陈独秀反对传统诗文，以之为贵族的文学、古典的文学、山林的文学。胡适提倡白话文，其理论的基本架构乃是“白话文学”论和“历史的文学观念”论。他认为文学的历史实质上是文字形式（工具）新陈代谢的历史。工具僵化，就必须更新。胡适后来虽然关注中国传统文化，重新估定其价值，但反传统的指向却更为突出。从新文化的主流话语看，对待传统文学，特别是传统诗文，他们是持强烈的怀疑和否定态度的。这也作为一个贯穿性的思维模式长期存在。

而在1920年前后，梁氏关注于发扬本国的文学，用西方的方法重新整理包括文学在内的传统文化。梁氏新文化的基本思路，体现在其《欧游心影录》中，即新文化运动三步骤：重新整理传统文化，进而达到中西文化的化合和中西的取长补短，最终使得在此基础上形成的新文化对世界文化做出贡献。梁氏在此强调化合，而非调和，并不是折中主义的认知：新文化里有中国的一部分，有西方的一部分。调和呈现的是物理变化，而化合则是真正的融合，是在既有的中西的材料中生成新的文明范式。

与早期相比，这个阶段的梁启超强调发扬本民族文化，强调传统的价值。就文学而言，梁氏在《清代学术概论》中指出清代“其文学，以言夫诗，真可谓衰落之极”，并总结“要而论之，清代学术，在中国学术史上，价值极大；清代文艺美术，在中国文艺美术史上，价值极微，此吾所敢昌言也。”[1] 梁氏认为，经学研究所体现的科学精神显示了中国文化迈向现代的努力。但清代文学没有这样的贡献。清代诗歌在整个文学史里是走下坡路的。相对于新文学，梁氏对的清代文

[1] 引自梁启超:《清代学术概论》，南京：江苏文艺出版社，2007年，第94页。

学并非是站在简单的“今胜昔”的立场上进行批评，而是较为客观地把它放在宏观的文艺美术史中去考量。

同样，作为学者、导师、社会名流的梁启超，对于当下的新文学的发展方向，亦有自己的评价。而这评价亦非文化保守者在所谓新旧二元对立的模式下进行的价值判断。梁氏在1920年写作《晚清两大家诗钞题辞》[1]。其中的晚清两大家诗指的是元和金亚匏的《秋蟪吟馆诗》和嘉应黄公度的《人境庐诗》。在这篇文章中，梁启超的诗学设定是包含技术和实质两方面的。这篇文章是未完之作，其中的技术层面的探讨占到了总篇幅的六分之五以上。主要讨论的是技术方面的两大支柱——修辞和音节。“因这种见解，我要顺带着评一评白话诗问题。”在对修辞和音节充分讨论后，梁氏指出当下白话的一些弊病：违反了“凡文以词约义丰为美妙”“美文贵含蓄”的原则，并且常常“字不够用”，在音节上“枝词太多，动辄伤气”，“有妨音节”。另外，“大家提倡白话……文学界得一种解放”，“若翻过来极端地排斥文言，那就不是解放，却是别造出一种束缚了”。旧有的体系是一种桎梏，那么跳脱出来又坠入另一种理念的牢笼不是同样可悲吗？“标榜白话文的格律义法，还不是‘桐城派第二’？”不加以警惕，人就由先前的进步又沦落到他所厌弃的反面去了。

在梁氏的框架中，存在着传统文学和新文学的对接问题：侧重传统文学，关怀新文学；对传统文学的态度是本于新文学建设的。

## 3. 新文化该导向何所

### 3.1 中国韵文里头所表现的“情感”

1915年之后，梁氏立志不做政治家、政谈家，而去做社会教育家、国民教育家。梁氏于1917年退出政坛，1918年年底出游欧洲，其社会身份、文化立场、研究指向、生活状态均有一定变化。

在新文化运动期间，梁启超对情感问题进行了充分探讨。从《欧游心影录》

[1] 该文在梁启超生前并未发表，收入《饮冰室合集》时也未注明撰写时间。夏晓虹据《张元济日记》（1920年10月21日）与梁启超致胡适函（1920年10月18日），确定其当作于1920年10月。参见夏晓虹：《诗骚传统与文学改良》，杭州：浙江文艺出版社，1998年，第293页。

开始，情感以及与之相关的概念频繁出现在梁启超的著述和演讲中，梁氏将情感观与诗学相连接，成为其20世纪20年代学术研究的突出特点。其集中体现，则在《韵文》。

文体分类在文学问题的讨论中十分重要。而梁氏的文体分类在此是以感情的表达方式作为依据的。

同时，梁氏对于各种表情法的诠释，也并非学术语言，而是感性的、文学的表述。例如，《韵文》中回荡的表情法"是一种极浓厚的情感蟠结在胸中，像春蚕抽丝一般把他抽出来"(蕴藉的表情法)。"这种表情法，和前两种不同。前两种是热的，这种是温的；前两种是有光芒的火焰，这种是拿灰盖着的炉炭"，等等。

其对于情感的高扬是明显的。

"天下最神圣的莫过于情感。""情感这样东西，可以说是一种催眠术，是人类一切动作的原动力。""情感的性质是本能的，但他的力量，能引人到超本能的境界；情感的性质是现在的，但他的力量，能引人到超现在的境界。"这样的表述，在今天看来似乎没什么。而在新文化运动中，科学就是理性，理性就是科学。梁氏在此用文学以及情感来平衡科学。文化里既要有科学，也要有文学；既要有理性，也要有情感。西方世界是用情感纠正启蒙理性的问题。同时，俄国的托尔斯泰、印度的泰戈尔，也有对西方反思现代性的响应。梁氏的努力，是可以放在这个大的框架中来看的，是中国方面对于西方反思现代性的响应。

在新文化运动的洪流里，梁氏清晰地认识到高扬理性的不足。在《韵文》中，梁氏表示："用理解来引导人，顶多能叫人知道那件事应该做，那件事怎样做法，却是被引导的人到底去做不去做，没有什么关系。有时所知的越发多，所做的倒越发少。用情感来激发人，好像磁力吸铁一般。有多大分量的磁，便引多大分量的铁，丝毫容不得躲闪。"

梁氏同时是深知高扬情感、高扬非理性的弊病的。"他是盲目的，到处乱碰乱进。好起来好得可爱，坏起来也坏得可怕。"这也就引发了另一个问题，即梁氏所处之社会现状是理性主导的，需要用情感的因素来调和。但对情感的盲目追随同样需要警惕，那么就需要"注意情感的陶养"，"把情感教育放在第一位"，从而"将情感善的、美的方面尽量发挥，把那恶、丑的方面渐渐压伏淘汰下去"。

以什么进行情感的陶养呢？"情感教育最大的利器，就是艺术。""音乐、美术、文学这三件法宝把‘情感秘密’的钥匙都掌住了。”在此，梁氏以情感的表达方式来衡定文学的类别，是在其打破科学（或理性）和情感二元的框架内生成意义的。

这样，文本就在学术指向之外，也有它的现实定位。“注重表现情感的方法有多少种”“那样方法我们中国人用得最多，用得最好”“所表现的情感种类”，在对这些问题进行梳理的基础上，“拿来和西洋文学比较，看看我们的情感，比人家谁丰富？谁寒俭？谁浓挚？谁浅薄？谁高远？谁卑近？我们文学家表示情感的方法，缺乏的是哪几种？先要知道自己民族的短处，去补救他，才配说发挥民族的长处”。最终的落脚点放在了取长补短、使民族自信自强上。

对情感的习得上升到了国计民生的高度，对待情感和艺术就需要更审慎。“艺术的权威，是把那霎时间便过去的情感，捉住他令他随时可以再现；是把艺术家自己‘个性’的情感，打进别人们的‘情阈’里头，在若干期间内占领了‘他心’的位置。因为他有恁么大的权威，所以艺术家的责任很重。为功为罪，间不容发。”

这样也就对艺术家提出了两方面的要求。“是要修养自己的情感，极力往高洁纯挚的方面，向上提絜，向里体验。”重视情感的陶冶。“自己腔子里那一团优美的情感养足了，再用美妙的技术把他表现出来，这才不辱没了艺术的价值。”重视技术的学习。

当然，在梁氏这里，高扬情感并不意味着彻底否定理性。梁氏 1922 年 4 月 15 日在北京美术学校讲演，讲解《美术与科学》[1]。该文认为“美术的任务，自然在表情，但表情技巧的应用，须有规律的组织，令各部分互相照应”。例如，孟昶和黄筌讨论吴道子的画，将画中人的一身力气用到一个手指上，“非有极明晰极致密的科学头脑恐怕画也画不成，看也看不到，这又是美术与科学不能分离的证据”。

又举达温奇（达·芬奇）的例子说明。“科学根本精神，全在养成观察力。”而养成观察力，美术是最直接的方式，它使美术家观察“自然之真”“自然之美”，“我希望中国将来有‘科学化的美术’，有‘美术化的科学’”。在梁氏这里，美术以及美术所代表的艺术—情感，和科学以及科学所代表的理性，都是人类对“自

[1] 参见梁启超:《梁启超全集》(十卷)，北京：北京出版社，1999 年，第 3961—3962 页。

然之真”的把握。

所以科学精神和情感得到了沟通。《韵文》中说：“我们想入到生命之奥，把我的思想行为和我的生命迸合为一，把我的生命和宇宙和众生迸合为一，除却通过情感这一个关门，别无他路。”“所以情感是宇宙间一种大秘密。”情感是神秘的、神圣的，这也使得情感难以捉摸。“把那霎时间便过去的情感，捉住他令他随时可以再现”，情感往往是短暂的、零碎的。但正是因为梁氏思想里对两者的调和，才使得研究表现情感的方法和所表现情感的种类成为了可能。

梁氏另一个关于“情感”的重要诠释也应引起注意。“艺术是情感的表现，情感是不受进化法则支配的”，“不能说现代人的情感一定比古人优美，所以不能说现代人的艺术一定比古人进步”。[1]情感具有非进化性，这才使得在“新”文化的洪流里，去关注“老古董”——那些既往的中国文化里的优秀成分，成为了可能。

### 3.2 情感观照下的诗学

“诗本为表情之具。”[2]这是梁氏在1923年《要籍解题及其读法》中提出的概念。情感观和诗学是联系在一起的。“自己腔子里那一团优美的情感养足了，再用美妙的技术把他表现出来，这才不辱没了艺术的价值。”这是梁氏在《韵文》中的表述。在梁氏这里，情感是诗学的根本关键，而具体的诗学问题，具有的是结构层面的意义。

“诗是一种技术，而且是一种美的技术。”[3]

这样也就使得诗作为对象，可以建构起相对客观的评价鉴赏体系，进而对写作提出相应的要求。

例如，梁氏在《韵文》中对写实派提出了要求：“写实派作法，作者把自己情感收起，纯用客观态度描写别人情感。作法要领，是要将客观事实，照原样极忠实的写出来，还要写得详尽。”这是对写实派的概念进行阐说。在梁氏眼中，浪漫和写实作为欧洲近代文坛的概念，在我国古代，将这两派划定出来建立门庭的事实是不存在的，但一些具体的作品却分带着两派的倾向。在此基础上，对写作提出了要求。“因为如此，所以所写的多是三几个寻常人的寻常行事，或是社会

[1] 引自夏晓红：《梁启超文选》（下），北京：中国广播电视出版社，1992年，第135页。

[2] 引自梁启超：《梁启超全集》（十卷），北京：北京出版社，1999年，第4651页。

[3] 引自夏晓红：《梁启超文选》（下），北京：中国广播电视出版社，1992年，第11页。

上众人共见的现象，截头截尾单把一部分状态委细曲折传出。简单说，是专替人类做断片的写照。”这些属于诗的技术，是结构层面的讨论。

而在技术结构的背后，真正发挥作用的是情感。“但倘若没有热肠，那么他的冷眼也决看不到这种地方，便不成为写实家了。”

梁氏的诗学观是情感观照下的诗学观，通过所征引篇目亦可看出。在《韵文》所引文章中，《箜篌引》《陇头歌》《虞兮歌》“这些都是用极简单的语句，把极真的情感尽量表出”，“词家最讲究缠绵悱恻”，乐府充满“热烈的情感”，西北文学“全在伉爽真率”。这些篇章的情感特质是鲜明的，情感表征是浓烈的。虽然在《韵文》的描述下《诗经》是“温柔敦厚”的，但梁氏所选则偏于如《鸱鸮》《小弁》《黍离》《鸨羽》《柏舟》《载驰》一类抒情性浓烈甚至带有控诉的篇目。又如“第三类蕴藉表情法，索性把情感完全藏起不露，专写眼前实景（或是虚构之景），把情感从实景上浮现出来”，所举例子也并非冷静之作，而是曹操的《观沧海》。

梁氏所选，几乎皆是情感浓烈鲜明之作。梁氏的题目即是韵文中的情感，所选文章饱含情感不是顺理成章的吗？但值得注意的是，作为情感的研究，并非只有浓烈鲜明之情感作为对象，还有其他形态的情感范式可资参照。在中国文学的文脉中，如竹枝词、杂事诗一类的风土诗等冷静客观的情感表达方式，是梁氏在此未能挖掘的。亦可见出梁氏对情感的分类，作为学术研究，严谨性和视域是有欠缺的。但这正可以看出梁氏研究的现实针对性特点。

这可以促使我们联系到科玄论战。何谓科玄论战，简言之，即科学与人生观的论战。梁氏关注的是人生观的建设问题。应该有什么样的人生观？应该有审美的人生观。本着这样的观念，他去谈儒家、道家、佛家的人生哲学。他认为人生哲学是中国文化中独有的一份东西，是老祖宗的传家宝。而这在西方是缺乏的。梁氏论文学情感乃是由浓烈类别介入，是可以放在梁氏人生观讨论的大框架里的。这样的文学情感观和这样的情感观观照下的诗学是生活本位的、审美本位的。

### 3.3 建设情感与理性兼长的人格结构

如何发扬中国传统文学，这是他的重要关注点。梁氏关注中国传统文学有两个目的：一个是，从新文学的创作来说，要借鉴传统文学。这是最重要的部分。另外一个，在新文化的构成里面，传统文学对新文化建设有启发。宣传新文化是为了教育国民。现代国民的人格教育，可以用这些传统诗文作为很好的教育材料。“至于社会一般人，虽不必个个都作诗，但诗的趣味，最要涵养，如此然后在这社会上生活，不至于干燥无味，也不至于专为下等娱乐所夺，致品格流于卑下。”[1]《韵文》、三大诗人论等文章，在于重新阐释传统文学，重新认知传统文学的价值。

他之所以梳理表情法，和其对新文化的认识有关。所谓新文化，就是中国的现代化。那么，梁氏欧洲之行，对西方现代的理性化偏颇认知充分。[2]故而在中国的现代文化建设中，要考虑如何避免此类问题。在他对情感和理性进行辨析的时候，尤其在对情感的价值的认识里面，体现了审美现代性的问题。

审美现代性是关于新文化的思考，那么怎样建设审美现代性，怎样建设一种情感和理性相平衡的新文化？梁氏强调，要利用传统资源。谈传统的立意在于新文化的建设，梁氏是希望去建设新文化的情感维度，并最终在步入现代的过程中，使新文化熏陶下的新国民能够具有情感与理性兼长的人格结构。

在新文化运动中，他所发出的声音不是主导，不处于主流位置，他恰恰是在他的位置向新青年派，向文学革命的主流话语去对话、去校正。他的表述缺少锋芒，显得比较中庸、保守。但是先锋或落伍、保守或激进，却也不能只看表面。

梁氏《韵文》讨论的是中国古代文化，但其指向仍是先锋的：防范和修正新文化运动当中对于科学的过分倚重和盲从，运用文学特别是文学中的情感去修正文学理性化的倾向。胡适们和陈独秀们是反传统的，看似更现代。以今天的眼光，他们的现代性是继承启蒙运动的启蒙路线的现代性。梁启超以传统的文化与他们对话，看似是守旧的，可他恰恰体现了审美的现代性和对现代性进行反思的因素。在新文化运动中，如果把胡适、陈独秀所代表的这种倾向和梁启超的倾向放在西方的语境里，我们可以发现：梁启超才是新的，他正契合了尼采们、柏格森们对非理性的高扬，体现了对启蒙现代性的批判。

梁氏思想来源开阔，体现出包容性。说梁启超完全反对新文化，并不是。他也要建设新文化。说他是用审美现代性完全反对启蒙现代性，也不是。他想达到科学与文学或科学与艺术的平衡，理性和情感的平衡，两种现代性的平衡。

看似保守、中庸的梁启超，却恰恰有其清醒的一面，前瞻的一面。

[1] 引自夏晓红：《梁启超文选》（下），北京：中国广播电视出版社，1992 年版，第 20 页。

[2] 参看梁启超《欧游心影录》（北京：商务印务馆，2014 年）中“科学万能之梦”等篇章。

# 参考文献

李喜所，元　青:《梁启超传》，北京：人民出版社，2010年。
梁启超:《梁启超全集》(十卷)，北京：北京出版社，1999年。
梁启超:《饮冰室文集点校》，昆明：云南教育出版社，2001年。
梁启超:《清代学术概论》，南京：江苏文艺出版社，2007年。
梁启超:《欧游心影录》，北京：商务印书馆，2014年。
王德威:《抒情传统与中国现代性：在北大的八堂课》，北京：生活·读书·新知三联书店，2010年。
夏晓虹:《梁启超文选》，北京：中国广播电视出版社，1992年。
夏晓红:《诗骚传统与文学改良》，杭州：浙江文艺出版社，1998年。
夏晓虹:《阅读梁启超》，北京：生活·读书·新知三联书店，2006年。

**【作者简介】**

宋哲，北京语言大学人文学院2013级硕士研究生，研究方向为现代文学。

**【专家点评】**

张冠夫：

以梁氏《中国韵文里头所表现的情感》这样一个理论性文本作为解读对象，这样的选题不仅把内在的理论逻辑寻找到了，还把这篇论文产生的背景、梁氏后期思想的转变与文本内容解读结合起来，阐释比较充分、比较深入，把文章的现实的针对性和文学革命的指导方针、思想倾向的对话性比较恰当地揭示出来了。建议：一、每节内部条理更清晰化；二、有些部分，尤其是与新文化革命的关系，若结合文本讨论，分析更有依据。

# 6

# 从叙述主体看《玩笑》的“存在”主题

首都师范大学　樊艳霞

**提　要**　本文从叙述主体的角度分析米兰·昆德拉的作品《玩笑》中的“存在”主题，并把叙述主体分化为隐含作者、叙述者、人物三个方面，分别从这三个角度来探讨昆德拉是如何书写他关于“存在”的思考的。隐含作者代替昆德拉在作品中指出了人生“存在”的悖论之一——人生由无数个错误构成，但人却只能活一次；而叙述者则组织着作品的形式结构，利用当前叙述与事后叙述相结合以及多角度叙述的策略完整地向读者展现了命运对人的捉弄；《玩笑》中的人物也具有叙述的主体性，人物所发出的不同声音令文本的“存在”主题更加复杂，使对人的“拯救”变得愈加困难。

**关键词**　《玩笑》　存在　叙述主体　隐含作者　叙述者人物

在传统意义上，作者被看作叙述行为的唯一主体，作品中讲故事的那个人往往被看作作者本人，尤其是在第一人称作品中，“我”更容易被当作现实生活中写这个故事的人。随着叙事理论的发展，我们逐渐认识到叙事文本中主体分化的现象，即“叙述主体的声音被分散在不同的层次上，不同的个体里，这些个体可以是同层次的，也可以是异层次的”[1]。热奈特在《叙事话语》中引用旺德里埃斯的话，认为“语态即‘言语行为与主语的关系’——主语在这里不仅指执行行为或承受行为的人，也指那个转述它的人（同一个或另一个），甚至，如果有必要的话，还指所有参与叙述行为的人（即使是被动地）”[2]。据此，我们把叙述主体分为三个部分：隐含作者、叙述者、人物。这三者有可能意见一致也有可能意见相左，而当三者意见相左时往往更能凸显作品的张力，留给读者阅读判断的空间，因此这也成为很多现代小说家的一个写作技巧。

米兰·昆德拉的《玩笑》采用第一人称叙事，它的叙述主体同样可以从三个方面来进行探讨：首先，该作品中存在一个昆德拉的化身——隐含作者，昆德拉通过他之口揭示了存在的悖论；其次，文本中的叙述者掌握着作品的形式结构，他用种种方法向读者讲述一个完整的故事，令读者看到命运对一个人的无情捉弄；最后，作品中的人物经常站出来发出自己的声音，从而深化了作品的主题，引导读者进行更深入的思考。

## 1. 从隐含作者看“存在”的悖论

文学理论传统上对作者介入文本有两种意见：一种认为作者应该介入文本，可以对文本中的事件、人物发表议论，使文本带上主观色彩，另一种看法始自福楼拜，他的创作原则就是在作品中保持中立而不把自己的主观感情在作品中随意表露。但事实上，作家在一部作品中全权退出，做到纯客观叙事，这在实践中是不可能的。正如布斯在《小说修辞学》中引用让·路易斯·柯蒂斯的话：“我们阅读小说的全部经验，建筑于同小说家的默契之上，这个契约赋予小说家知道他所写事情的权利。正是这个契约，才使小说能够存在。否认这个契约，就不仅毁灭

[1] 引自赵毅衡:《当说者被说的时候》，北京：中国人民大学出版社，1998 年，第 23 页。

[2] 引自 Gérard Genette. *Narrative Discourse* [M]. translated by Jane E. Lewin, Oxford: Basil Blackwell press, 1980.

了所有小说，而且毁灭了所有文学，因为一切艺术都以艺术家的选择作为先决条件：‘如果毁灭了选择的观念，艺术就被禁止了。’”[1]作家无法完全做到零度写作，“没有一个作家能够达到这种客观性”[2]，即便他能够把自己的观点看法隐藏起来，但他对文本内容的选择，对形式的安排，依然带有主观色彩。不过在实际的文学作品中，我们又常常会遇到人文不符的现象，即真实的作者与作品中所透露给我们的作者的形象并不一致，为解决这一悖论，布斯提出“隐含作者”这个概念，“隐含作者”是真实作者的一个替身，是“第二自我”，他“是小说全部话语意义的构成体，他由小说的主题，以及对这一主题的评价与人类共同道德和价值间的距离来实现。”[3]《玩笑》的真实作者是流亡作家米兰·昆德拉，但昆德拉写过大量的作品,《玩笑》中的声音来自昆德拉在这部作品中特定的替身，他不同于《告别圆舞曲》中的昆德拉，也不同于《生命不能承受之轻》中的昆德拉，他只存在于《玩笑》中。

《玩笑》第一章，卢德维克回到故乡摩拉维亚，由于旅馆环境糟糕而去找老朋友科斯特卡借房，隐含作者的形象在他们重逢后的第一次争论中出现：

（1）他回答说：“就算你说的对，但是告诉我，一个像你这样的怀疑主义者怎么能如此肯定，他知道怎样区分一个布景和一堵墙？你难道没有怀疑过你所嘲笑的幻觉是幻觉吗？如果你错了怎么办？如果你如此起劲要毁坏的是真正的价值又怎么办？”[4]

“如果你错了怎么办？”这是《玩笑》悲剧的根源，在作品的开头，隐含作者就通过科斯特卡之口做了预言，这个论断像一个诅咒一样环绕于卢德维克的生命中，让他在错误的深渊中越陷越深。

故事的起因是卢德维克错开了嘲笑时代的玩笑而被剥夺了读书的权利，并被迫去服役。在服役期间，他遇见了纯洁的露西，灵魂得到暂时的安宁，这时，隐含作者又出现了，他显现在卢德维克的内心独白中。卢德维克原以为只有抓住权力，“跳在历史背上”才能够取得成就，但和露西的接触使他意识到露西们的生

[1] 引自韦恩·布斯:《小说修辞学》，付礼军，译，南宁：广西人民出版社,1987年，第57页、第58页。

[2] 引自韦恩·布斯:《小说修辞学》，付礼军，译，南宁：广西人民出版社,1987年，第75页。

[3] 引自祖国颂:《叙事的诗学》，合肥：安徽大学出版社，2003年，第8页。

[4] 引自米兰·昆德拉:《玩笑》，景凯旋，译，北京：作家出版社，1991年，第6页、第7页。

活并不是比自己的更没意义，他从露西身上认识到生命可以是另外一种颜色，“灰色乐园”成了他宽慰和欣喜的根由。但在这种宁静的欣喜中，卢德维克再次犯错，错把男子对肉的欲望施加在一个如天使般纯洁的女子身上。当他的欲望未能实现时，他愤怒地离开了露西，殊不知此刻他已被逐出了伊甸园。

十五年后，卢德维克为了报复当年举手把他逐出党和大学的泽曼尼克，占有了他的妻子。约会进行顺利，当他心满意足地以为报复成功时，才发现泽曼尼克早已经抛弃了妻子，他的报复其实毫无意义。此刻，卢德维克犯了一生中的第三个错误，错把自己的仇恨报复在一个无辜的女子身上。

和泽曼尼克的相遇使卢德维克意识到一切早就时过境迁，他的遭遇和仇恨早就被时代的大潮卷走，对于世界，对于新一代的年轻人，甚至对于泽曼尼克都毫无意义，因为泽曼尼克的想法已经和“我”的想法一致，“我们的命运包容成一个整体”[1]。卢德维克的错误已经昭然若揭，隐含作者让卢德维克自己发现了这个悲剧，“我竭力抵制时间的和平馈赠；我不是生活在无穷无尽中，我被锁在我贫乏的三十七年里，并且不想割断这根链条”[2]。卢德维克让时间停滞在他所犯的第一个错误当中，这个错误是他的轻率造成的，也是时代造成的，第一个无心的错误引导他在错误的深渊中越陷越深，并进而毁灭了他的一生。

存在主义者认为，人的存在本身就是一个荒诞的事实，人要通过自己的行动来改变自身的荒诞命运。但在现实中，我们往往局限于某个错误之中，不知如何改变，也不知如何走出去，当我们最终意识到错误时，可能已经为时已晚，生活不给我们第二次行动的机会。“人只能活一次，既不能拿它跟前世相比，也不能在来生加以修正”[3]，生命的初次彩排就已经是生命本身，没有人告诉你你错了，也没有人允许你重来。正如托马斯所说的德国谚语：“说一次不算数，一次就是从来没有，只能活一次，就和根本没有活过一样。”[4]在由错误构成的生活和只能活一次的悖论之间，隐含作者通过各种方式向我们传达了存在主义者昆德拉对荒诞的存在的思考。

---

[1] 引自米兰·昆德拉:《玩笑》，景凯旋，译，北京：作家出版社，1991年，第274页。

[2] 引自米兰·昆德拉:《玩笑》，景凯旋，译，北京：作家出版社，1991年，第274页。

[3] 引自米兰·昆德拉:《不能承受的生命之轻》，许钧，译，上海：上海译文出版社，2003年，第9页。

[4] 引自米兰·昆德拉:《不能承受的生命之轻》，许钧，译，上海：上海译文出版社，2003年，第9页。

## 2. 从叙述者看命运对人的捉弄

“在小说中，叙述者和隐含作者一样，都可以看作作者的替身。”[1]但隐含作者是隐性的，在文本中不直接说话，他间接地引导读者认识到作家持怎样的价值观，而叙述者则“显现着小说形式和叙述策略方面的信息，是作家创作个性和美学旨趣的体现者”[2]。

《玩笑》是一部以第一人称写作的作品，热奈特把用第一人称叙事的作品分为两类，一类是叙述者把自己称作叙述者，另一类是叙述者和故事中的一个人物同为一人，前一种叫异故事（heterodiegetic），后一种叫同故事（homodiegetic），他认为只有同故事才是真正意义上的第一人称叙事。[3]按照热奈特的定义,《玩笑》采用第一人称叙述，且“我”就是故事中的人物，所以应属于同故事范畴。但在事实上,《玩笑》虽用“我”来叙述故事，但“我”并不局限于作品中某一个特定人物，相反,“我”从卢德维克转移到海伦娜又到雅罗斯拉夫又到科斯特卡，也就是说“我”是作品中不同人物的代称。而在这众多“我”的转换之间还存在一个“我”，他操纵着小说的形式布局，操纵着不同人称之间的转换，凌驾于小说故事之上，这个我就是叙述者。由此可以看出,《玩笑》并不完全属于热奈特的同故事范畴，在该作品中叙述者和人物是分离的。

单从文本的人称上来看,《玩笑》仍属于第一人称叙事，故叙述者的视角必然会受到限制，不能像全知全能的叙述者一样随意书写。昆德拉在《玩笑》中采用两种方法弥补有限视角的缺陷，一是当前叙述和事后叙述结合，一是从不同的角度叙述同一件事。

### 2.1 当前叙述和事后叙述结合

在文本层面上,《玩笑》中事件发生的时间集中在周五至周日这三天之中，但在故事层面上,《玩笑》的故事却持续了十五年。小说中叙述者一方面用当前叙述的方式使现在的事件处于发展状态，另一方面借用人物的回忆来交代过去发生的事情。在回忆的过程中，人物就能够居高临下地反思过去发生的一切，这样一

[1] 引自祖国颂:《叙事的诗学》，合肥：安徽大学出版社，2003年，第16页。

[2] 引自祖国颂:《叙事的诗学》，合肥：安徽大学出版社，2003年，第17页。

[3] 参见Gérard Genette, *Narrative Discourse,* translated by Jane E. Lewin: Basil Blackwell, Oxford, 1980: 243–244.

方面由于第一人称叙事有限视角的运用，叙述者似乎和读者一样不知道下一步会发生什么，使读者和故事中的人物同命运；另一方面叙述者又能够使人物从过来人的角度重新看待曾经发生的故事。例如，在第三章中，卢德维克看到故乡破败而熟悉的景物想到了十五年前在学校所发生的悲剧：

（2）那些给我带来最初的大灾难的事件（我与露西的相识，就是它无情干预的一个直接后果），也许可以用一种超然的甚至轻松的语调来描述：这全都要追溯到我对愚蠢的玩笑那种不幸的嗜好，以及玛格塔对理解任何玩笑的那种不幸的无能。[1]

叙述者在此时采用的完全是全知全能的视角，他不仅借人物之口说出了将来要发生的事情：与露西的相识，还用一种客观、“超然”甚至“轻松”的语调评价了“我”拥有对玩笑的嗜好其实是很“不幸”的。在这里，叙述者用了两个“不幸”：一是“我”喜好玩笑的不幸，一是玛格塔理解玩笑极其无能的不幸，这在十五年前悲剧未发生时“我”是不可能知道的（要是他知道他就不会和玛格塔开这个玩笑了），但由于叙述者在这里是事后叙述，因此就完全可以对悲剧发表预言和评论。

由于这样一种叙事策略的使用，叙述者能够通过叙述三天的故事而带出主人公前后十五年的悲剧人生，完整地展现人存在于世上所受到的捉弄。我们在卢德维克所经历的坎坷的十五年中，看到了他在悲剧过后的愤怒以及被命运耍弄的失落。他由于天生对玩笑的“不幸嗜好”，而注定在像玩笑一样的人生中一败涂地。在生命的过程中，命运毫不留情地嘲笑每一个犯了错误的人，让他们在毫不知情的情况下成为命运的俘虏，人之弱小可见一斑。

### 2.2　多角度叙述

在《玩笑》中，昆德拉常从不同人物的角度来分析卢德维克的悲剧，使视角多元化，以求能够全面地表现卢德维克作为我们人类的一分子如何彻底实现了“存在”的荒诞。全书共七章，三章从卢德维克的角度来叙述，一章从雅罗斯拉夫的角度叙述，一章从海伦娜的角度叙述，一章从科斯特卡的角度叙述，最后一章几个人物交叉叙述。这样就跨越了叙述的单一性，串联起了过去、现在和未

[1]　引自米兰·昆德拉:《玩笑》，景凯旋，译，北京：作家出版社，1991年，第24页、第25页。

来，使同一个故事内部充满张力。叙述者从各个不同的角度出发，讲述了一个完整的故事，最终借各个人物的眼光进行多次内部聚焦，完成了对故事的完整展现。

在《玩笑》中，卢德维克的命运是通过多个旁观者以及他自己进行透视的，在共产主义者眼中他是嘲笑党的托洛斯基分子，在露西眼中他是一名不幸的士兵，在海伦娜眼中他是一个有魅力的情人，在科斯特卡眼中他是一个有思想的叛逆者……卢德维克的形象呈现在众多不同人的意念之中，而哪一个是真实的连他自己也不知道。而这正如现实世界中的我们自己，在生活的大潮中往往迷失了自我。多重身份的卢德维克仿佛我们的化身，我们在不同的人群中扮演着不同的角色，并承担着命运在各个方面对我们的打击，亲人因为我们的错误而受到伤害，情人为之哀恸，朋友也因之逐渐疏离……多角度叙述，让读者脱离了单纯的道德或同情的范畴，在多重环境多重视角下体味到我们自己身上的多重悲凉与无奈。

## 3. 从人物角度看“存在”的拯救之路

严格说来，作品中的人物应该属于被述者，即人物是由隐含作者、叙述者讲述的对象，属于“我”向“你”讲述“他”的故事中的“他”，不具有叙述主体性。但现代小说往往突破传统叙述的常规，人物不是被动地按照叙述者的思路进行思考，而是偏离了叙述者的掌控，形成自己的主体意识，《玩笑》即是典型的一例。

其实，在昆德拉的作品中一贯充斥着叙述的张力，作者和人物之间，叙述者和人物之间有一种力的角逐，读者在角逐中寻找自己青睐的对象。正如昆德拉自己所说：“所有的人物都越过我一向划定的界限，吸引我的，正是他们已经越过的这条界线。”[1]《玩笑》中的人物也试图摆脱叙述者和隐含作者的束缚，跳出来和读者直接对话，从而造成一种类似音乐上复调的效果，并最终具有了一定的主体性。

比如第六章是基督徒科斯特卡的独白，这一章十分重要并且形式独特，科斯

[1] 引自米兰·昆德拉:《小说的艺术》，董强，译，上海：上海译文出版社，2004年，第81页。

特卡超越了叙述者的掌控，形成了属于人物自己的像上帝福音一样的声音。在第一节，科斯特卡称卢德维克为“他”，“我”“总把他看作我的主要对手”，“在我们表面的联盟下存在着一个内在的不和的深渊”，这些点明了科斯特卡和卢德维克内在的隔阂。第二至九节科斯特卡讲述自己的故事，卢德维克在故事中扮演一个不大的角色，在科斯特卡被党怀疑时卢德维克曾出面为之辩护，对此科斯特卡对卢德维克充满感激。在第十节，虽然仍然是科斯特卡的独白，但由于人称从“我”和“他”变成了“我”和“你”，在文本之内就构成了一种对话，产生了交流的双方，小说的文本变成了戏剧的剧本，读者看到的是一个由对话构成的戏剧场景，叙述者缺席了。科斯特卡和卢德维克展开辩论，虽然卢德维克只是一个隐含的听者，但科斯特卡还是像卢德维克在场一样反驳了他的观点。第十五节和十八节科斯特卡依然用“我”和“你”这样的人称形式进行对话，仿佛《圣经》中上帝在点拨一只迷途的羔羊，只不过这个上帝也有自己的烦恼。通过这样一种人称的转变，《玩笑》中的人物脱离了叙述者的掌控，实现了自己的主体性，发出了自己的声音。

科斯特卡声音的出现使小说的主题更加复杂，卢德维克的悲剧缘于他步步深陷的错误，而进一步的错误又来源于他对对手的不宽容，科斯特卡选择的是宽容，他像神一样容纳了一切羞辱，放弃妻子、孩子、工作，自愿走上了流放的道路，并且自以为能用自己的宽容拯救别人。科斯特卡以为自己找到了拯救人的荒谬存在的途径，他说人仅靠理性和怀疑是无法生存的，人无法离开上帝的庇护和福音，他生活在上帝的光环之中，所以他很幸福。但在第二十节科斯特卡却承认了他的信仰和宽恕的欺骗性，他说他对上帝的虔诚并没有解决他内心的焦灼。从科斯特卡发出的不满声音中，我们看到对上帝的信仰实际上并不能解决什么问题，信仰和宽容依然无法拯救在现实世界中手足无措的人。

理性、怀疑主义、上帝的信仰，这些都未能解决存在的危机，无法拯救处于不幸中的人，荒诞的命运仿佛就是一双无影的手，紧紧抓住人类不放。“我”该怎么办？昆德拉没有告诉我们。

一个聪明的作家不但会留一个开放的主题让读者思考，还会用一个独特的艺术结构来安置这个开放的主题。人的荒诞存在这一主题，其实已经困扰了人类几千年，从古希腊时期戏剧家对命运的探索，到现代作家对荒诞的书写，其实都表现了古今智者对“人”的关注。昆德拉运用自己娴熟的现代小说写作技巧，延续着古人对“人”的思考，并谱写了一首现代人的生存状态悲歌。

# 参考文献


[捷克] 米兰·昆德拉：《玩笑》，景凯旋，译，北京：作家出版社，1991 年。

[捷克] 米兰·昆德拉：《不能承受的生命之轻》，许钧，译，上海：上海译文出版社，2003 年。

[捷克] 米兰·昆德拉：《小说的艺术》，董强，译，上海：上海译文出版社，2004 年。

[美] 韦恩·布斯：《小说修辞学》，付礼军，译，南宁：广西人民出版社，1987 年。

赵毅衡：《当说者被说的时候》，北京：中国人民大学出版社，1998 年。

祖国颂：《叙事的诗学》，合肥：安徽大学出版社，2003 年。

Gérard Genette. *Narrative Discourse* [M]. translated by Jane E. Lewin, Oxford: Basil Blackwell Press, 1980.


**【作者简介】**

樊艳霞，首都师范大学文学院 2008 级硕士研究生。

**【专家点评】**

张华：

作者以叙事学理论为根据，深入分析了米兰·昆德拉的文学文本《玩笑》中的“存在”主题，论述规范，条理清晰，观点鲜明，是一篇难得的文学批评论文。

李庆本：

本文从叙述主体的三个层面隐含作者、叙述者、人物来组织结构全篇，具有一定的理论深度，内容充实，中心突出，层次分明，逻辑清晰，格式规范。

# 浅论卞之琳对瓦雷里的接受

北京语言大学　张逸飏

**提　要**　法国象征派大师瓦雷里对中国现代诗人卞之琳诗歌创作的影响为学界所公认，然而长期以来对二者影响关系的研究大多只是将二者置于法国象征主义对中国现代诗歌影响的大背景之下，而少有将二者作为个体使其直接进行对话的探讨。事实上，卞之琳对瓦雷里的译介是其接受瓦雷里影响的重要途径。本文结合二者的具体作品，从诗思（“结晶”态度、智性品格、元诗意识）以及诗艺（“意象群”的重叠、格律诗体的运用、对诗艺的重视）两大方面对卞之琳诗歌创作受到的来自瓦雷里的影响做出了探讨，旨在通过以上论述，将卞之琳对瓦雷里的继承与发展做出较为全面的阐述。

**关键词**　卞之琳　瓦雷里　影响

卞之琳作为诗人、翻译家在我国新诗史上占据重要地位，其诗歌创作明显受到其最欣赏的诗人——法国象征主义大师瓦雷里的影响。研究卞之琳对瓦雷里的接受可以更加深刻地理解卞之琳诗艺具有的重要意义。目前，学界关于卞之琳与瓦雷里之间影响关系的研究多种多样，但大多为宏观层面的理论性阐述，卞之琳更多地只是作为中国现代主义的诗人之一与法国后期象征主义大师瓦雷里进行对话，对于两人之间影响关系的具体分析不够深入。[1]而值得注意的是，卞之琳对瓦雷里的接受不仅存在于对后者的阅读中，其作为翻译家译介瓦雷里作品的过程本身也是对后者创作观的接受，并且在这一接受活动中占有重要角色。

卞之琳对瓦雷里诗歌的翻译始于1935年，是其法语诗歌翻译的重要组成部分。其中对瓦雷里长诗《海滨墓园》的翻译，更是被学界公认为该诗多个汉语译本中的经典之作。翻译本身是一种再创作的过程，因而从某种程度上来说，译作也是诗人创作观的一种反映（折射）。在卞之琳创作观形成的多个影响来源中，来自瓦雷里的影响是不可忽视的因素。虽然卞之琳在二十世纪三四十年代翻译瓦雷里的作品并不多[2]，但从此以后瓦雷里对其诗歌创作的影响却是显而易见且贯穿始终的。在卞之琳列出的与其自身写作相关的诗人中，瓦雷里是其中之一。[3]卞之琳也曾表示过，他最欣赏的诗人是瓦雷里。[4]翻译与阅读瓦雷里对卞之琳的诗歌创作产生了深刻而持久的影响，主要表现在二者“诗思”与“诗艺”方面的相似。这也是卞之琳作为翻译家能够在汉语语境中较为理想地还原瓦雷里诗歌面貌的重要原因。

## 1. 卞之琳对瓦雷里诗思的接受

### 1.1 “结晶”态度

卞之琳与瓦雷里一样，其诗歌的创作过程始终贯穿着一种“结晶”态度。二

[1] 笔者掌握的资料当中只有为数不多的研究将瓦雷里对卞之琳的影响进行了系统的论述，如萧映:《卞之琳与瓦雷里》,《华中理工大学学报》(社会科学版)，1998年第2期。在这方面做得最为深入的学者是江弱水。参见江弱水:《卞之琳诗艺研究》，合肥：安徽教育出版社，2000年。

[2] 卞之琳译瓦雷里诗见于卞之琳:《英国诗选》，长沙：湖南人民出版社，1983年。共四首，其中*le vin perdu*(卞译《失去的美酒》)译于1935年，其余三首均为20世纪70年代新译。

[3] 参见卞之琳:《雕虫纪历》，北京：人民文学出版社，1984年，第16页。

[4] 参见江弱水:《卞之琳诗艺研究》，合肥：安徽教育出版社，2000年，第194页。

者都善于淘洗词句，重视诗思在瞬间的升华，并且都认为在艰苦的精神劳动和思想锻炼之后会得到报偿。瓦雷里在雨夜遭遇精神危机后毅然告别诗坛，辍笔多年，厚积薄发，直到再度以长诗《年轻命运女神》一鸣惊人——这不朽的诗篇正是他艰苦的精神锤炼之后美丽的结晶，而得到这结晶的瓦雷里则饱含着幸福的喜悦。正是在这首长诗的结尾，瓦雷里这样写道："太阳呵，我不由自主地赞赏我此刻的心灵，你在那里结识，那温柔而有力的新生快乐的复萌，在一颗充满感激的心灵的金色高空下，一股热血的贞洁向着炽热的烈火涌去！"[1]相对瓦雷里的热情奔放，卞之琳显得冷静内敛，但两者对待"结晶"的珍视态度却是一致的。Anne Cheng称卞之琳采取了"高度克制的（highly restrained）、提纯的（purified）、晶化的（crystallized）、移位的（transposed）与非直接的（indirect）抒情方式（lyrics）"。[2]卞之琳的《白螺壳》一诗尤其能体现他精于淘洗和结晶的创作态度。该诗的用韵非常严格，"套用了瓦雷里用过的一种韵脚排列上最复杂的诗体"[3]，在诗句中更是处处显现出卞之琳对诗的精心打磨，如"我感叹你的神工，你的慧心啊，大海，你细到可以穿珠"。在诗的末节，卞之琳更是发出了"时间磨透于忍耐"[4]的感慨。这两句都使用了感叹号来加强语气，使得卞诗与瓦诗不仅在内在的诗思上相通，乃至外在的感情基调也趋于一致。而"神工"一词也出现在卞之琳译瓦雷里诗歌《风灵》之中（"神工呢碰巧"），更可以看出卞之琳对瓦雷里诗思的认同。同样，在《海滨墓园》的译文中卞之琳使用的"功夫""消耗"等词，也让人联想到他为诗歌创作所投入的辛勤的精神劳动。卞之琳说："瓦雷里在诗中，不止一处，表现天才、灵感出于勤奋、苦功。"[5]他自身的诗作又何尝不是如此。

### 1.2 智性品格

瓦雷里与卞之琳都善于在诗中蕴含哲学的思考，从而使诗歌具有一种智性

[1] 引自瓦雷里：《瓦雷里诗歌全集》，葛雷，梁栋，译，北京：中国文学出版社，1996年，第67页。本文所引用的瓦雷里诗歌的汉译，当该诗有卞之琳译的版本时采用卞译，没有卞译时均采用葛雷、梁栋译《瓦雷里诗歌全集》译诗。

[2] 参见Lloyd Haft (ed.). *Pien Chih-lin, a Study in Modern Chinese Poetry Collections* (1900—1949) [M]. Dordrecht and Cinnaminson, United States: Floris Publications, 1983.

[3] 引自卞之琳：《雕虫纪历》，北京：人民文学出版社，1984年，第17页。

[4] 引自卞之琳：《雕虫纪历》，北京：人民文学出版社，1984年，第55页。

[5] 引自卞之琳译：《英国诗选》，长沙：湖南人民出版社，1983年，第232页。

品格。瓦诗中哲学范畴内的概念随处可见，例如“观念”“现象”“本质”等等；卞之琳的诗中虽然少有这样确指的概念[1]，但其诗却时常蕴含着一种浓厚的哲学意味，卞诗也因此被称为中国“现代智性诗”[2]的代表。静与动的关系、清醒意识、相对关系等哲学主题，游弋在二者的诗歌之中，随着二人诗情的起伏或明或暗、若隐若现。瓦雷里的著名长诗《海滨墓园》即是采用象征手法，将诗人对静与动、生与死的感悟融入其中，展现出一种豁达乐观、自我超越的精神境界。卞之琳的《断章》则表现出一种相对的时空关系，以其独特的美感脍炙人口。相比《断章》,《距离的组织》由于化用典故显得更加晦涩，卞之琳虽然在注解中说明“整诗并非讲哲理”，却也承认该诗“涉及存在与意识的关系”。[3]另外，像《投》这样的小诗，既没有抽象概念也没有典故，却仍然能让读者感受到其中包孕的哲理，颇有几分禅思的意味。瓦雷里《失去的美酒》一诗中“丢了酒，却醉了波涛”( perdu ce vin，ivres les ondes ) 一句实际暗含了得与失的辩证关系，同样，“丢”出现在卞之琳的《影子》一诗中，卞用影子的失而复得，来诠释诗人眼中相辅相依的得与失。不仅如此，两人的诗篇还都突出地表现出自我沉思这一倾向。与善于淘洗、结晶的态度相应，两人都具有充满矛盾的自省心态。《海滨墓园》从头到尾即是用一种沉思的姿态，感悟着生命的无常与宇宙的永恒；而卞之琳的诗中，更是明确地出现了“一个年轻人在荒街上沉思”(《几个人》)。二者各自的诗作中带有“沉思”意味的例子不胜枚举，单从题目就可看出二者对思考的偏爱：瓦雷里写有《思前之沉思》《瞬间遐思》，卞之琳写有《旧元夜遐思》……瓦诗中出现的不知身在何处之感 ( 如《失去的美酒》中“不记得在什么地方” )，正是卞之琳自述的“方向不明，小处敏感，大处茫然”[4]的具体表现。总之，“沉思”的姿态可以说在二者的诗中贯穿始终，无怪乎他们的诗具有显著的智性面貌。

[1] 只有《落》等少数诗篇中出现了“命运”这样的抽象名词。但从卞诗整体风貌来看，很少有富含哲学意味的表示概念的词。

[2] 参见陈希、何海巍：中国现代智性诗的特质——论卞之琳对象征主义的接受与变异，《中山大学学报》( 社会科学版 )，2005 年第 2 期。

[3] 参见卞之琳:《雕虫纪历》，北京：人民文学出版社，1984 年，第 37 页。

[4] 引自卞之琳:《雕虫纪历》自序，《雕虫纪历》，北京：人民文学出版社，1984 年，第 3 页。

### 1.3 元诗意识

除了在诗歌中以沉思的方式融入哲学的思考外，瓦雷里诗歌和卞之琳诗歌还存在着一个共同点，即二者的诗歌中都饱含着一种元诗意识。二者都善于以诗歌本身作为沉思的主题，或者以诗的整体结构、形象和主题构成一个关于诗或创作行为的隐喻。瓦雷里的《庇迪亚》《幽宛（一、二）》《诗》等，卞之琳的《白螺壳》《妆台》等，无不是“以诗喻诗”的佳作。二者相似的诗思在元诗层面上再度得以印证，例如《白螺壳》一诗，题目本身就是一个对诗歌的隐喻。在卞之琳看来，只有经历了精心的淘洗与打磨的诗歌，才能有白螺壳一样的“空灵”，“孔眼里不留纤尘”。而“时间磨透于忍耐”更让人联想起瓦雷里《棕榈树》的诗句：“耐心吧，耐心吧！在云霄中保持着耐心吧！”[1]除了展现诗歌写作的过程，灵感的迸发与结晶的喜悦也是二者乐于表达的对象，瓦雷里诗中被“自己的新思”“涨破了头”的石榴[2]，卞之琳诗中“等一声梆冷然的敲击”的“过饱和溶液”，无不是比喻灵感于瞬间到来之后诗歌绽放异彩的状态。那“六出花”的结晶，便是“沉淀”过后展开的“晴明”。[3]也正是这种元诗意识的存在，使得二者的诗歌具有的现代性（modernist）更加突出。

## 2. 卞之琳对瓦雷里诗艺的接受

### 2.1 “意味深长而并非没有逻辑”[4]

诗歌在视觉的传达上最直观地表现为意象，相同或相似的意象在不同诗人的笔下出现，就会使读者产生似曾相识的感觉，犹如在不同布局的画幅中看到熟悉的人物与景致。卞之琳与瓦雷里诗歌中意象重叠的例子比比皆是，在这里以大海意象、玫瑰意象、黄昏意象、果实意象及蜜蜂意象为例加以说明。

通读瓦雷里的诗集，我们会发现一系列的“高频意象”使我们得出一些“猜想”：瓦雷里热爱大海，他最爱的花朵是玫瑰，他醉心于黄昏的景象，他饱览着

[1] 引自瓦雷里:《棕榈树》,《瓦雷里诗歌全集》，葛雷，梁栋，译，北京：中国文学出版社，1996年，第153页。

[2] 参见瓦雷里:《石榴》,《英国诗选》，卞之琳，译，长沙：湖南人民出版社，1983年，第185页。

[3] 参见卞之琳:《雪》,《雕虫纪历》，北京：人民文学出版社，1984年，第140页。

[4] 引自卞之琳译:《英国诗选》，长沙：湖南人民出版社，1983年，第230页。

果实成熟的喜悦……而“大海”“玫瑰”“黄昏”以及各种表示果实的词(如“熟果”“蜜果”等)也大量地出现在卞之琳的诗篇之中。“玫瑰”“熟果”“蜜果”等并不是中国古典诗歌的常见意象，因此更能显现出二者使用意象的重叠。首先是大海意象。瓦雷里出生在位于地中海沿岸的城市赛特，自幼成长在法国南部辽阔的海空与明媚的阳光里，使得其诗篇中关于海的描写数不胜数。《海滨墓园》《海》《一股非凡之火》《顾盼》以及上文提到的《失去的美酒》，其中的诗情无不是由大海而生发。大海意象也是卞之琳惯用的意象之一，《白螺壳》《半岛》《一块破船片》《芦叶船》……以大海为背景诞生的诗作同样不胜枚举。黄昏作为另一个二者诗篇共有的意象，在瓦雷里与卞之琳诗作中展现的格调却迥然不同。前者笔下的黄昏是“金色”“辉煌”(《奥菲》)、“优雅宜人”(《幽笛》)的；后者笔下的黄昏则是“寂寞”(《远行》)、“灰暗”(《归》)的。卞之琳显然是受到了中国传统诗歌的影响，在诗作中保持了“黄昏”在中国古典文学中一贯具有的萧索与落寞感。“黄昏”意象在古典诗歌中常被用来表达内心的哀愁与焦灼，比喻晚节与生命的尽头，象征着国家残破、政局动荡，意味着没有归依与安身之所。[1]而这种象征意义在西方文学语境下——瓦雷里的诗中则是不具备的，这种由于文化背景的差异而造成的意象所指不同的现象在二者的诗中得到了具体反映。玫瑰可以说是瓦雷里最为钟爱的花朵，在其诗作中，不仅有作为花朵的玫瑰大量出现(如《晨曦中》等)，其他事物如肉体(《仙境(之一)》)等也会被形容为宛若玫瑰一般。玫瑰色则与金色相映，成为瓦雷里诗歌主色调的重要组成部分。卞之琳诗中也常写到玫瑰(如《白石上》)，并且写到“中国化的玫瑰”——蔷薇(如《白螺壳》)。与其他诗人相比，与果实有关的意象成为瓦雷里和卞之琳共同的偏爱，以果实喻灵感、喻诗歌的作品比比皆是，瓦雷里诗中出现果实意象的如《棕榈》《石榴》《年轻的母亲》(散文诗)等，卞之琳则有《妆台》《水分》《对照》《足迹》……最后，一个并非诗歌惯用意象的“蜜蜂”再次将瓦雷里诗歌与卞之琳诗歌联系在一起。瓦雷里写有题为《蜜蜂》的诗，以蜜蜂的“报警”暗喻灵感的突然来临；而卞之琳的《车站》《足迹》中也都出现了蜜蜂意象。因此我们不妨引入袁行霈“意象群”[2]的概念，也就是说，瓦雷里与卞之琳各自的意象群发生了一定程度的重

[1] 参见唐瑛:《穿越黄昏的精神行吟——中国古典诗歌的黄昏意象论析》,《中南民族大学学报》(人文社会科学版)，2006年第1期。

[2] 参见袁行霈:《中国诗歌艺术研究》，北京：北京大学出版社，1987年，第166页。

叠，呈现出明显的交集。正是二者意象群的交集使得二者诗歌面貌表现出相似之处，而其意象群使用过程中的具体差异则是二者各自形成独特风格的重要条件。

除了以上列举到的几种明显相同的意象之外，卞之琳诗中许多处的构思、词汇等都让人联想到瓦雷里的诗。例如，经过其精雕细琢的《白螺壳》一诗，仅从题目就让人想起瓦雷里《一股非凡之火》里的诗句——“就像大海在空螺壳里的呜咽”。而另一首诗《圆宝盒》的开头——“我幻想在哪儿（天河里）”，更是套用了瓦雷里《失去的美酒》的开头的构思——“有一天，我向海洋里（不记得在什么地方）”，以至于两首诗开头同时出现了括号和疑问词。除此之外，瓦雷里与卞之琳都喜用问句，这也一定程度上增加了二者诗歌面貌的相似度。

在诗歌的修辞手法方面，瓦雷里对卞之琳的影响也是深远的。这种影响主要表现为象征手法的运用，两者都善于因意立象，“照亮偶然”[1]。两人采取的手法相同，都以具体可感的意象进行组合说明抽象的道理，只是各自的意象选择有所不同。因此卞诗与瓦诗虽然乍一看并不是很相似，但两者有着内在的共通点。总之，“形象生动、意味深长而并非没有逻辑”[2]——卞之琳对瓦雷里的评价也正是其自身诗艺的特点。

### 2.2 “格律严谨而运用自如，多写格律体”[3]

“格律严谨而运用自如，多写格律体”，卞之琳对瓦雷里的这个评价同样是二者的共同特点。[4]卞之琳的诗歌翻译在韵律方面可谓“严中有变”，其诗歌创作亦是如此。他的诗作中有一些诗篇明显采用了与瓦雷里诗歌相同或相近的韵式，具体可参照的诗篇有：《白螺壳》—《棕榈》、《空军战士》—《风灵》、《妆台》—《脚步》、《淘气》—《消失的美酒》，等等。虽然在个别地方卞之琳在原有韵式上做出了调整，但其诗作大体上仍然保持着严谨规范的韵律，这正是瓦雷里所代表的象征派所追求的“内在的音乐性”。

瓦雷里与卞之琳在各自的时代和国度里为诗歌艺术做着共同的努力并各自取

[1] 参见葛雷、梁栋：《现代法国诗歌美学描述》，北京：北京大学出版社，1997年，第183页。
[2] 参见江弱水：《卞之琳诗艺研究》，合肥：安徽教育出版社，2000年，第200页。
[3] 引自卞之琳译：《英国诗选》，长沙：湖南人民出版社，1983年，第230页。
[4] 参见江弱水：《卞之琳诗艺研究》，合肥：安徽教育出版社，2000年，第200页。

得了显著的成就，这种努力便是用约束来解放诗歌，即在自由诗的大潮中强调格律对诗的意义。卞之琳称瓦雷里“从混乱里追求秩序的建立”[1]，同样的评价被当今的学者赋予了卞之琳。[2]瓦雷里将散文与诗歌视为文学艺术的两种极端对立模式，并将这种对立“稍稍夸大”为代数与音乐的对立，足见音乐——韵律对诗歌的重要性。[3]卞之琳就新诗的格律问题发表过多篇文章，倡导建立一种“新格律”，在现代口语的基础上建立格律诗。在20世纪30年代，卞之琳也曾大量写作格律诗，《慰劳信集》就是这种“新体格律诗”的代表。虽然以《慰劳信集》为代表，卞之琳的诗风有了很大改变，但卞之琳“始终没有放弃对现代格律诗的理论探讨”[4]。其格律诗的创作也表现出较高的成就，王力的著作《汉语诗律学》中“白话诗与欧化诗”一章大量引用卞诗做例子，这也从侧面反映出卞之琳对格律驾驭自如。

### 2.3 对诗艺的重视

二者对“诗艺”的重视程度都相当高，都强调诗与散文的区别，将诗视为一种独立于其他文学体裁之外的高雅艺术，而诗歌读者则应当是理想化的群体。瓦雷里在《关于诗歌的谈话》中指出，诗（poésie）的第二义是“艺”，“这种语言的奇特形式要靠技艺去寻找，靠运气去找到”[5]，而“这样理解的诗歌就根本区别于任何散文”[6]。卞之琳则指出：“诗是更为集中的文学表现形式。”[7]前文提到，二者的诗歌都具有一种智性品格。但是这种在形而上的空间中构筑智性诗的做法难免导致诗歌的晦涩。此时，两人又同样地将希望寄予读者。瓦雷里曾经说过：“有些作品是被读众创造的，另一种却创造它底读众。”[8]卞之琳无疑和瓦雷里相

[1] 引自卞之琳译:《英国诗选》，长沙：湖南人民出版社，1983年，第232页。

[2] 参见刘祥安:《卞之琳——在混乱中寻求秩序》，北京：文津出版社，2007年。

[3] 参见瓦莱里:《瓦莱里散文选》，唐祖论，钱春绮，译，天津：百花文艺出版社，2006年，第316页。

[4] 引自程光炜:《中国当代诗歌史》，北京：中国人民大学出版社，2003年，第61页。

[5] 引自瓦莱里:《瓦莱里散文选》，唐祖论，钱春绮，译，天津：百花文艺出版社，2006年，第307页、第308页。

[6] 引自瓦莱里:《瓦莱里散文选》，唐祖论、钱春绮，译，天津：百花文艺出版社，2006年，第321页。

[7] 引自卞之琳:《卞之琳文集》(中)，合肥：安徽教育出版社，2002年，第434页。

[8] 转引自梁宗岱:《诗与真·诗与真二集》，北京：外国文学出版社，1984年，第61页。

同，致力于用诗篇创造读众，提高读众的口味。他曾明确地表示，像《圆宝盒》这样的诗，“读者可以感受和体会就行了”，“不是一个笨谜”，“因为这里完全是具体的境界”[1]。这正与新批评派对诗歌晦涩的解释一致——布鲁克斯曾明确指出，一些现代诗之所以晦涩，问题在于很少有读者习惯“把诗当作诗来读”。在新批评派看来，“诗人是一个制作诗歌的人，或者是一个制作者，而不是一个解释者或传播者”[2]。“我们无疑不能反对诗人强调表现诗歌特征的创作方法——使用象征而不使用抽象，使用暗示而不使用清楚的声明，使用隐喻而不使用直接的陈述。”[3]所谓“诗歌只言说它所言说的东西”[4]，实际上也是一种对诗艺的强调。卞之琳说：“我以为纯粹的诗只许‘意会’，可以言传则近于散文了。”[5]这不仅将诗歌与散文区别开来，他所谓的“纯粹的诗”更让人不得不想起倡导“纯诗”的马拉美、瓦雷里等象征主义主将。

综上所述，瓦雷里从诗思与诗艺方面深刻并持久地影响了卞之琳的创作，使得卞诗与瓦诗存在外在的相似性和内在的共通性——这其中自然也包含了卞之琳的“化欧”努力。然而需要说明的是，卞之琳的诗歌艺术是立体的、多元的，其诗歌呈现如此面貌的影响来源也是多种多样的，也就是说，瓦雷里只是其中比较重要的因素之一。卞之琳之所以如此地进行诗歌创作，应当说是来自古典诗词的影响、现实原因以及自身偏好等众多因素共同作用的结果。对其产生重要影响的诗人也不只是瓦雷里一位，如其所述，还有艾略特、奥登等。除此之外，纪德也是学界公认的对卞之琳创作产生明显影响的作家。同样地，在瓦雷里影响下的卞之琳诗歌创作又对中国后来的九叶诗人乃至第三代诗人产生了深远影响，大大地丰富了汉语诗歌写作。卞之琳将自己的诗歌写作称为“雕虫小技”，三十年前他把《雕虫纪历》“这样薄薄的一本小诗集交付给读众，交付给时间，交付给大海”，而就是这“少得可怜的几十首（后增补为一百首）短诗”连同卞之琳的其他诗作

[1] 转引自江弱水:《卞之琳诗艺研究》，合肥：安徽教育出版社，2000年，第201页。

[2] 引自克林斯·布鲁克斯:《精致的瓮：诗歌结构研究》，上海：上海人民出版社，2008年，第73页。

[3] 引自克林斯·布鲁克斯:《精致的瓮：诗歌结构研究》，上海：上海人民出版社，2008年，第74页。

[4] 引自克林斯·布鲁克斯:《精致的瓮：诗歌结构研究》，上海：上海人民出版社，2008年，第72页。

[5] 转引自江弱水:《卞之琳诗艺研究》，合肥：安徽教育出版社，2000年，第202页。

一起，因其独有的魅力而在读者的心海中经过淘洗、冲刷而变成了一枚枚精巧、澄莹而空灵的白螺壳。如此，诗人当欣慰了。

# 参考文献

卞之琳译：《英国诗选》，长沙：湖南人民出版社，1983年。

卞之琳：《雕虫纪历》，北京：人民文学出版社，1984年。

卞之琳：《卞之琳文集》(中)，合肥：安徽教育出版社，2002年。

陈　希，何海巍：《中国现代智性诗的特质——论卞之琳对象征主义的接受与变异》，《中山大学学报》(社会科学版)，2005年第2期。

程光炜：《中国当代诗歌史》，北京：中国人民大学出版社，2003年。

葛　雷，梁　栋：《现代法国诗歌美学描述》，北京：北京大学出版社，1997年。

贺昌盛：《从"意象"到"象征"：30年代汉语象征诗学的拓展——以废名、卞之琳、何其芳的诗歌创作为例》，《江苏社会科学》，2004年第3期。

江弱水：《卞之琳诗艺研究》，合肥：安徽教育出版社，2000年。

景　岚，王　涛：《冷淡的深挚　玩笑的辛酸——论卞之琳对西方象征主义诗学的接受》，《西安外国语大学学报》，2007年第2期。

[美]克林斯·布鲁克斯：《精致的瓮：诗歌结构研究》，上海：上海人民出版社，2008年。

梁宗岱：《诗与真·诗与真二集》，北京：外国文学出版社，1984年。

刘祥安：《卞之琳——在混乱中寻求秩序》，北京：文津出版社，2007年。

唐　瑛：《穿越黄昏的精神行吟——中国古典诗歌的黄昏意象论析》，《中南民族大学学报》(人文社会科学版)，2006年第1期。

瓦莱里：《瓦莱里散文选》，唐祖论，钱春绮，译，天津：百花文艺出版社，2006年。

瓦雷里：《瓦雷里诗歌全集》，葛雷，梁栋，译，北京：中国文学出版社，1996年。

萧　映：《卞之琳与瓦雷里》，《华中理工大学学报》(社会科学版)，1998年第2期。

萧　映：《译诗和写诗之间——卞之琳、冯至、穆旦的比较研究之一》，《理论与创作》，2007年第6期。

袁行霈：《中国诗歌艺术研究》，北京：北京大学出版社，1987年。

张洁宇：《荒原上的丁香》，北京：中国人民大学出版社，2003年。

Lloyd Haft (ed.). *Pien Chih-lin, A Study in Modern Chinese Poetry Collections* (1900—1949) [M]. Dordrecht and Cinnaminson, United States: Floris Publications, 1983.

**【作者简介】**

张逸飏，北京语言大学首都国际文化研究基地2010级比较文学与世界文学专业研究生。

**【专家点评】**

陈戎女：

前期投入得比较多，论文比较出色，行文中对文字的锤炼也很不错。不足之处在于，将文章分为一、二两部分显得有点儿生硬，如果有一些起承转合会更浑然一体。

钱婉约：

从论文对卞之琳和瓦雷里如数家珍的分析中可以看出，作者下了很大的功夫。我自己研究日本俳句的翻译，感觉俳句的译介同作者论文中分析的卞之琳对瓦雷里的译介和创作似乎是相通的，大概诗歌都是相通的吧。号召大家读诗。

# 从《守望灯塔》解读温特森的时间观

北京语言大学　潘晨

**提　要**　时间是珍妮特·温特森小说中的关键词之一，她对时间的特殊感受渗透在其各部小说之中。本文从《守望灯塔》的叙述手法入手，从作者对开始、故事情节的叙事手法等几方面分析她的时间观，最后提出作者重建的内心时间的本质是对传统时间观的超越。

**关键词**　珍妮特·温特森　《守望灯塔》　时间观

# 1. 引言

珍妮特·温特森是英国颇具争议的当代作家，其作品自20世纪80年代问世以来便引起了关注和探讨。在中国，由于近两年对温特森作品的引入和翻译，她在中国读者中逐渐声名鹊起，但是学术界对她的研究并未正式开始。

温特森小说含有深刻的多层次主题，反映了后现代潮流中部分作家的艺术价值观和思想，值得从各个方面去探讨。因为其女同性恋的身份，国外对她的研究主要关注于其作品中的女性主义价值，探讨小说在跨越性别界限上的意义，并给她贴上了女性主义者的标签。

本文的重点在于对温特森小说中时间观的探讨。温特森是一位有着强烈时间感的作家。她的几部小说中都渗透着内心时间的深刻表达。她将自己的时间感渗透进叙述手法中，与自己的时间感形成呼应。温特森的时间是内心的时间。关于她作品中时间的重要性已经引起了国外学术界的关注。2004年在英国举办的“英国作家研讨会”将目光聚集到了温特森及其小说上，本次会议的主题即是温特森作品的时间与空间问题，会议将学者们的演讲稿和论文集结成《温特森的叙述时间和空间》(*Winterson Narrating Time and Space*)，这部书是目前有关温特森时间观最具权威的著作，研究者们从温特森几部代表性的小说分析其时间与空间的特殊意义，中心观点是温特森是如何通过解放传统的时间与空间概念寻求在文化中的解放的。

《守望灯塔》并没有成为上述会议探讨时间观的重点，并且以目前所见资料来说，《守望灯塔》还未被深入探讨过。这部作品实际上含有强烈的特殊时间意识，并且其表达的含义不仅是跨越时空界限，有些部分还暗含着向更高层次的神圣时间的致敬与回望。本文从该部小说的叙事方法入手，分析温特森全新的时间艺术。在最后我们可以发现，文学艺术有其自身的发展脉络，在器械轰鸣的现代时间背后，在已经被线性化的钟表时间背后，艺术家始终在把持着内心的时间感，对现代社会的冷漠做最后的反抗。这种时间感的探索背后可能是人类最终的心灵的救赎方向，真正的时间永远不会被统一化，心灵的时间才是真正的时间，它永远和最高神圣相连接。

## 2. 开始的缺失?

### 2.1 开始的含混

《守望灯塔》是几个故事的交织，银的故事是一个引子：她的母亲在攀爬悬崖的过程中坠落，她成了孤儿。这个引子像是一场风暴，将银和读者吹到灯塔上。在那座灯塔上，只有一位年龄不详的盲老人普，他收留了银，将自己“混乱”的时间感赋予了她。故事在不知不觉中开始了，我们无法去确定它究竟是如何开始的，因为叙述者本身[1]便在“开始”这一点上反复犹豫：

> （1）我假设这个故事开始于1814年，那时候一项国会法案授予北部灯塔委员会权力：出于必要他们要在苏格兰的海岸和岛屿上建成并维护一些额外的灯塔。[2]

这段话是在银被普领养前叙述出来的，银本身对她所要讲的故事的开始心存犹豫，她当时还只是一个不到十岁的孩子。银是作者在“开始”时间观念上的人格化体现，这种体现的特征是对“开始”的犹豫感，她自身对时间有着特殊的感知:“这是一个很长的故事，而且像世界上的其他故事一样，永远不会结束。当然会有一个结局——总会有一个结局的——但是故事会越过结局继续前行——它总会如此。”[3]故事究竟要在哪一点上开始，既然这个故事叫作“守望灯塔”，那么最好先追溯一下灯塔的由来。她首先认为最好将故事定在建造灯塔的原因上面。1814年，国会法案赋予北部灯塔委员会建设灯塔的权力。随后她又犹豫了，她发现事件的发生原因依旧可以往更久的方向追寻。1802年，一场海难致使很多人丧生,[4]于是才有了建设灯塔的想法。又或者定在1789年,“那时候一个年轻人，暴躁般的性格就如他的矮小，他偷运一批火枪由布里斯托尔海峡到达伦迪岛，在这里法国大革命的支持者可以得到这些火枪。”[5]但是叙述者依旧不满意，在她叙述故事的过程中，她逐渐发现自己对于时间的矛盾。

---

[1] 在这里是银，在后面我们可以看到小说中叙述者在普、银和另一个故事的主角达克之间不停地变化。

[2] 引自 Winterson, Jeanette. *Lighthousekeeping* [M]. Toronto: Knopf Canada, 2005: 13.

[3] 引自 Winterson, Jeanette. *Lighthousekeeping* [M]. Toronto: Knopf Canada, 2005: 13.

[4] 引自 Winterson, Jeanette. *Lighthousekeeping* [M]. Toronto: Knopf Canada, 2005: 16.

[5] 引自 Winterson, Jeanette. *Lighthousekeeping* [M]. Toronto: Knopf Canada, 2005: 16.

（2）有两个大西洋：一个在灯塔外，一个在我心里。

在我心里的那个没有一丝指引的光亮。开始、过程和结局是适合讲故事的方法。但是我用这个方法很困难。

我可以选择我出生的那一年——1959 年。或者我可以选灯塔在盛怒角建成的那一年，或者是巴柏尔·达克出生的 1828 年。又或者是约赛亚·达克第一次到达盐城的 1802 年。或者还可以是约赛亚·达克将弹药运到伦迪岛的 1789 年。

那么我住到灯塔的 1969 年怎么样，还是阿波罗登月的那一年？

从何时开始呢？选择一个最佳时间太难了，当你不得不重新开始的时候更难。[1]

故事究竟是从什么时候开始的？叙述者包括作者本人都用一种不确定的语气叙述故事的开始，就如同她不确定自己的出生一样（银是孤儿，温特森也是）。

这种讲述故事的方式很吊诡：不停地将故事的开始时间向一个更早的时间点推进。可以看到，作者对于源头有着近乎疯狂的追问。就像她追问自己的源头一样。

温特森第一次整个人被撕裂是她得知她与原生家庭本身的断裂这一真相的时刻。她的养母无情地告诉了她被领养的真相，这种一下子被抛入未知的感觉使她自身丧失了开始的稳定感，在其不久前刚刚出版的自传《你可以正常的时候为什么要快乐》（*Why Be Happy When You Could Be Normal*）中，她表达了孤儿的特殊情感世界：

（3）婴儿闯进一个未知的世界，他们只能通过某个故事去了解这个世界——当然我们是这样生存的，这个故事的叙述是关于我们生活的叙述，但是领养将你抛入一个已经开始的故事。这就像你去读一本前几页已经丢失了的书，就像大幕拉开后你才姗姗来迟。这种缺憾感将一直跟随着你，因为一些东西已经丢失掉了。[2]

温特森最初始的时间被永远砍掉了，这造成了她特殊的时间感受，所以在她

[1] 引自 Winterson, Jeanette. *Lighthousekeeping* [M]. Toronto: Knopf Canada, 2005:25–26.

[2] 引自 Winterson, Jeanette. *Why Be Happy When You Could Be Normal* [M]. London: Jonathan Cape, 2011: 5.

的叙述里我们看不到一个真正的开始。由于自身内心关于初始存在的缺失感，她的时间观注定缺失“开始”，那个属于她的“start”，这影响了她叙述故事的手法，渗透到了《守望灯塔》的叙述中。这是作者本身身份的原因造成的。

小说的开始还是在以旋涡式的运动不停地摇摆着，随着小说叙事时间的推移，小说叙述者几番对故事的起点究竟从何时开始进行探讨。小说的主人公银从叙述者的角色中跳了出来，向收留她的普询问巴贝尔的故事，温特森让普担当叙述者来搁置对故事起点的讨论。但是，从普的叙述中可以看到，普将整个故事的起点直接推到了《圣经》中的力士参孙的故事。

普对于巴贝尔的故事叙事暗含两个意义上的“开始”：

(4) 故事开始于参孙的故事。[1]

这个故事开始于1848年的布里斯托尔，那时候巴贝尔·达克二十岁，是镇上富有优秀的绅士。[2]

第一个“开始”是向神圣索求的“开始”，是普内心时间的映射，背后是温特森的时间；而第二个“开始”，是叙述故事的时间，叙述者普选择了一个时间点开始了巴贝尔真正的故事。这个意义的“开始”，是人物历史时间的“开始”。在小说中温特森借用普这位看守灯塔的盲老人阐释了自己的思想，其中包括她重要的时间观：

(5)“为什么你不直接讲故事而要去以另一个故事开始呢？”

“因为没有任何故事是以它自身为开始的，就像孩子来到这个世界上不能没有父母一样。”[3]

普认为故事之间是相互交错的，每一个故事都暗含着另外的故事，这些故事悬浮在历史中，过去、现在、将来连为一体。普这个人物的设置很微妙，在后面的论述中还会仔细分析，首先他是盲人，可他声称他亲眼见过巴贝尔，但是以时间来推断，巴贝尔所在的年代远在他出生之前，即便时间无误，他也并不能真正地看到。普是一个完全没有时间概念的人，他承担了叙述者的任务之后，故事时间完全脱离了历史时间。

---

[1] 引自 Winterson, Jeanette. *Lighthousekeeping* [M]. Toronto: Knopf Canada, 2005: 29.

[2] 引自 Winterson, Jeanette. *Lighthousekeeping* [M]. Toronto: Knopf Canada, 2005: 30.

[3] 引自 Winterson, Jeanette. *Lighthousekeeping* [M]. Toronto: Knopf Canada, 2005: 29.

经过对于开始的无数次探讨以后，故事终于从普的叙述开始，可以说小说的开始在表面上给人以一种模糊的缺失感，叙述者银最终也没有确定她的叙述是从何时开始的，但是这种犹豫不能永无休止地进行下去，小说为了情节的展开安排普出现来接替银的叙述，使这种无法确定的开始的紧张感搁置下来。而普认为其实没有实际意义上的开始，因为每个故事都是对其他故事的承接，如果真的要寻找一个源头的话，普的答案是《圣经》。小说开始部分银处于对时间的迷茫中，因此叙述出现混乱，无法向下进行，而普就像神一样，安静、笃定，在时间之外讲述故事，这两个叙述者形成对比，共同代表了温特森的思想：温特森自身的经历使得她无法找寻自己实际意义上的开始时间，由于与现实世界真实开始的脱离感，使得她在面对一种挣扎的时间感选择时本能地转向了其宗教信仰。

## 2.2 神圣时间的回望？一种假设

温特森开始的缺失部分是缘于她本人身份存在的缺憾。温特森相信神。命运般地被安排在基督教家庭中的她当然相信上帝，但是这种相信在面临自身有别于他人的那种另类（同性恋者）后，她整个人被第二次撕裂了，致使她逃离这个基督教家庭，甚至在思想中歇斯底里地追问上帝的存在，当然这是另外一个话题。但是这里需要说明的是，不管她怎样逃离，她思想的根仍然是会向最高神圣敞开的，她对于时间的整个感受也是建立在这一基础之上。每当她思想面临矛盾的时候，她会本能地向宗教回望，关于开始的时间观念就是这一点的最好证明。

创世纪的时间被达尔文的进化论抹杀了。温特森从小生活在基督教文化中，她的养母是虔诚的基督信徒，她是在《圣经》的话语与故事的讲述中成长起来的，她相信上帝。当教会发现她不正常的性取向的时候开始责难她，她的心灵遭受到巨大的创伤。在那时，她的原始信仰遭到了割裂，内心深处对上帝的笃信不疑使得她每次在寻找最终救赎的时候都转向这一点，但是，这种早年的创伤又使她犹豫不决。爱是温特森小说的核心，她的救赎总是指向爱，这种爱更多地限于人际之间的爱，背后是她对神圣之爱的张望与挣扎。最后，她踩在信仰的门坎上犹豫不决，每当陷入选择的时候都会做出既想转向上帝，又恐惧这一转向的姿态。

温特森对于“开始”的时间观表现了这种矛盾，这种矛盾的突出代表体现在小说的另一主人公达克那里。达克是一名基督教牧师，他信仰上帝但是他又为达尔文的进化论找到了证据，内心陷入矛盾：

(6) 达尔文和其他的科学家们还无法得出地球的年龄和她的生命形式究竟是什么样子，但是他们知道这一定超过了《圣经》的时间，《圣经》的时间把地球追溯到4000年前。现在，时间以数学的形式被理解。它不再被想象成一系列的人生，从创世纪开始像诉说家族谱系一样一气呵成。距离遥不可及。[1]

这种达尔文式的时间感让人陷入焦虑中，在深信基督教的人那里，源头被毫无疑问地锁定在创世纪的那个时间点上，但是达尔文的理论将他们的根基砸碎，人们被瞬间抛向未知。在面临变化的时刻，在面临现实的混乱与思想的冲击时，温特森渴求一种稳定性的神圣来帮助她化解这种不安。她并不赞同达尔文式的进化理论，正如柏格森驳斥达尔文的立场一样。与此同时她需要找到一个起始点帮助她化解这种丧失源头的不安：

(7) 在自然里面，他发现过去、现在和未来并不是我们所认为的样子，而是一种进化的过程——能量从不会被束缚太久——生命始终在变化之中。我和普像光和火星一样被甩出灯塔的时候，我希望一切事情像它们初始那样继续前行，我希望存在某种固定的事物和值得我们去信任的存在。[2]

可以说，在面对选择的时候，温特森会做出向上帝诉求的姿态，这种姿态表现在对源头的讨论上，更深层地讲，表现了其对基督教信仰的矛盾心态。这种矛盾经过艺术处理塑造成了小说人物巴贝尔·达克，达克是关于开始源头矛盾的艺术化体现。

温特森对“开始”的时间感的焦虑感源自两个方面，一方面是来自其与原生家庭的断裂，另一方面是现代宗教感丧失的人们不安感的反映。这导致了她的叙事艺术在故事的展开时迂回前行，呈现既犹豫（银成为人格化体现）又焦虑（巴贝尔成为人格化体现）的特征，时间观念和叙事手法相互照应，同时艺术化地塑造出相应的人物形象。

[1] 引自 Winterson, Jeanette. *Lighthousekeeping* [M]. Toronto: Knopf Canada, 2005: 150.

[2] 引自 Winterson, Jeanette. *Lighthousekeeping* [M]. Toronto: Knopf Canada, 2005: 134.

# 3. “黑暗中的已知”[1]

## 3.1 “光点”式的叙事

温特森对于开始的处理有着特殊的方式，故事终于从纠缠开始的叙事中挣扎出来，开始了叙事的旅程。在叙述故事的时候，作者依旧具有特殊的方式，体现了她另一个重要的时间观念。

对于温特森来说，每个故事都不是单独存在的，它们被词语环绕着，灵魂与遥远的神话沟通。没有什么是孤立的，正如她的时间。她的时间是延续的，向过去探索的，却没有终点，在她那里未来是一片静默的虚空，我们无法捕捉。我们只能用一把手电筒去窥伺故事的一个片段、一个断点，只有这一点闪着光亮，周围却是宇宙般的黑暗，这一点是温特森的“现在”，但这一点却不是温特森的真实。“现在”苟延残喘地被温特森的笔化作一滴墨水。她的故事毋宁说是在向遥远的神话致敬，这些神话被她揉碎，将自己的灵魂注入，重新编曲，这是一首令人悲哀的哥特式挽歌。

《守望灯塔》如同百衲布一样，将不同的故事拼凑在一起，如果说整部小说背后是温特森所比喻的宇宙般无边无际的黑暗，那么达克和银的故事就是这片黑暗中最突出的闪现，其他的故事则是黑暗中零星的光。比如遭遇海难，同伴全部丧生的水手——凭借给自己不停地讲故事，最后终于看到灯塔之光而获救；比如麦克劳德号舰艇上还残存着过去被击沉的老麦克劳德舰艇的游魂；迷失在南极探险中，因为把心丢掉而丧生的亚孟森。作者只是抓住它们，放下所谓的历史真实，用自己的方式去讲述，她并没有刻意地将这些部分进行连接。

作者这种看似随意地选择一个故事而讲述出来的叙事，笔者称之为“光点”式的叙述。这种叙述在小说中随处可见，小说的前半部分，是盲人普来充当这种“光点式”的叙述者，他的“水手故事”的叙述方式与故事本身的思想是这种特征的极大体现，在这里，叙事手法又一次被艺术化，进行了寓言式的加工。灯塔的光是在海难中被困的水手们的稻草，每一缕光都包含一个被救赎的故事，“每束光都包含一个故事——不，是每束光就是一个故事，那些闪耀的光本身就是跃

[1] 翻译自该小说的一个故事标题“Known Point in the Darkness”。

过海浪显现出的故事，好似标记、指引、慰藉和警告”[1]。

达克的故事是全书的中心，通过普和银的分别讲述呈现在读者面前，但是这种情节是破碎的，在小说开头，普告诉银人们普遍认为是普杀死了茉莉，但是随着故事的展开，我们发现这种传言后面是一个关于达克的信仰危机和爱情纠葛的双重悲剧，但是事实的真相究竟是什么已经淹没在了普和银的叙述之中。“我们叙述的真相永远不是真相，一旦开始叙述，真相就会破碎，散落在我们叙述的语言之中。”[2]不管是普还是银，他们在叙述达克故事的同时还在叙述其他的故事，就像不停地在读者面前打闪光灯一样，我们只能看到故事的一部分。真实并不属于我们：

> （8）有太多的事情我们不能说出来，因为它们过于疼痛。我们希望那些我们可以说出的故事会安慰那些没有说出的部分，或者以某种方式平息那些部分的创伤。故事可以补偿我们。世界是不公的，错误的，不可知的，脱离控制的。
>
> 我们讲述一个故事时，去控制它，但是这种方式留下了一个空隙，一个缺口。它是一个版本，但绝不是最终版本。也许我们希望那些沉默可以被其他人听到，这样故事可以继续，可以被重新述说。[3]

故事被讲述出来的时候，“过去”变成了“现在”，温特森认为地心引力过于沉重，但是当她讲故事的时候，过去闯入现在之中，现在可以脱离地心引力的束缚在空中飞行，她“光点式”的叙述正是这种时间观的表现与运用：

> （9）我的书都是在处理时间，我努力把思想从地心引力的效果中解放出来的。现在对于重力有重要影响——对我们生活的影响，对此刻的影响。依靠想象力不合常理地行进，我试图引进更多的光亮和空气。[4]

温特森有意识地在反抗“重量”，也就是地心引力的束缚，她多部小说中都有反抗重量的寓言，在《守望灯塔》中表现为银和母亲居住在倾斜的建造在岸堤上的房屋中。母亲因为未婚先孕激怒了盐城的居民，随之遭到驱逐，在这间房屋

[1] 引自 Winterson, Jeanette. *Lighthousekeeping* [M]. Toronto: Knopf Canada, 2005: 43.

[2] 引自 Winterson, Jeanette. *Lighthousekeeping* [M]. Toronto: Knopf Canada, 2005: 87.

[3] 引自 Winterson, Jeanette. *Why Be Happy When You Could Be Normal* [M]. London: Jonathan Cape, 2011: 4.

[4] 引自 www. jeanettewinterson. com/book/art-lies/。

里，银和母亲时时刻刻在对地心引力进行反抗，她们不得不随时变换姿势来保持自身的平衡，否则就会滑落到门口；每次回家的时候，两个人都必须爬上高高的岸堤才能到达门口，在这个过程中依旧是对地心引力的反抗，最后母亲还是坠落了，银将这一坠落描述成母亲没有打败地心引力。可以说这种地心引力，这种重量，正是温特森一直反抗的现实，她在时间观上面对现实的反抗就是打破旧有的时间观，不停地进行新的尝试，有学者将这种对于现在的驾驭方式称为“飞毯效果”。通过对故事的“现在式”处理，可以稍稍脱离重力，获得一种可能性的自由。

这种处理现在的方式，这种“飞毯效果”，这种对传统时间的挑战，使得温特森在处理故事的时候将叙事方式变成打闪光灯式的描述，由此人物的叙事表现为碎片化的叙事，故事不再遵从历史，人物嬉戏历史，真实不再是真实。这背后是温特森对整个文化的姿态，因为真实本身就并不存在于此岸世界，没有人可以随意规定真实，规定真正的时间序列，一旦规定这种所谓的真实就会变成人类沉重的枷锁。正如前文对待开始的真实态度一样，温特森最后让普跳出来告诉银，她所追求的那种最初的开始的真实其实只存在于《圣经》中，如果你依靠现实的时间去追问，只能陷入迷途。

### 3.2 人物叙事的时间错位：柏格森的继承者

温特森对故事的“光点”式处理将过去拉到现在的时空中，进行一种突破，过去只能通过叙述从黑暗中显现。而光点背后的那片黑暗则是绵延式的时间感，它与线性的机械时间，它与人造的串联性历史没有丝毫关系。温特森为了表达这种特殊的时间感，塑造了普这一没有时间感的老人，让他充当叙述者进行叙述，随之将这种时间感传递给银，普消失后银变成了普，继续讲述故事，使得小说继续以这种绵延性的叙事行进。

普在小说中的形象非常典型，他的突出性已经超出了银的突出性，尽管银是贯穿全书的中心人物。温特森不仅塑造了普，还让普讲述故事，由此小说时间完全错乱。在普那里，过去、现在、将来完全没有任何区别，这一人物形象就是脱离时间而存在的，我们不知道他的年龄，他似乎一直存在，又似乎并未存在过，他超越特定的时空，悬浮在我们所理解的时间概念之外。

（10）“他说这些了吗，普？”

“他说了，孩子，真实得如同你我今晚坐在这里。”

“可你那时候还没有出生。”

“我那时候还没有出生吗？”

“而且你不可能看到他拿着《圣经》，因为你看不见。”

逻辑向来对普不会造成任何影响。[1]

“你究竟多少岁了，普？”

他沉默。[2]

（11）灯塔中的所有事物都很古老，除了我，普是最老的，如果你相信他所说的。[3]

从1828年开始，这里就有了普。[4]

所有看守灯塔的人都统称为普，灯塔1828年建成，从那时候起，普就存在。当灯塔要被机械化，不再需要人工操作时，普也乘着一艘小船消失了。可以说，普就是灯塔，灯塔就是普。

（12）“你的天眼能看到什么？”

“过去与未来，只有现在是一片黑暗。”

“但是我们就生活在现在呀。”

“但普不是，孩子。当一个海浪消失，另一个马上跟了过来。”

“那现在在哪里呢？”

“孩子，对你来说，现在就在周围，如同这片大海。对我来说，大海永远不是静止的，它一直在变化。”[5]

温特森的时间观承接了自柏格森以来的绵延式的时间观，这种时间观反抗达尔文进化论影响的线性的时间观，提出心理时间才是真正的时间。过去、现在、将来不是线性的，而是交替重叠的。

---

[1] 引自 Winterson, Jeanette. *Lighthousekeeping* [M]. Toronto: Knopf Canada, 2005: 63.

[2] 引自 Winterson, Jeanette. *Lighthousekeeping* [M]. Toronto: Knopf Canada, 2005: 64.

[3] 引自 Winterson, Jeanette. *Lighthousekeeping* [M]. Toronto: Knopf Canada, 2005: 88.

[4] 引自 Winterson, Jeanette. *Lighthousekeeping* [M]. Toronto: Knopf Canada, 2005: 96.

[5] 引自 Winterson, Jeanette. *Lighthousekeeping* [M]. Toronto: Knopf Canada, 2005: 49.

普是绵延性时间观的人格化体现，温特森的高妙正在于此。

当普随着灯塔的机械化消失以后，银继承了普的时间观，继续讲述达克的故事和她自己的故事。小说的开始，银处于对时间敏感但是没有树立自己的时间观的状态中，随着故事的行进和普的影响，最终银确立同普一样的时间观，可以说整部小说也是银心灵成长的记录。

（13）当我越过我称之为一段水流的那段人生，我可以看到我和普在灯塔里，在暗礁和石坑地，或者在悬崖边缘寻找化石，这些竟然可以成为另一种生活。我的生活。他的生活。普。巴贝尔·达克。我们所有人捆绑在一起，潮汐、憔悴的月亮、过去、现在、未来淹没在破碎的海浪中。[1]

过去、现在、未来以及所有事物的区别全部抹消在银的叙述中，银变成了普，人物的区别也被取消。打破这种界限，就是打破了普遍意义上的时间界限，“未来、现在和过去只存在于我们的思想中，来自它们之间的距离界限的收缩和退却，正如在天空上的一座飘浮的城市看待不友好的国家之间的界线一样……甚至是最牢固、最真实、最好的、最知名的事物都只是墙上的手影”[2]。这正是温特森绵延时间观的集中体现。最后，当银长大成人，又回到灯塔，普乘船返回，在一种魔幻式的语言中，银和普再次相遇。这一次，不仅时间的界限被打破，就连人彼此的界限也被打破，人物之间彼此重叠，时间与空间全部搅乱。

（14）普：独角兽。水银。镜片。操纵杆。故事。光。

在盛怒角永远存在一位普。

但不是同一个普？

我们一整夜都在聊天，就像我们从未离开过一样。就像破碎的白天被缠绕到现在一样，我们被折叠在一起，背靠着背，普和银，后来与现在。[3]

小说中，普以一种神话式的形式乘船消失，小说并没有像传统意义的小说那样交代人物的最终结局。所有人物，银、普、巴贝尔以及灯塔继续被汹涌的海浪推向未知，这种方式使得小说没有再去结尾的必要。温特森对于时间的绵延性

---

[1] 引自 Winterson, Jeanette. *Lighthousekeeping* [M]. Toronto: Knopf Canada, 2005: 118.

[2] 引自 Sönmez, Margaret J-M; Kiliç, Mine Özyurt(ed.). *Winterson Narrating Time and Space* [M]. Newcastle upon Tyne: Cambridge Scholars, 2009: 167.

[3] 引自 Winterson, Jeanette. *Lighthousekeeping* [M]. Toronto: Knopf Canada, 2005: 198.

感受使得叙述故事的方式飘浮在传统叙事语言之上——在线性的时间条纹的上方飞行。

（15）给我讲个故事吧，普。

什么样的故事呢？孩子。

一个有幸福结局的故事。

世界上没有这样的事。

幸福的结局吗？

是结局。[1]

故事当然会有一个结尾，但在小说里，作者将结尾和结局做了区分，小说的形式迫使叙述必须在某一点中断，因此传统意义上，小说的故事也会滞留在这一点上不再前行。温特森正是要突破这一点，尽管小说具有结尾，但是人物与故事依旧会越过这一点继续流动。温特森用她的笔将小说的时间搅浑，来寻求一种可能性的突破。

（16）这是一个很长的故事，并且像世界上的大多数故事一样，永远不会结束。会有一个终点——总会有一个——但是故事会沿着终点继续前行——它始终如此。[2]

小说中多次将大海与时间相联系，故事不会孤立地向未来前行，裹挟着细沙和被海风消损的岩石微粒，那些已经发生的过去重新回到未知，而温特森照亮的那些故事也会回到那片她所谓的黑暗中，进行又一次轮回。因为故事取决于叙述者，而不是故事本身，当故事再一次被叙述，某些尚未被点亮的真相会随着叙述潮汐的来袭显现在沙滩上，但这已经是另一个故事了。因此，温特森不相信历史，不相信历史的确定性，历史是他人的叙述表达，它不能代表全部真实。

（17）而当未来的确来临的时候，它却像麦克劳德号一样，载满了最新的技术和新的船员，但是老麦克劳德号依旧栖息在里面。

（18）化石的记录就在那里，不管发现它们没有。过去阴暗的鬼魂。

记忆并不像水的表面那样——混乱或者静止。

记忆是层叠的。你的过去是另一种生活，而证据却在岩石的某个地方——你的三叶虫和菊石，你奋斗的生活模式，这些开始于你觉得你可

[1] 引自 Winterson, Jeanette. *Lighthousekeeping* [M]. Toronto: Knopf Canada, 2005: 50.

[2] 引自 Winterson, Jeanette. *Lighthousekeeping* [M]. Toronto: Knopf Canada, 2005: 13.

以直立站立的时刻。[1]

温特森对时间的反抗代表了她对这种时间意义背后的文化模式的反抗，机械化将所有事物归类为真实与虚假，这种二元模式是她努力突破的。银这一人物带有温特森的影子：孤儿，在孤立的环境成长，童年包围在故事里，银在小说最后部分的叙事将人生的绵延性做了比喻性的描述：

（19）当我离开的时候，太阳正在落下，而那轮满月在天空的另一边升起。我张开双手，一只手抓住落日，一只手抓住上升中的月亮，我的银和金，我从生命中获得的赠予。我生命的赠予。我的人生是时间中的逡巡。是洞穴的缺口。是言语的空隙。[2]

这种最后确定的绵延性时间正是温特森的时间，温特森始终在以个性反抗群体性，企图获得一种个人的自由。机械时间形成的历史真实是人造的、虚假的，温特森反抗这种虚假性，用心理时间反抗机械时间的摆布。同时达尔文提出的进化性的时间观也是温特森所质疑的，这种时间观认为事物是进化性的向前发展的，这就抹杀了《圣经》中所提出的人类初始是美好的，从这一点也可以看出基督教思想始终伴随着温特森。

## 4. 结语

温特森关于开始的时间观念的含混源自两个方面——自身和其宗教背景，致使叙述在小说的前半部分遭遇困难；而绵延性的时间观念使得整部小说呈现出“光点式”的叙事。对时间特有的体验影响了温特森的叙事方式，与此同时温特森还独特地将时间观人格化，使之有血有肉，给予读者更大的冲击。她的小说为读者提供了一处魔幻式的时空，让人得以超越线性时间和理性思维的束缚在她广博的内心时空中徜徉。

在温特森独特的内心时空中，更深层地讲，她的时间观体现着当代作家在后现代浪潮中对整个文化的反思，文学以自己独特的形式抗拒整一性与机械性。宗教思想蔓延在温特森的小说中，当其犹豫不决时她有意或无意地向基督教回望，

---

[1] 引自 Winterson, Jeanette. *Lighthousekeeping* [M]. Toronto: Knopf Canada, 2005: 134.

[2] 引自 Winterson, Jeanette. *Lighthousekeeping* [M]. Toronto: Knopf Canada, 2005: 200.

她内心的那份神圣，那份寻求最终救赎与安稳的焦虑以挣扎的方式与最高神圣相连，因为最高神圣就深藏于人的内心，当艺术碰触到内心的最深处时，会点亮沉睡已久的神圣。

## 参考文献

Sönmez, Margaret J-M; Kiliç, Mine Özyurt (ed.). *Winterson Narrating Time and Space* [M]. Newcastle upon Tyne: Cambridge Scholars, 2009.

Winterson, Jeanette. *Lighthousekeeping* [M]. Toronto: Knopf Canada, 2005.

Winterson, Jeanette. *Why Be Happy When You Could Be Normal* [M]. London: Jonathan Cape, 2011.

**【作者简介】**

潘晨，北京语言大学首都国际文化研究基地2011级硕士研究生，专业为比较文学与世界文学。

**【专家点评】**

陈戎女：

首先留下深刻印象的是，这完全是一个一手的外文，包括文本都是自己看，自己翻译的，我觉得比较不错。另外一个特殊的感觉是，你读得非常细，对时间观和叙述手法的分析很流畅，很令人信服，文字的表达比较好，比较到位，很多地方比较有灵性，但有些地方过于追求文字的美，用一些看起来美丽的文字代替了逻辑的论证，要注意。提一些建议，希望注意对奇人奇作要有准确的定位，这篇文章是解读时间观的问题，比如对内心时间的表述。另外，你认为她是后现代的作家，她跟现代主义的关系是什么，像这里的内心时间观和逆时流的时间观有什么不一样的地方或突破的地方，这是对现代主义时间的继承还是后现代主义文学的继承？还有，作为一个大家不太熟悉的作家，《守望灯塔》在她整个作品谱系中占据一个什么样的位置，应该稍微交代几句。最后，就是作家对于更高层次的时间的致敬与回望，是因为长在基督教家庭被刻上了基督教的习惯，还是出于一种宗教神学的思想要在叙述文学里有一些叙述和回望？不要有两套注释，用两套比较紊乱。

贾蕾：

我希望你把传统的时间观解释得清楚些，你认为什么是传统的时间观，达尔文的进化的时间观是属于现代的还是后现代的时间观。像她这种内心时间的写作手法，在文学领域中有个源头存在，这也是一个比较重要的值得去探讨的问题。

黄悦：

第一次看你的文章，就有点儿好奇，好奇的是你是出于阅读体验写的，还是你刚好看到这个东西就喜欢这个作者写的东西？我觉得你在这篇文章中充分体现了你的才华，我觉得你抓她的时间观，抓得很准。作者认为时间是有直线的时间和记忆的时间。我认为你要注意的是看守灯塔的人物，代表一个循环的时间观，这种循环的时间观和基督教的时间观是有对比的，而现在的时间观大部分是来自基督教的时间观——线性时间观，而循环的时间观和你这里提到的宗教的时间观、现代的时间观之间有一个矛盾，也许这个矛盾也就是她内心的一个伤痛，宗教文化在她身上打下烙印，她要反抗，这点你可以深入。

# 7

# 美国南北战争时期对华合作外交政策评析

外交学院　王东川

**提　要**　美国对中国有强烈的诉求，即使在南北战争时期也没有完全放松对中国的关注。出于种种因素的考虑，合作外交是这段时期美国政府对华政策的基本出发点。该外交政策带有强烈的“双合作”特色。无论是对中国还是美国自身，合作外交都产生了深刻的影响。

**关键词**　南北战争　中国　蒲安臣　西沃德　对话合作外交

美国自建国之初就有着强烈的太平洋意识，尤其在1846年完成了对俄勒冈地区的吞并，正式成为沿太平洋国家之后，海外扩张和太平洋帝国构想开始盛行。大洋西岸的远东地区首当其冲，成为美国新一轮的扩张目标。美国国内一些政治家认为，美国必须统治亚洲市场，美国必须接过欧洲的火炬向西扩展直至夺取太平洋和亚洲。而对亚洲外交的重要部分则是中国（王玮、戴超武，2007：135）。美国南北战争爆发前1861，美国已通过《望厦条约》(1844）和《天津条约》(1858）确立和扩大了在中国的权益。不过内战的爆发使美国政府的外交重心转移到力促英法保持中立上，对华外交暂时被边缘化。然而，这并不代表中国问题完全淡出美国政府外交决策层的视线。这段时期（1861—1865）国务卿西沃德和驻华公使蒲安臣成为美国对华外交的主要角色，他们对中国采取了带有防御性质的合作外交。这种合作外交带有浓烈的“双合作”特色，即在与清政府合作的同时，也保持与其他列强的合作关系。

## 1. 南北战争时期美国对华合作外交的形成原因

要探寻这段时期美国为何会对中国采取合作外交的原因，需要关注其自身对华外交的历史延续性、国家实力以及中国方面的因素。

从历史上看，美国在内战爆发以前的对华政策特色是通过谈判和合作而非武力威胁来确立在中国的利益。从1784年“中国皇后号”首抵广州到1861年美国南北战争爆发前夕，美国并没有如同英法一样直接以武力叩关，而主要通过外交谈判活动谋取对华经济与贸易特权（项立岭，2002：35）。1839年林则徐广州禁烟，美国政府内部虽然意见分歧，但出于商业和道义考虑，基本态度是反对鸦片贸易。[1]鸦片战争（1840—1842）中美国也保持了中立。在主要由于修约问题而爆发的第二次鸦片战争（1856—1860）中，美国政府反对动武，坚持“不卷入中英纠纷”[2]，而主要通过谈判方式与中国签订了《天津条约》，从而达到了修约目

[1] 个别事例如1842年3月美国以“武装保侨”为名派军舰抵澳门并驶入黄埔，以及1844年2月美国公使顾盛率领舰队抵澳门并与清政府签订《望厦条约》。前一事件美国只为索求赔偿，未参加鸦片战争；后一事件美国也没有对中国发动战争威胁。中美双方间的斗争依旧主要集中在外交谈判上。

[2] 引自项立岭：《中美关系史全编》，上海：华东师范大学出版社，2002年，第45页。

的。这期间最能说明美国对华基本指导思想的是，1854 年美国驻华委员马沙利提出的“马沙利纲领”，即认为“美国的最高利益所寄，是在于支持中国”。这一纲领得到了美国政府的赞同。[1] 在战争期间，美国政府无暇顾及中国问题，因此在对华政策上也自动承袭了这一思想。

从国家实力上看，内战的爆发使美国的国家力量被极大牵制，绝大多数资源都被投入国内战场，致使其无力再在海外推行军事行动。比如，1861 年年初美国正规军只有 1.6 万人，但整个内战过程中北部联邦和南部邦联共有 300 多万男子服役，[2] 经济特别是南方经济遭受毁灭性打击，物价猛涨。[3] 这使得美国在中国问题上只能采取守势。

另一方面，虽然到内战爆发前夕美国已经独立七十余年，但相对于英法来说国力依旧较弱，无力与英法正面争夺中国市场。同时美国对华贸易进展缓慢，即便整个亚洲贸易在其对外贸易中所占比例也只有5%左右[4]，在中国的影响力更远落后于英法。因此只能通过合作方式，力求机会均等或利益均沾，同时防止英法独占中国局面的出现。

从中国方面看，第二次鸦片战争结束以后，清政府开始推行洋务运动以图自强，急需外国的支持与帮助，而在战争中保持中立的美国更容易博得清政府高级官吏的好感。清政府历来认为“美夷恭顺”，且没有对中国提过领土要求，故而大加信任，对其给予特别优待。因此形成了美国和中国进行合作的良好氛围。

## 2. 南北战争时期美国对华合作外交的具体表现

负责内战时期美国政府对外事务的国务卿西沃德的首要目标是：力争英法在

[1] 参见复旦大学历史系中国近代史教研组:《中国近代对外关系史资料选辑（1840—1949）》，上卷第一分册，上海：上海人民出版社，1977 年，第 39 页。

[2] 参见艾伦·布林克利:《美国史（1492 ～ 1997）》，邵旭东，译，海口：海南出版社，2009 年，第 399 页、第 405 页。

[3] 战争期间北方物价上涨 50%，南方物价上涨 9000%。参见艾伦·布林克利:《美国史（1492 ～ 1997）》，邵旭东，译，海口：海南出版社，2009 年，第 405 页。

[4] 即便到了 19 世纪中后期，美国对华贸易仍旧萎靡不振甚至开始呈下降趋势。这种情况直到 19 世纪最后几年才得到改变。参见项立岭:《中美关系史全编》，上海：华东师范大学出版社，2002 年，第 81 页。

战争中保持中立，不要支持南部同盟。而对华外交主要采取以合作为核心的守势。具体包括以下两个方面：

## 2.1　与清政府开展合作

主要包括两个方面。一方面，由原先在中国太平天国战争中的中立立场转变为协助清政府镇压太平军起义。起初出于与太平天国宗教信仰相似的判断和保持对华贸易的目的，美国在中国内战中保持中立，并稍偏向太平天国。但以1854年5月美国驻华公使麦莲访问天京为转折点，美国政府开始逐渐认识到太平天国并非自己想象的能和自己平等相待的基督教姐妹国家，因而日益偏向清政府。待1858年签署了《天津条约》达到修约目的后，便决意“助剿”太平军。但由于国内南北战事正酣，美国无力直接派兵，便采用了两种方式参与中国内战，一是对本国公民华尔组建洋枪队以私募兵形式参战的行为表示支持。蒲安臣在给美国驻上海领事的训令中表示，“赞成中国自行组织军队而雇佣外人训练华兵关于平时与战时的技术”[1]，从而表达了对于洋枪队的认可。洋枪队在协助清政府击败太平天国起义过程中发挥了相当重要的作用。华尔死后（1862），美国政府继续支持他的副手白齐文（H. A. Burgevine）接任洋枪队统领。二是禁止美国商人再贩卖军火给太平军，并断绝与太平天国的一切往来。1862年西沃德给蒲安臣的训令说，“不要以任何援助、鼓励或善言，给予反对满清的叛军”[2]。

另一方面，向清政府介绍现代政治与外交理念，极力将中国纳入西方主导的世界体系中。如蒲安臣就曾向清政府推荐由传教士丁韪良翻译的美国学者惠顿所著的《万国公法》，也曾建议清政府直接向外派驻使节。后者正处于洋务思潮肇始之际，清政府有心以新目光审视世界，因而采纳了该建议并遣使出洋，极大推动了中国与外国之间近代意义上的外交关系的形成（胡礼忠等，1996：73）。

## 2.2　与其他列强进行合作

这一政策的突出表现首先是所谓“四B政策”的形成。“四B政策”以时任

[1] 引自项立岭：《中美关系史全编》，上海：华东师范大学出版社，2002年，第49页。
[2] 引自项立岭：《中美关系史全编》，上海：华东师范大学出版社，2002年，第49页。

美国驻华公使蒲安臣、英国驻华公使卜鲁斯、俄国驻华公使巴留捷克以及法国驻华公使布尔布龙姓氏中的首字母而得名[1]，主要指四位公使在中国问题上的默契合作政策。

美国由于陷入内战且相比英法本身实力也较弱，因此只能通过与其他列强的合作来维持并扩大在华特权。1862 年美国国务卿西沃德便向蒲安臣发出训令，表示美国和英法驻华公使不同，得不到本国军队力量的支持。还说，美国在华利益与英法的利益一致，蒲安臣要在一切重大问题上与英法公使协商合作，除非有特殊情况的存在（胡礼忠等，1996：72）。蒲安臣到任北京后，便向英、法、俄三国公使推行合作政策。由于英、法、俄之间均不愿看到任何一方在中国占据优势地位，因此都对此表示欢迎。在“合作精神”的指引下，1862 年四国联手迅速解决了贵州教案，同年蒲安臣联合英俄迫使法国放弃了在宁波设立租界的计划。另外，在 1863—1864 年间清政府与丹麦、普鲁士、西班牙和比利时等国家的签约过程中美国也扮演了调停和斡旋的角色。

在美国所倡导的合作政策中，尤其值得一提的是它所提出的“不割让原则”。第二次鸦片战争结束前后关于瓜分中国的呼声开始在一些外国人中间出现，蒲安臣的前任威廉士认为一旦掀起对中国的瓜分，欧洲国家间的战争将不可避免，这对力量弱小的美国意味着在华商业机会的终结，美国将会被迫退出中国（胡礼忠等，1996：242）。美国政府对此表示认可，蒲安臣则在此基础上借 1862 年法国要求在宁波成立独占租界之机提出了“不割让原则”，联合英俄公使对此项计划进行反对，从而迫使法国放弃了租借要求。1864 年 6 月 15 日他在致上海美国总领事的信中对此做了具体说明，“在条约口岸内，既不要求，也不占用租界，不用任何方式干涉中国政府对于它自己人民的管辖，也永不威胁中华帝国的领土完整”[2]。由于从长远来看，保持一个统一和完整的中国对于列强保障和扩大在华的经济与政治利益是有益的，因此美、英、法、俄就“不割让原则”达成了一定的默契。在此后一段时期内，列强在划分在华势力范围上的斗争得到缓解，中外出现暂时和平共处的局面。

[1] 四名公使的姓名依次为：Anson Burlingame、Frederick Bruce、General L. de Balluseck、Alphonse de Bourboulon。

[2] 引自赵佳楹:《中国近代外交史》，太原：山西高校联合出版社，1994 年，第 243 页。

## 3. 南北战争时期美国对华合作外交的影响

由于自身深陷国内战争的乱局中，南北战争时期的美国政府在远东问题上采取了“双合作”政策。不应该否认，这种政策无论对中国还是美国自身，都有着积极的影响。

首先，通过扩大与清政府的交往合作，向中国旧时官吏宣传现代政治文化与理念，积极鼓励和支持中国政府推行洋务运动，有助于中国更好地认识世界，走上近代化改革之路。例如，蒲安臣建议清政府直接对外派遣使节，促成了1867年清政府派遣代表团访问美国和欧洲，搜集了欧美国家大量的第一手材料，在很大程度上改变了欧美国家在士大夫官僚阶层心中的形象；协助清政府兴办各种近代军工、民用企业，开厂修路，有利于中国近代化的发展。

其次，促成列强之间进行合作，暂时平息了在第二次鸦片战争后列强在中国问题上的斗争，在很大程度上促成了中国和外国之间的和平与合作局面的形成，客观上为清政府在平定太平天国起义之后赢得了喘息时间和较好的国际环境，从而能够把更多精力放在国内改革上面。

再次，美国政府倡导的“不割让原则”，使列强在是否瓜分中国的问题上达成默契，使中国保持了形式上的独立完整的主权国家形象，延缓了中国进一步半殖民地化的进程。

最后，奉行这种合作政策也赢得了清政府对美国政府的好印象，尤其是相当多的洋务派官僚将其视作可以信赖的伙伴，认为“若能联络邦交，深相结纳，似于大局不无裨益”[1]，并且在几乎整个19世纪下半叶都给美国以商业上的优待，从而使美国避免了如英法一般发动代价极大的战争而依旧获得了可观的在华商业特权与利益。

但是也需要看到，首先，合作政策的推出并不是出于对中国的仁慈和善意，也不是出于真心诚意想与其他列强共同享有利益，而是美国政府经过仔细权衡后得出的战略性考量，因此它的最终出发点和落脚点都是最大限度地扩张美国在华利益。对相较于英法实力较弱且正处于直接关系到联邦是否能继续存在下去的国内战争中的美国而言，合作政策是一种能满足在特定情况下对中国进行扩张的最

[1] 引自项立岭:《中美关系史全编》，上海：华东师范大学出版社，2002年，第81页。

好方式。和武力扩张相比，两者只是技术手段的差别，并无理念上的不同。一些清政府官僚对此有比较清楚的认识，如江西巡抚刘坤一就曾说："洋人所重者利，所畏者民……自知非仗朝命，无以制中国之民，图中国之利。"[1]

其次，美国大力扶持清政府，帮助后者镇压了太平天国起义，并竭力维护其代表全中国的合法政府地位，而且还在洋务运动方面给予支持，这并非出于想看到一个现代化的、统一的强盛中国出现，而是为了将中国引入西方主导的世界秩序之中，更好地保障自身商业利益。另一方面，从历史的眼光来看，清政府作为一个落后、保守的政府，并没有能力承担起在19世纪世界大变局中将传统中国转变为近现代意义上的新国家的重任。因而，美国对清政府的支持虽然短期内有利于清政府的存在和改革以及延缓中国殖民地化，但从长期来看反倒阻碍了中国从自身内部萌发出更为彻底的近代化改革动力。[2]

## 4. 结语

美国在自身陷入内战时依旧没有放弃在中国的扩张。这种扩张以防御性为主的合作外交为主要形式，通过和平而非战争的途径获取与英法等列强相同的在华权益。合作外交的推出和这段特定历史时期的背景密不可分，同时也和美国自身外交历史传统有密切的关联。南北战争结束以后，合作外交并未随之消失，而是以不同的表现继续作为美国在相当长的一段时间内对华外交的基本特征。无论是后来提出的门户开放原则还是第一次世界大战后《九国公约》的签署，都在不同程度上继续体现了"双合作"的基本理念。当然，由于国家实力和国际格局的变化，这种"合作"外交也越发具有主动性和进攻性。

另外要提到的一点是，尽管南北战争时期美国对华合作外交的推出更多出于现实政治的考虑，但是从中也能看出美利坚民族性格中浪漫化的使命思想。在整个19世纪，美国主流更倾向于通过树立自身典范来推行"使命"，来扩展民主

[1] 引自赵佳楹:《中国近代外交史》，太原：山西高校联合出版社，1994年，第245页。

[2] 笔者认为，直到1895年甲午战争中国战败以后，强调政治体制变革的重要性而非单纯变革器物层面的思想才开始在中国精英分子中确立起来。自1919年五四运动以后，现代意义上的思想启蒙才真正开始。传统中国向现代国家转型之艰难固然有复杂的综合因素，但清政府所代表的保守势力长期根深蒂固地存在亦是一个重要原因。

自由制度。[1]在这种观念影响下，美国一直都试图通过和平的商业扩张而非战争来展现美国制度的优越性，提升自己对他国的吸引力。这段时期美国政府推行的合作政策，主要目的正是在于保障美国在中国的商业利益以及进行进一步商业扩张，而非攫取实际领土并与相关方处于激烈的对立斗争状态，因而也在一定程度上为美利坚民族国际政治观中理想化、浪漫化的一面做了一个良好的诠释。

## 参考文献

[美] 艾伦·布林克利：《美国史（1492 ～ 1997）》，邵旭东，译，海口：海南出版社，2009 年。

复旦大学历史系中国近代史教研组：《中国近代对外关系史资料选辑（1840—1949）》，上卷第一分册，上海：上海人民出版社，1977 年。

胡礼忠，余光耀，顾关林：《从望厦条约到克林顿访华——中美关系（1844 ～ 1996）》，福州：福建人民出版社，1996 年。

王立新：《意识形态与美国外交政策——以 20 世纪美国对华政策为个案的研究》，北京：北京大学出版社，2007 年。

王　玮，戴超武：《美国外交思想史》，北京：人民出版社，2007 年。

项立岭：《中美关系史全编》，上海：华东师范大学出版社，2002 年。

赵佳楹：《中国近代外交史》，太原：山西高校联合出版社，1994 年。

**【作者简介】**

王东川，外交学院国际关系专业 2010 级硕士研究生，研究方向为美国外交。

**【专家点评】**

金威：

题目当中出现了“南北战争”，但是联系全篇发现该词汇与文章内容的关联度不高，另外在分析对华政策的时候可以多从个人的角度去分析并发表见解，这

[1] 有学者认为，美国大体上通过三种方式来完成使命：树立典范、大陆扩张和海外干涉。在 19 世纪，美国主要采用的是第一种。 参见王立新：《意识形态与美国外交政策——以 20 世纪美国对华政策为个案的研究》，北京：北京大学出版社，2007 年，第 133 页。

样更加有益于个人观点的形成和明确。

金彪:

逻辑结构比较清晰，在分析原因和本文讨论主题的表现形式上可以按照传统的方法未进行。另外，可以将美国国内的原因和当时中国的国情相结合，这样能够更加清晰地阐述观点。

马方方:

可以凸显出“双合作”的概念，并且这个概念贯彻于全文之中。另外，文章末尾外交理念的演变部分可以与现在进行对比。